权威·前沿·原创

皮书系列为
"十二五""十三五"国家重点图书出版规划项目

BLUE BOOK

智 库 成 果 出 版 与 传 播 平 台

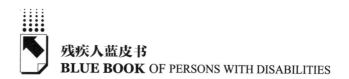

残疾人蓝皮书
BLUE BOOK OF PERSONS WITH DISABILITIES

中国残疾人事业发展报告（2021）
DEVELOPMENT REPORT ON THE CAUSE FOR PERSONS WITH DISABILITIES
IN CHINA (2021)

残疾人体育

主　编 / 凌　亢
副主编 / 李泽慧　孙友然　白先春

社会科学文献出版社
SOCIAL SCIENCES ACADEMIC PRESS (CHINA)

图书在版编目（CIP）数据

中国残疾人事业发展报告.2021：残疾人体育/凌
亢主编. -- 北京：社会科学文献出版社，2021.12
（残疾人蓝皮书）
ISBN 978 - 7 - 5201 - 9399 - 3

Ⅰ.①中… Ⅱ.①凌… Ⅲ.①残疾人 – 社会福利事业
– 研究报告 – 中国 – 2021 Ⅳ.①D669.69

中国版本图书馆 CIP 数据核字（2021）第 239537 号

残疾人蓝皮书
中国残疾人事业发展报告（2021）
——残疾人体育

主 编／凌 亢
副 主 编／李泽慧 孙友然 白先春

出 版 人／王利民
责任编辑／路 红 丁阿丽
文稿编辑／王 娇 等
责任印制／王京美

出 版／社会科学文献出版社（010）59367194
地址：北京市北三环中路甲 29 号院华龙大厦 邮编：100029
网址：www. ssap. com. cn
发 行／市场营销中心（010）59367081 59367083
印 装／天津千鹤文化传播有限公司

规 格／开 本：787mm × 1092mm 1/16
印 张：23.25 字 数：351 千字
版 次／2021 年 12 月第 1 版 2021 年 12 月第 1 次印刷
书 号／ISBN 978 - 7 - 5201 - 9399 - 3
定 价／168.00 元

本书如有印装质量问题，请与读者服务中心（010 – 59367028）联系

主要编撰者简介

凌 宂（凌迎兵） 博士，二级教授，博士生导师。江苏省政府参事、江苏省督学、中国残疾人数据科学研究院首席专家。入选中宣部文化名家暨"四个一批"人才、人社部"新世纪百千万人才工程"国家级人选，享受国务院政府特殊津贴。现任中国统计学会副会长兼残障统计分会会长、中国统计教育学会副会长兼特殊教育分会会长、国家出版基金委员会委员、南京晓庄学院特聘教授、东南大学和天津财经大学等12所大学兼职教授、俄罗斯特殊艺术学院名誉教授。主要研究方向为应用统计。主持完成国家社会科学基金课题5项、国家自然科学基金课题2项、省部级课题30余项（其中重大、重点课题9项）。出版专著、教材、工具书16部，发表论文117篇，独立或作为第一完成人获省部级科研、教学奖励19项（其中一等奖4项）。

卢 雁 博士，教授，博士生导师。北京体育大学中国残疾人体育研究中心主任、国际适应体育联合会院士、日本顺天堂大学客座教授、中国博士后科学基金评审专家、中国残疾人康复协会智力障碍专业委员会副主席。主要研究方向为适应体育。主持完成省部级及以上课题9项；主持各类基金项目54项。主编和参编学术著作、教材10本，发表论文数十篇。

吴雪萍 博士，教授，博士生导师。上海体育学院科学研究院执行院长、创新创业学院执行院长。上海市党代表、上海高校特聘教授（东方学者）、曙光学者、浦江人才。兼任亚洲适应体育教育与运动学会常务理事、中国体育科学学会第八届理事会理事、中国康复医学会体育保健康复专业委员会副组长等职务。主要研究方向为适应体育。主持国家社会科学基金重点项目、科技部国家重点研发课题、上海市政府委托课题、教育部人文社会科学研究青年基金项目等多项项目和课题。发表论文数十篇。

章 岚 博士，教授，博士生导师。山东体育学院研究生教育学院院长，中国体育科学学会认定的首批运动处方师授课专家。兼任中国体育科学学会体质分会委员、中国营养学会运动营养分会常务委员、中国老年学和老年医学学会运动健康科学分会常务委员等职务。主要研究方向为运动健康与康复。主持完成省部级及以上课题 7 项。在国内核心期刊发表论文 70 余篇。

侯晓晖 博士，教授，博士生导师。广东省普通高校残疾人运动与健康促进国际协同创新中心负责人、广东省运动与健康重点实验室副主任、广州体育学院运动医学康复中心主任。兼任中国健康促进与教育协会运动与康复分会副主任委员、中国康复医学会体育保健康复专业委员会常务委员、中国康复医学会物理治疗专业委员会常务委员、广东省康复医学会体育与运动康复分会会长。主要研究方向为适应体育与运动康复。主持国家、省部级课题 4 项。主编、参编教材 7 部，发表论文 30 余篇。2016 年获教育部、中国残联"交通银行特教园丁奖"，2019 年获广东省"三八红旗手"荣誉称号、广东省教学成果一等奖。

摘　要

残疾人体育是中国残疾人事业的重要组成部分，是残疾人全面融入社会、实现人权的有效方式。在"两个一百年"奋斗目标的历史交汇期，在中国已经全面建成小康社会，阔步迈向全面建设社会主义现代化国家新征程的发展阶段，中国残疾人体育事业蓬勃发展，成为残疾人全面享有政治权利、经济权利、社会权利、文化权利的重要标志。

在此背景下，《残疾人蓝皮书：中国残疾人事业发展报告（2021）》以"残疾人体育"为主题，对中国残疾人体育现状和存在的问题进行了系统总结和深入分析。本书主要包括"总报告""分报告""专题篇""实践篇""附录"五个部分。"总报告"包括《中国残疾人事业发展报告（2021）》和《中国残疾人体育事业发展报告（2021）》。《中国残疾人事业发展报告（2021）》呈现了2020年中国残疾人事业总体发展状况，计算了中国残疾人事业发展指数和平衡发展指数，并进行了省际比较和动态分析。《中国残疾人体育事业发展报告（2021）》界定了"残疾人体育"等核心概念，回顾了中国残疾人体育事业发展历程，对中国残疾人体育事业发展现状和存在的问题进行了分析。"分报告"就残疾人竞技体育、残疾人群众体育、残疾人学校体育、残疾人康复体育四个方面的发展历程和发展动态进行了全面深入的剖析。"专题篇"围绕残疾人体育的无障碍环境建设、残疾人奥林匹克运动在中国的开展情况和中国残疾人体育专业人才培养三个方面，进行专题研究。"实践篇"从区域残疾人群众体育的开展、康复体育进家庭试点、特殊教育学校体育的特色发展和特殊奥林匹克运动的融合教育模式四个方面，分

别介绍了南京市、北京市、重庆市特殊教育中心、西安市启智学校的实践经验。"附录"则介绍了中国残疾人体育事业发展大事记（1983～2020年），并整理了2020年残疾人事业统计表。

"残疾人蓝皮书"对中国残疾人事业发展数据进行整理和分析，已连续四年发布中国残疾人事业发展指数，形成了对中国残疾人事业发展状况的整体判断，全面系统地展现了中国残疾人事业发展态势。中国残疾人事业继续保持较快发展，残疾人事业发展指数由2009年的48.4上升到2019年的73.2，残疾人生存保障指数由2009年的44.2上升到2019年的77.6，残疾人发展提升指数由2009年的54.4上升到2019年的67.2，残疾人服务支撑指数由2009年的47.6上升到2019年的73.4。2015年以来，中国残疾人事业平衡发展指数稳步上升，2019年总体平衡发展指数为51.8，比2015年上升3.5，提升幅度趋于平缓。

展望未来，中国残疾人事业在全面建设社会主义现代化国家新征程中的地位将变得越来越重要，高质量发展是中国残疾人事业发展的重要主题。完善残疾人法治保障，提高残疾人事业基层治理能力和服务水平，推动无障碍环境建设，将是中国残疾人事业发展的重中之重。

关键词： 残疾人事业 残疾人体育 康复体育 残疾人奥林匹克运动

目 录

Ⅳ 实践篇

Ⅴ 附录

皮书数据库阅读使用指南

总 报 告
General Reports

B.1

中国残疾人事业发展报告（2021）

凌　亢　孙友然　白先春*

摘　要： 本报告阐述了2020年中国残疾人事业总体发展状况，计算了
中国残疾人事业发展指数及各省（区、市）指数，分析了中
国残疾人事业发展面临的障碍，最后对"十四五"时期残疾
人事业发展进行了展望。研究结果表明，中国残疾人事业取
得长足发展，残疾人事业发展指数由2009年的48.4上升到2019
年的73.2，残疾人生存保障指数由2009年的44.2上升到2019年
的77.6，残疾人发展提升指数由2009年的54.4上升到2019年的
67.2，残疾人服务支撑指数由2009年的47.6上升到2019年的
73.4。2015年以来，中国残疾人事业平衡发展指数稳步上升，
2019年总体平衡发展指数为51.8，比2015年上升3.5，提升幅

---

* 凌亢，博士，二级教授，博士生导师，江苏省政府参事，中国残疾人数据科学研究院首席专
家，南京晓庄学院特聘教授，主要研究方向为应用统计；孙友然，博士，南京邮电大学管理
学院教授，南京晓庄学院特聘教授，主要研究方向为残疾人人力资源开发及管理；白先春，
博士，中国残疾人数据科学研究院院长，教授，主要研究方向为残疾统计。

度趋于平缓。

关键词： 残疾人事业　残疾人事业发展指数　无障碍环境

一　中国残疾人事业发展状况

（一）残疾人康复

1. 不断完善残疾人康复服务标准

为促进精神障碍社区康复服务健康规范发展，2020 年 8 月，四川省民政厅编制的四川省《精神障碍社区康复服务规范》被批准发布并实施，这是国内首个精神障碍社区康复服务地方标准。2020 年 12 月，民政部、国家卫生健康委、中国残联联合印发了《精神障碍社区康复服务工作规范》，建立了精神障碍社区康复工作的协调机制，明确了各相关部门、机构主要职责和任务，规定了服务对象、服务机构、服务人员与培训、服务内容、服务流程、调研与评估等内容。

2020 年 9 月 26 日，《运动神经元病康复护理指导手册》正式出版发行。该书由中国残联主席张海迪作序，中国残联康复部与北京东方丝雨渐冻人罕见病关爱中心共同组织业内权威专家编写，全书共六章，详细介绍了运动神经元病的心理支持、营养支持、呼吸管理等内容。该手册是国内第一本关于渐冻人康复护理的出版物，填补了中国渐冻人康复护理领域的空白，将为专业机构、患者家庭等开展渐冻人康复护理提供科学指导。

2. 加大康复机构建设力度

2020 年 3 月 16 日，国家孤独症康复研究中心成立孤独症康复工作办公室，负责对国家孤独症康复研究中心进行日常管理、服务、组织与协调，将充分发挥品牌、资源、技术优势，立足中国康复研究中心，辐射全国，扎实稳妥地开展孤独症康复工作，大力推动全国孤独症康复事业的发展。稳步推进康复大学筹建工作，充实筹建工作领导小组力量。康复大学筹建工作领导小组多次召开会议，扎实推进各项筹备任务落实落地，筹建工作驶入快车道。

3. 积极采取各种康复措施应对新冠肺炎疫情

党中央、国务院高度重视新冠肺炎疫情防控时期残疾预防和残疾人康复工作，出台了一系列疫情防控时期加强残疾人康复与残疾预防法规政策，采取了有针对性的残疾人康复措施。疫情发生以来，中国残联定期开设"抗击疫情　残疾儿童康复专家在线咨询"专栏，邀请视力、听力、肢体、智力残疾儿童和孤独症儿童康复领域具有丰富实践经验的专家在线为广大残疾儿童开展居家康复训练提供专业解答。中国残疾人辅助器具中心立足主责主业，聚焦"受疫情影响的困难残疾人的辅助器具需求"，募集到来自杭州爱听、佛山东方、上海吉芮、北京安宜、北京九州通医疗器械等爱心企业的价值 70 余万元的各类辅助器具物资，包括电动轮椅、普通轮椅、拐杖、助行器、洗浴椅、坐便椅、生活自助具、个人护理用品等共计 2000 余套/件，分批次发往湖北各地。同时运达的还有该中心捐献的口罩、隔离服等防疫物资。中国康复研究中心严格按照中国残联党组统一部署，迅速行动、多措并举，有效遏制了疫情蔓延。中康护理团队充分体现了高效、团结、奉献的职业素养和敬业精神，为疫情防控做出突出贡献。

4. 改善残疾人辅助器具服务，推进辅具适配补贴制度建设

为进一步做好全国政协十三届三次会议《关于建立国家辅助器具补贴制度的提案》办理答复，推动国家层面建立残疾人辅助器具适配补贴制度，中国残联邀请全国政协十三届三次会议提案委员凌振国、李庆忠、费薇赴北京市朝阳区开展残疾人辅助器具服务工作调研。调研组先后深入朝阳区小关街道高原街社区、惠新里社区实地走访残疾人家庭，详细了解辅助器具适配服务及补贴工作情况，认真听取残疾人关于改进辅助器具服务工作的意见建议。2020 年关于建立国家辅助器具补贴制度的提案，体现了全国政协委员对残疾人辅助器具工作的格外关心、格外关注，为中国残联持续做好残疾人辅助器具服务工作提供了有力支持。

2020 年 11 月 30 日至 12 月 2 日，"2020 年全国辅助器具服务技能交流活动——辅助器具适配技能竞赛"在浙江嘉兴举办。来自全国的 105 名辅助器具服务专业人员进行了为期 3 天的辅具适配专业技能切磋和学习交流。本次活动以"脱贫奔小康，辅具架桥梁"为主题，旨在全面总结辅具助力脱贫攻坚工作成效。适配技能竞赛以辅具消毒、辅助器具远程评估适配技术、轮椅虚拟训练系统、儿童支撑装置等残疾人基本辅具的日常生活操作及应用技能等为主要竞技内容，为疫情防控常态化下的残疾人辅助器具服务提供了"解决方案"。

5. 16 部门部署安排残疾预防日宣传教育活动

2020 年 7 月 7 日，中国残联、中宣部等 16 部门印发通知，要求各地在做好疫情防控的基础上，做好"残疾预防日"宣传教育活动的部署安排。本次全国"残疾预防日"宣传教育活动的主题为"残疾预防，从儿童早期干预做起"，宣传重点包括儿童生长发育知识、儿童康复知识以及残疾儿童康复救助制度 3 个方面。中国残联党组书记、理事长周长奎做客人民网接受专题访谈，介绍了 2020 年"残疾预防日"宣传教育活动主题设定的背景、意义和中国残疾儿童康复救助制度建立实施的有关情况。中国残联和人民网共同发起"我做康复使者"活动，邀请广大网友共同传播儿童早期康复知识，为中国残疾儿童早期干预做出一份贡献。

6. 开展残疾儿童康复救助定点服务机构管理试点工作

2020 年 11 月 4 日，中国残联在安徽省六安市召开残疾儿童康复救助工作经验交流会，安徽省、辽宁省、江苏省、宁夏回族自治区和安徽省六安市五地残联负责同志在会上做交流发言。会议对全年残疾人康复重点工作进行调度布置，通报 2020 年残疾人精准康复服务、残疾儿童康复救助、残疾预防、辅助器具补贴制度建设、家庭医生签约等 7 个方面工作进展情况，要求各地确保按期完成"十三五"残疾人康复各项目标任务。

2020 年 11 月 20 日，中国残联、民政部、国家卫生健康委共同印发《关于开展残疾儿童康复救助定点服务机构管理试点工作的通知》，选择山东、广东、青海、宁夏 4 个试点省（区），并召开残疾儿童康复救助定点服务机构管理试点工作部署视频会议，要求试点地区坚持问题导向，聚焦关键环节，力求试点工作在完善标准、规范，健全监管机制等方面取得扎实成效。

7. 积极主动开展康复交流活动

2020 年 10 月 9 日，中国残联举办精神残疾康复交流活动。中国残联副主席、北京大学第六医院黄悦勤教授介绍了中国精神卫生调查中关于精神残疾的最新研究成果。中国残联康复部介绍了"患者家属专家精神障碍社区康复服务"① 试点项目的开展情况。精防医生和精神残疾人亲友代表分别分享了参与患者家属专家精神障碍社区康复服务试点项目的情况和体会。

2020 年 11 月 16 日，中国残疾人康复协会召开第六届全国代表大会。会议听取并审议通过了中国残疾人康复协会第五届理事会工作报告，通过了《中国残疾人康复协会章程（修正案)》，选举产生了中国残疾人康复协会新一届领导机构。

2020 年 12 月 5 日，中国康复研究中心举办第三届北京丰台康复论坛暨中国康复研究中心与丰台铁营医院紧密型医联体揭牌仪式。此次论坛为康复学者搭建了一个学习交流的平台，推动康复事业高质量发展。中国康复研究中心和丰台区铁营医院在紧密型医联体合作模式下，加强康复机构建设，提高康复医疗服务能力，盘活区域康复资源，健全残疾人康复服务体系，积极为残疾人提供更有效、高水平、精准化的康复医疗服务。本届论坛涵盖康复创新及政策、神经康复、心脏康复和骨科康复等多项主题，内容丰富、立意深远。中康与铁营医院建立紧密型医联体，作为推动康复发展新模式的率先探路和创新探索，为帮扶基层机构建设发展树立了一个标杆，有助于中国优势康复资源下沉，打通社区康复服务"最后一公里"，将为推动全国康复事业高质量发展起到积极的作用。

---

① 患者家属专家精神障碍社区康复服务模式是源自意大利的一种精神障碍者互助的社区康复模式，是通过专业培训精神障碍者康复者或者家属，使其具备服务其他精神障碍者的能力，以实现自助互助、社会康复和扩大精神障碍者社会服务范围的一种社会工作方法。——编者注

（二）残疾人教育

1. 进一步加强新时代随班就读工作，完善随班就读工作机制

2020年6月28日，教育部印发《教育部关于加强残疾儿童少年义务教育阶段随班就读工作的指导意见》，要求"健全科学评估认定机制，规范评估认定，建立工作台账；健全就近就便安置制度，坚持优先原则，强化控辍保学；完善随班就读资源支持体系，加强资源教室建设，发挥资源中心作用"。

2. 发布《〈中华人民共和国国歌〉国家通用手语方案》

教育部、国家语委、中国残联联合发布《〈中华人民共和国国歌〉国家通用手语方案》。该方案于2020年11月23日发布，自2021年3月1日起实施，是首次以聋人手语使用者为主体研制的国家通用手语规范化的最新成果，实现了多年来聋人手语使用者在奏唱国歌的场合上规范、统一、严肃地使用手语表达国歌的愿望。

3. 举办2020年"'我来北京上大学'邀访·倾听"座谈会

2020年10月27日，中国残联2020年"'我来北京上大学'邀访·倾听"座谈会在北京举行。来自北京第二外国语学院英语专业的门子琪（肢障）、北京化工大学数学专业的刘钊屹（听障）、北京邮电大学信息与通信工程学院的刘立辉（肢障）、中央民族大学信息与计算科学专业的昂子喻（视障）、北京联合大学特教学院音乐专业的王澎浩（视障）5名残疾大学生代表围绕自己的学习、成长经历及对大学生活的期盼，畅所欲言。他们用自己的实际行动展示了当代残疾大学生积极乐观、坚强自信的精神风貌，展示了新时代残疾大学生的自尊、自信、自立、自强。

4. 积极营造尊师重教良好社会氛围

2020年12月3日，中国残联、教育部、交通银行共同在南京特殊教育师范学院举行2020年"交通银行特教园丁奖"颁奖活动。100名优秀特教教师荣获此奖项。2020年"交通银行特教园丁奖"主要向中西部地区、贫困地区且长期从事特殊教育工作的教师倾斜名额。获奖的100名教师中有87人来自中西部地区，且多为国家重点贫困县的一线教师；平均从事特殊教育工作超过 19 年，其中 47 人满 20 年、11 人满 30 年。"交通银行特教园丁奖"由中国残联、教育部和交通银行于 2010 年共同设立，旨在营造尊师重教的良好社会氛围，倡导全社会关心支持特殊教育，至今已表彰 1799 名优秀特教教师，体现了社会各界对特殊教育事业的关心。

5. 举办特殊教育与融合教育学术会议

2020 年 5 月 16 日，中国统计教育学会特殊教育分会、南京特殊教育师范学院与中国残联·东南大学·南京特殊教育师范学院"无障碍联合重点实验室"联合举办"'疫情'大考与特殊教育高峰论坛"，同时开启线上论坛。北京大学、清华大学、北京师范大学、东南大学、华东师范大学、华中师范大学、陕西师范大学、南京师范大学等多所高校的校长、专家、学者，以及来自中国残联、特殊教育学校、公益助残社会组织与部分企业的代表相聚"云端"，围绕"疫情"大考与特殊教育主题，聚焦国家对特殊教育的现实需求，开展多层次、立体式高峰对话。

2020 年 12 月 9 日，由社会科学文献出版社和南京特殊教育师范学院主办，南京特殊教育师范学院中国残疾人数据科学研究院、中国残联·东南大学·南京特殊教育师范学院无障碍联合重点实验室、南京市残疾人联合会承办的"《残疾人蓝皮书：中国残疾人事业发展报告（2020）》发布暨融合教育高质量发展论坛"在北京举行。《残疾人蓝皮书：中国残疾人事业发展报告（2020）》是第三本系统介绍中国残疾人事业发展状况的蓝皮书。来自业界和学界的与会专家在融合教育高质量发展论坛上积极发言，深刻剖析中国融合教育高质量问题，为融合教育"十四五"发展建言献策。

（三）残疾人就业

1. 高度重视残疾人疫情防控和稳就业工作

2020 年 3 月 23 日，中国残联召开专题会议，传达国务院统筹推进疫情防控和稳就业工作电视电话会议精神，研究推动残疾人就业政策落实具体措施。会议学习了习近平总书记关于统筹推进疫情防控和经济社会发展工作的重要指示精神，传达了李克强总理对统筹推进疫情防控和稳就业工作电视电

话会议的重要批示和胡春华副总理关于当前形势下如何做好就业工作的要求，分析了当前残疾人就业面临的困难，对落实好会议要求和做好近一阶段残疾人就业工作做出安排。

自疫情发生以来，针对残疾人就业面临的困境，中国残联积极应对，指导各地残疾人托养机构、辅助性就业机构、盲人按摩机构等残疾人集中就业机构做好安全防控工作；及时印发《中国残联关于贯彻落实〈关于完善残保金制度更好促进残疾人就业的总体方案〉的实施意见》，汇集各方力量，加大对残疾人和用人单位的支持与服务力度，提升对残疾人就业的投入与服务水平；充分利用全国残疾人就业创业网络平台，加强网上就业服务，与"58公益"合作开设残疾人免费线上培训课程，开展残疾人网络招聘，最大限度克服疫情带来的就业服务困难；努力稳定残疾人就业，保障残疾人基本生活，这些措施有效应对了疫情发生初期的复杂情况，保障了残疾人就业工作平稳运行。

人力资源和社会保障部、国务院扶贫办、全国总工会、全国妇联、中国残疾人联合会于2020年第一季度在全国开展"2020年春风行动暨就业援助月"专项服务活动，提升残疾人就业网上服务质量以应对疫情。为应对疫情和复工复产，继续做好全国残疾人就业创业工作，落实《人力资源和社会保障部 国务院扶贫办等五部门关于开展2020年春风行动暨就业援助月的通知》精神，为各级残疾人就业服务机构提供支持。中国残疾人就业创业网络服务平台全面开启线上就业服务，全力保障特殊时期残疾人能够获取实时有效的就业服务。在持续为残疾人和用人单位提供政策咨询、求职招聘、职业能力测评、创业服务、问答社区、商城、需求登记、服务推荐等服务的基础上，可特别为各级机构提供通知发布、工作部署、网络招聘会、在线培训、视频会议搭建等工作支持。

2020年2月6日，中国盲人按摩指导中心、中国盲人按摩学会下发了《关于做好盲人按摩机构疫情防控的通知》，针对盲人群体的特殊性，主动宣传教育，做好防控措施等方面的释疑解惑工作，当好盲人朋友的贴心人，紧紧依靠党委、政府和残联组织做好疫情防控工作。在疫情防控中遇到困难，及时向当地社区、政府、残联报告。盲人按摩机构、盲人医疗按摩所、盲人按摩从业者积极响应当地党委、政府要求，严格执行卫健委等相关行业主管部门关于营业时间等疫情防控规定，积极学习防疫知识，做好暂时停业期间、正常工作期间防护工作。

2020 年 11 月 18~21 日，在江苏省无锡市召开全国残联教就部、就业中心主任工作会议暨就业服务现场会议。会议学习了党的十九届五中全会精神，总结了"十三五"残疾人就业工作取得的经验成就，分析了当前残疾人就业面临的新形势、新机遇和新挑战，观摩分享了无锡市残疾人高质量就业服务经验和做法（服务主体多元化、服务流程专业化、服务信息精准化、服务方式市场化、服务标准规范化），要求各地结合实际、认真学习、借鉴推广，提高新阶段残疾人就业服务的质量和水平。

2. 人社部和中国残联连续三年开展农村贫困残疾人就业帮扶活动

2020 年 4 月 22 日，人力资源和社会保障部、中国残联印发通知，要求各地在 2020 年"全国助残日"期间，开展农村贫困残疾人就业帮扶活动，这已是两个部门连续三年组织该项活动了，此次活动以"就业扶贫助残帮困，决战决胜脱贫攻坚"为主题，农村贫困残疾人就业帮扶活动，旨在落实党中央、国务院决战决胜脱贫攻坚决策部署，以多种形式开展就业帮扶，助力贫困残疾人脱贫奔小康。

3. 中国残联、人社部共同举办第三十次"全国助残日"主题活动

2020 年 5 月 17 日，中国残联、人力资源和社会保障部与网新恩普、智联招聘、阿里巴巴、微店、自立商城、"58 公益"、新浪微博等社会机构，以及残疾人代表共计 60 余人参加了第三十次"全国助残日"主题活动，本次活动主题是"助残脱贫　决胜小康"。中国残联联合全国残疾人就业服务机构、社会组织、人力资源机构和用人单位，开展年度全国残疾人就业服务系列活动。本次活动研讨残疾人就业新形势新举措，搭建残疾人企业及残疾人个人产品作品展示展销平台，统筹全国残疾人人力资源服务资源，成立中国残疾人就业社会责任联盟。

4. 文化和旅游部、中国残联共同开展残疾人参与非遗传承行动

2020 年 5 月 14 日，中国残联办公厅、文化和旅游部办公厅共同印发

《关于积极引导残疾人参与非遗保护试点工作的通知》。这是文化和旅游部与中国残联认真贯彻落实习近平新时代中国特色社会主义思想，深入贯彻习近平总书记关于残疾人事业的重要论述，是推动残疾人参与非遗传承和保护、促进残疾人稳定就业、巩固脱贫攻坚成果的重要举措。要支持设立一批残疾人非遗传承培训基地和残疾人非遗工匠工作室，开展残疾人非遗传承师带徒培训，推动残疾人非遗传承培训基地产品销售，积极引导残疾人参与非遗保护，带动一批残疾人尤其是贫困残疾人稳定就业。要总结提炼一批可复制、可推广、可持续的残疾人参与非遗保护、促进就业的经验与模式，鼓励和支持其他地区学习借鉴、宣传推广。

5. 提高残疾人职业技能培训水平

2020年11月23日，举办全国残疾人岗位精英职业技能竞赛。由人力资源和社会保障部中国就业培训技术指导中心与中国残联就业服务指导中心共同主办，广东省残疾人联合会、深圳市残疾人联合会承办的"2020年全国行业职业技能竞赛——全国残疾人岗位精英职业技能竞赛"系列活动，吸引了来自全国各地的234名残疾人选手参赛，竞赛总规模超过700人。本次竞赛活动旨在深入贯彻习近平总书记关于残疾人事业重要论述和对技能人才工作的重要指示精神，加强残疾人就业培训工作，挖掘残疾人特殊潜能，顺应新时期产业转型升级和高技能人才用工需求，拓展残疾人就业领域，提升就业层次。

2020年6月22日，"盲人医疗按摩继续教育平台"上线。为规范全国盲人医疗按摩行为，满足盲人医疗按摩人员参加远程继续教育培训的需要，提高盲人医疗按摩人员专业技术水平和综合素质，切实保障患者的健康权益，由中国盲人按摩学会主办的"盲人医疗按摩继续教育平台"正式上线，为已取得盲人医疗按摩人员从事医疗按摩资格证书并从事医疗按摩活动的盲人医疗按摩人员提供远程继续教育培训服务。

2020年9月12~13日，2020年全国盲人医疗按摩人员资格考试在18个省级考区同步进行。2020年的全国盲人医疗按摩人员考试是在疫情防控常态化背景下进行的一次考试，面临一定的风险和挑战。各级残联以组织盲人医疗按摩人员考试为契机，高度重视并加强包括盲人按摩人员在内的残疾人职业技能培训，不断提升残疾人就业技能，提高培训后就业率，对受疫情影响的盲人按摩机构落实费用减免等各项就业帮扶政策，强化线上线下就业服务，扎实做好残疾人基本民生保障各项工作。

2020 年 3 月 21 日，"创翼计划"推出残疾人线上培训课程。为进一步提升残疾人就业能力，推动残疾人实现更加稳定、更有质量的就业，满足其在职业素养、心理咨询等方面的实际需求，中国残联就业服务指导中心联合"58 公益"发起的助残就业项目"创翼计划"，正式推出免费线上培训课程，为求职者打造在线学习平台。此次推出的 33 节课程全部采用视频授课方式，涵盖了职业发展规划、求职实用技能、就业准备、政策讲解等多个方面。结合残疾人群体在求职道路上所遇到的问题和困难，通过多位行业资深讲师详细解答指导，帮助学员在职业发展中认识自我，适应职业要求，建立和谐人际关系，掌握实用的求职技巧，从思想、技能等多方面做好求职准备。"58 公益"常年致力于"互联网＋助残"事业的探索和创新，此次课程的推出旨在通过互联网平台，在特殊时期为残疾人群体提供更加优质和便利的线上服务，培养求职者通过互联网获取知识的习惯，真正实现自己的职业梦想。

6. 推进盲人按摩行业规范化发展

2020 年 12 月 15 日，中国盲人按摩学会第七届会员代表大会在江西省南昌市召开，来自全国各地的会员单位及代表 200 余人参加会议。会议宣讲学习了党的十九届五中全会精神，听取和审议《中国盲人按摩学会第六届理事会工作报告》《中国盲人按摩学会章程（修正案）》，选举产生学会第七届领导机构，王永澄当选为中国盲人按摩学会会长，李志军被推举为中国盲人按摩学会名誉会长，聘请董福慧教授为首席学术顾问。会议围绕盲人按摩行业发展、盲人按摩工作标准化建设、品牌化打造以及"助盲就业脱贫"工作等热点问题进行了广泛的交流。

（四）残疾人社会保障

1. 高度重视疫情防控时期残疾人基本生活保障

2020 年 3 月 6 日，中央应对新冠肺炎疫情工作领导小组印发《关于进

一步做好疫情防控期间困难群众兜底保障工作的通知》，要求保障好疫情防控期间困难群众基本生活。2020年5月22日，中国残联、民政部、财政部等部门共同印发《关于扎实做好疫情防控常态化背景下残疾人基本民生保障工作的指导意见》，对保障残疾人基本生活、稳定残疾人就业和推进残疾人脱贫攻坚等工作提出明确要求。中国残联要求各地残联在疫情防控时期扎实做好残疾人就业和基本生活保障工作。2020年4~6月，集中开展疫情影响下特殊困难残疾人家庭走访探视专项行动，走访探视对象主要是疫情影响下在生产生活等方面面临困难的残疾人家庭，包括曾因隔离、感染而出现困难的残疾人，亲属病亡的残疾人，建档立卡未脱贫残疾人、有致贫返贫风险的残疾人和贫困"边缘户"，就业、就医、就学等有特殊困难的残疾人，病残、孤残等困难家庭。

2. 加强残疾人社会救助制度建设

2020年8月25日，中共中央办公厅、国务院办公厅印发《关于改革完善社会救助制度的意见》，对改革完善社会救助制度的总体要求、重点任务、保障措施提出具体要求。中国残联召开专题会议，传达贯彻落实《关于改革完善社会救助制度的意见》视频会暨全国社会救助部际联席会议全体会议精神。残疾人是各项社会救助政策的直接受益者和特定期待者，该意见的印发实施为促进残疾人融合发展、推动残疾人救助服务发展等提供了有力的政策支撑。

3. 加强残疾人基本公共服务标准体系建设

2020年7月9日，中国残联召开残疾人基本公共服务标准体系建设推进领导小组全体会议，总结上半年工作进展，对下半年和"十四五"时期残疾人服务标准化工作进行了研究部署。会议介绍了农村残疾人扶贫助残基地基本规范与评价、残疾人创业孵化基地服务规范、残疾人中等职业学校设置标准、新型冠状病毒感染肺炎疫情残疾人防护指南、重大传染病疫情残疾人防护社会支持服务指南等标准化工作的制修订进展情况。会议还对"十四五"时期残疾人服务标准化工作进行了研讨。

不断完善残疾人社会支持服务标准。2020年11月11日，中央宣传部、民政部、中国残联等 9 部门联合发布《重大传染病疫情残疾人防护社会支持服务指南（试行）》。2020 年 9 月 10 日，中国残联办公厅印发《重大传染病疫情残疾人防护指南（试行）》。这两个指南由中国残联研究室、残疾人事业发展研究中心牵头组织有关单位、高等学校、地方残联和残疾人社会组织，在总结疫情发生后残疾人防护实践做法并征求残疾人及其亲友代表意见的基础上，根据国家有关法律法规和疫情防控的有关要求开展工作，联合发文部门进行了充分沟通、反复协商、慎重制定。这两个指南的发布，为各级政府及有关部门、群团组织、社会公共服务机构、残疾人服务机构、城乡社区组织等在疫情防控时期更好地为残疾人提供社会支持服务明确了基本规范，也为疫情防控时期残疾人自我防护提供了指引。这两个指南的发布填补了国家层面重大传染病疫情发生时残疾人防护指南的空白。

2020 年 3 月 31 日，国家市场监管总局、国家发展改革委、财政部印发《关于下达国家基本公共服务标准化试点项目的通知》（国市监标技〔2020〕49 号），这是国家基本公共服务标准化的首次试点工作。哈尔滨市残疾人基本公共服务标准化专项试点、合肥市残疾儿童康复基本公共服务标准化专项试点被纳入其中，北京市西城区巡视探访专项试点、通（北京通州）武（天津武清）廊（河北廊坊）医疗卫生协调联动专项试点、广西田阳县"弱有所扶"专项试点、宁夏石嘴山大武口区基本公共就业服务等专项试点和综合试点的顺利开展，为残疾人服务标准化奠定了实践基础。

江苏省加快托养服务体系建设。截至 2020 年 12 月，江苏省已经建成并运行"残疾人之家"近 3000 个，覆盖了全省所有的乡镇街道和残疾人口比较集中的村（居），日间照料服务 4 万人，辅助性就业 3 万人，深受广大残疾人及其亲属的欢迎，有效解决了心智障碍者、依老养残等特困残疾人家庭的"痛点""堵点"，实现了基本公共服务均等化。

（五）无障碍环境建设

1. 不断健全无障碍法律法规

2020 年 1 月 22 日，国铁集团、退役军人事务部、中央军委后勤保障部、中国残联共同发布《关于进一步做好铁路残疾人旅客专用票额车票发售工作的通知》（铁办客〔2020〕7号），确保残疾人旅客实现在铁路12306网站购买铁路残疾人旅客专用票额车票。2020年4月15日，工业和信息化部、中国残联制定下发《关于推进信息无障碍的指导意见》（工信部联信管〔2020〕146号），完善信息无障碍环境建设顶层设计，对进一步做好信息无障碍工作进行部署。2020年5月16日，中国残联举办《残疾人家庭无障碍改造技术手册》编写研讨会，充分听取清华大学无障碍发展研究院、中国中建设计集团、北京市建筑设计研究院的专家和盲协、聋协、无障碍通用设计研修营残疾人士的意见和建议。2020年8月26日，中国残联等13个部门联合印发《关于开展城市居住社区建设补短板行动的意见》，发布《完整居住社区建设标准（试行）》，提出基本公共服务设施完善、便民商业服务设施齐全、市政配套基础设施完备、公共活动空间充足、物业管理全覆盖、社区管理机制健全六个目标。

最高人民检察院、浙江省检察院探索将无障碍环境建设系统化纳入公益诉讼办案范围，体现了对残疾人等群体的关心，为推进无障碍环境建设和残疾人权益维护提供更有力的法治保障。浙江省高级人民检察院全力助力杭州亚残运会，推进无障碍环境的法治建设。目前浙江省已在杭州、宁波、湖州、金华、台州等地开展无障碍环境建设领域检察公益诉讼工作。

2. 无障碍标准不断完善

在中国残联推动下，由浙江大学中国残疾人信息和无障碍技术研究中心、中国残联信息中心、中国电子技术标准化研究院、北京航空航天大学、中国信息通信研究院联合中国盲文出版社、中国盲人协会、中国聋人协会、阿里巴巴（中国）有限公司等单位，历时3年，共同制定了《信息技术互联网内容无障碍可访问性技术要求与测试方法》（GB/T 37668—2019）国家标准。该标准是中国互联网信息无障碍领域创新性的国家标准，由国家市场监督管理总局、中国国家标准化管理委员会审核发布，并于2020年3月1日正式实施。国家认证认可监督管理委员会将联合住房和城乡建设部门加快建立无障碍设计和设施产品认证制度：制定统一的标准规范，建立分工合理、高效运营的工作机制，推广无障碍认证采信应用。

3. 无障碍环境建设机制不断完善

中国残联与工业和信息化部会商信息无障碍工作。中国残联和工信部高度重视信息无障碍工作，于 2020 年 3 月 8 日联合发布《中国残疾人联合会 国家互联网信息办公室关于加强网站无障碍服务能力建设的指导意见》和《工业和信息化部 中国残疾人联合会关于推进信息无障碍的指导意见》。2020 年 11 月 15 日，国务院办公厅印发《关于切实解决老年人运用智能技术困难的实施方案》，支持中国盲协、中国聋协深入参与信息通信产品的测评工作；维权部要进一步密切与工信部等相关部委的沟通协调，做好规划；组联部要积极配合，加大力度推动信息无障碍工作。

2020 年 12 月 1 日，新修订的《民用机场旅客航站区无障碍设施设备配置标准》（以下简称《标准》）开始实施。《标准》的修订实施是践行习近平总书记以人民为中心的发展思想和重视无障碍环境建设指示的具体举措。《标准》充分借鉴了北京大兴国际机场无障碍的设计建设实践经验，相信随着《标准》的贯彻实施，必将提升全国机场无障碍环境建设和服务的水平，同时对于示范带动全社会无障碍环境建设也具有重要意义。2020 年 12 月 22 日，国务院新闻办公室发布《中国交通的可持续发展》白皮书，将无障碍环境建设纳入该白皮书。2020 年 12 月 25 日，工信部宣布从 2021 年 1 月起，进行为期一年的"互联网应用适老化及无障碍改造专项行动"，微信、支付宝、百度地图等 App 将进行适老化及无障碍改造，线下营业厅也将为老年人提供更多的特殊通道和爱心座位等服务。

4. 无障碍环境建设水平不断提升

自《无障碍环境建设条例》颁布实施以来，中国无障碍环境建设不断发展。住房和城乡建设部等五部门联合发布通知，对申报参加"十三五"无障碍环境创建的 211 个市县村镇创建工作情况进行验收。国家验收组验收检查北京、广东、海南等地无障碍环境创建工作，对北京、广东、海南在"十三五"期间创建无障碍环境市县村镇工作实地验收抽查。验收组分别对福利设施、居住小区、旅游文化、医疗机构、政务服务窗口、公共卫生间、

公共停车场、信息交流、城市道路等无障碍环境建设进行实地验收检查，深入残疾人、老年人家庭查看居家无障碍改造情况；查阅资料，听取情况介绍，召开座谈会，听取残疾人、老年人等受益群体的意见建议。

无障碍环境建设首次在2020~2021年中国经济年会上推介。2020~2021年中国经济年会主题为"加快构建新发展格局"。会议提出无障碍环境建设可促进消费需求循环而释放经济价值特性效应，无障碍环境建设供给侧结构性改革可减少存量遏制增量达到多元循环，无障碍环境建设是应对老龄化社会、满足残疾人与适老化人文需求的具体措施。

2020年9月22日，第15届中国信息无障碍论坛暨全国无障碍环境建设成果展示应用推广活动在杭州举办。本次论坛围绕"信息无障碍助力公共服务"主题，设信息无障碍、无障碍旅游标准化建设两个分论坛，举办全国首次无障碍设施设计精品案例推介分享会，现场展示一年来中国无障碍环境建设最新成果300多项，其中来自相关机构、高校、科技企业及残疾人组织等单位的信息无障碍成果案例41项，经过严格的专业评审和公示程序，首次发布10项信息无障碍优秀案例。中国盲文图书馆、阿里巴巴公益基金会、浙江大学软件学院共同举行了"共建信息无障碍创新应用中心"启动仪式；浙江省有关方面共同发布了《信息无障碍发展杭州宣言》。

（六）残疾人扶贫

1. 高度重视残疾人脱贫攻坚工作

国务院扶贫办、中国残联和民政部共同召开电视电话会议部署2020年贫困残疾人脱贫攻坚工作。由于贫困残疾人发展能力弱、贫困程度深，2020年又受到疫情影响，实现残疾人脱贫解困仍面临一些困难和挑战，在助推贫困残疾人脱贫攻坚的实际行动中，要凝心聚力，坚定信心，攻坚克难，按照中央统一部署，全力以赴做好2020年贫困残疾人脱贫攻坚各项工作。2020年3月12日，中国残联分赴陕西、广西、安徽、云南、贵州、湖南等地区开展调研脱贫攻坚工作。中国残联召开贫困残疾人脱贫攻坚领导小组全体会议，贯彻落实国务院扶贫开发领导小组关于积极应对新冠肺炎疫情决战脱贫

016

攻坚电视电话会议精神，研究部署中国残联 2020 年贫困残疾人脱贫攻坚工作和定点扶贫工作。2020 年 3 月 12 日，中国残联印发《关于积极应对新冠肺炎疫情　有序推进贫困残疾人脱贫攻坚工作的通知》。

2. 做好建档立卡重度残疾人家庭无障碍改造工作

中国残联领导以分包负责的方式分别赴建档立卡贫困残疾人数量仍在三万人以上的 6 个重点省（区）开展蹲点督导；中国残联以视频会议的方式，对当前全国未脱贫残疾人数量较多的安徽、江西、河南、湖北、湖南、重庆及其重点地市的残疾人脱贫攻坚工作进行视频督导，推动各项帮扶措施落实落地。中国残联部署强调聚焦建档立卡重度残疾人家庭无障碍改造助力残疾人脱贫攻坚。2020 年 3 月 20 日，中国残联办公厅下发《关于切实做好建档立卡重度残疾人家庭无障碍改造工作助力残疾人脱贫攻坚的通知》（残联厅函〔2020〕33 号），要求各地确保如期完成 2020 年现行标准下建档立卡重度残疾人家庭无障碍改造全覆盖任务，全力助推残疾人脱贫攻坚。2020 年 4 月 17 日，中国残联召开助力脱贫攻坚部分省区残联建档立卡重度残疾人家庭无障碍改造工作推进视频会议，传达中国残联、国务院扶贫办、民政部残疾人脱贫攻坚电视电话会议精神和中国残联对实施贫困重度残疾人家庭无障碍改造工作助力脱贫攻坚的安排部署，详细听取 10 个省（区）2020 年推进建档立卡重度残疾人家庭无障碍改造工作打算和举措。

3. "全国助残日"聚焦"助残脱贫　决胜小康"

2020 年 4 月 27 日，国务院残疾人工作委员会等 13 个部门发布《关于开展第三十次全国助残日活动的通知》，将第三十次"全国助残日"的活动主题确定为"助残脱贫　决胜小康"。中国残联依托残疾人大数据资源，结合地理信息系统技术，开发了"残疾人脱贫攻坚服务地图移动端"App。该App 在 2019 年底与国务院扶贫办比对的建档立卡持证残疾人数据基础上，通过地图展示方式，直观反映建档立卡未脱贫残疾人全国分布情况，对接动态更新系统相关数据及残疾人家庭无障碍改造业务系统采集数据，可实现全面了解残疾人主要需求与服务状况、快捷了解残疾人专项信息、有针对性地了解残疾人家庭无障碍改造状况等功能，为残疾人脱贫攻坚奔小康督导提供

依据和参考。

中国残联扶贫办专题研究残疾人脱贫攻坚有关评估整改工作。2020 年 5 月 18 日，中国残联组织召开专题会议，研究落实国务院扶贫办关于反馈脱贫攻坚重要政策措施分工任务落实情况第三方评估结果的意见及中央和国家机关工委 2019 年定点扶贫工作成效评价反馈意见整改工作，研究部署中国残联各位领导赴重点任务省（区）蹲点督导和作为国务院扶贫开发领导小组成员参加国家脱贫攻坚督查有关事宜。2020 年 6 月 5 日，中国残联和国务院扶贫办共同召开全国东西部残疾人扶贫协作视频调度会，助力破解"因残致贫"难题。

4. 举行"解决因残致贫的中国探索"主题论坛

2020 年 10 月 14 日，中国残联和国务院扶贫办联合主办"解决'因残致贫'的中国探索——2020 年残疾人扶贫论坛"。解决"因残致贫"问题是精准扶贫的重要内容和精准脱贫的难点任务。同时，首发新书《破解因残致贫的中国方案——残疾人扶贫典型案例》，为破解"因残致贫"问题提供了鲜活教材。

5. 圆满完成残疾人脱贫攻坚任务

2020 年 12 月 23 日，中国残联召开贫困残疾人脱贫攻坚领导小组全体会议，全面总结 2020 年度残疾人脱贫攻坚工作，研究巩固拓展残疾人脱贫攻坚成果工作安排。会议传达学习了党中央、国务院关于巩固拓展脱贫攻坚成果同乡村振兴战略有效衔接的有关文件精神。2020 年底，圆满完成贫困残疾人脱贫攻坚任务，全国有 45.7 万人次农村残疾人接受了实用技术培训，4158 名贫困残疾人获得康复扶贫贴息贷款扶持，4581 个残疾人扶贫基地安置 5.6 万名残疾人就业，辐射带动 9.6 万户残疾人家庭增收。

（七）残疾人文化体育

1. 开展残疾人文化活动

2020 年 5 月 17 日，由中国残联主席张海迪作词、中国残疾人艺术团盲人演员蒋灿作曲并演唱的"全国助残日"主题歌曲《一个也不能少》正式发布。歌曲创作和录制过程中，张海迪从音乐创作到演唱风格对演员悉心指导，阐释歌曲意蕴。2020 年 9 月 10 日，由中国残联主办，中国残联宣文部和教就部、中国残疾人特殊艺术指导中心、中国盲文出版社、中国残疾人事业新闻宣传促进会、中国特殊艺术协会、中国残联华夏文化集团共同承办，交通银行支持的"致敬最美的您"中国残疾人艺术团教师节在线公益演出中，约两万名网友通过央视频、中国网、蓝气球公益等网络平台观看晚会，相关预告宣传浏览量 500 多万次。

2020 年 9 月 14～19 日，中国残联主办的中国残疾人艺术团"共享芬芳·共铸小康"公益演出活动走进宁夏西海固、甘肃定西深度贫困地区未摘帽贫困县，为当地干部群众带去视觉文化盛宴。演出以"共享芬芳·共铸小康"为主题，包含歌曲、舞蹈、器乐合奏、笛子独奏、板胡独奏等多种表演形式。

2020 年 10 月 29 日，2020 年"残疾人文化周"——华东地区残疾人文创作品展在济南举行，展出作品包括文创产品类、美术工艺类、数字媒体类以及反映残疾人工作者和残疾人参与脱贫攻坚和疫情防控的作品。展会期间成立"全国残疾人文创就业联盟"，该联盟由山东世博文化公司首发倡议，联合华夏文化集团、上海众帮公益服务中心等 20 余家行业协会、社会组织、产业示范企业共同发起成立。

2020 年 10 月 15 日，由中国残联主办，中国盲人协会、中国残联宣文部、中国盲文图书馆、中国盲文出版社、中国残疾人特殊艺术指导中心共同承办，中国盲协音乐与艺术工作委员会协办的"看见明天"国际盲人节公益音乐会在北京天桥艺术中心举行。整场演出分为 4 个乐章，来自中国残疾人艺术团以及中国盲协音乐与艺术委员会的 30 余位盲人音乐人带来了美声、民族、流行等不同风格的声乐作品和二胡、钢琴、马头琴等乐器演奏，内容精彩纷呈。盲人音乐家用澎湃的激情讴歌祖国、讴歌党、讴歌伟大的时代和幸福的生活，精彩演出赢得了观众长久热烈的掌声。

2. 发布2022年杭州亚洲残疾人运动会吉祥物

2020 年 4 月 16 日，杭州 2022 年第 4 届亚洲残疾人运动会吉祥物"飞

飞"通过线上正式发布。"飞飞"的设计灵感源自良渚文化中"神鸟"的形象，融合了杭州历史人文和科技创新，也承载着人与自然和谐共生的期盼，是文化和幸福的使者。吉祥物"飞飞"与亚残运会会徽"向前"（Ever Forward）和口号"心相约，梦闪耀"（Hearts Meet，Dreams Shine）一脉相承，将成为大力宣传杭州亚残运会的绝佳载体。第一个"飞"，是鸟的飞翔。天高任鸟飞，代表着人类社会包容、尊重、友爱的良好氛围。第二个"飞"，是残疾人运动员追逐梦想、飞跃自我的精神状态。

3. 积极备战北京冬残奥会和东京残奥会

2020年6月3日，中国残联召开备战北京冬残奥会、东京残奥会国家集训队开训动员大会。中国助残志愿者协会为北京冬奥会和冬残奥会志愿服务可持续发展建言献策。"双奥之城 志愿有我"北京冬奥会和冬残奥会志愿服务可持续发展论坛在北京举办。论坛同时发布了由北京冬奥组委、中央文明办、共青团中央、教育部、国家体育总局、中国残联和中国志愿者联合会七家单位共同发起的《广泛开展迎冬奥志愿服务活动倡议书》，并为京冀两地的四位志愿者代表授旗。

4. 中国残奥委员会、特奥委员会、聋人体育协会召开第六届全国代表大会

中国残奥委员会、中国特奥委员会、中国聋人体育协会第六届全国代表大会于2020年12月30日召开。会议听取并审议通过了三个协会的工作报告和章程（修正案），选举产生了新一届领导机构。中国残联和国家体育总局代表在主会场参加会议，各省（区、市）和计划单列市残联、新疆兵团残联、特邀残疾人运动员代表在各地分会场参加会议。

（八）残疾人权益保障

1. 加强残疾人权益保障法治建设

《民法典》注重残疾人权益保障。《民法典》中直接涉及残疾人权益保障的内容近30条，充分体现了《民法典》以人民为中心的立法思想，坚持"特别法"优先于"一般法"的原则，从而肯定了《残疾人保障法》等专门立法在法律适用上的优先地位。第二次修订通过的《未成年人保护法》

明确残疾人联合会在保护未成年人工作中的职责，对包括残疾未成年人在内的需要特别照顾的未成年人权益予以保护，重视对残疾未成年人受教育权的保护。通过的《退役军人保障法》重视对伤残退役军人权益的保障，保障伤残退役军人得到妥善安置，保障伤残退役军人优先享受就业优惠政策，重点保障伤残退役军人的抚恤优待。修订通过的《国防法》，对残疾军人的权益予以特别保障。

2020 年 5 月 25 日，十三届全国人大三次会议在北京人民大会堂举行第二次全体会议，最高人民法院院长周强在《最高人民法院工作报告》中指出，人民法院维护社会公平正义，严厉惩处侵害残疾人的犯罪，方便残疾人诉讼，切实保障残疾人合法权益。最高人民检察院检察长张军在《最高人民检察院工作报告》中指出，2019 年，人民检察院高度重视特殊群体权益保障，起诉侵害残疾人权益犯罪 5928 次，同比增长 9%。

加强残疾人法律救助工作。2020 年 7 月 28 日，中国残联召开残疾人法律救助工作视频会议，通报了全国残疾人法律救助工作基本情况。北京市残联、海南省残联进行了残疾人法律救助工作交流，播放了江苏省镇江市残疾人法律救助工作短片。"十三五"期间，法院、检察院、公安、司法行政、民政、人社、教育、卫生健康、残联等部门共同推进残疾人法律救助工作，初步形成残疾人法律救助体系，为依法维护残疾人权益提供了重要支持和保障。

2. 开展疫情防控宣传，提升残疾人服务便利化

中国盲协携手中国盲文出版社、中国盲文图书馆完成国家卫健委发布的《新冠肺炎预防指南》，中国盲协和中国疾控中心共同编写的《新型冠状病毒感染的肺炎公众防护指南》的有声书，在全国各地近 400 个盲人微信群广泛转发。中国盲协协调中国盲文图书馆呼叫中心，把有声书的内容内嵌入呼叫中心的语音服务，盲人群众只需拨打"4006107868"就能通过电话收听到有声书的内容。两本有声读物的发布，受到广大盲人群众的好评。中国聋协结合听力残疾人的个性化需求，积极采取措施，让听力残疾人中口语使用者和手语使用者及时、准确了解疫情进展，掌握防疫知识，做好自身防

护。手语研究委员会利用视频向手语使用者解释戴口罩、勤洗手、尽量居家等关键信息。人工耳蜗植入者委员会协调电池厂家和经销商，为耳蜗植入者和助听器佩戴者居家提供电池邮购服务。

加强残疾人服务便利化工作。基层残疾人组织、社会组织通过上门入户、网络在线、"一键通"等为残疾人提供便利化服务的措施；大力推行上门办、网上办、马上办、一次办、就近办等服务便利化措施，在残疾人服务便利化方面探索创新，不断提升残疾人对残联工作的满意度。

（九）组织建设

1. 加强残疾人专门协会建设

2020年5月15日，中国残联、民政部下发《关于加强和改进村（社区）残疾人协会工作的意见》（残联发〔2020〕15号），就深入推进基层残联组织改革和服务创新、促进基层治理体系建设、加强和改进村（社区）残协工作做出部署。村（社区）残疾人协会是在乡镇（街道）残联指导下，在村（社区）"两委"领导下，由村（社区）内残疾人及其亲友和扶残助残人士等组成的残疾人组织，是残联的最基层组织，承担着直接联系和服务残疾人的重要任务。2020年9月21~24日，中国智协"邀访·倾听"系列活动暨"放心工程"项目活动、特奥交流活动、支持性就业项目在宁夏回族自治区银川市举行。2020年10月26日，中国残联召开专门协会"十四五"规划座谈会，专题听取中国盲人协会、中国聋人协会、中国肢残人协会、中国智力残疾人及亲友协会、中国精神残疾人及亲友协会的代表对《"十四五"残疾人保障和发展规划（初稿)》的意见建议。2020年12月12日，中国残联召开执行理事会与专门协会联席会议，各专门协会和专门协会评监委分别就2020年工作总结和2021年工作计划进行了通报。一年来，五个专门协会坚持以习近平新时代中国特色社会主义思想为指导，深入贯彻落实习近平总书记关于残疾人事业的重要论述，紧紧围绕残联中心任务开展工作，切实履行主要职能，不断加强自身建设，精准反映本类别残疾人的迫切需求，广泛开展基层调研和人才培训，努力打造服务品牌项目，为各类残疾人提供有效服务，顺利完成年度任务。

2. 加强区域残疾人公共服务政策互通和资源共享建设

2019 年 6 月 13 日，沪苏浙皖三省一市残联共同签署《长三角残疾人事业一体化发展战略合作框架协议》，落实四地残联领导年度联席会议机制、综合部门协调机制、基层互访调研机制、沪苏浙皖年度轮值机制。四地残联每年举办一次主题活动，明确合作清单，通过启动专项行动、编制专项规划、搭建合作平台等方式，边谋划边推进。长三角辅具一体化可行性方案已经形成，在辅助器具适配、就业服务、文化体育服务等方面开展了一系列共建共商共享活动。2020 年 3 月 13 日，中国残联召开长江三角洲区域残疾人公共服务便利共享规划编制视频推进会，交流了长江三角洲区域一体化残疾人公共服务便利共享推进开展情况。

3. 举办专职委员知识竞赛，加强专职委员能力建设

2020 年 12 月 3 日，第四届全国残联专职委员知识竞赛决赛采用线上模式举办，共计 45.2 万名专职委员参与初赛。决赛主会场设在辽宁省大连市北方国家版权交易中心，主会场与分会场通过视频连线，选手在分会场通过手机端系统进行答题。竞赛通过"专职委员在线"平台进行全程直播，向广大观众分享比赛盛况。

（十）信息化建设

1. 继续开展全国残疾人基本服务状况和需求信息数据动态更新工作

2020 年 6 月 10 日，中国残联召开 2020 年全国残疾人基本服务状况和需求信息数据动态更新工作国家级培训暨经验交流视频会议。会议要求做好 2020 年及今后一段时间的动态更新工作，进一步贯彻落实中国残联改革部署，高质量可持续统筹推动动态更新工作开展和全国残联信息化服务平台建设，以动态更新信息采集促残联信息化改革与建设，以信息化服务平台建设助推动态更新升级，力争达到精准化精细化服务残疾人的目标。

2. 推进全国残疾人证"跨省通办"暨残疾人证清理工作

2020 年 10 月 22 日，中国残联召开推进全国残疾人证"跨省通办"暨残疾人证清理工作视频会议，推进残疾人证"跨省通办"是国务院的明确要求，

是呼应广大残疾人热切期盼的重要举措，是提升残疾人服务水平的有效途径。统筹推进全国残疾人证"跨省通办"工作进度，起草残疾人证"跨省通办"业务规范，升级改造残疾人证管理系统，有序开展残疾人证"省内通办"试点，做好残疾人证"跨省通办"的技术衔接，确保工作顺利推进。

3. 强化在线服务，拓展"互联网 + 助残服务"功能

2020 年 12 月 3 日，中国残联在辽宁省大连市举行"专门协会在线培训平台"启动仪式。该平台是由中国残联组联部指导、中国残联五个专门协会主办、辽宁出版集团具体实施的公益性、无障碍网络培训平台。该平台启动后，将免费向全国各级各类专门协会主席、副主席开放并提供相关在线服务。

4. 第五届残疾人数据科学研讨会在北京召开

2020 年 12 月 27 日，由中国统计学会、中国残疾人联合会信息中心和南京特殊教育师范学院联合主办，南京特殊教育师范学院中国残疾人数据科学研究院、中国残联·东南大学·南京特殊教育师范学院无障碍联合重点实验室、南京市残疾人联合会承办的第五届残疾人数据科学研讨会在北京举办。来自联合国儿童基金会、国家统计局、中国残联、中国社会科学院、北京大学、清华大学、中国人民大学、德国奥尔登堡大学、美国印第安纳州立大学等 40 余家单位的 60 多位国内外专家学者参加了本届研讨会。研讨会以"数字化时代残疾人事业发展"为主题进行交流和研讨，研讨会期间举办了"残障青少年数字权益"合作项目启动仪式。

二 中国残疾人事业发展指数分析

（一）残疾人事业发展指数

自 2017 年首次编制中国残疾人事业发展指数①以来，已连续四年编制

---

① 凌亢等：《中国残疾人事业发展报告（2006～2015）》，中国统计出版社，2017。

与发布该项指数①。考虑到指标的科学性、可行性原则，新一轮中国残疾人事业发展指数的编制在沿用上述评价指标体系的基础上，将"城镇残疾人新增就业比例（D12）"指标替换为"残疾人按比例就业占比"②，目标值为11（%）。评价数据主要来源于《中国残疾人事业统计年鉴2020》《中国统计年鉴2020》《中国教育年鉴2020》等；对于部分缺失数据、异常值采用数据插补与替换等方法加以处理。

1. 生存保障指数

由表1可知，2009～2019年中国残疾人康复指数、社会保障指数、扶贫指数基本呈现上升态势。2019年分别达到80.0、77.9和74.2，较2009年分别提升36.0、39.9和21.7。总的来看，2019年中国残疾人生存保障指数达到77.6，比2009年提升了33.4，残疾人生存保障水平提升速度较快。

表1 2009～2019年中国残疾人生存保障指数

项目	2009	2010	2011	2012	2013	2014	2015	2016	2017	2018	2019
康复	44.0	47.6	52.3	64.5	67.9	70.0	69.8	74.8	78.7	78.5	80.0
社会保障	38.0	40.6	39.5	44.5	43.8	58.4	65.9	72.2	81.2	76.3	77.9
扶贫	52.5	56.5	53.1	60.3	59.5	61.9	62.8	65.5	64.1	72.0	74.2
生存保障	44.2	47.5	47.8	55.9	56.6	63.4	66.4	71.2	75.5	75.9	77.6

注：1. 2009～2018年指数值参见《残疾人蓝皮书：中国残疾人事业发展报告（2020）》第19～25页，本报告余同。

2. 指数计算方法参见《中国残疾人事业发展报告（2006～2015）》第293～298页，本报告余同。

2. 发展提升指数

由表2可知，2009～2019年残疾人教育指数虽有波动，但总体上呈上

① 凌亢主编《残疾人蓝皮书：中国残疾人事业发展报告（2018）》，社会科学文献出版社，2018；凌亢主编《残疾人蓝皮书：中国残疾人事业发展报告（2019）》，社会科学文献出版社，2019；凌亢主编《残疾人蓝皮书：中国残疾人事业发展报告（2020）》，社会科学文献出版社，2020。

② "残疾人按比例就业占比"是指报告期内按比例就业的残疾人数占残疾人就业人数的比重。

升发展的态势。中国残疾人教育指数由 2009 年的 55.0 上升到 2015 年的
73.3，提升了 18.3，提升幅度较大；由于"百名残疾儿童拥有特殊教育专
任教师数（D10）"等指标值的降低，2016～2019 年残疾人教育指数有所回
落，残疾人教育指数下降至 2019 年的 67.5。残疾人就业指数在 2009～2019
年整体上呈现上升的趋势，2009～2014 年虽然出现波动，但基本维持在 70
左右。自 2014 年起，残疾人就业指数稳步提升，2019 年残疾人就业指数为
80.9，比 2014 年的 68.3 增加 12.6，增长率为 18.4%。残疾人文化体育指
数由 2009 年的 19.2 上升到 2019 年的 41.1，提升了 21.9，提升幅度较大。
总的来看，2009～2019 年中国残疾人发展提升指数呈现上升趋势，从 2009
年的 54.4 提升到 2019 年的 67.2，提升了 12.8，但残疾人发展提升指数处
于相对较低的水平。

表 2　2009～2019 年中国残疾人发展提升指数

项目	2009	2010	2011	2012	2013	2014	2015	2016	2017	2018	2019
教育	55.0	57.9	62.8	67.2	69.9	70.7	73.3	70.7	70.2	68.5	67.5
就业	72.7	71.0	71.8	69.7	72.9	68.3	69.9	72.1	74.3	76.5	80.9
文化体育	19.2	18.4	24.5	27.4	34.8	33.3	37.0	34.1	33.2	38.5	41.1
发展提升	54.4	54.7	58.3	59.8	63.7	61.9	64.4	63.6	64.0	65.3	67.2

3. 服务支撑指数

由表 3 可知，2009～2019 年中国残疾人维权指数、服务设施指数、信
息化指数均呈现整体上升态势，分别由 2009 年的 47.8、49.2 和 19.0 上升
到 2019 年的 78.0、85.4 和 51.7，分别提升了 30.2、36.2 和 32.7。其中，
信息化指数提升幅度最大，增长率为 172.1%，年均增长率为 10.5%，但仍
处于较低水平。残疾人组织建设指数在 2009～2019 年呈现"先升后降"的
发展态势，但变化幅度不大，基本维持在 80.0 左右。总的来看，中国残疾
人服务支撑指数从 2009 年的 47.6 上升到 2019 年的 73.4，提升了 25.8，增
长率为 54.2%，年均增长率为 4.4%，服务支撑水平提升速度较快。

表3 2009～2019年中国残疾人服务支撑指数

项目	2009	2010	2011	2012	2013	2014	2015	2016	2017	2018	2019
维权	47.8	51.1	56.3	62.5	70.4	68.4	72.2	73.3	74.2	76.5	78.0
组织建设	79.3	82.3	77.8	80.3	80.8	82.0	82.4	81.8	80.5	79.1	77.5
服务设施	49.2	38.5	41.7	45.3	57.4	65.2	71.1	75.2	78.2	83.9	85.4
信息化	19.0	19.7	40.5	43.6	44.7	45.6	45.4	52.2	52.5	49.1	51.7
服务支撑	47.6	46.3	52.8	56.7	62.5	64.7	67.3	70.3	71.2	72.3	73.4

4. 残疾人事业发展指数

由图1可知，中国残疾人事业发展指数从2009年的48.4上升到2019年的73.2，提升了24.8，增长率达51.2%，年均增长率为4.2%。中国残疾人事业呈现稳中有升、持续向好的发展态势。

图1 2009～2019年中国残疾人事业发展指数

（二）残疾人事业发展指数的省际比较

本部分进一步计算31个省（区、市）2019年残疾人生存保障、发展提升、服务支撑指数，并与2017年、2018年各地区残疾人事业发展指数进行比较分析。

由表4可知，2019年北京、天津、上海残疾人生存保障指数相对较高，分别为94.9、92.0和91.5，比2017年分别提升了7.9、5.0和3.9，残疾人生存保障程度处于较高水平。同2018年相比，生存保障指数较高地区变化

不大，大部分地区有所提升，其中北京、广东提升幅度相对较大，达到3.0及以上。同时，2019年31个省（区、市）残疾人生存保障发展程度差异较大，生存保障指数较高地区与较低地区之间，相差58.1。

表4　2017~2019年残疾人生存保障指数较高的省（区、市）情况

年份	地区
2017	重庆（88.3）、上海（87.6）、北京（87.0）、天津（87.0）、江苏（84.8）、浙江（83.6）、山东（78.2）、宁夏（75.6）、湖南（74.1）、内蒙古（73.8）
2018	天津（91.6）、上海（91.4）、北京（90.5）、浙江（89.2）、江苏（86.8）、重庆（83.5）、吉林（81.2）、山东（75.9）、宁夏（75.0）、广东（74.8）
2019	北京（94.9）、天津（92.0）、上海（91.5）、浙江（88.7）、江苏（87.6）、重庆（85.9）、吉林（83.3）、山东（78.0）、广东（77.8）、宁夏（76.3）

注：括号中数值为指数值，本报告余同。

由表5可知，2019年残疾人发展提升指数排前3位的省（市）有北京、浙江、上海，分别为86.6、84.2和82.9，其中北京、上海两地发展提升指数比2017年分别提升5.6和8.3。从全国来看，2019年残疾人发展提升指数较高地区与较低地区之间，相差近45.0。

表5　2017~2019年残疾人发展提升指数较高的省（区、市）情况

年份	地区
2017	浙江（85.0）、北京（81.0）、天津（79.5）、上海（74.6）、河北（72.2）、福建（70.2）、山西（70.0）、山东（70.0）、辽宁（69.9）、吉林（69.3）
2018	北京（82.2）、天津（78.6）、浙江（78.1）、上海（75.8）、湖北（71.8）、福建（71.6）、山西（71.3）、河北（71.3）、山东（70.9）、江苏（70.5）
2019	北京（86.6）、浙江（84.2）、上海（82.9）、天津（80.1）、辽宁（79.5）、江苏（76.1）、山东（75.1）、福建（68.4）、湖北（66.1）、吉林（65.3）

由表6可知，2017~2019年上海、天津、浙江在残疾人服务支撑指数排名中相对靠前。2019年上海、天津、浙江、甘肃、福建、重庆和北京共7个省（市）残疾人服务指数均高于80.0，发展水平相对较高。从全国来看，2019年残疾人服务支撑指数较高地区与较低地区之间，相差42.0。

表6　2017～2019年残疾人服务支撑指数较高的省（区、市）情况

年份	地区
2017	上海(92.7)、浙江(89.4)、天津(87.6)、重庆(80.0)、北京(78.9)、江苏(77.9)、甘肃(77.5)、福建(77.3)、广东(69.2)、辽宁(68.6)
2018	上海(91.6)、浙江(88.2)、天津(86.3)、重庆(81.4)、甘肃(80.3)、北京(79.9)、福建(79.3)、江苏(77.1)、内蒙古(70.6)、山东(69.4)
2019	上海(91.2)、天津(88.4)、浙江(85.9)、甘肃(82.6)、福建(82.4)、重庆(82.1)、北京(80.9)、江苏(78.6)、内蒙古(74.6)、宁夏(72.1)

通过计算2019年中国31个省（区、市）残疾人事业发展指数，并根据该指数大小进行分类，由此得到：第一类包括北京、上海、天津、浙江、江苏、重庆、山东、吉林、广东、宁夏、辽宁、福建12个省（区、市），其残疾人事业发展指数相对较高；第二类包括内蒙古、陕西、新疆、甘肃、湖南、河北、山西、湖北、云南、黑龙江、青海、贵州12个省（区），其残疾人事业发展指数处于一般水平；第三类包括广西、河南、江西、安徽、四川、海南、西藏7个省（区），其残疾人事业发展指数相对较低。

三　中国残疾人事业平衡发展指数分析

（一）总体平衡发展指数分析

由图2可知，中国残疾人事业总体平衡发展指数在2015～2019年整体上呈现增长态势。2019年中国残疾人事业总体平衡发展指数为51.8，较2015年增加3.5，增长率为7.2%，年均增长率为1.8%。2019年发展损失率为29.2%，较2018年的27.3%增加1.9个百分点。2015～2019年，中国残疾人总体发展损失率为26%～30%，说明中国残疾人事业发展的不平衡程度还没有得到明显的改善。

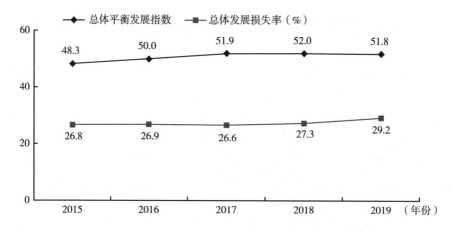

图2　2015～2019年中国残疾人事业总体平衡发展指数变化

注：1. 2015～2018年数据参见《残疾人蓝皮书：中国残疾人事业发展报告（2020）》第25～28页；

2. 平衡发展指数计算方法参见清华大学中国经济社会数据研究中心《清华大学中国平衡发展指数报告》，2019，本报告余同。

（二）分领域平衡发展指数分析

1. 生存保障

由图3可知，中国残疾人生存保障平衡指数从2015年的47.6增长到2019年的53.8，增加6.2，增长率达13.0%，年均增长率为3.1%。这说明中国残疾人生存保障水平不断提高。从发展损失来看，2015～2019年生存保障发展损失率基本维持在30%左右，处于相对高位。2019年生存保障发展损失率为30.6%，较2015年的28.4%增加2.2个百分点。发展损失率显示中国地区间残疾人生存保障发展的不平衡性较为突出。

2. 发展提升

由图4可知，中国残疾人发展提升平衡指数在2015～2018年逐步上升；与2018年相比，2019年发展损失率增幅较大，发展提升平衡指数有所回落。发展提升涉及残疾人平等参与社会、共享文明成果以及教育、就业、文化体育等各领域的发展，指数计算结果显示中国残疾人发展提升损失率整体呈增长趋势，地区间发展的不平衡性较为突出。具体来看，2015～2019年，

图3　2015～2019年中国残疾人生存保障平衡指数变化

发展提升损失率介于25.9%～30.7%，2015～2017年损失逐年下降，损失率由25.9%下降至24.3%，降低了1.6个百分点；2018～2019年又有所回升，其原因主要在于2019年采用的"残疾人按比例就业占比（D12）"这一指标，地区间发展的不平衡程度较高。

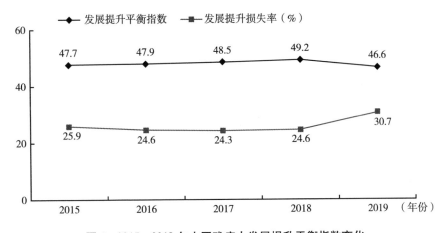

图4　2015～2019年中国残疾人发展提升平衡指数变化

3. 服务支撑指数

由图5可知，2015～2019年中国残疾人服务支撑平衡指数呈现不断上升的发展态势。2019年服务支撑平衡指数为55.8，相比2015年的50.8，提升5.0，增长率为9.8%，年均增长率为2.4%。从服务支撑发展损失率来看，2015～2019年中国残疾人服务支撑发展损失率整体呈下降趋势，由2015年的24.6%下降至2019年的24.0%，说明残疾人服务支撑地区间发展不平衡程度正逐渐缩小，但改善程度并不明显。

图5　2015～2019年中国残疾人服务支撑平衡指数变化

四　中国残疾人事业发展趋势展望

（一）残疾人事业发展将变得更为重要

党的十八大报告提出的"两个一百年"奋斗目标中的第一个百年目标已经如期实现，当前正在向第二个百年奋斗目标进军。残疾人事业是中国特色社会主义事业的重要组成部分，扶残助残是社会文明进步的重要标志，党中央、国务院对残疾人事业发展一直非常重视。2020年9月，习近平总书记在湖南主持召开基层代表座谈会时强调："不断满足人民群众对美好生活的需要，必须保护好残疾人权益，残疾人事业一定要继续推动。"①

---

① 《坚守人民情怀，走好新时代的长征路——习近平在湖南考察并主持召开基层代表座谈会纪实》，"新华社"百家号，2020年9月20日，https：//baijiahao.baidu.com/s？id＝1678345656592143591&wfr＝spider&for＝pc。

2021年7月，国务院印发《"十四五"残疾人保障和发展规划》，这是自"八五"开始，国务院连续审批印发的第七个发展残疾人事业的五年专项规划。残疾人事业仍然是经济社会发展的短板，残疾人仍然是一个特别需要关心和帮助的困难群体。残疾人事业发展是社会主义现代化的必然要求，残疾人事业发展在全面建设社会主义现代化国家进程中的地位将变得越来越重要。

（二）高质量发展将是残疾人事业发展主题

习近平总书记强调，高质量发展不只是一个经济要求，而是对经济社会发展方方面面的总要求；不是只对经济发达地区的要求，而是所有地区发展都必须贯彻的要求；不是一时一事的要求，而是必须长期坚持的要求。[1] 残疾人事业作为中国特色社会主义事业的重要组成部分，高质量发展将是"十四五"乃至更长时期中国特色残疾人事业发展主题，关系中国社会主义现代化建设全局。党和国家高度重视残疾人事业发展质量，在完善残疾人社会保障制度，帮扶就业创业，提升残疾人康复、教育、文化、体育公共服务质量等多个方面进行了全面部署，全国广大残疾人将拥有更多实实在在的获得感。残疾人在政治、经济、文化、社会、家庭生活等各方面平等权利将得到更好实现，残疾人事业基础保障条件将明显改善。残疾人将充分享有平等参与、公平发展的权利，残疾人的全面发展和共同富裕将取得更为明显的实质性进展。

（三）残疾人事业发展的法治保障将更加完善

中国已形成以《宪法》为核心，以刑事、民事、行政等法律为基础，以《残疾人保障法》为主干，以《残疾预防和残疾人康复条例》《残疾人教育条例》《残疾人就业条例》《无障碍环境建设条例》等为重要支撑

---

[1] 《第一观察 | 高质量发展"高"在哪儿？习近平总书记这样解析》，"新华社新媒体"百家号，2021年3月8日，https://baijiahao.baidu.com/s? id = 1693595891828480772&wfr = spider&for = pc。

的残疾人权益保障法律法规体系。《选举法》《民法典》《未成年人保护法》《退役军人保障法》《国防法》《法律援助法》等对残疾人群体的合法权益提供了全方位的法律保障。习近平法治思想的核心要义之一是坚持以人民为中心。残疾人是一个数量众多、特性突出、特别需要帮助的社会群体。"十四五"乃至更长时期，中国政府将更加重视残疾人权益保障立法，完善针对残疾人的制度设计，努力让残疾人更加平等无障碍地融入社会生活，确保残疾人的全面发展和共同富裕得到更为充分的法律保障。

（四）残疾人事业基层治理能力和服务水平将面临全新挑战

进入新时代，中国残疾人事业迎来大发展的重大机遇，也面临许多新情况、新问题、新挑战和新要求。虽然"全面建成小康社会，残疾人一个也不能少"已如期实现，但中国残疾人事业发展不平衡不充分的问题依然存在，广大残疾人的生活仍面临不少困难。到 2035 年实现"残疾人的全面发展和共同富裕取得更为明显的实质性进展"的任务对残疾人事业的工作提出了全新要求。实现新发展，就要拿出新办法；适应新时代，就要有新作为。2019 年以来，中国残联先后印发《基层残联组织专项改革试点实施方案》《基层残联组织专项改革试点重点工作清单》《关于加强和改进村（社区）残疾人协会工作的意见》，对加强和改进村（社区）残协工作、提升基层服务能力、促进城乡基层治理体系建设做出明确部署，推动基层残疾人工作进一步提升水平，打通联系服务残疾人的"最后一公里"。习近平总书记在基层代表座谈会上指出："'十四五'时期，要在加强基层基础工作、提高基层治理能力上下更大功夫。"① 国务院印发的《"十四五"残疾人保障和发展规划》已明确提出残疾人事业 2025 年发展目标和 2035 年发展目标，对残疾人事业基层治理能力和服务水平提出全新要求，各级基层残疾人工作部门和机构将面临全新挑战。

---

① 《不断提升党建引领基层治理能力》，《人民日报》2021 年 10 月 21 日。

（五）无障碍环境建设是推动残疾人事业发展的内容和重要支撑

习近平总书记指出："无障碍设施建设问题，是一个国家文明和社会文明的标志，我们要高度重视。"① 在党中央、国务院的高度重视和社会各界的大力支持下，中国无障碍环境建设从无到有，从城市道路、建筑物到信息交流、公共服务等方面都取得了长足发展，残疾人、老年人和全体社会成员参与社会生活的环境更加便利。无障碍环境既方便了残疾人参与社会生活，又完善了城市功能，树立了良好的国际形象，具有较好的经济价值和社会价值。但是，中国无障碍环境建设还存在许多难题，如无障碍环境建设地位不高，无障碍环境建设标准执行、改造不到位，信息交流无障碍更显脆弱，无障碍服务法规建设不足等。"十四五"规划明确提出："健全老年人、残疾人关爱服务体系和设施""人民平等参与、平等发展权利得到充分保障"。这对残障者在新时代实现无障碍出行和参与社会治理、社会活动提供了强有力的保障。数字技术正在全面渗透、改变着我们的生活。"十四五"规划指出，要适应数字技术全面融入社会交往和日常生活新趋势，促进公共服务和社会运行方式创新，构筑全民畅享的数字生活，其中残疾人群体是重要关注对象。数字化社会建设是未来社会发展的必经之路，而推动信息无障碍建设，让数字化发展实现普惠、包容和公平，帮助残疾人跨越"数字鸿沟"也是非常重要的内容。作为全球最大的发展中国家，加强无障碍环境建设对中国的残疾人事业高质量发展、新型城镇化战略、乡村振兴战略和全面建设社会主义现代化强国意义重大。

---

① 《"奋斗践行无障爱"中国无障碍环境建设取得新成就》，"华夏时报"百家号，2021 年 9 月 18 日，https：//baijiahao. baidu. com/s？id = 1711225735558268042&wfr = spider&for = pc。

B.2
中国残疾人体育事业发展报告（2021）

卢雁　刘哲*

摘　要：　本报告通过对历年《残疾人事业发展统计公报》和新中国残
疾人体育文献进行分析发现，中国残疾人体育历经70多年的
发展，已基本形成了具有中国特色的残疾人体育发展模式，
学校环境中的特殊体育教育、非医疗环境中的残疾人体育康
复、社区环境中的残疾人休闲娱乐体育活动和残疾人竞技体
育都有长足的进步；但是发展区域性失衡，实践领域内各分
支发展不充分，以及专业性支持和专业人才数量不足等，都
是阻碍未来残疾人体育发展的主要因素，而且残疾人体育的
信息化管理、远程支持等方面仍然有很大的发展空间。在未
来，站高位、落实处、建标准、促转化、拓渠道，将成为有效
推动残疾人体育高质量发展的重要措施。

关键词：　残疾人体育　体育健康理念　适应体育　体育专业人才

一　中国残疾人体育事业发展历程

（一）核心概念

在过去百余年间，特别是近50年来，在中国，"残疾人体育"的概念经历

---

* 卢雁，博士，教授，博士生导师，北京体育大学中国残疾人体育研究中心主任，主要研究方
向为适应体育；刘哲，副教授，包头师范学院体育人文社会学教研室主任，主要研究方向为
适应体育。

了多次演变。"伤残人体育""残疾人体育""残障体育""特殊体育""适应体育"，每一次演变，都反映了时代发展与文化认同的变迁。为了能够形成对残疾人体育的全面认知，我们需要将体育的内容同残疾人自身的体育形态和生活体验相结合，以便更加全面地、深入地理解残疾人体育概念的内涵与外延。

1. 残疾人体育的内涵

"残疾人体育"目前通常被认为是"关于残疾人的体育活动"，经常用来泛指残疾人的体育活动。虽然学术界多数人倾向于将"残疾人体育"理解为"Sport for Individuals with Disabilities"，但残疾人体育组织更愿意将其理解为"Disability Sport"。从世界范围来看，在很长的一段时间里，"Disability Sport"与轮椅运动（Wheelchair Sport）、聋人运动（Deaf Sport）、脑性麻痹运动（CP Sport）等术语经常替换使用①，一起用于表示"残疾人参与的体育活动"。随着残疾人体育运动的发展，国际残疾人体育组织进行了整合，形成了以残疾人奥林匹克运动会、特殊奥林匹克运动会和聋人奥林匹克运动会为代表的残疾人竞技运动体系。残奥运动（Paralympics）、特奥运动（Special Olympics）、聋奥运动（Deaflympics）逐渐成为对残疾人体育竞赛活动进行表述时的常用概念。因而狭义的"残疾人体育"概念，专指这三项残疾人体育赛事活动。随着这三个概念的形成与发展，又出现了与之密切相关的术语，如运动分级（Sport Classification）、医学分级（Medical Classification）、功能性能力（Functional Ability）等。出现分级概念，是为了保障残疾人竞技运动的公平性，也是残疾人运动竞赛特点使然。②

本报告中使用的"残疾人体育"在内涵上更接近于北京体育大学卢雁教授于2008年提出的"适应体育"概念，即"以体力活动为手段，以发生身心功能障碍的人群为对象，以维持和改善其功能与健康、提升自我实现与社会参与能力为目的的跨学科知识体系和专业技能"。③

---

① 陈云英：《中国特殊教育发展》，东亚区特奥发展国际论坛，2007。
② 卢雁、韩松、郑守吉：《适应体育概念辨析及应用的必要性》，《北京体育大学学报》2008年第10期。
③ 卢雁：《中国适应体育学科研究》，北京中体音像出版中心，2008，第127页。

这个定义更加强调促进个体的主动参与和成功体验,"目的性"成为衡量残疾人体育发展阶段和水平的标尺,"调适"则成为残疾人体育的主要方法。人类对身体活动以及由其引发的人身变化和社会变化的自觉程度,决定着人类运用身体改造、完善自身的自然水平和社会水平。在经过百余年的历史发展之后,这种直觉或经验才逐步上升为理论。因此,残疾人体育的研究对象首先是那些"发生身心功能障碍的人群",以及通过"体力活动"而被改善的个体和社会关系。

2. 残疾人体育的外延

残疾人体育是残疾人事业的重要内容,更是体育实践活动的一个重要分支。它涵盖了人的整个生命历程,其实践领域涉及学校环境中的特殊体育教育、非医疗环境中的残疾人体育康复、社区环境中的残疾人休闲娱乐体育活动以及残疾人竞技体育等。

(1) 学校环境中的特殊体育教育

特殊体育教育是中国特殊教育体系的重要组成部分,涉及学前教育、义务教育、职业教育(高中)和高等教育各学段。就读特殊教育学校是中国目前常见的一种残疾儿童少年教育安置方式[①]。本报告中"特殊体育教育"主要是指那些在特殊教育学校环境中所开展的体育教学、康复训练、运动训练和课余体育活动及竞赛等教育行为。特殊体育教育的对象主要是盲人学校、聋人学校、培智学校三类特殊教育学校和综合类特殊教育学校的残疾学生,包括视力残疾、听力残疾、智力残疾和其他残疾类别的学生。特殊教育学校主要是对残疾学生实施九年义务教育。目前部分地区也出现了专门招收残疾儿童的幼儿园和专门招收残疾学生的职业高中、高等特殊教育院校(院系),覆盖了残疾人教育的各个阶段。

(2) 非医疗环境中的残疾人体育康复

残疾人体育康复是指在非医疗环境条件下,通过进行各种有针对性的身

---

① 随班就读,也是中国残疾儿童少年教育安置方式之一,即特殊儿童少年在普通教育机构中和普通儿童少年一起接受教育的一种教育形式。随班就读的学生往往伴有轻度障碍,所接受的教育和运动形式与普通学生相同,本报告中不做统计分析。

体锻炼，恢复身体功能和促进健康状态的维持，其目的是帮助残疾人适应日常生活和工作，重返社会。体育康复训练是一个量的积累的过程，其效果在做完康复训练后未必能马上显现出来，但当康复训练达到一定的程度，量的积累已经足够，那么质的改变就会显现出来。如通过运动疗法①对偏瘫患者进行的康复训练，或脑瘫儿童的运动康复训练等。目前国内也有把残疾人体育康复称为"康复体育"的，如中国残联在 2015 年颁布的《残疾人康复体育关爱家庭计划（试行）》中就采用"康复体育"的概念。本报告也采用"康复体育"的用法。

（3）社区环境中的残疾人休闲娱乐体育活动

社区环境中的残疾人休闲娱乐体育活动是以休闲娱乐为目的的群体活动形式。这类活动具有很强的参与性和社会性，是身体功能障碍和损伤者进行身体康复、锻炼、娱乐、沟通交流、参与社会不可或缺的重要手段和途径，通过参与各种修正和改造的能够适应其身体条件的休闲娱乐体育活动可以达到强身健体、愉悦身心的目的。同时，极具特色的活动形式也是文化传承的重要载体。在中国，社区环境中的残疾人休闲娱乐体育活动也被称为"残疾人群众体育"。本报告也采用这一用法。

（4）残疾人竞技体育

残疾人竞技体育是指残疾人以参加竞技比赛，创造最优成绩，挑战运动极限，并获取胜利为目的的体育活动形式。竞技体育为残疾人展示其运动潜能提供了机会，也为残疾人更好地融入社会生活和建立与其他社会成员之间的尊重、理解及和谐关系提供了通道。今天，许多残疾人正在参加竞技性体育运动，并且有非常出色的表现。奥林匹克运动作为体育的高级表现形式，也必然成为残疾人体育不可或缺的发展领域。残疾人参与奥林匹克运动对于丰富奥林匹克文化和展示体育精神具有重大的意义。经过近半个世纪的发展，残疾人奥林匹克运动会、聋人奥林匹克运动会和特殊奥林匹克运动会已

---

① 运动疗法，通过某些运动方式（主动或被动运动等），使患者获得全身或局部运动功能、感觉功能恢复的训练方法。

经成为世界级的残疾人竞技性体育活动。作为体育赛事，它们与奥运会接轨，融入社会文化生活之中，并影响着人们对待残疾、生活、生命的态度。

（二）中国残疾人体育事业发展历程

新中国成立以来，在党和政府的关心与社会各界的大力支持下，残疾人体育事业从无到有，从弱到强，从国内走向世界，经历了逐步壮大的艰难历程。新中国残疾人体育事业的发展史是残疾人奋力拼搏、不断挑战自我、不断创造奇迹的过程，更是广大残疾人积极参加体育健身、不断提高生命质量、追求幸福生活的过程。残疾人体育事业的发展也是一部中国残疾人体育运动员和残疾人体育工作者不忘初心、全力奉献的奋斗历史。

1. 促进基础范式下艰难前行的新中国残疾人体育（1949～1983年）

20世纪上半叶，残疾人大都被忽视，欧美国家以医学为导向的"矫正治疗"，试图通过医学处方式的锻炼和按摩来改善残疾人的身体状况。如果从医学角度来看，残疾现象对人们与周围的环境互动造成了困难和限制。但是，这些困难和限制中的一部分是可以被"矫正治疗"的，比如姿势的问题。然而，还有些困难和限制被认为是不可改变的，比如智力残疾。以医学为导向的"矫正治疗"忽视了智力残疾、听力残疾和视力残疾，因为它们是不能被"矫正"的。医学矫正的观念影响了当时的残疾人体育发展。早期的体育教育家认为体育教育对残疾人是有帮助的，但是那些不能被"矫正"的残疾儿童往往被体育教育拒之门外，甚至被隔离。这一时期人们把更多的精力投入医学矫正技术的发展和对接受人类多样性、改善生存环境的社会呼吁中，故把它称为"促进基础范式"。

回顾新中国成立后的残疾人体育事业发展，从萌芽初生到"文革"中陷于停滞再到改革开放后的重新起步，可谓艰难前行。在促进基础范式下，刚起步的新中国残疾人体育受医学矫正理念的影响，以"增强人民体质"为根本目标，强调以政治性的"新体育"方法为主。这一时期，残疾人康复是医生的事，残疾人健身锻炼则主要是为了丰富业余生活。

新中国成立初期，党和人民政府就非常重视全民体育运动，提出了发展新民主主义时期体育运动的方针、政策和要求。[1] 1949 年 10 月，在全国体育工作者代表大会上，青年团中央书记冯文彬就曾在《新民主主义的国民体育》报告中指出："我们必须开展和推动一个广泛的体育运动，以便使人民的身体健康、国防建设和新民主主义的经济和文化建设得到更有力的支持和进展。"[2] 根据 1951 年 11 月中央人民政府政务院颁布的《关于改革学制的决定》[3]，全国各地积极兴办盲校、聋校等特殊教育学校。这些特殊教育学校广泛开展体育课和课外体育活动。同时福利工厂和荣军疗养院等单位，也积极开展体育活动，鼓励广大残疾人士坚持体育锻炼。这样，以学校、工厂、疗养院为主体的残疾人体育逐步发展起来。

中国残疾人第一次参加的国际体育比赛，是 1957 年在捷克斯洛伐克举行的国际青年盲人田径通讯赛。当年中国有 31 名男女盲人运动员参赛，取得了团体总分第 6 名的成绩。中国选手成绩不佳，主要原因是当时盲人体育运动的基础非常薄弱，各地盲校的体育运动刚刚开始，有的学校甚至还没有运动场地和专业的体育教师，体育设施也很简陋，运动员无法进行系统训练，参赛前的训练时间很短，不少运动员还没有掌握起跑和投掷的基本技能。更重要的是，很多盲人童年时代是在新中国成立前度过的，生活十分贫困，营养不良，体质很差。

1956～1965 年是中国开始大规模的社会主义建设的时期，但由于"左"倾路线和"大跃进"的影响，刚刚起步的残疾人体育充满了曲折和艰辛。新兴制度和规划还来不及实施，1958 年的"大跃进"就让它们停留在了纸上，残疾人体育受到了严重的冲击，群众性残疾人体育几乎停滞。1963 年，国民经济形势逐步好转，残疾人体育事业也逐渐恢复正常。但是，随后的"文化大革命"再次摧残了残疾人体育事业。国家体委、民政部、青年团等

---

① 李璟寒、董进霞：《中国残疾人事业与残疾人体育的互动发展——透视残疾人观的嬗变》，《体育科学》2011 年第 2 期。

② 冯文彬：《新民主主义的国民体育》，《新体育》1950 年第 1 期。

③ 1951 年 11 月，中央人民政府政务院发布《关于改革学制的决定》，要求各级人民政府设聋哑、盲人学校，对残疾人实施特殊教育。

体育相关部门的工作被迫停止，残疾人体育活动也处于停顿状态。直到1971年后，全国各级各类特教学校教学秩序才逐步恢复正常，残疾人体育教学也开始逐步恢复。回顾这一阶段，我们发现，残疾人群众体育在一定程度上恢复较快、发展迅速且普及广泛。这可能有两个方面的原因：一方面，社会秩序开始趋于稳定，人民生活状况有所改善，残疾人要求参加体育活动的愿望日益强烈；另一方面，开展群众体育活动被作为"批判锦标主义""突出无产阶级政治""占领业余文化阵地"等的政治手段，更多残疾人被迫参加"体育活动"。

1978年改革开放以后，中国残疾人体育迎来了发展的春天。首先，随着社会经济发展，各地的残疾人体育组织开始恢复与建立；其次，国家采取了一系列重大措施，推动残疾人体育事业的恢复与发展，全国性残疾人体育比赛不断增多；最后，中国先后参加了一些区域性和国际性的残疾人体育赛事。中国残疾人体育逐步复苏，其重要标志是全国伤残人体育邀请赛的举办。1983年10月，由天津市体委、民政局、红十字会联合发起了全国伤残人体育邀请赛。当时有来自全国13个省区市的200名盲人和截肢运动员参加了田径、游泳、乒乓球等项目的比赛。这次比赛成为当时规模最大的一次残疾人综合性运动会，也成为全国残疾人综合性运动会的"探路者"，为中国残疾人体育事业发展开启了新的阶段。[①]

2. 赛事基础范式下残疾人竞技体育大发展（1984～2000年）

赛事基础范式是把残疾人体育竞赛和训练作为主体的一种残疾人体育组织模式。改革开放后，在不断完善残疾人体育组织体系的同时，中国把推进竞技体育的发展作为工作重心，成立残疾人体育组织与国际接轨、组建运动队和组织竞技赛事成为这一时期残疾人体育竞技大发展的主要表现。

建立全国性的残疾人体育组织。首先是建立了中国伤残人体育协会。[②]

[①] 蔡木勇：《中国残疾人体育运动竞赛发展现状研究》，硕士学位论文，北京体育大学，2009。

[②] 1991年7月26日，为与《中华人民共和国残疾人保障法》提法一致，中国伤残人体育协会更名为中国残疾人体育协会。

1983 年 10 月，在全国伤残人体育邀请赛期间，国家体委等部门在天津召开了全国伤残人体育工作者和运动员代表大会。会议决定组建"中国伤残人体育协会"，时任卫生部部长钱信忠当选为第一届主席。1985 年 6 月 17 日，中国智残人体育协会（后改为"中国弱智人体育协会"，对外称"中国特奥会"）成立，同年 7 月 6 日加入国际特奥会。1988 年 3 月 11 日，中国残疾人联合会成立，后设体育处。中国残疾人体育开始有了专门的组织机构负责规划、组织和管理。残疾人体育成为中国残疾人联合会的重要工作内容。

组织重大残疾人体育赛事。1984 年 10 月 6 日，中国第一届残疾人运动会在安徽合肥开幕。来自全国 29 个省区市和香港地区的 623 名残疾人运动员参加了运动会。在为期 11 天的比赛中，赵继红以 4.96 米的成绩打破了女盲 B 级跳远世界纪录，冷卫红以 3 分 0 秒 90 的成绩打破了女子截肢 A 6 级 800 米跑世界纪录。从此中国每四年举办一次全国残疾人综合性运动会，至 2000 年共举办了 5 届。此外，全国部分地区也形成了每三到四年举办一次残疾人运动会和定期举行特殊教育学校残疾学生运动会的惯例。有的省区市在举行全民运动会时，还规定了"没有残疾人运动员参加，不列总成绩"的做法，实行"一票否决制"。[1] 举办重大残疾人体育赛事，对于推广残疾人体育活动、提高残疾人身体素质发挥了积极作用。

加快残疾人体育基础建设。"九五"期间，在残疾人体育场地建设方面，全国共设立 4 个国家级残疾人体育训练基地、52 个省级残疾人体育训练基地、230 个地市级残疾人体育训练基地。到 2000 年，已开辟或设立省级残疾人体育活动场所 124 处、地市级残疾人体育活动场所 595 处。[2] 在残疾人体育人才培训方面，"九五"期间累计开办残疾人体育干部、教练员、医学分级人员、竞赛工作人员、各项目裁判长培训班 16 个，培训 765 人次，已有相对稳定的兼职残疾人体育教练员和辅导员 1587 人。[3]

---

① 谭文清：《中国残疾人竞技体育发展史述评》，硕士学位论文，山东体育学院，2009。
② 王东敏：《中国残疾人体育研究现状和未来的思考》，2011 第九届全国体育科学大会，上海，2011。
③ 冯萌：《改革开放以来中国残疾人体育发展回眸》，《体育文化导刊》2006 年第 7 期。

积极参加国际残疾人体育赛事。"九五"期间，中国共有 31 个团（队）657 名残疾人运动员参加国际综合或单项比赛，获金牌 386 枚。① 1996 年，中国代表团在第十届（亚特兰大）残奥会上收获 16 枚金牌、13 枚银牌和 10 枚铜牌，以 39 枚奖牌的成绩首次进入世界残疾人体育排行榜前 10 名。2000 年，在第十一届（悉尼）残奥会上，中国代表团的 87 名运动员中 15 人 25 次打破 15 项世界纪录，4 人 4 次打破 4 项残奥会纪录，最终以 34 金 22 银 16 铜的成绩，将名次由 1996 年的第 9 位提升到第 6 位。1999 年，在第七届远南运动会上，中国获金牌 205 枚，金牌、奖牌数连续三届蝉联第一。② 2000 年，还与国际特奥会合作，在北京、上海、深圳成功地举办了"中国特奥世纪行"活动。

组建残疾人体育组织、建设残疾人体育训练基地、选拔与训练运动员、参加和承办国内国际大型赛事等一系列的措施使中国残疾人竞技体育水平不断提升，在国际舞台中逐步占有一席之地，实现了中国残疾人竞技体育的大发展。

3. 服务基础范式下残疾人体育的普适性发展（2001～2014 年）

《国际功能、残疾和健康分类》（International Classification of Functioning, Disability and Health，ICF）是世界卫生组织（the World Health Organization，WHO）于 2001 年正式颁布的功能、残疾和健康分类国际标准。它提供了一种统一和标准的语言和框架以描述健康状况和与健康有关的问题，令不同研究、不同国家和不同时间点的数据可进行比较。③ ICF 适用于不同的康复治疗、服务和政策。ICF 的分类标准为人们带来了新的残疾人观，弱化了运动

---

① 中国残疾人联合会：《中国残疾人事业"九五"计划纲要执行情况统计分析报告》，2007。
② 在第七届远南运动会上，中国运动员有 13 人 19 次打破 15 项田径、游泳和举重世界纪录，时任中共中央政治局常委、国务院副总理李岚清以及中共中央政治局常委、全国政协主席、中国残疾人联合会名誉主席李瑞环等领导特意致电慰问祝贺。详见司马义·艾买提《在第七届远南运动会中国残疾人体育代表团总结大会上的讲话》，《中国残疾人》1999 年第 3 期。
③ 熊德凤等：《运用世界卫生组织〈残疾评定量表〉（WHODAS 2.0）评定香港残疾人士和慢性病患者的活动和参与障碍》，《中国康复理论与实践》2014 年第 6 期。

障碍，而更加强调人与人、人与环境之间的关系。这使得人们把目光集中到向残疾人提供普适性体育服务中。这种模式也被称为"服务基础范式"。越来越多的人相信通过参与适应性调整之后的体育活动，残疾人可以为其重新融入社会做准备。适应性的运动方法在体育教育、休闲娱乐和身体康复中得以普及。特别是经过 2008 年北京残奥会的宣传，这种理念更为广泛地被人们所接受。

在 ICF 残疾人观和普适性体育服务理念的引导下，全国上下进一步推进残疾人群众性体育活动，增强残疾人体育工作的普惠性。据中国残联公布的《2014 年中国残疾人事业发展统计公报》①，截至 2014 年底，残疾人参与省、地市两级残疾人群众体育健身活动超过 70 万人次（见表 1）。此外，截至 2014 年底，全国累计建成残疾人群众体育活动示范点 3591 个，资助建设自强健身示范点 397 个；培训残疾人体育健身指导员 42148 名，其中国家级残疾人体育健身指导员 719 名；还在北京、河北开展康复体育进家庭试点项目，使 1000 个残疾人家庭受益，全面完成"十二五"任务。

表 1　2014 年残疾人群众体育开展情况

级别	项目	数量
省级	组织残疾人群众体育健身活动（次）	241
省级	参与残疾人群众体育健身活动（万人次）	6.2
省级	建成残疾人群众体育活动示范点（个）	830
省级	培训残疾人体育健身指导员（万人）	1.1
地市级	组织残疾人群众体育健身活动（次）	5544
地市级	参与残疾人群众体育健身活动（万人次）	69.4
地市级	建成残疾人群众体育活动示范点（个）	1930
地市级	培训残疾人体育健身指导员（万人）	1.8

资料来源：《2014 年中国残疾人事业发展统计公报》。

① 2017 年以后，公报名称中删掉"中国"二字。

作为残疾人群众体育的重要内容，特奥运动也在这一阶段得到较快发展。仅在2014年，各级残联和专门协会就组织了全国特奥日活动、特奥足球比赛及家庭论坛等14项（次）系列活动，同年，中国特奥运动员超过118万人。①

这一时期，残疾人竞技体育也得到了快速发展。仅2014年就举办了20项全国残疾人体育赛事，参赛总人数超过6000人。参加索契冬残奥会、仁川亚残运会等19项国际赛事交流活动，并在仁川亚残运会上实现八连冠。2014年还成功举办国际乒联残疾人世锦赛、国际残奥会北京田径公开赛、盲人门球亚洲锦标赛等5项国际重要赛事。截至2014年底，全国注册登记的残疾人运动员达到9354人，在册裁判员1188人、分级员36人。国家级残疾人体育训练基地达到34个。②"十二五"期间，残疾人体育的普适性发展为中国残疾人事业发展带来红利，也让更多的中国残疾人看到回归社会的希望。

4. 支持基础范式下残疾人体育的繁荣发展（2015年至今）

支持基础范式是以支持为基础的融合模式，是在以提供适应体育服务为基础的模式之后出现的一种融合范式。它更加强调在理念上、技术上自然地支持帮助残疾人士在融合的情境中恢复身心功能从而回归社会。但融合不仅仅是安置，更是每个人都有平等的归属感、奉献精神和发展权利。这对于"普适性"的残疾人体育而言又有了更深层次的内涵和发展。如果说"十二五"期间是中国残疾人体育普适性发展的规划和起步阶段，"十三五"以后便是具体地落实和跟进阶段。体育康复逐步发展，特殊教育走向融合，竞技体育向上突破，群众体育快速发展，中国残疾人体育走向了全面的繁荣和发展。

按照"夯实管理基础、创新提升服务、提早谋篇布局"的工作思路，为了促进残疾人康复体育、休闲娱乐体育、竞技体育协调发展，2015年

---

① 《2014年中国残疾人事业发展统计公报》，2015年。
② 《2014年中国残疾人事业发展统计公报》，2015年。

中国残联印发《残疾人康复体育关爱家庭计划（试行）》，并在 4 个省市开展康复体育服务试点工作，将"康复体育器材、康复体育方法、康复体育指导"送入 18080 个重度居家残疾人家庭。2015 年 9 月 12 日至 19 日，来自全国各省区市和新疆生产建设兵团及香港、澳门特别行政区的 35 个代表团近 5000 名运动员齐聚四川，参加全国第九届残运会暨第六届特奥会比赛，共产生 1561 枚金牌，超世界纪录 51 项，破全国纪录 204 项，平 3 项。中国代表团 2015 年全年组团参加 27 项国际赛事，取得 323 枚金牌、219 枚银牌和 139 枚铜牌的优异成绩。其中，在第十八届冬聋奥会上，中国代表团夺得 1 枚金牌、1 枚银牌、2 枚铜牌，实现了中国冬聋奥会金牌零的突破。以成功申办北京冬奥会、冬残奥会为契机，全力推进残疾人冬季项目发展，中国残联会同多部门出台并启动《残疾人大众冰雪行动方案》《冬季残奥项目振兴计划》《冬残奥争光行动方案》等一系列计划与方案。"十三五"期间，这些计划和方案纷纷得以落地，残疾人体育走上了快速繁荣发展的道路。

（1）残疾人群众体育和社会服务持续发力

"十三五"期间，残疾人基本康复服务覆盖率和辅助器具适配率超过了 80%。[1] 根据《2020 年残疾人事业发展统计公报》，截至 2020 年底，全国累计建设社区残疾人健身示范点 11874 个，为 27.4 万名重度残疾人提供康复体育进家庭服务，培养残疾人社会体育指导员 13 万余名，新增设 13 个国家残疾人体育训练基地，广泛开展了残疾人健身周、全国特奥日、残疾人冰雪运动季等系列活动。全国残疾人社区文体活动参与率由 2015 年的 6.8% 上升至 2020 年的 17.8%。[2] 2015 ~ 2019 年中国残疾人社会服务投入情况见图 1。

（2）残疾人竞技体育水平不断提高

依据《国家残疾人体育训练基地管理办法》，中国残联先后建立并命名

① 顾磊：《中国残联：基本康复服务覆盖率超 80%》，人民政协网，2021 年 8 月 31 日，http：//www. rmzxb. com. cn/c/2021 – 08 – 31/2945067. shtml。

② 《2020 年残疾人事业发展统计公报》，中国残疾人联合会网站，2021 年 4 月 9 日，https：//www. cdpf. org. cn/zwgk/zccx/tjgb/d4baf2be2102461e96259fdf13852841. htm。

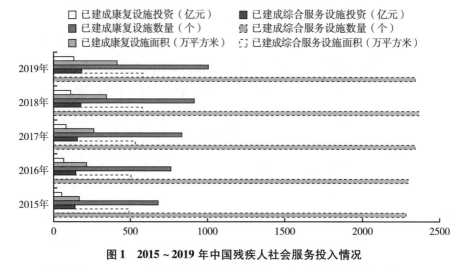

图1　2015～2019年中国残疾人社会服务投入情况

资料来源：2015～2019年中国残疾人事业年度数据，中国残疾人联合会网站，https：// www. cdpf. org. cn/zwgk/zccx/ndsj/index. htm。

了17个国家残疾人体育训练基地和15个国家残疾人体育专项训练基地。中国已先后开展夏残奥会的大部分项目和冬残奥会全部6个大项的专业训练，训练体系逐步完善，训练规模基本稳定。全国单项锦标赛、全国残疾人体育比赛逐步开展。在2019年全国残疾人运动会上增设了跆拳道、皮划艇等2个夏残奥会项目和高山滑雪、冬季两项、越野滑雪、单板滑雪、残奥冰球、轮椅冰壶等6个冬残奥会项目，首次实现了冬季项目进入夏季赛事。2018年，中国残疾人体育代表团的26名运动员参加了平昌冬残奥会5个大项30个小项的比赛，这是中国参加冬残奥会以来参赛运动员人数最多、参赛项目最全、代表团规模最大的一次，实现了参赛规模和项目翻番的目标。中国轮椅冰壶队夺得冬残奥会参赛史上的首枚金牌，实现冬残奥会金牌历史性突破。2019年，中国运动员在冬残奥会项目竞赛中继续保持佳绩，共组团参加了16场冬残奥会系列赛事并获得19枚金牌，多个项目实现零的突破。残奥会竞技水平的提升奠定了中国在冬特奥会和冬聋奥会上成绩进步的基础。

（3）残疾人康复体育实现新发展

《国务院关于加快推进残疾人小康进程的意见》《全民健身计划

（2016—2020 年）》《"十三五"加快残疾人小康进程规划纲要》《残疾人文化体育工作"十三五"实施方案》等重要文件，都对残疾人康复健身体育工作做出了安排。2019 年，中国残联与国家体育总局共同制定并印发了《关于进一步加强残疾人康复健身体育工作的指导意见》，国家体育总局"全民健身助残工程"持续为基层残疾人机构配备康复健身体育器材。残疾人康复体育服务的覆盖面不断扩大，文体活动参与率明显提升，广大残疾人有了更多的参与感和获得感。

二　中国残疾人体育事业发展取得的成效

（一）融合共享、科学运动的体育健康理念逐渐成为共识

"十二五"期间，国家战略调整，把群众体育和残疾人康复作为工作重点，以"人人享有康复服务"为工作目标，加大康复服务推进力度，加快推进残疾人社会体育指导员的培训工作。社会力量由原来的组织者和宣传者转变为残疾人体育的组织者、宣传者、指导者，倡导科学运动，通过一系列的措施转变残疾人体育观。"残健融合"的理念正在全面影响着中国残疾人工作。

"十三五"期间，发展最快的是残疾人康复健身体育工作。首先，出台了一系列残疾人健康保障政策。其中，《"十三五"深化医药卫生体制改革规划》将运动疗法等 29 项医疗康复项目纳入基本医疗保险支付范围，明确提出维护残疾人健康、加强基层医疗康复能力建设等工作要求。其次，不仅在举办赛事的数量上有了显著增加，而且康复运动服务的水平得到提升，活动内容也变得更加丰富，品牌效应已初步显现。以康复运动服务为根本，以融合社会力量为手段，以提升残疾人群众体育参与度为目标，在党和国家的关心、推动下，通过参与康复健身体育运动，越来越多的残疾人走出家门，感受体育的快乐，促进身心健康，进一步融入社会。

（二）形成符合国情的具有中国特色的残疾人体育发展模式

1. 残疾人体育训练的中国模式：建立残疾人体育训练基地

党和政府对发展残疾人体育事业的重视，也体现在对残疾人体育发展所需要的资金、场地、技术等方面的支持上。因为残疾人运动训练具有特殊性，需要特殊场馆的支持和辅助，所以为了保障残疾人运动员的体育训练，主管残疾人体育的中国残联在全国设立了几十个残疾人体育训练基地。同时，北京、天津、上海、云南、辽宁、甘肃、河北、广东等省市还利用地方资金，建立了自己的残疾人体育训练基地。残疾人体育训练基地的建立，一方面，为残疾人运动员提供了固定的训练场所和高水平的教练，使其得到常年的稳定的训练，竞技水平突飞猛进；另一方面，可以集中力量，更好地利用国家给予的政策和匹配的经费，发挥规模效应。

2. 残疾人体育组织与管理的中国模式：残联牵头社会办体育

自1988年中国残疾人联合会成立以来，残疾人工作体制逐步建立健全。2008年3月，中共中央、国务院发布《关于促进残疾人事业发展的意见》，成立了由34名部委和机构负责人组成的国务院残疾人工作委员会，推动有关残疾人政策的制定与落实。各级残联充分发挥代表、服务、管理职能，在推进残疾人体育事业的工作实践中，形成了党委领导、残联牵头、社会参与的中国残疾人体育工作体制。[①] 此外，联合国家体育总局，协调工会、共青团、妇联等部门，发挥各自优势，保障残疾人参与体育、享有康复健身的权利，共同促进残疾人体育事业发展。

（三）残疾人体育重大赛事的举办助推残疾人体育多维度发展

1. 举办残疾人体育重大赛事，有力推动残疾人体育的发展

改革开放以来，中国残疾人体育事业蓬勃发展，中国通过承办、举办、

---

① 《平等、参与、共享：新中国残疾人权益保障70年》，中国政府网，2019年7月25日，http：//www.gov.cn/zhengce/2019－07/25/content_ 5414945. htm。

参加重大赛事，加强残疾人体育国际、国内的交流与合作，增进社会对残疾人体育事业的理解与支持，促进残疾人体育事业的发展与进步。在重大赛事的催化与推动下，中国残疾人竞技体育、康复体育和群众体育水平均有显著提升。自 1984 年起，中国共参加了 9 届夏残奥会，参赛运动员共计 1337 名，获得 433 枚金牌、339 枚银牌、250 枚铜牌，打破 261 项世界纪录，实现金牌榜四连冠；参加了 4 届冬残奥会，参赛运动员 55 名，在 2018 年平昌冬残奥会上实现冬季项目金牌零的突破；[1] 积极参加聋奥会和特奥会，成绩均有大幅提升。中国还成功举办了一系列重要的国际残疾人体育赛事：2007 年举办上海特奥会，2008 年举办北京残奥会，2010 年举办广州亚残运会。这些重大残疾人体育赛事，不仅为残疾人运动员提供了更多展示体育才能的机会和舞台，更在社会上引起巨大反响，吸引了更多的关注和支持，有力推动了残疾人体育事业的发展。2011 年，为进一步提高残疾人体育健身指导服务能力和服务水平，中国启动"残疾人自强健身工程"。在国家体育总局的支持下，中国残联积极探索社会体育指导员制度，广泛开展残疾人社会体育指导员培训，至 2020 年，培养了超过 13 万名社会体育指导员。各级政府和社会组织加大基础建设经费投入，为各类残疾人建设社区残疾人健身示范点 11874 个。[2]

2. 成功申办冬残奥会，助推残疾人冬季项目的迅速发展

举办 2022 年冬残奥会，可为中国残疾人冰雪项目开展提供巨大的助推力。以冬奥会成功申办和积极筹办为契机，为努力实现"三亿人参与冰雪运动"的发展目标，全面落实"绿色、共享、开放、廉洁"的办奥理念，依据国际奥委会、国际残奥委会的相关要求，围绕北京冬奥会筹办工作实际，结合主办城市发展目标，践行习近平总书记"一体谋划、一体实施，实现北京同河北比翼齐飞"的重要指示，中国残疾人冰雪运动呈现出了全

---

① 《平等、参与、共享：新中国残疾人权益保障 70 年》，中国政府网，2019 年 7 月 25 日，http：//www. gov. cn/zhengce/2019 – 07/25/content_ 5414945. htm。

② 《2020 年残疾人事业发展统计公报》，中国残疾人联合会网站，2021 年 4 月 9 日，https：//www. cdpf. org. cn/zwgk/zccx/tjgb/d4baf2be2102461e96259fdf13852841. htm。

局规划、整体推进、快速发展的局面。依照《冬残奥争光行动方案》愿景，中国将在2022年冬残奥会上参加全部比赛项目，并争取获得金牌。截至2020年，中国冬残奥会参赛项目已经实现6个大项的全覆盖，现在有30个省区市开展冬残奥运动，冬残奥运动员已经超过千人。中国冬残奥运动在项目开展、人才培养、基地建设、竞赛训练等方面得到全面发展。中国正在通过多种措施和手段，努力缩小与先进国家的差距，有效促进残疾人竞技体育、群众体育、康复体育协调发展，逐步满足残疾人参与冰雪运动的需求，提高残疾人群众性冰雪运动的参与率，帮助残疾人康复健身、体验快乐、融入社会。

（1）残疾人冬季项目保障与训练水平显著提升

国家级残疾人冰雪训练基地建设有序展开。中国残联已经建立7个冬季项目专项训练基地，分别为国家残疾人冬季运动训练基地（哈尔滨体育学院）、国家残疾人雪上训练基地（八一雪上运动大队旅顺基地、河北省体育局崇礼高原训练基地、北京万科石京龙滑雪场、邯郸四季滑雪场）、国家残疾人冰上训练基地（黑龙江省冰上训练基地、北京中体奥冰壶运动中心）。此外青岛国信体育中心（中国残奥冰球队）、黑龙江省亚布力体育训练基地（中国残奥越野滑雪）等训练基地也承担着相应的冬季项目训练保障任务。

残奥会冬季项目的训练、竞赛已实现全覆盖。中国已经开展了高山滑雪、冬季两项、越野滑雪、单板滑雪、残奥冰球、轮椅冰壶等冬残奥会6个大项的专业训练，并组织了全国单项锦标赛等，实现了冬残奥会项目的训练、竞赛全覆盖。在2019年全国残疾人运动会上增设了6个冬残奥会项目，首次实现了冬季项目进入夏季赛事；首次承办冬残奥会亚洲杯系列赛事。

冬残奥会项目训练体系逐步完善，训练规模基本稳定。几年来，中国以备战2022年北京冬残奥会为主要目标，兼顾培养年轻选手，遵循"请进来、送出去"的原则，采取夏训与冬训、境内与境外、训练与比赛、本土教练与外教相结合等多种手段，培养了大批专业运动员，形成了冬残奥会项目运动员梯队，并且适时调整国家队成员，保持队伍活力和竞争力。中国残联先后邀请加拿大、意大利、俄罗斯籍教练来华执教，填补了残奥冰球、高山滑雪、越野滑雪、单板滑雪、冬季两项等冬残奥会项目的国内空白。全国有12个省区市开展了残奥会冬季项目训练，有超过274名残疾人运动员全年不间断参与训练。同时中国残联还在夏季择优选派236名雪上运动员赴新西兰、芬兰、奥地利等地进行反季节训练。仅2019年，境外训练就累计达433天，训练运动员165人次。轮椅冰壶等6个项目的350余名运动员开展夏季集训；残奥冰球项目方面，全国有稳定的6支队伍开展常年训练，并聘请俄罗斯籍主教练执教，远赴俄罗斯、加拿大进行训练和比赛；由20名运动员组成的轮椅冰壶国家集训队常年进行针对性训练；10名听障运动员与残奥会运动员一同参加越野滑雪训练；4支听障冰壶男女队作为二线队被组建并进行集训。中国残联与各地区、各部门积极联合，以多种举措推动和保障残疾人冬季项目训练与比赛，成效显著。

从多领域入手，全力保障残疾人冬季项目发展。2019年，中国残联制定实施《备战北京2022年冬残奥会6大项工作方案》，调整中国残联备战2022年冬残奥会工作领导小组，进一步加强领导。中国残联先后与芬兰等冰雪强国开展冬残奥会合作，签订了合作备忘录，还与其合作先后选拔并培训了33名教练员、38名分级员、20名轮椅冰壶裁判员，充实保障队伍。中国残奥委会与芬兰、俄罗斯、希腊签订了残疾人体育发展战略合作协议。中国残联与北京市、河北省、黑龙江省人民政府签订了残疾人冬季运动发展战略合作协议。

（2）残疾人冬季项目竞技水平持续提高

中国残疾人冬季运动项目起步较晚、基础较差且普及程度不高，与世界高水平强国（队）还有较大差距。2022年，冬残奥会有6个大项78个小项，目前中国队虽然已经实现了大项全覆盖，但还需获得更多的参赛名额才有可能实现"参加全部比赛项目"的目标。同时，聋奥会、特奥会的冬季项目在冬残奥会项目发展的助力下也获得同步发展。作为下届冬残奥会的东道主，中国正在以冬残奥会项目为主，统筹推进聋奥会、特奥会冬季项目全

面发展。

冬残奥会项目成绩实现逐届提升。在《冬残奥争光行动方案》的推动下，中国冬残奥会项目的参赛规模和竞赛成绩均有所突破。2017年，残奥单板滑雪历史性获得1枚世界杯金牌，残奥高山滑雪获得1个洲际杯第1名。2018年，在平昌冬残奥会上，中国有26名残奥会运动员参加了5个大项30个小项的比赛，这是中国参加冬残奥会以来参赛运动员人数最多、参赛项目最全的一次，实现了参赛规模和项目翻番的目标。中国轮椅冰壶队夺得冬残奥会参赛史上首枚金牌，实现冬残奥会历史性突破，远超索契冬残奥会成绩。2019年，中国运动员在冬残奥会项目竞赛中延续佳绩，共组团参加了16场冬残奥会系列赛事并获得19枚金牌，多个项目实现零的突破。

2002～2018年中国代表队历届冬残奥会参赛及获奖情况见图2。

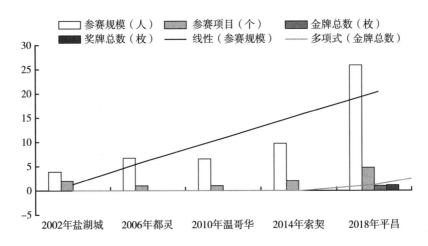

图2 2002～2018年中国代表队历届冬残奥会参赛及获奖情况

资料来源：《2002～2018年国际残奥会成绩公报》，国际残奥会网站，https://www. paralympic. org/paralympic - games。

冬聋奥会实现金牌零的突破。2015年，在第十八届冬聋奥会上，中国代表团夺得1枚金牌、1枚银牌、2枚铜牌，实现了中国冬聋奥会金牌零的突破。2017年，在国际聋人体育协会主办的第三届听障冰壶世锦赛上，中国听障女子冰壶队击败了东道主、前冠军俄罗斯队，获得冠军。2019年，中国代表团参加意大利第十九届冬聋奥会，获得 2 枚金牌、2 枚铜牌，实现新突破。

2007～2019 年中国代表队历届冬聋奥会参赛及获奖情况见图 3。

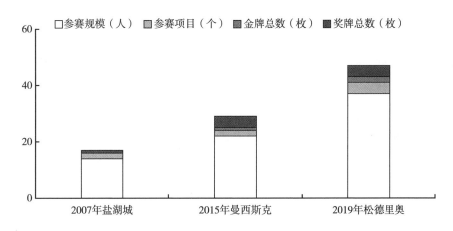

图 3 2007～2019 年中国代表队历届冬聋奥会参赛及获奖情况

资料来源：《2007～2019 年听障人运动会成绩公报》，国际聋奥会网站，https://www.deaflympics.com/games。

冬特奥会屡获佳绩。2017 年，中国参加了在奥地利举行的第十一届世界冬特奥会，109 名中国特奥选手参加了速度滑冰、花样滑冰、越野滑雪、雪鞋走、融合地板曲棍球等 5 个大项的比赛，获得 24 枚金牌、22 枚银牌、25 枚铜牌，取得奖牌总数 71 枚的好成绩。

（3）残疾人群众性冰雪项目普遍开展，形式丰富，参与人群增多

以北京冬奥会为契机，中国各地正在围绕各类残疾人冬季体育健身的特殊需求，结合本地特色，积极利用公共冬季体育设施、自强健身示范点、学校、公园等资源，联合各类残疾人社会组织开展残疾人体育冬季项目的体验和竞赛活动。活动内容不断丰富，惠及地域和人群不断增多。每年千余场残疾人冰雪实践活动和多种形式、内容的体验与服务，涉及 30 个省区市。积极推进公共冬季体育场所设施向残疾人开放，加强残疾人冬季项目基础设施建设，截至 2020 年，全国累计建设冬季项目残疾人健身示范点 50 个。基础

设施的不断完善和残疾人群众性冰雪项目的开展，极大地带动了各类残疾人的康复健身活动。

（四）政策法规为残疾人体育发展提供可靠保障

改革开放以来，为了促进残疾人事业发展，改善残疾人生活状况，党和政府制定实施了一系列重大举措。残疾人事业由改革开放初期以救济为主的社会福利工作逐步发展成为包括康复、教育、就业、扶贫、社会保障、维权、文化、体育、无障碍环境建设、残疾预防等领域的综合性社会事业。残疾人群体参与社会生活的意识和环境都发生了根本性改变，残疾人参与体育的权利得到保障。[1] 在运动方面，残疾人已经由被动的受助者转变为积极参与的主体，甚至成为竞技体育发展中的一支重要力量，对中国成为残疾人体育大国发挥了重要作用。在世界体育舞台上涌现出了一大批像平亚丽、轮椅冰壶队等体现民族精神和时代风貌的优秀残疾人运动员和运动团体。

残疾人体育事业被纳入国家发展战略。为保障残疾人体育事业的顺利发展，国家通过立法[2]对残疾人体育工作的发展给予基本保障。为了推动残疾人体育事业的快速发展，国家设立了残疾人工作政府协调机构，完善了各级各类残疾人组织，将残疾人体育事业纳入国家发展战略。《国务院关于加快推进残疾人小康进程的意见》《"十三五"加快残疾人小康进程规划纲要》《"十三五"推进基本公共服务均等化规划》《国家残疾预防行动计划（2016—2020 年）》等一系列国家文件，以及国家体育总局等 23 部门制定的《群众冬季运动推广普及计划（2016—2020 年）》和两期《特殊教育提升计划》，都要求加大"全民健身助残工程"支持力度，广泛开展残疾人康复体

---

① 《平等、参与、共享：新中国残疾人权益保障 70 年》，中国政府网，2019 年 7 月 25 日，http://www.gov.cn/zhengce/2019-07/25/content_5414945.htm。

② 根据不完全统计，涉及残疾人权益保障的法律法规有 50 多部，其中《中华人民共和国残疾人保障法》对残疾人的康复、教育、劳动就业、文化生活、社会保障、无障碍环境和法律责任做了明确规定。《中华人民共和国残疾人保障法》于 1990 年 12 月 28 日第七届全国人民代表大会常务委员会第十七次会议通过，2008 年 4 月 24 日第十一届全国人民代表大会常务委员会第二次会议予以修订。

育和健身体育，推动加快地方全民健身立法与助残等相关制度建设的统筹协调，对保障残疾人依法平等享有体育基本公共服务权益做出了重要安排。①

残疾人康复条件逐步完善。2016 年，国务院颁布了《"十三五"加快残疾人小康进程规划纲要》，促进了残疾人民生改善，进一步推动了残疾人事业与经济社会协调发展，为残疾人体育康复提供了较为全面的政策保障。在此基础上，残疾人康复机构设置和专业队伍建设日趋完善，逐步形成较为完整的工作体系、业务格局和运行机制，服务能力日益提高。康复工作内容由三项抢救性康复项目发展成为覆盖多学科领域、满足各类别残疾人需要、预防与康复并重的服务体系。为进一步加强康复专业人才培养，中国康复大学已在"十三五"期间筹建。

（五）支持保障体系不断完善，残疾人体育服务质量不断提升

"十三五"期间，中国 710 万名建档立卡贫困残疾人如期脱贫。残疾人家庭收入较"十二五"期间增长了 2.7 倍，616 万名残疾人得到产业扶持，684.5 万名残疾人获得扶贫资产收益，69.2 万名残疾人享受易地搬迁政策，873.7 万名残疾人被纳入农村低保或特困供养范围，为 65 万个贫困重度残疾人家庭实施无障碍改造，② 全国农村残疾人家庭危房清零。1076.8 万名残疾人被纳入城乡最低生活保障，残疾人城乡居民基本养老保险参保率超过 90%，城乡居民基本医疗保险参保率达到 95%。③ 中国城乡新增就业残疾人 180.8 万人，城乡持证残疾人就业规模每年均超过 800 万人。④ 脱贫攻坚助力残疾人体育新发展。脱贫攻坚激发了残疾人的自强精神和参与运动的愿望，他们积极参与到脱贫

---

① 《平等、参与、共享：新中国残疾人权益保障 70 年》，中国政府网，2019 年 7 月 25 日，http：//www.gov.cn/zhengce/2019 - 07/25/content_ 5414945. htm。
② 杨乐：《家庭无障碍 融入社会的第一步——全国贫困重度残疾人家庭无障碍改造现场会侧记》，《中国残疾人》2018 年第 8 期。
③ 潘跃：《插上腾飞的翅膀——写在中国残联第七次全国代表大会开幕之际》，人民网，2018 年 9 月 14 日，http：//politics. people. com. cn/n1/2018/0914/c1001 - 30292217. html。
④ 《8500 万残疾人同步迈入全面小康 "十四五"将推动残疾人事业高质量发展》，"中国残疾人联合会"百家号，2021 年 7 月 22 日，https：//baijiahao. baidu. com/s? id =170598893244 7267802&wfr = spider&for = pc。

攻坚之中，不但改变了自己和家庭的生活，还保障了参与运动的精力。

截至 2020 年，全国已竣工的省、市、县三级康复设施 1063 个，总建筑面积 462.7 万平方米；全国残疾人专业康复服务机构 10440 个，在岗人员 29.5 万人，1077.7 万名持证残疾人享受到基本康复服务。[1]

（六）残疾人体育学科专业发展为残疾人体育发展提供人力支持

随着残奥会、特奥会等国际、国内大型赛事不断举办，残疾人体育逐渐引起了社会的普遍重视。国内高等院校根据残疾人体育发展的迫切需要，开始培养残疾人体育专业人才，积极推动残疾人体育研究的进一步发展。2001 年，天津体育学院首先设立特殊教育专业残疾人体育方向，开始培养服务于残疾人体育教育的专业人才。随后，山东体育学院、西安体育学院、广州体育学院、武汉体育学院、辽宁师范大学、泉州师范学院等 6 所体育院校和师范大学相继开设特殊体育教育专业，以培养特殊教育学校体育专业师资为主。[2] 2011 年，北京体育大学成立了中国残疾人体育研究中心。2012 年，福建师范大学组建了福建省残疾人体育研究中心，广泛开展以残疾人体育为核心的相关研究，开展残疾人体育学科的理论研究和学科建设，为残疾人体育（适应体育）学科发展提供了保障与支持。2015 年开始，北京体育大学与中国残联合作，举办残疾人高水平运动员学历培训，进行残疾人高水平运动员培养的探索。

目前全国有超过 30 所院校曾开设"残疾人体育"或"适应体育"相关课程。[3] 北京体育大学、山东体育学院、福建师范大学开始培养残疾人适应体育方向的硕士、博士研究生。越来越多的残疾人体育相关人才已经走上工作岗位。残疾人体育实践将随着专业人才的不断增多，逐步朝理性思维方向

---

① 《平等、参与、共享：新中国残疾人权益保障 70 年》，中国政府网，2019 年 7 月 25 日，http://www.gov.cn/zhengce/2019-07/25/content_5414945.htm。
② 柳悦、马勇、苗新见：《特殊教育学校体育专业师资培养方略研究》，《现代特殊教育》2018 年第 22 期。
③ 彭续文、曹烃：《新时代中国适应体育教师专业化演变与再思考》，《四川体育科学》2021 年第 1 期。

发展。

以北京冬奥会为契机，中国正在不断推进体育强国建设，同时也引领着新时代残疾人体育的发展方向。从特殊体育教育到群众体育、竞技体育再到非医疗环境中的体育康复，残疾人体育事业走上了多学科、多领域、多层次协同发展道路。中国社会各界正在共同努力创建具有中国特色的残疾人体育事业。

三　中国残疾人体育事业发展中存在的问题

（一）残疾人体育发展区域性失衡

目前残疾人体育发展仍然存在区域性失衡的问题。特殊体育教育资源分布南多北少，西北和西南地区特殊体育教育发展速度缓慢；残疾人体育训练基地建设主要集中在京津冀、川渝、东北以及苏浙沪地区，很难发挥辐射作用；近几年残疾人体育赛事以北京—河北为中心进行辐射，西北、西南地区残疾人体育赛事开展数量较少、规模较小。

（二）残疾人体育实践领域内各分支发展不充分

在残疾人体育实践领域中，残奥、特奥等项目发展迅猛，聋奥仍在追赶。康复体育进家庭试点项目集中在一线城市，二、三线城市缺乏必要的资金、人才、技术支持，难以为继。特殊教育学校中的体育教学缺乏引导和监管，其既是重视竞技体育人才选拔的残疾人主管部门眼中的"他管领域"，也是注重"学科教育"的教育主管部门眼中的"他管学科"。特殊体育教育陷入学校想重视、管理部门却不能重视的尴尬境地。

（三）专业性支持和专业人才数量不足

目前，中国残疾人体育专业人才培养数量少，专业理论尚未形成体系，专业技术借鉴较多，缺乏人才培养的专业化标准，这使得残疾人体

育实践领域的专业性支持相当少，在很大程度上限制着残疾人体育整体发展。

《2020年全国教育事业发展统计公报》显示，全国2192所特殊教育学校（班）有62358名专任教师，在校学生数794612人[①]，师生比仅为1∶7.85，而中国高等院校每年毕业的特殊体育教育专业人才仅有400名左右[②]，能够通过教师招聘考试顺利入职成为专任教师的更是少之又少。缺乏经过职前专业培养的特殊体育教育教师，使得特殊教育学校体育的发展受到很大限制，不利于残疾人体育后备运动员的选拔和培养，也使得引导残疾人参与群众体育、指导残疾人健身活动缺少一支生力军。

特殊体育教育是一个教育学、心理学、医学、康复学、体育学等多学科交叉的专业，虽然有不少学者在学术理论研究上对特殊体育教育教师的专业能力做出了解释，但往往是一家之言，国家教育主管部门尚未制定出特殊体育教育的专业标准。非特殊体育教育专业的专、兼职教师只能通过听课、观摩或者经验积累的方式提升业务水平。此外，诸如职称晋升、薪资待遇、社会认同等方面的问题也使得特殊体育教育教师逐步丧失了内在驱动力，影响特殊体育教育教师的专业发展，也不利于提高特殊体育教育质量。

（四）信息化管理和远程支持仍然有很大的发展空间

残疾人各领域信息化建设有明显发展，但在个性化支持方面还可以做得更完善。残疾人体育需求与体育公共服务体系的精准化构建基础较为薄弱。从信息采集到服务供给再到专业化技术支持，信息化管理和远程支持网络应该形成闭环。目前，残疾人的信息化管理仅停留在信息采集环节。后续的服务供给和技术支持仍需要持续建设和不断完善。

---

① 《2020年全国教育事业发展统计公报》，教育部网站，2021年8月27日，http://www. moe. gov. cn/jyb_ sjzl/sjzl_ fztjgb/202108/t20210827_ 555004. html。
② 彭续文、曹烃：《新时代中国适应体育教师专业化演变与再思考》，《四川体育科学》2021年第1期。

四　中国残疾人体育事业发展建议

（一）站高位，均衡残疾人体育实践领域和区域分布

残疾人体育事业的发展需要和其他国家战略相吻合，符合社会发展需求及国家发展需要。中国正在迈向体育强国的行列，并将全民健康提升到了前所未有的高度。体育强国和健康中国建设是个系统工程，能够提升国家治理现代化水平，促进残疾人全面健康发展，实现残疾人对美好生活的向往。中国残疾人体育事业的发展是体育强国和健康中国建设的基础性战略，应坚持全国上下一盘棋。提高站位，以国际视野构建国际格局；均衡布局，加快西南、西北等薄弱地区的发展；以强带弱，实现残奥、特奥、聋奥等竞技体育带动和促进残疾人康复健身等协调发展，为体育强国和健康中国建设夯实基础。

（二）落实处，优化支持保障体系和服务规范

从残疾人体育发展到体育强国和健康中国建设，需要全方位地提升残疾人群体及其家庭乃至整个社会的科学认知和参与意识。这就需要将国家战略和方针政策落到实处，为残疾人体育参与营造良好的外部环境，同时鼓励残疾人不断提升自身素养，加快基础建设，完善残疾人健身点的管理，优化支持保障体系，完善服务规范，使残疾人体育参与有所保障、有所依赖。

（三）建标准，规范科学的服务标准体系和评价体系

中国现有的残疾人体育发展模式中，多个环节缺乏足够的清晰的标准，如残疾人社会体育指导员、社区服务、特教学校的体育教学等，使得残疾人体育参与乱象丛生。应结合残疾人现实需求，优化残疾人体育指导和服务人员结构，建立专业人才培养标准，建立"由上到下"的服务体

系和"由下到上"的反馈机制，使残疾人能够获得更加专业、更加适合的体育指导。

（四）促转化，开展专项循证研究，加速政策转化

残疾人体育事业的发展仍然滞后于国家经济发展水平的提升，群众健身依然落后于残疾人竞技体育的发展，专项研究水平难以跟上实践水平，诸如康复体育工程、包容性社会、适应体育等的研究明显落后于实践领域。专项循证研究的开展直接影响着实践领域的发展水平。积极开展相关领域的专项研究，努力提升实践水平，加快从政策到现实的转化，走有中国特色的残疾人体育发展之路已迫在眉睫。

（五）拓渠道，走残疾人体育的中国特色发展之路

应遵循政府引导、社会支持、规范管理的原则，结合区域特点，强化专门协会职能，广泛吸引社会组织、企业和个人投身残疾人体育事业，创新方法和模式，形成具有中国特色的残疾人体育发展道路。因地制宜，基于地域、民族等的特点建立不同的残疾人体育智能化综合体，引导广大残疾人参与体育。鼓励政府和社会资本合作，分时分段向残疾人提供运动场地；建立残疾人参与高水平赛事平台，将残疾人运动体系建到社区、乡镇（苏木）；增加诸如组织者、志愿者、参赛者等多元化参赛身份，激发残疾人参与热情；完善社会组织体系，加快复苏基层残疾人体育协会，形成立体式组织体系；吸收专业人员和队员，推行融合运动形式，为残疾人及其伙伴定期创造参加体育训练和比赛的机会；拓展体育内容，融入地方特点，满足实际需求。

五　中国残疾人体育事业发展展望

2021年是"十四五"的开局之年，突出党的领导、体现人民中心、

推动残疾人体育高质量发展将是未来五年发展的根本。在以习近平同志为核心的党中央的坚强领导下，在夺取新时代中国特色社会主义伟大胜利、实现体育强国和健康中国的征程中，中国将努力消除社会歧视，充分保障残疾人权益。未来，通过高质量的体育参与、健康改善和社会分享，中国残疾人体育参与将更加多元化，残疾人体育指导将更加专业化，残疾人体育支持将更加智能化；康复体育工程规模将不断扩大，受益群体日益增多；体育面向残疾人的包容性和开放性将会更强，残疾人健身点日益增多；越来越多的残疾人将走进学校，接受和其他学生一样的体育教育，特教学校的体育教学也将有章有度；将有更多的残疾人主动参与体育、主动融入社会。最终将创造一个有中国特色的全面发展和共同富裕的新局面。

分 报 告

Topical Reports

B.3
中国残疾人竞技体育发展报告（2021）

张新岭*

摘　要：　残疾人竞技体育是残疾人事业发展的重要内容。改革开放以来，中国残疾人竞技体育取得了巨大成就。本报告回顾了中国残疾人竞技体育的发展历程，分析了中国残疾人竞技体育的现状，发现目前中国残疾人竞技体育存在社会认知和关注度不高、法规政策有待完善、管理体制需要优化、人才队伍建设亟须加强、理论研究和科技开发需要加强等问题。针对这些问题，提出重视舆论宣传、加大执法力度、进一步健全中国特色残疾人竞技体育管理体制、优化人才管理体系、加强残疾人竞技体育理论研究和科技开发等针对性的对策建议。

关键词：　残疾人　竞技体育　残疾人体育

* 张新岭，博士，南京邮电大学管理学院副教授，主要研究方向为残疾人人力资源管理。

残疾人竞技体育是残疾人事业发展的重要内容之一，对于促进残疾人身心健康和整个人类文明进程具有重要意义，能够有效挖掘残疾人自身价值，促进残疾人积极参与和融入社会生活，体现现代社会平等、自由、博爱、和谐的基本价值追求。从国家发展层面来看，残疾人竞技体育事业的发展水平是一个国家综合国力和社会文明进步的重要体现，是一个国家民族精神力量的重要标志；[1] 从残疾人自身发展层面来看，发展残疾人竞技体育，对于激励残疾人形成自信自强、积极向上、顽强拼搏、健康完善的精神意志，提高残疾人生存发展能力，实现更加美好的生活，都发挥着不可或缺的作用。

　　中国的残疾人竞技体育发展，自改革开放尤其是进入 21 世纪以来，取得了举世瞩目的成就，为中国残疾人事业的发展以及推动中国社会的和谐稳定，凝聚中华民族精神力量做出了重要贡献。

一　中国残疾人竞技体育的发展历程

（一）起步阶段（1949～1982年）

　　1949 年新中国成立之时，残疾人体育基本上处于未开发和未发展的状态。新中国成立后，党和政府非常关心残疾人的健康和体育工作，在条件极为困难的 20 世纪 50 年代就开始开展残疾人体育活动，在盲、聋哑学校开设了体育课，并多次举行了全国范围的残疾人体育竞赛活动。1957 年成功举办了中国首届青年盲人田径运动会和聋人田径、游泳运动会；在 1958 年国际盲人田径运动通讯比赛中，中国选派的运动员取得了优异成绩，在个别项目上已达到很高的竞技水平；1959 年举办了中国首届聋哑人篮球赛。

　　新中国成立后开展的残疾人竞技体育活动和比赛，刷新了人们对残疾人体育的认知，对于促进残疾人形成积极自信的生活态度，形成主动参与体育锻炼和平等竞争的意识起到了积极的作用，虽然整体运动技术水平还有很大

---

① 郭卫、贾勇、谭涌主编《残疾人体育》，北京体育大学出版社，2007。

提升空间，但为之后中国的残疾人竞技体育大发展奠定了基础。这一时期，人们对残疾人竞技体育的认识并不深刻，并未给残疾人竞技体育赋予更多内涵，也未形成明确完整的残疾人竞技体育的概念，实际开展的残疾人体育活动和比赛，基本是群众性活动，其目标和价值取向以促进残疾人身体健康为主，缺少竞技体育的特点。在组织管理方面，由于受经济社会发展水平和管理能力所限，残疾人竞技体育活动和比赛的开展尚未形成制度和规范，缺少固定举办程序。

（二）探索阶段（1983～1992年）

改革开放以后，残疾人对于参与体育活动的需求更加强烈，党和政府为满足国内残疾人的需求，同时也为积极参与国际残疾人体育运动做准备，1983年成立了中国残疾人体育协会（原名"中国伤残人体育协会"），1985年成立了中国弱智人体育协会，1986年成立了中国聋人体育协会。这三大残疾人体育协会的相继成立，从组织和制度上保障并推动了中国残疾人竞技体育的开展，中国残疾人竞技体育活动日益丰富，竞技水平不断提高。1984年10月，在安徽合肥举行了第一届全国残疾人运动会；1987年8月，在河北唐山举行了第二届全国残疾人运动会；自1992年3月在广州举行第三届全国残疾人运动会之后，全国残疾人运动会被正式列入国务院审批的大型运动会系列，成为每四年举办一次的全国性的综合运动会。

在1984年中国重返奥运会之后，中国更加重视参与国际体育活动和赛事，在残疾人竞技体育方面也是如此。1984年，中国首次参加国际残疾人奥林匹克运动会，获2枚金牌、13枚银牌、9枚铜牌；1987年，中国首次参加第七届国际夏季特殊奥林匹克运动会，获得18枚金牌、20枚银牌、13枚铜牌；1989年，中国首次参加了第十六届国际聋人奥林匹克运动会。同时，中国先后加入了国际伤残人体育组织（ISOD）、国际聋人体育联合会（CISS）、国际特殊奥运会组织（ISO）等多个世界残疾人体育组织，与世界上很多国家和地区的残疾人体育组织建立了联系，进行友好往来。

随着中国残疾人竞技体育的发展，人们对残疾人竞技体育的认识也在不断深入，残疾人竞技体育的价值和意义被广泛认可和接受，人们开始将残疾人体育成绩与国家富强、民族信心以及社会文明联系在一起，而不再单纯地将残疾人竞技体育看作强身健体的群众体育活动。

（三）发展阶段（1993~2003年）

进入20世纪90年代，中国逐渐确立了体育大国的地位，竞技体育由国家体委负责，群众体育则按不同行业和系统实行归口管理，残疾人竞技体育的具体管理部门却并未非常明确。1993年，中国残联专门成立了体育处，作为最高行政机构，统筹管理全国残疾人体育活动。同时完善了中国残疾人体育协会、中国聋人体育协会和中国弱智人体育协会的组织机构，分别成立了训练处、竞赛处、医学委员会和科研委员会等常设办事机构。随着组织和管理机构的健全，中国残疾人竞技体育制度化、规范化和规模化的程度越来越高，走上了蓬勃发展的轨道，竞技水平和成绩不断取得突破，逐渐在残奥会上确立了领先地位。

（四）完善阶段（2004年至今）

21世纪以来，中国的综合国力继续稳步提升，社会文明程度不断提高。在此背景下，残疾人竞技体育得到了政府和社会更多的关注，残疾人竞技体育的规模不断扩大，水平不断提高。2001年，在北京获得2008年残奥会举办权之后，全国残疾人参与竞技体育的热情更加高涨，成为推动中国残疾人竞技体育发展的强大动力。

为了办好残奥会，更好地开展残疾人竞技体育，2003年，中国成立了残疾人奥林匹克运动管理中心，成为中国残疾人竞技体育发展进入新阶段的重要里程碑。2009年6月，经中央同意，撤销"中国残疾人奥林匹克运动管理中心"，改设"中国残疾人体育运动管理中心"及"中国残疾人体育运动管理中心残疾人体育训练中心"。在政府的大力投入和全国人民的支持下，中国残疾人竞技体育从运动员、教练员的选拔培养到赛事组

织管理、场馆建设、资金投入等方面都取得了长足进步，科学性和规范性不断提高，进而取得了非常骄人的成绩，在 2004 年以来的五届残奥会上，中国代表团的参赛人数和参赛项目都不断增长，始终保持金牌和奖牌总数第一。

二　中国残疾人竞技体育发展现状

（一）效果显著，成绩优异

中国残疾人竞技体育发展最突出的特点就是效果显著、成绩优异，最为人们所熟知的就是残奥会上多次蝉联金牌总数第一，这是中国残疾人体育事业成就最集中的表现。在政府的长期投入和宣传之下，中国有越来越多的残疾人参与各种体育锻炼，2020 年全国残疾人社区文体活动参与率上升至 17.8%，全国累计建设了 11874 处社区残疾人健身示范点，其提供的"康复体育进家庭"服务使 27.4 万户重度残疾人家庭受益，基层残疾人健身指导员数量不断增多，仅 2020 年就培训残疾人健身指导员 1 万名。[①] 中国残疾人竞技体育的广泛开展，取得了显著的社会效果，不仅有效改善了残疾人的健康状况，也大大地激发了残疾人参与体育活动的热情，而且培养了一大批优秀的运动员和教练员，取得了优秀的竞赛成绩和良好的国际声誉。

作为中国规模最大、项目最全、水平最高的综合性残疾人体育赛事，全国残疾人运动会已经举办了 10 届，比赛大项由最初的 3 个已经拓展到目前的 18 个，参赛人数也由 500 多名增加到 3481 名。在第十届残运会上，有 124 项全国纪录被打破，35 项世界纪录被超越，在 1029 名获得金牌的选手中，有 536 人在 25 岁以下，占获得金牌选手总数的 52.1%，表明中国残疾

---

① 《2020 年残疾人事业发展统计公报》，中国残疾人联合会网站，2021 年 4 月 9 日，https：//www.cdpf.org.cn/zwgk/zccx/tjgb/d4baf2be2102461e96259fdf13852841.htm。

人竞技体育潜力巨大，可以保持优势地位。中国长期固定参加的国际残疾人运动会包括残疾人奥运会、特殊奥运会、亚洲残疾人运动会、国际轮椅运动会等，近几届中国都取得并保持了优异成绩。以残奥会和亚残运会为例，1984 年中国首次参加纽约残奥会时，仅有 24 名运动员参加，获得两枚金牌，金牌总数居第 23 位。在之后的 1988~2000 年的历届残奥会上，中国运动员的成绩越来越好，自 2004 年雅典残奥会开始，到 2020 年东京残奥会为止，中国已在金牌榜与奖牌榜上连续五届稳居第 1 名。中国在亚残运会上的成绩也特别值得骄傲，在 2018 年第三届亚残运会上，中国再次位列金牌及奖牌榜榜首，实现"九连冠"。

（二）高度集中的政府管理体制

中国对残疾人竞技体育实行的是政府负责、高度集中、举全国之力发展的体制，也就是常说的"举国体制"，这对中国残疾人竞技体育事业的长期稳定发展起到了根本的保障作用。为了保障残疾人竞技体育发展，中国各级政府可以调动国内一切可以调动的经济和社会资源，由国家统筹管理，集中在特定方面使用，使其快速发展并取得突飞猛进的成就，这样的体制适合中国的政治、经济和社会环境，效果显著。

中国残疾人竞技体育管理体系以政府管理系统为主，以社会管理系统为辅。政府不仅是中国残疾人竞技体育运行系统的领导和管理核心，也是最主要的资源投入主体，政府财政承担了残疾人竞技体育的绝大部分运营费用，相关人员、场馆、器材等也都由政府提供。中国残联 2020 年度部门决算数据显示，中国残联用于开展残疾人体育活动方面的支出已达 17991 万元。国家体育总局作为全国体育行政管理部门，是残疾人竞技体育最高的决策和领导机构，中国残疾人体育运动管理中心受中国残联委托，作为枢纽机构负责组织开展残疾人体育活动。以各类残疾人体育协会为主要构成的社会管理系统，也要根据政府的要求和指导进行工作，其活动主要是完成政府分派的任务。目前，随着残疾人竞技体育的不断发展和组织机构的不断完善，中国已经形成以中国残疾人体育运动管理中心为全国残疾人竞技体育管理核心、相

对完备合理的残疾人竞技体育组织管理体系，而且这套体系经过中国残疾人竞技体育发展的长期实践检验，被证明是行之有效的。

在这个稳定高效的管理体系中，中国残疾人体育运动管理中心作为中国残疾人竞技体育管理的直接领导机构，在行政上是中国残联直属公益性事业单位，在业务上接受中国体育总局群体司的指导，其职责包括协助政府对残疾人竞技体育的法规政策进行研究和咨询，指导全国各省（区、市）残疾人竞技体育工作，组织举办国内重大体育赛事，直接管理中国残疾人体育国家队，代表国家进行国际赛事的筹备工作，包括运动员、教练员的选拔培养，组织管理，等等。

（三）完整的人才选拔培养体系

从"为国争光"的意义出发，中国将残疾人竞技体育运动员人才的选拔培养提升到了战略高度，经过多年的摸索，已经形成一套完整有效的人才选拔培养体系，使中国残疾人竞技体育始终拥有充沛的人才供给，保障了中国残疾人竞技体育几十年来的优秀传承和很高的竞技水平。残疾人体育国家队队员的选拔主要考虑比赛经历和成绩，尤其注重选拔心理素质过硬的运动员。省队队员选拔的方式比较多样，主要通过地市级比赛择优、下级残联推荐、专家探访、特殊教育学校毕业生推荐等方式发现优秀残疾人运动员人才。优秀的教练团队对运动员取得优秀成绩，尤其是对保持良好作风、高水平传承至关重要，中国残疾人竞技体育运动员能始终保持在国际赛事上的高水平发挥与拥有一批经验丰富、敬业负责的教练团队密不可分。中国残疾人竞技体育的教练团队主要来源于特殊教育学校优秀体育教师、义务教育阶段普通学校体育教师、退役的优秀健全人和残疾人运动员、高校体育专业优秀毕业生等。近年来，中国残联体育部每年都会举办全国残疾人体育教练员培训班，培养残疾人体育教练员人才队伍，开阔业务视野，培养战略思维，更新执教理念，丰富训练理论知识，提高创新能力和执教水平。

（四）不断完善的训练基地建设

残疾人竞技体育不同项目的训练有其各自的特点，很多项目需要特殊的场馆、辅助人员以及器材支持，离开这些条件，很多项目将无法开展，尤其是对资金投入和科技含量要求比较高的项目来说更是如此。训练基地同时也是落实国家政策和经费拨付的载体，中国加强对残疾人体育训练基地建设的投入，为残疾人竞技体育的高水平发展提供了坚实的硬件保障，促进了训练水平和竞赛成绩的提高。于 2007 年 6 月 28 日竣工的国家残疾人体育综合训练基地，是政府投资的按国际建筑设计理念和无障碍标准建设的残疾人体育综合训练基地，占地总面积为 238235 平方米，建筑面积64382 平方米，是目前世界上最大的残疾人体育综合训练基地，包括运动员公寓及科研楼、综合训练馆、游泳馆、盲人门球馆、田径及力量训练馆、网球气膜馆、田径场、自行车训练场、足球场、射箭场和网球场。截至 2017 年，国家为了系统培养残疾人运动员，已经建立 224 所省级训练基地，聘任教练员 776 人。2020 年又新增设立 13 个国家残疾人体育训练基地。①

三 中国残疾人竞技体育发展存在的问题

（一）社会认知和关注度不高

残疾人是一个非常复杂和多样的群体，残疾人参与竞技体育面临的困难和挑战远高于健全人，他们容易受周围环境的影响，需要更多的关注、包容和支持，在一定意义上，社会公众的关注是对残疾人竞技体育的巨大支持。但在现实中，从媒体到大众，从企业到民间组织，对残疾人竞技体育的关注

---

① 《2020 年残疾人事业发展统计公报》，中国残疾人联合会网站，2021 年 4 月 9 日，https：//www.cdpf.org.cn/zwgk/zccx/tjgb/d4baf2be2102461e96259fdf13852841.htm。

度远远不够，这与中国残疾人竞技体育取得的辉煌成绩极不相称，残疾人竞技体育运动在整个社会的晓喻度和残疾人运动员的社会地位也没有得到很大提升，这种情况可能对中国残疾人竞技体育的进一步发展产生不利影响。以《人民日报》《中国体育报》《体坛周报》为例，3家报纸仅有20篇头版新闻对伦敦和里约两届残奥会进行报道，其中《人民日报》和《体坛周报》对残奥会的头条报道均为零。①

（二）法规政策有待完善

立法是残疾人竞技体育发展的"动力之源"。中国虽然有一些法律法规涉及残疾人竞技体育，但从保障和促进残疾人竞技体育发展的角度来看还存在明显的不足，有关法律法规不系统、不完备、不具体、难落实等问题突出。与中国残疾人关系最为密切的《残疾人保障法》，把残疾人体育和文化、娱乐活动合在一起进行了规定，且并未提到残疾人竞技体育。其他涉及残疾人体育的法律条文多是零散地分布于各种法规、条例和残疾人事业发展规划中，缺乏逻辑和支撑关系，难以形成推动残疾人竞技体育发展的合力。在已出台涉及残疾人体育的法规条款中，高层次立法匮乏，条文单薄且过于笼统，宏观性、原则性、指导性、倡导性强，致使其对现实活动的约束效力不足。目前法律法规对残疾人体育的权利及义务主体的职责规定不清晰，对相关惩罚的规定力度不大，且难以认定和评估，缺少具有可操作性的执行程序，造成"有法难依"的情况比较突出。残疾人参加竞技体育的训练和比赛，不仅需要大量的时间、精力和物质投入，同时也面临很大的运动损伤的风险，所以其对于相关法律保护的需求非常迫切和强烈。但是目前中国对残疾人权利的保障，主要关注残疾人的政治、经济、教育、文化等方面，而忽视了对残疾人的运动权利、人身安全等方面的保护，导致残疾人投身竞技体育的风险增大、顾虑增加、热情降低。

中国针对残疾人竞技体育的政策及规划也存在进一步优化的空间，目前

---

① 于文谦、郭潇蔚：《残奥会媒体关注度及提升路径研究》，《体育文化导刊》2017年第7期。

主要的短板是导向性不足。已出台的政策系列，习惯于从总体上提出残疾人竞技体育发展的目标和任务，纲领性和指导性很强，而具体要求往往不够细化，尤其监督和问责机制难以落实，使得政策执行力度和效果不尽如人意。残疾人竞技体育作为中国竞技体育的重要组成部分，其起源、发展与壮大在很大程度上借鉴了健全人竞技体育的经验，所以残疾人竞技体育政策也往往是参照健全人竞技体育政策制定和实施的，而残疾人竞技体育的很多特殊情况和要求却被有意无意地忽视了，使得政策的针对性、约束力、支持度和满意度降低。

（三）管理体制需要优化

中国残疾人竞技体育管理体制在推进中国残疾人竞技体育迅速发展的过程中起到了极其重要的作用。近年来，残疾人运动员在国际赛事上的优异成绩得益于具有中国特色的竞技体育管理体制的制度性保障，展现了中国特色的竞技体育管理体制的制度优越性，但现行体制也存在一些弊端，需要正视并不断完善。现行体制下，政府管理系统以国家体育总局为最高领导机构，中国残疾人体育运动管理中心负责管理具体事务，社会管理系统以中国残联下属的各个体育协会为主，而政府管理系统和社会管理系统之间的密切支持配合和责、权、利的科学清晰划分，是中国残疾人竞技体育可持续良性发展的关键所在。由于政府始终都是实质上的主导力量，中国残疾人竞技体育所需经费绝大部分来自财政拨付，体育彩票以及企业和社会赞助所占比重很小，企业和非政府组织等社会力量的主动性和创造性没有充分发挥，其参与空间亟须拓展。

中国残疾人体育运动管理中心具有双重角色，它既是中国残联的直属事业单位，接受中国残联行政上的管理，同时在具体业务上又听从国家体育总局的指导和安排，在做重要决策时往往受到影响和制约。而且作为准政府机构，其组织层级多、精细化管理不足、信息传达慢、工作效率低、下级单位自主参与管理的积极性不强等问题也都比较明显。从地区和部门层面看，中国残疾人竞技体育沿用中国行政机关传统的层级式的直线型管理体制，不同

部门和地区之间互不隶属，使得相互的沟通、协作不足，缺乏共识、规范和监督，难以形成权责分明、稳定高效的合作联动关系。

受各方面资源的限制，中国残疾人竞技体育发展中出现了明显的"马太效应"，即优势项目因为成绩好、关注度高而能得到较多投入和照顾，进而可以保持良好声誉和比赛优势，弱势项目则由于无法获得必要资源而无法实现快速发展和赶超，使得强者愈强、弱者愈弱的现象一直存在。中国残疾人竞技体育的优势项目无需多言，但是基础大项与集体球类项目等弱势项目，由于重视和投入不足，整体竞技水平不高，需要给予更多关注。在2016年里约残奥会22个比赛大项中，中国有5个大项不具备参赛资格，这与中国金牌和奖牌总数第一的地位非常不符。目前，基础大项与集体球类项目实力薄弱已经成为中国残疾人竞技体育项目结构的主要问题。

（四）人才队伍建设亟须加强

目前，中国国家层面已经形成比较完善的竞赛制度，由中国残疾人体育运动管理中心直接管理，残疾人体育国家队运动员的训练经费、场地、时间以及后勤都能得到充分保障，但地方上残疾人运动员的训练及保障情况仍然面临许多困难，尤其是经济欠发达地区面临的问题更多。

首先，由于全国性赛事相对较少，许多残疾人运动员缺乏参加比赛的机会，缺乏历练，水平难以快速提高。由于全国范围内针对残疾人运动员的成熟的运动职业生涯体系和培养训练体系还未形成，对残疾人运动员的成长和潜力挖掘缺乏科学规划，许多地区对残疾人运动员的培养训练缺乏系统安排，一般是在大赛前临时抽调、组队训练，赛后就解散，这种方式的效果主要体现在恢复运动员的体能和竞技状态，对于产生更深刻的比赛感悟和技战术提高难以起到实质作用。尤其是对中国相对弱势的集体球类项目来说，这种方式的影响更大。因为缺乏长期在一起进行系统、专业的训练，使得集体球类项目的队员之间，教练员和队员之间无法形成默契，竞技水平和比赛成绩难以提高。同时，中国残疾人竞技体育人才选拔和后备人才培养模式比较单一，通过业余训练提高水平，通过比赛发现人才是最主要的方式。目前中国采用的仍然是传统的"省市体工队—国家队"的二级人才阶梯培养模式，这种模式优缺点都非常明显。优点在于通过层层严格筛选，可以确保最优秀的运动员脱颖而出，得到重点培养；缺点是过于严格，大部分运动员无法获得更好的训练条件，失去成长机会。从学校培养的角度看，中国开设残疾人体育专业的院校很少，每年的招生人数也很少，且主要集中在本科层次，在课程设置上残疾人体育内容偏少，培养目标和规格各异，学生就业去向并不明朗。

其次，中国对残疾人竞技体育人才的培养在标准化和规范化方面还需要加强。目前中国尚未制定残疾人竞技体育人才专业标准，未实施残疾人竞技体育职业认证制度，相对于8500万人的残疾人群体，各类残疾人专业体育人才十分缺乏。因为残疾的程度和类别差异很大，为了保证竞争的公平性，必须制定非常详细甚至繁杂的比赛规则，包括对残疾人运动员参赛资格的规定等。

竞技体育最基本的要求是保证公平竞争。在残疾人竞技体育中，因为运动员残疾类别和程度不同，公平竞争的要求更加强烈，因此必须对残疾人运动员的残疾情况和运动能力进行评定和分级，以此为基础，使运动员分类分级比赛。近年来，国际上关于残疾人运动员医学和功能分级的研究取得了很大进展，制定分级的标准也发生了一些新的变化。因此，急需一批精通比赛规则和国际惯例、可以与国际组织进行良好沟通协调的残疾人竞技体育的专业管理和服务人员。而中国目前在这方面的专业人才也很缺乏，中国的裁判员、教练员和医学分级人员总数较少，专业素质方面也与国际水准存在一定差距，在国际上的影响力微弱，这是中国全面提升残疾人竞技体育国际地位必须着力加强的方面。中国对残疾人教练员进行培训的机构非常少，中国的残疾人教练员、裁判员大多是之前从事健全人体育工作的，对他们的培训基本上是通过各级残联体育部举办的短期培训班，实施过程中往往缺乏对培训计划和效果的监督和检查机制。从熟悉残疾人生理、心理知识，掌握运动医学分级知识以及残疾人竞技体育特点的要求来说，这些培训是不够的。

最后，残疾人竞技体育运动员退役后的就业和生活状况亟待改善。对于

多数残疾人运动员来说，生活的艰难并不会因为从事竞技体育而有很大改善，残疾人运动员退役后的生存和发展空间依然较小。自谋职业是多数退役残疾人运动员无奈的选择；有一小部分在福利企业工作，工资收入低，生活也比较拮据。从残疾人运动员自身来看，他们接受文化教育的水平普遍不高，退役时面临学历和技能的困扰。由于政府能够安置的岗位有限，所以运动成绩的好坏也成为影响残疾人运动员就业去向的重要因素，成绩好的退役时得到安置的机会相对多一些，安置的单位也多与残疾人体育相关，成绩不好或非正常退役的运动员往往没有合适的岗位进行安置。

（五）理论研究和科技开发需要加强

中国在残疾人竞技体育的理论研究方面，无论是从研究队伍的数量、结构和素质看，还是从研究内容的深度广度，甚至研究的方法手段和成果质量看，都存在很大的提升空间。中国学者主要的研究兴趣仍然集中在盲、聋、肢体和智力残疾等群体的康复及健身上，对自闭症等精神残疾的研究涉及较少，原创的思路构架、测量工具和成果更少；在研究范式上习惯于进行整体分析，对于不同年龄、分类的细化研究较少；对于经济发达地区城市残疾人各类体育活动的研究较多，对于经济欠发达地区农村残疾人体育活动的关注较少。目前中国研究者与残疾人竞技体育实际工作者之间的沟通、协作不紧密，高校的科研优势未能对残疾人竞技体育的优秀成绩进行深入的学理分析，没有做到对运动员的训练进行更加科学的指导，对运动训练效果的诊断评价和运动员技能状态的调整提升研究尚需加强。

高科技对现代残疾人竞技体育训练比赛，以及场馆器材的影响越来越大，在一定程度上，残疾人竞技体育不仅是运动员竞技水平的检验和比拼，更是高科技体育器材的检验和比拼。目前中国残疾人竞技体育科技支持与服务体系亟待加强，残疾人专用体育器材科技含量较低，科技攻关的投入不足，为残疾人科学训练提供指导、评估、监测的科技服务较少，开发适合残疾人体育的项目、辅具、装备等研究更为鲜见。从某种意义上说，中国残疾人竞技体育某些弱势项目与缺少先进的器材、辅具有着密切关系。

四　中国残疾人竞技体育发展对策

（一）重视舆论宣传

为了激励全社会关心残疾人竞技体育发展，中国应加大对残疾人竞技体育的舆论宣传力度，尤其应充分利用目前影响最为广泛的互联网、新媒体以及社交媒体平台等，及时、全面、深入地宣传报道残疾人竞技体育的成绩和优秀事迹，提升人们对残疾人竞技体育的认识，减少误解，以获得更多的理解和支持。要运用新媒体思维，进一步推进新媒体平台建设，加强对残疾人运动员的人文关怀，深入挖掘残疾人竞技体育激励人心的精神品质。

增强宣传的敏感度，凸显残疾人竞技体育对残疾人事业发展以及整个社会文明进程的价值。优化宣传形式，促进媒介融合发展，利用新媒体信息传播速度快的优势，构建功能齐全、有机一体、支撑互利的新媒体集合。深化媒体战略合作，加强主流媒体、官方网站与各种新媒体战略融合联动，注重用户体验，资助发掘一批优秀的残疾人竞技体育主题的艺术作品，宣传残健体育融合发展的理念。强化特殊、机动、匹配的制度性保障，推动残疾人竞技体育在更高层次、更广范围参与和融入人们常规体育生活，推动从认识、思想到方法、制度层面的全面融合。推广普及盲文手语等信息无障碍手段，创造更有利于残疾人参与竞技体育的舆论环境，使更多的健全人能够领略和体会残疾人竞技体育的独特魅力和精神价值，促使残疾人竞技体育得到社会各界更为广泛的关注和认同。通过创造良好的舆论环境，为残疾人参与体育活动提供更多的机会和更为广阔的空间，推动残疾人竞技体育迈上新台阶。

（二）完善法律法规体系，加大执法力度

法律是保障残疾人体育权利的根本保证。为了更好地促进残疾人竞技体育的发展，中国的法律需要树立"权利本位"的法治理念。实现和保障残疾人体育权利是国家的天然义务，应该从人权高度来看待法律保障残疾人体

育权利的问题。也就是说,法律必须确保一种全面有效的方法使残疾人可以从国家获得参与体育活动的机会,实现人人平等的体育权利。应适时修订《体育法》《残疾人保障法》等法律,不仅应从平等原则出发确保残疾人享有平等的体育权利,还应特别强调倾斜性保护原则,专门单独列出残疾人体育权利保障的条文。详细规定针对残疾人体育活动的歧视和侵权行为,使残疾人明确自身的权利和义务,同时也保障残疾人体育服务提供者的正当权利,以确保法律的公平性和可执行性。

中国残疾人体育权利受法律、法规和政策文件的多重保护,但实践中经常涉及的多是指导性规定,可操作性有所欠缺,执法力度远远不够。虽然中国规定了包括仲裁救济在内的侵权救济途径,但对残疾人竞技体育来说,却因没有专门的仲裁机构而影响救济实现。所以法律位阶选择对保障残疾人体育权利的实现非常重要。中国应加强高层次立法,在修订《体育法》时,增加涵盖残疾人体育纠纷裁决的第三方仲裁机构的内容。针对残疾人体育特点,建立科学化、系统化的残疾人体育法律法规体系,细化具体条文,使宏观管理与微观执行相结合,增强可操作性,并落实为实际的工作制度。各地要结合本地实际情况加大对残疾人体育法律法规的宣传力度,出台具体细化、可操作性强的专项配套法规,以保证法律法规的执行力度。

(三)进一步健全中国特色残疾人竞技体育管理体制

以辩证的眼光看待中国特色残疾人竞技体育管理体制,总结中国残疾人竞技体育发展进程中,现行管理体制所彰显的特殊作用和功能,充分发挥其独特优势,挖掘更优的运行机制,革除管理过于粗放等弊端,进一步健全中国特色残疾人竞技体育管理体制。中国特色背景下诞生和发展的残疾人竞技体育管理体制,是政府主导和民间自发相结合的高效运行体系,可以迅速调动和聚集所需资源,是经受了检验的有效经验模式,应该进一步完善和创新,以带动中国残疾人竞技体育发展到更高水平。要认真对待"马太效应",在保持和发展优势项目的同时,应对弱势项目给予更多关心和投入,在经费和人员上进行适当倾斜,加大人才培养和选拔力度,举办更多基础大项与集体球类项目的比赛，通过比赛带动竞技水平的提高。

厘清政府与社会的管理关系，大胆吸纳社会团体、企业或个人广泛参与残疾人竞技体育事业，明确各自的管辖范围和权力界限。积极探索开发中国残疾人体育运动管理中心更优的运转模式，科学审视目前运行机制和流程，构建残疾人竞技体育管理体制的网络矩阵。充分激发各级地方残联的主动性，营造由省市级残联组成的体育行政管理矩阵，通过矩阵的细密管理，更好地指导和协助基层工作。中国残疾人竞技体育管理体制创新的一个重要课题是对"管办分离"的探索，即行政管理机关如何逐步简政放权，淡出处理具体事务的"运动员"角色，集中精力当好制定规则、做好评判的"裁判员"，进而将政府与社会办残疾人竞技体育有机结合起来，建立政府宏观主导与市场调节相结合的多元化新型管理体制，促进中国残疾人竞技体育的社会化进程，寻求与社会资本的深入合作，最终实现组织管理规范、资源配置高效、服务效果满意的目标。

（四）优化人才管理体系

中国残疾人竞技体育的发展，归根到底依靠的是人才，不断优化人才管理体系，是中国残疾人竞技体育可持续发展的关键要素。

第一，建立更为科学而开放的人才选拔体系，投入更多资源办好以全国残疾人运动会为核心的各级各类残疾人运动会，发现和培养人才，积蓄后备力量，通过广泛宣传和有效的激励手段，进一步调动残疾人参加体育锻炼的积极性。打造合理的人才梯队，对于重点人才设立专门孵化基地，从"残健融合""体教结合"的布局出发，积极开创特殊教育学校、普通学校、体校多元协调发展的人才培养新格局。注重对青少年残疾运动员的发现和培养，经常开展校园体育比赛，通过激发残疾学生对竞技体育的兴趣，建立其对生活的信心。从残疾人运动员的个体需求和长远发展着手，拓展残疾人竞技体育激励思路和机制，采取更加多样化的激励策略，落实相关激励保障措施，提高奖励和补贴额度，规范发放程序。

第二，进一步完善残疾人竞技体育教练员培养机制，形成多层次、多种

培养模式相结合的培养体系。一方面，经常性地举办各类残疾人体育教练培训班，通过专题专项培训，提高教练员的专业能力；另一方面，重视残疾人竞技体育专业人才的职前培养，在有条件的院校设置残疾人竞技体育教练员等相关专业，发挥高等体育院校的科研优势，组织专门人员加强对残疾人竞技体育竞赛规则、赛事管理、医学分级、训练恢复、队伍建设等领域的研究，通过提高各级教练的教学训练和业务水平，培养一批高水平、熟悉国际规则、在国际上有话语权的裁判员和训练管理队伍。实施特殊体育专业人才资格认证制度，规范并不断完善教练员的认定、选拔、注册、考核、升级与评估机制，进而加强残疾人运动员训练的科学性、专业性和系统性。

第三，改进残疾人运动员职业规划管理体系。如何改善退役后的生活状况是残疾人运动员非常关心的问题。必须着力提升残疾人运动员自身的就业能力，强化实用的文化知识和就业技能培训，加强就业指导，通过政策和资金上的扶持鼓励残疾人运动员创业，完善就业保障安置工作，以更优惠的政策鼓励企事业单位聘用残疾人。残疾人运动员"在役"期间，不仅要努力提高竞技水平，还要参加必要的就业技能培训课程，尤其对面临退役的运动员，应加大培训的力度，提高其社会适应能力、就业竞争力以及创业能力。加快残疾人职业培训机构发展，为残疾人退役运动员提供更专业和更持久的就业和岗位培训。经教育部批准，北京体育大学自 2015 年起，与中国残疾人体育运动管理中心联合免试招收优秀残疾人运动员进入本科学习，但是目前招收的条件很高，要求必须是残奥会有关项目国际赛事冠军获得者才可以进入北京体育大学运动训练专业学习。应在此基础上，适当放宽条件，为更多残疾人运动员创造学习深造的机会。建立相关的责任考核体系，将残疾人退役运动员就业纳入各级行政执法检查和劳动监察范围，在社会公共事业中设立残疾人见习岗位，给残疾人提供更多的时间、机会和便利来适应社会。同时，在全社会创设一种和谐包容的共处和交往环境，帮助大众了解残疾人，消除隔阂和偏见。

（五）加强残疾人竞技体育理论研究和科技开发

中国残疾人竞技体育虽然已经开展了几十年，并且取得了优异的成绩，但中国残疾人竞技体育理论研究仍然比较薄弱，学者对有些基本问题的看法仍存在分歧，有很多前沿和深层理论问题需要深究。中国学者应在中国文化、政治和经济背景下，加强对残疾人竞技体育的发展逻辑和运行机制的学理与实践相结合的研究，创建具有中国时代特色的残疾人竞技体育基本理论框架，为中国残疾人竞技体育更高水平的发展提供理论指导与智力支持。在理论研究中，"适应体育"是一个重要的基础概念和逻辑起点，强调残疾人体育和健全人体育的融合而非单纯和割裂的比赛成绩。中国关于适应体育的研究方兴未艾，适应体育与运动心理学、运动医学、康复学等学科互相借鉴印证、支撑促进，共同构建和发展残疾人竞技体育的理论体系。适应体育对残疾人竞技体育实践的指导作用正在显现。

此外，科技已经进入残疾人竞技体育的方方面面，必须积极支持高科技残疾人竞技体育用品制造业创新发展，采用新材料、新技术，提升残疾人竞技体育的体育用品的质量水平，提高产品科技含量。政府必须大力加强对与残疾人竞技体育相关的科技开发工作的投入，增设残疾人体育科研项目，加大资助力度，出台倾斜性政策，鼓励高校、科研院所、训练队联合科技企业，建立集"教学、科研、训练、生产"于一体的整体科技推进体系，利用政策杠杆作用，促进社会增加对体育科技的投资，鼓励研发科技含量高、能够显著改善残疾人生活的专用器材、辅助器具。构建良好产业生态系统，完善与残疾人竞技体育相关的体育科技成果转化体系，提高残疾人体育国家队应用高科技的能力，完善中国残疾人体育运动管理中心的科技应用体系。

参考文献

陈婷、郑程浩、胡子航：《"十三五"期间残疾人群众体育研究的回顾与展望》，《闽南师范大学学报》（自然科学版）2021年第1期。

张盼、吴燕丹、郑程浩：《赋权增能理论视角下中国部分残疾人体育参与的困境与破解策略》，《首都体育学院学报》2020年第5期。

朱亚成、张青、季浏：《"一带一路"框架下残疾人竞技体育发展研究》，《四川体育科学》2020年第2期。

朱晓莉：《中国残疾人竞技体育现实状况与发展路径研究——基于残奥会成绩数据分析》，《西南师范大学学报》（自然科学版）2020年第10期。

张松年、孙艳芳：《江苏残疾人击剑项目可持续发展研究》，《当代体育科技》2020年第30期。

张曙光：《美国体育产业科技助力奥运备战初探》，第十一届全国体育科学大会，南京，2019。

杨安禄、姚蕾、王永顺：《动力与障碍：中国残疾人竞技体育发展研究》，《体育科学研究》2019年第6期。

武巧玲：《残奥会竞技项目与中国残疾人体育资源配置策略研究》，《廊坊师范学院学报》（自然科学版）2019年第2期。

赵涵阳：《论中国残疾人竞技体育制约因素和支持系统》，《知识经济》2018年第19期。

于文谦、郭潇蔚：《残奥会媒体关注度及提升路径研究》，《体育文化导刊》2017年第7期。

刘江山等：《江苏省残疾人竞技体育管理现状及发展对策》，《体育文化导刊》2017年第4期。

杨俊涛：《中国残疾人竞技体育发展回顾与展望》，《体育世界》（学术版）2011年第1期。

卢雁：《21世纪初期中国残疾人体育管理组织结构研究》，硕士学位论文，北京体育大学，2004。

吴燕丹等：《试析中国残疾人体育现状与发展》，《残疾人研究》2014年第3期。

张明：《中国残疾人竞技体育管理模式的优化》，《武汉体育学院学报》2012年第5期。

魏晓梅：《中美残疾人体育现状比较研究》，博士学位论文，北京体育大学，2013。

金梅、陈适晖：《中国残疾人竞技体育发展现状及对策研究》，《天津体育学院学报》2006年第5期。

李璟寒、董进霞：《中国残疾人事业与残疾人体育的互动发展——透视残疾人观的嬗变》，《体育科学》2011年第2期。

陈爱华、陆海：《中国残疾人体育健身的法律保护研究》，《西安体育学院学报》2011年第3期。

B.4
中国残疾人群众体育发展报告（2021）

吴雪萍　李良*

摘　要：　群众体育是残疾人生活不可或缺的组成部分。通过对残疾人群众体育的发展历程、现状和存在的问题进行分析发现，中国残疾人群众体育政策法规逐步完善；体育赛事带动群众体育发展；志愿服务促进残疾人群众体育发展；信息化服务为残疾人群众体育提供便利；残疾人群众体育设施（场所）配置发展总体良好。存在如下问题：残疾人群众体育政策引导性不强；残疾人群众体育公共服务质量不高；残疾人群众体育的锻炼模式与消费行为单一；残疾人社会体育指导员培养质量不高。本报告为促进中国残疾人群众体育发展，提出四点建议：一是明确政策主体的权利与义务，突出政策的引导性；二是优化体育资源配置，促进残疾人体育公共服务均衡化发展；三是构建联动体育锻炼模式，完善体育消费机制；四是根据残疾人群众体育需求，对社会体育指导员实施精准化培养。

关键词：　群众体育　社会体育指导员　残疾人

---

* 吴雪萍，博士，教授，博士生导师，上海体育学院科学研究院执行院长、创新创业学院执行院长，主要研究方向为适应体育；李良，江西陶瓷工艺美术职业技术学院讲师，主要研究方向为体育政策、适应体育。

一 中国残疾人群众体育的发展历程

（一）第一阶段：由学校走向社会（1949～1977年）

中国残疾人群众体育首先在特殊教育学校开展起来。新中国成立后，各地兴办盲校、聋校，按照国家颁布的有关文件，在这些特殊教育学校开设体育课，并且开展课外体育活动，学校成为残疾人群众体育发展的主要阵地。在1949年召开第一届全国体育大会之后，遵照"我们必须开展推动一个广泛的体育运动，使之从学校发展到工厂、郊区，从城市发展到农村，从知识青年发展到劳动群众中去"的要求①，残疾人群众体育逐渐从学校走向社会。在伤残军人疗养院、伤残康复疗养院和残疾儿童社会福利院中，体育成为不可或缺的一种锻炼和康复手段。经过10余年的发展，中国1957年举办了第一届青年盲人田径运动会，次年派出盲人运动员参加国际残疾人体育竞赛，盲人运动员通过体育的方式走出国门、为国争光，极大地提高了残疾人参与体育的热情，也为残疾人体育发展夯实了基础。此后，以聋人体育协会为代表的社会体育组织纷纷成立，产生了巨大的社会影响力。这一时期，中国残疾人群众体育以学校体育发展为起点，开始逐步走向社会体育组织，通过有组织、有规模的残疾人群众体育竞赛迅速发展。

（二）第二阶段：由锻炼需求转向高质量发展（1978～2008年）

改革开放以来，国家相继颁布了一系列政策法规，为残疾人享有均等化的群众体育服务奠定了坚实基础。1991年出台的《中华人民共和国残疾人保障法》、1995年颁布的《中华人民共和国体育法》（以下简称《体育法》）与《全民健身计划纲要》，都对推动残疾人群众体育发展发挥了重要作用。随着

---

① 李璟寒、董进霞：《中国残疾人事业与残疾人体育的互动发展——透视残疾人观的嬗变》，《体育科学》2011年第2期。

社会经济快速发展，国家实力、人民生活水平不断提升，国家对残疾人群众体育的服务保障也在不断完善。从保障残疾人享有社会公共服务均等化的角度出发，体育对于残疾人而言不仅是一种强身健体的手段，而且是一种参与社会生活、融入主流社会的重要方式。一方面，区域性、国际性的群众体育竞赛成为新常态；另一方面，实施将残疾人群众体育纳入全民健身计划体系，将公众文化、体育设施向残疾人优惠开放，积极开展残疾人体育科研和体育教育等一系列措施，促使残疾人群众体育由锻炼需求开始转向高质量发展。

（三）第三阶段：由聚焦供给转向精准实施（2009年至今）

2008年北京奥运会以后，中国更加注重残疾人群众体育公共服务的多元化发展。残疾人参与体育锻炼的意识开始增强，参加体育锻炼的自信心得到提高，越来越多的残疾人开始主动进行体育锻炼。为了满足残疾人对健身体育的基本需求，中国残联于2016年颁布《残疾人自强健身示范点建设办法（暂行）》[1]，明确残疾人自强健身示范点是指"由各级地方政府、残联组织、体育部门、企事业单位和社会机构在社区（或村）投资或兴建，具有一定规模和多种功能的公益性残疾人体育健身场所"，提出要在全国大规模建立残疾人自强健身示范点。示范点具有引导、示范作用，而且具有较好的社会宣传效应，对于扭转残疾人长期处于被动接受体育锻炼的处境，具有积极推动作用。

进入中国特色社会主义新时代，与人民密切相关的体育活动成为人民美好生活的构成部分。[2]《"十三五"加快残疾人小康进程规划纲要》明确指出，实施残疾人自强健身工程、康复体育关爱工程，创编普及残疾人健身体育、康复体育项目，促进残疾人群众体育活动更加丰富活跃。[3] 2016年实施

---

① 《中国残联办公厅关于印发〈残疾人自强健身示范点建设办法（暂行）〉的通知》，中国盲人协会网站，2016年3月10日，http：//www. zgmx. org. cn/newsdetail/d-62042-0. html。

② 郇昌店等：《中国共产党建党百年来群众体育和人民的关系建构历程及经验研究》，《首都体育学院学报》2021年第3期。

③ 《国务院关于印发"十三五"加快残疾人小康进程规划纲要的通知》，中国政府网，2016年8月17日，http：//www. gov. cn/zhengce/content/2016-08/17/content_ 5100132. htm。

的《"健康中国 2030"规划纲要》明确指出,"制定实施青少年、妇女、老年人、职业群体及残疾人等特殊群体的体质健康干预计划"。① 同时还从医疗、保险、体医融合等方面进行全方位的探索,制订具有针对性的残疾人体育康复计划。2019 年颁布的《体育强国建设纲要》着重聚焦"大力推动全民健身与全民健康深度融合"的国家战略,再一次提出制订实施"青少年、妇女、老年人、农民、职业人群、残疾人等群体的体质健康干预计划"。② 由此可见,新时代中国残疾人群众体育由聚焦高质量的体育公共服务供给转向精准实施,并从残疾人分类、伤残特征、体育需求等维度出发,实事求是地展开精准服务,深入贯彻落实国家提出的"全民健身战略计划"。

二 中国残疾人群众体育的发展现状

(一)残疾人群众体育政策法规逐步完善

进入 20 世纪 90 年代,在中国体育体制的改革浪潮以及人民生活水平逐年提高的趋势下,残疾人群众体育相关政策开始逐步完善。1995 年颁布的《体育法》要求"为残疾人参加体育活动提供便利",还明确指出公共体育设施"应当向社会开放,方便群众开展体育活动,对学生、老年人、残疾人实行优惠办法,提高体育设施的利用率"。③ 同年颁布的《全民健身计划纲要》要求"广泛开展残疾人体育健身活动,提高残疾人的身体素质和平等参与社会活动的能力。丰富残疾人体育健身方法,培养体育骨干,提高残疾人体育运动水平"。④ 2000 年国务院颁布的《2001—2010 年体育改革与发

---

① 《中共中央 国务院印发〈"健康中国 2030"规划纲要〉》,中国政府网,2016 年 10 月 25 日,http://www.gov.cn/zhengce/2016 - 10/25/content_5124174.htm。
② 《国务院办公厅关于印发体育强国建设纲要的通知》,中国政府网,2019 年 9 月 2 日,http://www.gov.cn/zhengce/content/2019 - 09/02/content_5426485.htm。
③ 《中华人民共和国体育法》,中国人大网,2017 年 2 月 21 日,http://www.npc.gov.cn/wxzl/gongbao/2017 - 02/21/content_2007622.htm。
④ 《全民健身计划纲要》,国务院新闻办公室网站,2015 年 12 月 7 日,http://www.scio.gov.cn/xwfbh/xwbfbh/wqfbh/2015/33862/xgzc33869/Document/1458253/1458253.htm。

展纲要》和 2001 年出台的《残疾人体育工作"十五"实施方案》，都要求保障残疾人参与体育活动的合法权益。2006 年，党的十六届中央委员会第六次会议强调，"发展残疾人事业，保障残疾人合法权益是社会公平正义的体现，是构建社会主义和谐社会的重要任务"。① 2007～2008 年连续出台的《关于进一步加强残疾人体育工作的意见》、《中共中央 国务院关于促进残疾人事业发展的意见》、《中华人民共和国残疾人保障法》（2008 年修订）都指出，要大力支持残疾人群众体育事业发展，让残疾人享有均等化的社会发展成果。2008 年北京奥运会把中国残疾人群众体育事业推向了高潮。"融合、共享、超越"的奥运理念指引着残疾人群众体育事业的发展方向。随后相继出台的《全民健身计划（2011—2015 年）》《国务院关于加快推进残疾人小康进程的意见》《残疾人自强健身示范点建设办法（暂行）》等政策文件都在已有政策的基础上不断补充完善，为残疾人参与体育活动提供法治保障。同时，各省（区、市）也相继发布与残疾人群众体育相关的政策文件，保护残疾人体育权益，如《上海市残疾人事业"十三五"发展规划》、《广东省残疾人康复体育关爱家庭计划（试行）》以及江西省《全省残疾人文化周活动实施方案》等。有了党和国家的高度重视，残疾人群众体育的政策法规不断完善，逐步形成体系。

（二）残疾人体育赛事带动群众体育发展

2008 年北京奥运会以后，"全民健身"成为体育强国战略之一，残疾人群众体育整体迅速发展。一是在大型比赛项目上，针对残疾人特点设置比赛项目。全国第十届残运会暨第七届特奥会除设有竞争激烈的竞技比赛项目外，还增设了多项群众体育比赛项目，进一步激起了残疾人参与残运会的热情，促进了残疾人体育健身活动的有序开展。二是进一步扩充残疾人群众体育项目，如把残疾人象棋、围棋、飞镖、轮椅太极拳等项目纳入特殊奥林匹克运动会，吸引残疾人群体同场竞技。三是积极举办残疾人群众体育赛事，

---

① 戴昕、王普、杨铁黎：《中国残疾人体育发展研究》，《体育文化导刊》2010 年第 10 期。

如 2018 年，由中国残疾人运动管理中心、三菱集团等举办的"三菱友谊杯"第四届残疾人民间足球争霸赛年终总决赛，吸引了来自全国的 16 支基层残疾人足球队伍近 200 名残疾人足球爱好者参赛。① 四是各地深入贯彻实施"全民健身"国家发展战略，大力开展具有地方特色的残疾人群众体育活动。如广州市举办的残疾人群众体育活动季暨全民健身日轮椅健身项目展演活动，4 年间通过活动参加轮椅太极项目、轮椅健身操锻炼的残疾人累计达 5000 人次，残疾人健身意识普遍增强，参与社会活动的能力有了更大的提高。② 在党和国家高度重视下，在残疾人体育赛事的带动下，中国残疾人群众体育意识逐步增强，残疾人群众体育发展迅速。

（三）志愿服务促进残疾人群众体育发展

志愿服务是支撑残疾人群众体育赛事开展的重要手段。2019 年《体育强国建设纲要》把体育志愿服务工程作为新时代体育强国重点建设八大工程之一，为完善残疾人群众体育志愿服务创造了良好的外部环境。同时在志愿服务组织体系、志愿者管理、志愿服务评价激励等方面，提出了细化措施。③ 加强志愿服务建设，并将其作为体育公共服务重要的供给模式的组织部分，既能促进志愿者与残疾人之间的有效沟通和形成良性互动，以此增进人际关系，又能节约国家财政用于支持残疾人体育活动或体育赛事的经费成本。在残疾人志愿服务组织建设方面，2015 年，中国成立首个残疾人助残志愿者协会，确定了 50 个"全国志愿助残阳光基地"、48 个"全国志愿助残阳光使者"。④ 目前，在全国残疾人助残志愿者协会的引导下，各地相继

---

① 《"三菱友谊杯"第四届残疾人民间足球争霸赛年终总决赛圆满落幕》，"人民网"搜狐号，2018 年 9 月 17 日，https：//www.sohu.com/a/254342499_ 114731。
② 《2018 年广州市残疾人群众体育活动季暨全民健身日轮椅健身项目展演活动圆满完成》，"广东残联"搜狐号，2018 年 8 月 9 日，https：//www.sohu.com/picture/246252010。
③ 《国务院办公厅关于印发体育强国建设纲要的通知》，中国政府网，2019 年 9 月 2 日，http：//www.gov.cn/zhengce/content/2019 - 09/02/content_ 5426485.htm。
④ 《中国助残志愿者协会成立》，中国青年志愿者网，2015 年 5 月 25 日，http：//zgzyz.cyol.com/content/2015 - 05/25/content_ 11410417.htm。

成立了残疾人助残志愿者协会，残疾人体育志愿服务组织规模正在迅速扩大。

（四）信息化服务为残疾人群众体育提供便利

当前中国体育信息服务主要通过网络、自媒体、报纸等新闻传播手段尽可能地为公众提供体育服务。[1] 对于残疾人群众体育发展而言，加强体育信息服务的制度建设至关重要。一方面，建立完善的残疾人体育信息化服务体系，可以帮助残疾人及时获得更多体育信息；另一方面，在体育信息化公开透明的进程中，可以进一步了解残疾人体育的发展动态与趋势，为国家和相关行政部门提供体育发展与管理的依据，补齐残疾人体育发展的短板，提升体育治理能力，加快残疾人体育治理体系的现代化进程。近年来，残疾人群众体育信息化发展势头迅猛，信息化越来越多地被运用到残疾人群众体育中。2020 年全国"全民健身，共享小康——残疾人康复健身体育'云竞赛'"成功举办。这项由北京体育大学信息网络中心具体承办实施的活动，是残疾人群众体育信息化服务的一个典型案例。在该项赛事中，共有来自全国的 4634 名残疾人报名参赛，上传参赛视频达 5170 条。[2] 在大型体育场馆信息化服务建设方面，2015 年中国残疾人体育运动管理中心联合首都信息发展股份有限公司签署战略合作协议，以北京运营的 2500 个信息化社区服务中心为平台，结合全民助残健身示范点、社区助残点等基础设施，共同建设残疾人体育服务信息化平台。[3] 在残疾人群众运动康复方面，信息化助力残疾人运动康复的优势更加凸显。在上海杨浦区的康健苑中，依托上海体育学院科研优势，通过对本区残疾人体育的实证调查，经过反复研究论证，制定了一套系统的体育信息化康复干预方案，委托科技公司进行开发。只要残

---

[1] 丁青、王家宏：《公共体育信息服务标准体系构建研究》，《中国体育科技》2020 年第 3 期。

[2] 《2020 年全国残疾人康复健身体育云竞赛圆满结束》，人民网，2020 年 12 月 3 日，http://www.sportsonline.com.cn/n1/2020/1203/c202403 - 31954128.html。

[3] 《北京国资公司捐助残疾人体育事业发展》，人民网，2015 年 5 月 25 日，http://sports.people.com.cn/n/2015/0525/c22155 - 27052518.html。

疾人通过体检，康复仪器就会制订一套个别化的康复干预方案送到每位残疾人手中，帮助残疾人进行有针对性的康复锻炼。目前，尽管残疾人群众体育信息化服务发展势头较好，但也应该看到，对应残疾人个人的体育信息化建设、大健康数据监测与评价、体育公共服务的供需、体质测试标准及体育融合等方面的体育信息化建设还有较大的发展空间。

（五）残疾人群众体育设施（场所）配置发展总体良好

从 2017 年颁布的国家标准《公共体育设施　室外健身设施的配置与管理》提出的"社区基本配置为一个建有室外健身设施的多功能健身点，其中室外健身器材不少于 10 件；也可是一个配备健身器材设施的体育活动室；行政村体育设施行政村基本配置为一个室外篮球场、两个室外乒乓球台（或乒乓球活动室）"的基本要求来看①，中国残疾人群众体育设施配置总体良好。这一方面表明残疾人渴望走出家庭，希望到公共场所参加体育活动；另一方面体现了残疾人在健身场所选择上注重就近方便的特点。② 但由于各地方经济发展及财政资源不同，残疾人群众体育设施发展及配套方面存在差异。在组织开展残疾人群众体育活动中，以 2015 年的活动次数和参加人数为历年最高，分别为 9055 次和 80.6 万人。③ 《2020 年全国体育场地统计调查数据》显示：与残疾人群众体育发展密切相关的全民健身路径 87.12 万个，全民健身房 11.48 万个，场地面积 0.5 亿平方米；全国健身步道 8.94万个，长度 20.93 万公里，场地面积 6.04 亿平方米。④ 2022 年北京冬奥会残疾人冰上运动的场馆贯彻"以人为本"的设计理念，注重真正从残疾人的使用需求出发，以求建设一个充分体现人性化的无障碍绿色体育场

---

① 王苏等：《〈公共体育设施　室外健身设施的配置与管理〉标准解读》，《文体用品与科技》2018 年第 9 期。

② 戴昕：《北京市社区残疾人体育健身现状与对策研究》，《体育文化导刊》2012 年第 8 期。

③ 徐盛城、蔡赓、吴清：《日本残疾人公共体育设施现状解析及启示》，《体育文化导刊》2017 年第 11 期。

④ 《2020 年全国体育场地统计调查数据》，国家体育总局网站，2021 年 6 月 1 日，http：// www. sport. gov. cn/n315/n329/c991781/content. html。

（馆），为残疾人群众体育创造良好的锻炼环境。

残疾人无障碍体育设施得到发展与完善。一是国家政策强有力的指引。国家颁布的《基层残疾人综合服务能力建设"十三五"实施方案》等政策文件明确指出，要完善残疾人体育公共基础设施建设，量化残疾人无障碍体育设施数量。① 二是在全民健身与体育强国战略大背景下，残疾人无障碍体育设施在体育公共服务引擎作用下逐步得到发展与完善。2022 年杭州亚运会、2022 年北京冬奥会等重大活动推动各大城市的残疾人无障碍体育设施逐步完善。北京市依托 2008 年奥运会，以"人文奥运"为契机，无障碍改造项目超过 1.4 万项②；上海市在筹办特奥会过程中，对 31 个比赛场所及宾馆、社区进行了全面无障碍化建设。③ 三是近年来，残疾人无障碍体育设施在全国文明城市建设过程中，得到进一步完善。2018 年西藏拉萨市深入贯彻《全国文明城市测评体系》，把无障碍体育设施建设纳入测评范围；2020 年全国文明城市入选者江西景德镇市正是参照《全国文明城市测评体系》的要求，重点将无障碍体育设施建设作为一项重要的城市规划建设工程，赢得百姓的一片喝彩。

三　中国残疾人群众体育发展中存在的问题

（一）残疾人群众体育政策引导性不强

目前，中国现有的公共体育设施中的公园、游乐场及户外活动资源并未完全把残疾人纳入服务体系，无障碍体育设施比较少，无障碍体育环境尚未完全形成。目前中国在群众体育管理上采用"自上而下"的模式，由国家体育总局对全国群众体育、休闲体育进行宏观调控，负责政策制定和执行。

① 《7 部门联合印发〈基层残疾人综合服务能力建设 "十三五" 实施方案〉》，中国政府网，2016 年 11 月 25 日，http：//www.gov.cn/xinwen/2016 - 11/25/content_ 5137539. htm。
② 张东旺：《中国无障碍环境建设现状、问题及发展对策》，《河北学刊》2014 年第 1 期。
③ 夏菁：《中国公共服务设施无障碍建设发展报告（2019）》，载凌亢主编《残疾人蓝皮书：中国残疾人事业发展报告（2019）》，社会科学文献出版社，2019。

显然，这种"自上而下"的管理机制缺乏一定的灵活性。有时因管得太严，容易在残疾人群众体育政策执行过程时效率不高，也会导致残疾人群众体育资源被长期挤占，无法满足残疾人体育活动的基本需求。另外，目前中国残疾人群众体育政策执行缺乏一个联动的整体，部分政策未能对照残疾人群众体育活动的发展实际具体落实。当前残疾人相关体育政策缺乏对残疾人群众体育活动的可操作性，即在围绕残疾人群众体育发展过程中"怎么做"的关键问题上缺乏有效策略。①

（二）残疾人群众体育公共服务质量不高

中国在残疾人群众体育服务供给中，采用的是政府"供给—监督"的一体化模式。供给主体是政府，同时政府还在供给过程中负责监督。在供给渠道中，大部分社会残疾人群众体育组织机构主要的经费来源于政府拨款。由企事业或个人主动为残疾人群众体育服务提供资金支持或者筹建体育场地设施的方式在国内还比较少见。② 目前残疾人群众体育服务供给机制尚未完全建成，国内残疾人体育市场化发展程度较低，自身"造血"功能不足，残疾人群众体育服务供需矛盾时有发生，有时还出现政府提供的体育公共服务与残疾人体育需求脱节的现象。这些情况不仅严重影响了残疾人群众体育公共服务质量，还可能导致政府购买主体下残疾人群众体育公共服务供需的失真与失灵。

（三）残疾人群众体育的锻炼模式与消费行为单一

目前，尽管残疾人群众体育政策利好，体育设施逐渐完善，但中国残疾人群众体育的锻炼模式仍以参与各社区、残疾人示范点的统一健身体育活动为主，对残疾人的体育需求、锻炼效果等个体因素考虑不足，对场地设施条件及社会体育指导员配置等客观条件与残疾人个体的体育需求之间的联系，

---

① 李良：《中美残疾人体育政策对比》，硕士学位论文，江西师范大学，2017。
② 李良：《中美残疾人体育政策对比》，硕士学位论文，江西师范大学，2017。

未能进行深入思考。目前也仅是满足部分残疾人群体的体育需要，在体育锻炼场地、区域上，仍有一定局限性，有关残疾人个体化的体育消费与体育服务尚未真正形成。仅由社区为残疾人提供体育锻炼的场地设施远远不能满足其多样化的需求，同时还要整合社会体育场地资源，如学校、企事业等单位的体育场地基础设施，尽可能地为残疾人参与体育活动提供便利。对于那些因重度残疾而无法独立参与体育锻炼的残疾人群而言，则须通过家庭引导支持，协助他们参与体育锻炼。虽然近年来残疾人家庭体育锻炼模式逐渐兴起，但在残障家庭体育锻炼的情景模式、项目设置、场地设施、体育公共服务供给、政策资金支持等方面的配套措施未能及时构建，残疾人家庭体育锻炼模式的发展较为缓慢。

（四）残疾人社会体育指导员培养质量不高

《中国残疾人事业中长期人才发展规划纲要（2011—2020年）》提出了"到2020年中国残疾人社会体育指导员达到10万名"的任务[1]，但在2020年统计"十三五"残疾人体育重点任务完成情况时发现，"十三五"期间完成了61693名社会体育指导员的培养工作，与"社会体育指导员达到10万名"的工作目标，还有较大差距。同时，当前中国残疾人社会体育指导员培养"存在结构区分不到位、未能适应各类残疾人的问题"。[2] 目前残疾人社会体育指导员培养，多采用短期培训模式，这种在5天内完成30课时的短期培训，明显有些急于求成，显示出残疾人社会体育指导员在精准化培养方面的不足。当前的培养工作更多的是从数量上完成任务规定，还没有从残疾人类型、体育项目需求等方面进行实践调查，缺乏对培训模式、培训时间和课程设置的深入论证，这也是残疾人社会体育指导员培养质量不高的重要原因。

---

[1] 《中国残疾人事业中长期人才发展规划纲要（2011—2020年）》，广东省残疾人联合会网站，2020年9月18日，http://www.gddpf.org.cn/xxgk/zcfg/syfz/content/post_607378.html。

[2] 于文谦、季城、呼晓青：《残疾人社会体育指导员人才培养问题剖析与路径优化》，《体育学刊》2020年第4期。

四 提升中国残疾人群众体育水平的建议

（一）明确政策主体的权利与义务，突出政策的引导性

中国《体育法》明确了体育社会团体应该履行的职责，注重强调体育行政部门对体育社会团体的绝对监管权力，但没有划分出相应的义务与责任。尤其《体育法》对残疾人体育社会团体并没有直接涉及，折射了当前中国残疾人群众体育社会团体处在体育法律组织体系边缘的处境。① 残疾人体育社会团体在残疾人群众体育组织、比赛筹备等方面扮演着重要角色，是残疾人群众体育政策执行的主体。所以，中国残疾人体育社会团体的合法地位不仅要在《体育法》中进行明确，同时《体育法》还要进一步明晰残疾人体育社会团体的权利与义务。在制定残疾人群众体育政策过程中，政府应广纳民意，邀请中国残联、残疾人体育社会团体等单位积极参与残疾人群众体育政策的制定、执行和监督。同时要进行残疾人群体发展改革，实行灵活管理方式，比如在残疾人购买群众体育服务能力有限的基础上，可以有针对性地对企业进行补偿，要求企业降低服务价格，通过较低的体育公共服务价格吸引更多的残疾人参与群众体育活动，突出政府的引导作用。

（二）优化体育资源配置，促进残疾人体育公共服务均衡化发展

可以通过政府调控，实现群众体育资源分配均等化，由政府对群众体育资源进行调配，并适当地向残疾人群众体育服务倾斜。不言而喻，市场是体育资源配置的有力手段，但在残疾人体育公共服务领域，倘若一味地依靠市场进行资源配置，可能会出现由地域、经济水平及资金投入等方面的差异造成的两极分化。针对这种情况，一是强化国家对体育财政配置统筹，因地制宜实施，明确国家对残疾人体育财政支配标准，合理划定残疾人体育财政资

---

① 李良：《中美残疾人体育政策对比》，硕士学位论文，江西师范大学，2017。

金支配红线，纳入政府财政进行统筹预算。二是进一步细化残疾人体育财政资金使用范围，构建完善的"均衡性转移支付制度"，明确中央和地方财政的关系①，推进残疾人体育公共服务均衡化。三是体育资源配置要以残疾人对美好生活的"获得感"为准绳，加强对残疾人群众体育需求的实践调查，合理构建残疾人群众体育公共服务的市场供需信息平台，着重解决当前中国残疾人群众体育需求与体育公共服务资源精准配置衔接的短板问题，最大化地促进供给与需求两大主体之间由割裂转向精准耦合。四是构建残疾人体育公共服务资源信息标准，信息评价标准化建设须从"效果"与"受众"两大评价维度进行，尤其是突出残疾人对体育公共服务的满意度的评价，切实通过残疾人体育公共服务资源配置，推动残疾人群众体育的高质量发展。

（三）构建联动体育锻炼模式，完善体育消费机制

一是要构建残疾人联动体育锻炼模式。采用"学校—社区—家庭"三位一体的体育锻炼方式，在体育资源上实现共享，在体育活动参与上实现协同，来逐步形成残疾人群众体育的联动模式，养成体育锻炼习惯，进而有效地增强他们的身体健康。二是进一步推动发展残疾人家庭体育锻炼模式，把残疾人参与体育锻炼作为一项家庭健康体育战略，通过"残健融合"体育锻炼方式，促进家庭成员的共同参与。这一方面能增加残疾家庭的凝聚力与亲密关系，另一方面残疾人会因家庭成员的共同参与，获得更多支持，减少参与障碍。三是完善残疾人体育消费机制，一方面要基于多元化的体育锻炼模式，形成以非实物型（康复治疗、运动保健）为主、实物型（运动服装、体育器材、体育报刊图书②等）为辅的消费模式；另一方面国家对残疾人的补贴政策要向非实物型体育消费倾斜，通过购买体育社会组织所提供的体育

---

① 缪小林、张蓉、于洋航：《基本公共服务均等化治理：从"缩小地区间财力差距"到"提升人民群众获得感"》，《中国行政管理》2020年第2期。

② 徐成立、朱坤学、王健：《中国部分地区残疾人体育消费现状的调查研究》，《北京体育大学学报》2008年第5期。

服务，减少直接补助，采用增加非实物型体育消费次数、金额等方式鼓励残疾人进行非实物型的体育消费。

（四）根据残疾人群众体育需求，对社会体育指导员实施精准化培养

目前，中国社会体育指导员还有很大的缺口，存在"人均指导员比例较低，城乡或区域发展不均衡，体育社会指导员学历和年龄结构不合理，专业指导和现场实际指导能力薄弱，专业能力和服务水平难以满足特殊人群（老年人、残疾人、妇女、慢性病患者等）的体育运动需求"[1]等问题。要解决这些问题，一是建立残疾人社会体育指导员认证制度，依靠认证制度提升残疾人社会指导员的能力和水平。二是基于残疾人群众体育需求，如从残疾人类型、残疾人体育项目参与情况等维度来精准化培养残疾人社会体育指导员。另外，考虑到残疾人社会体育指导员实际的市场就业需求，建议各高校在培养过程中依据市场行情的动态变化，合理调整招生规模与人才培养方案，加强残疾人社会体育指导员的职前专业培养。三是提倡为现有的残疾人社会体育指导员"赋权增能"。目前残疾人社会体育指导员发挥作用不足，在较大程度上是因为"无权""失权""弱权"[2]，搭建残疾人社会指导员与残疾人的体育利益诉求的表达通道，把涉及的残疾人群众体育发展中的决策、知情、参与、监督等基本的合法体育权益主动告知残疾人群体，邀请他们共商残疾人群众体育发展大计，营造和谐的残疾人体育发展新气象。

---

[1] 王玉侠、李润中：《中国社会体育指导员管理体系多元化发展研究》，《河北体育学院学报》2019年第6期。

[2] 吴燕丹、王聪颖、张韬磊：《赋权增能：残疾人体育健身指导员培养管理的优化路径》，《体育科学》2016年第5期。

B.5

中国残疾人学校体育发展报告（2021）

郝传萍　李泽慧　曾艳*

摘　要：　本报告采用文献研究法，对中国残疾人学校体育的发展进行梳理，发现残疾人学校体育发展经历了萌芽期、形成期和发展期三个主要阶段。对残疾人学校体育发展现状进行分析，得出结论：特殊教育学校的体育教育相对完善；特殊奥林匹克运动的蓬勃开展，丰富了智力障碍学生课外体育活动；特殊教育学校运动场地保障了特殊体育教育的顺利实施；国家高度重视普通高等学校中的特殊体育教育。残疾人学校体育发展存在的问题主要是：对特殊体育教育缺乏战略统筹；对随班就读体育教育不够重视；残疾学生体质健康评价机制尚未建立。对残疾人学校体育发展提出建议：需要加强特殊体育教育制度化建设；定期组织残疾人学校体育工作专项督导；开展残疾学生体质健康监测与评价工作。

关键词：　残疾学生　特殊教育学校体育　特殊奥林匹克运动　体质监测

残疾人学校体育是指在学校环境中，为适应各种类别和不同残疾等

---

* 郝传萍，北京联合大学特殊教育学院副教授，主要研究方向为特殊体育教育；李泽慧，南京特殊教育师范学院教授，主要研究方向为融合教育、特殊教师教育；曾艳，北京体育大学博士研究生，主要研究方向为体育教育、适应体育。

级学生的需求，对其体育安置方式、课程与教学进行适应性调整，以保证残疾学生能够参与运动和获得发展的，有计划、有目的、有组织的体育教育活动。可以分为特殊教育学校体育、随班就读学校体育，还可以分为学前教育阶段体育、义务教育阶段体育和高等教育阶段体育。国家高度重视学校体育工作，通过颁布《中华人民共和国体育法》《学校体育工作条例》《国家学生体质健康标准》《高等学校体育工作基本标准》《关于全面加强和改进新时代学校体育工作的意见》等法规文件对中国各级各类学校体育提出规定和要求。随着中国特殊教育事业和残疾人体育事业的发展，中国残疾人学校体育正在朝着为残疾学生提供真正的公平和平等的教育方向迈进。

一 中国残疾人学校体育发展历程

（一）萌芽阶段（1949～1977年）

新中国成立初期，社会主义经济建设成为国家建设的重点，社会主义学校教育初步形成。虽然教育工作刚刚起步，但是政府在关注教育工作的同时也没有忘记残疾学生的教育，1951年颁布的《政务院关于改革学制的决定》第5条规定，"各级人民政府应设立聋哑、盲目等特种学校，对生理上有缺陷的儿童、青年和成人施以教育。"① 1957年颁发《关于办好盲童学校、聋哑学校的几点指示》，1962年颁发《全日制六年制盲童学校、十年制聋哑学校教学计划草案》②，主要是关注盲人和聋人的教育。这个时期政府开始关注特殊教育，虽然其中也包括残疾学生的体育，但是特殊教育学校体育教育还没有得到更多的关注和投入。

---

① 赵斌、秦铭欢：《新中国70年特殊教育发展：成就与趋势》，《现代特殊教育》2019年第18期。
② 李尚卫：《中国特殊教育发展战略的回顾与展望》，《井冈山大学学报》（社会科学版）2020年第5期。

（二）形成阶段（1978～2007年）

1978年改革开放以后，各行各业开始加快建设和发展。这个时期学校教育得到政府的高度关注，在学校教育发展的同时，残疾儿童的教育也相应受到重视，残疾儿童的体育教育随着特殊教育的发展逐渐形成。

1. 明确规定在盲、聋、弱智三类特殊教育学校中开设体育课

1984年国家教委发布了《全日制六年制聋哑学校教学计划（征求意见稿)》《全日制八年制聋哑学校教育计划（征求意见稿)》，1987年发布了《全日制盲校小学教学计划（初稿)》，1988年又发布了《全日制弱智学校（班）教学计划（征求意见稿)》。1993年国家教委在三类特殊教育学校教学计划征求意见的基础上，将三类特殊教育学校教学计划修订为《全日制盲校课程计划（试行)》《全日制聋校课程计划（试行)》《全日制弱智学校（班）课程计划（征求意见稿)》。试行两年后于1995年又对全日制盲、聋和弱智学校课程（教学）计划进行了调整。不管是征求意见稿，还是试行版及修订版，都明确了体育课程的重要性，强调了学校体育工作是贯彻党的教育方针、全面培养学生的重要工作之一，提出了要通过体育课让残疾学生能够掌握体育、卫生、保健基础知识，初步掌握运动技能，矫正和补偿学生身体或行为方面的缺陷。2007年根据基础教育和特殊教育事业的时代发展需求，教育部对三类特殊教育学校的课程计划试行版进行了修订，并更名为《盲校义务教育课程设置实验方案》《聋校义务教育课程设置实验方案》《培智学校义务教育课程设置实验方案》，将盲校和聋校的体育课程命名为"体育与健康"，培智学校的体育课程命名为"运动与保健"。三类特殊教育学校课程实验方案体现了对不同残疾类别学生个别差异的尊重，以及与时代发展相结合的教育理念和课程内涵，至此，视障、听障、智障三类残疾儿童的特殊体育课程框架初步建立。

2. 三类特殊教育学校明确了各自的体育教育特点

培智学校体育课程以培养粗大运动能力为主，通过体育活动刺激大脑机能发展，并培养智障学生的卫生习惯和锻炼习惯；在体育教育组织形式上，

多采用个别教学和班内分组教学，或者将不同班级学生重新组合，按能力分组进行教学；在教学内容上，要求照顾学生的不同需求，鼓励将音体美三科进行综合课程的改革。聋校体育课程改变了原来在一、二年级不设体育课的做法，在一、二年级每周增设一节体育课，在四、五、六年级每周上三节体育课，另外还要求组织聋生进行课外体育锻炼。聋校体育课每学期的体育活动总量基本上可以达到952课时，体育课的周课时数占周活动总量的9.3%。盲校体育课也是必修学科，规定每周上两节体育课，在小学一、二、三年级每周还上一节定向行走课，九年中体育课和定向行走课合计为712课时，周总课时数量占周活动总量的7.0%，每周课外体育锻炼活动量约为周活动总量的3.0%。三类特殊教育学校在体育课程设置、教学内容、教学组织方式等方面，开始形成符合视障、听障、智障三类残疾学生特点的体育教育模式。

3. 相关法律和法规促进了特殊体育教育的形成

1989年，国家教委等8个部门联合发布《关于发展特殊教育的若干意见》，明确提出把残疾儿童教育纳入普通义务教育体系，要求各级各类特殊教育学校要全面贯彻党的教育方针，促进学生德、智、体、美、劳全面发展。1990年颁布的《中华人民共和国残疾人保障法》第42条规定，残疾人的体育活动应适合各类残疾人的特点和需求，要让残疾人广泛参与。1994年颁布的《关于开展残疾儿童少年随班就读工作的试行办法》第12条要求，残疾学生应当与普通学生一起学习，要让其受到适合身心发展的教育，要在德、智、体诸方面得到全面发展。该文件推动了普通学校中残疾儿童体育教育的发展，同时也让研究者们开始关注残疾人体育教育的问题，在1996～2000年开始有零散的、关于残疾学生体育教育和终身体育等方面的研究。2001年，教育部等部门颁布《关于"十五"期间进一步推进特殊教育改革和发展的意见》，明确要求体育课要针对残疾学生特点，要让残疾学生掌握正确的体育锻炼方法，养成锻炼身体的习惯，要广泛开展多种形式的体育活动和竞赛，同时还要求各级教育行政部门加强特殊教育学校体育设施和卫生保健设施的建设。2003年颁布的《特殊教育学校建筑设计规范》

（JGJ76 - 2003）规定，新建、扩建和改建的特殊教育学校都要根据学校规模设置运动场地，9～12个班的规模应设置200m环形跑道及4～6股的100m直跑道的运动场；18～24个班的规模，还需增设1～2个球类场地。这些法律法规对残疾人学校体育的定位、目标、重要性、意义、实施策略以及运动场地的设计要求等，都提出了宏观的发展目标和实施要求，为促进残疾人学校体育的发展指明了方向。

（三）发展阶段（2008年至今）

2008年是中国各行各业发展的重要转折点，不仅成功举办了奥运会，同时也拉开了中国大规模崛起的序幕。由于社会政治、经济、文化的全面腾飞，让中国的残疾人学校体育也进入了一个全面发展的阶段。

1. 2008年残奥会促进了特殊体育教育研究的发展

2001年7月13日，国际奥委会主席萨马兰奇在莫斯科宣布北京成为2008年奥运会主办城市，并且第一次提出奥运会举办国还要同时举办残奥会的要求。2006年12月13日，第六十一届联合国大会通过了《残疾人权利公约》，中国政府很快就于2007年3月30日在《残疾人权利公约》上签字，表明了中国政府保障残疾人权利的决心。2007年上海举办了第十二届国际夏季特殊奥运会，特奥会上残疾人运动员的优秀表现，让世人看到了残疾人士的勇敢和能力，也进一步促进了残疾儿童体育教育的发展。2008年北京残奥会上，残疾人运动员顽强拼搏、超越自我的感人表现，不仅推动了城市的文明与进步，更让人们看到了残疾人的优秀与潜能，也让更多的人开始关注残疾学生的体育教育，特别是对残疾人体育教育的研究增长较快（见图1）。研究数量的增长，让人们能够更加深刻地思考，面对国际和国内的社会发展，我们应该如何让残疾学生公平和平等地享受体育教育和参与体育活动；让人们更加清晰地看到，在特殊教育全面发展与提升的背景下，中国特殊体育教育发展的现状和问题；让人们更加理性地思索，在全体人民生活水平提高的基础上，如何让残疾学生也能参与体育运动，并追求高品质的生活。

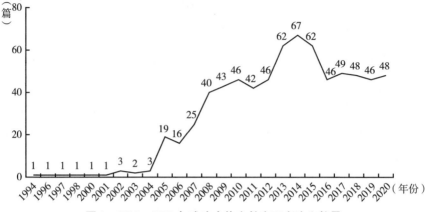

图1　1994～2020年残疾人体育教育研究论文数量

注：1995年、1999年数据为"0"，故未收入数据。
资料来源：根据中国知网数据整理得出。

2. 学校中残疾学生数量的增加促进了特殊体育教育的发展

随着特殊教育事业的发展，进入普通学校就读的残疾学生越来越多，并在不同层次的学校就读（见表1）。义务教育阶段在普通学校随班就读的残疾学生数量波动增加，在特殊教育学校就读的学生数量波动下降。高等特殊教育学院招收的残疾大学生每年保持在一定的数量，招生人数增幅不大，普通高校招收的残疾大学生逐渐增加。2020年在义务教育阶段又增加了"送教上门"服务。

表1　2008～2020年残疾学生在校生数

单位：人

年份	公益资助学前幼儿	小学特殊教育班	小学随班就读	中学特殊教育班	中学随班就读	特殊教育学校	高中	送教上门	中职学校	高等特殊教育学院	普通高校
2008	0	4587	188831	210	70474	153338	5464	0	9932	1032	6273
2009	0	4473	187650	184	76856	158962	6339	0	11448	1196	6586
2010	0	3731	180538	208	75124	166012	6067	0	11506	1057	7674
2011	6627	3206	151640	215	70172	173503	7207	0	11572	877	7150
2012	10000	3109	138881	144	57619	178998	7043	0	10442	1134	7229
2013	10000	3150	129508	147	58026	177195	7313	0	11350	1388	7358
2014	11000	2919	146779	140	59218	185746	7227	0	11671	1678	7864

续表

年份	公益资助学前幼儿	小学特殊教育班	小学随班就读	中学特殊教育班	中学随班就读	特殊教育学校	高中	送教上门	中职学校	高等特殊教育学院	普通高校
2015	12000	2858	169124	157	67467	202526	7488	0	8134	1678	8508
2016	2607	3023	192598	272	74854	220918	7686	0	3855	1941	9525
2017	18685	2924	216621	266	84193	242659	8466	0	12968	1845	10818
2018	17216	2774	232328	159	96740	271519	7666	0	19475	1873	11154
2019	7489	2985	192598	117	74854	303545	8676	0	17319	2053	12362
2020	5409	特教班4221，随班就读435800				238300	10173	202600	17877	2253	13551

资料来源：根据教育部和中国残疾人联合会网站数据整理得出。

特殊教育是国民教育的重要组成部分，因此特殊教育也必须遵循德、智、体、美、劳全面发展的教育方针。特殊体育教育对于增强残疾学生的身体素质，促进残疾学生意志品质发展具有重要意义。残疾学生普遍接受学校教育对发展学校体育产生了巨大的带动作用。现在，中国不仅在专门的特殊教育学校开展体育教育，针对在普通学校随班就读的残疾学生，也根据他们的不同需求，为他们制订"一生一案"的个别化教育计划，其中体育康复、运动康复是个别化教育计划的重要方面。特殊体育教育的内涵得到了较大的丰富。

3. 义务教育阶段特殊教育学校体育课程标准引领了特殊体育教育的发展

自2010年开始，教育部组织研制义务教育阶段特殊教育学校课程标准，2016年教育部正式发布了《盲校义务教育课程标准（2016年版）》《聋校义务教育课程标准（2016年版）》《培智学校义务教育课程标准（2016年版）》。2016版三类特殊教育学校课程标准是中国第一次专门为残疾学生制定的一整套系统的学习标准。其中盲校、聋校都制定了《体育与健康课程标准》，培智学校也制定了《运动与保健课程标准》，以课程标准的形式对课程实施进行了规定。这三个体育类课程标准分别根据视障学生、听障学生、智障学生的特点与需求，明确了体育课的课程性质、课程理念，确定了课程目标、课程内容，提出了对教学与评价的建议。

体育课程标准让体育教师在设计体育课程、实施体育课教学时有章可循。但是从宏观上讲，特殊体育教育不是简单的一节课、一次体育活动，而是残疾学生在学校教育阶段必不可少的"一育"，是影响残疾学生未来工作、就业和家庭生活的"一育"，更是影响到残疾学生未来生活质量的"一育"，因此特殊体育教育不是一节体育课可以担负的，需要站在全面发展特殊教育事业的战略高度，思考如何加强特殊体育教育的管理，如何确立特殊体育教育的发展目标，如何实现特殊体育教育的理念等问题。

4. 相关法律法规推动了特殊体育教育的发展

特殊体育教育作为残疾学生全面发展和成长过程中不可或缺的"一育"，作为全面落实党和国家教育方针的重要内容之一，作为残疾学生身心健康发展的重要途径之一，相关的法律法规和规范是保障其发展的必要条件。

2008 年修订的《中华人民共和国残疾人保障法》、2010 年颁布的《义务教育阶段盲校教学与医疗康复仪器设备配备标准》、2012 年颁布的《无障碍环境建设条例》和《关于加强特殊教育教师队伍建设的意见》、2014 年发布的《特殊教育提升计划（2014—2016 年）》、2015 年颁布的《残疾人参加普通高等学校招生全国统一考试管理规定》、2017 年发布的《第二期特殊教育提升计划（2017—2020 年）》、2017 年修订的《残疾人教育条例》等一系列法律法规和政策文件，对特殊教育体育发展的目标、师资、场地与器材都有明确的规定，进而保障了特殊体育教育的有序发展。

与此同时，紧密围绕"健康第一思想"和"促进广大青少年全面健康成长"的主题，2012 年发布的《关于进一步加强学校体育工作若干意见的通知》以及全面实施《国家学生体质健康标准》等文件，要求普通学校体育教育顺应时代发展需求，从国家层面进行学校体育制度创新，积极开展与时代发展相协调的丰富多彩的体育实践探索，极大地推动了学校体育教育在新时代的发展。

相关法律法规从宏观上推动了特殊体育教育的发展，但在相关文件中的具体条款上，特殊体育教育有时还只是处于一种被提及的位置，甚至在普通学校体育教育的相关文件中，特殊体育教育还没有被提及。由此可见，特殊体育教育在教育整体发展中的重要意义还没有充分显现，还需要持续的、科学的发展，未来任重道远。

二　中国残疾人学校体育的发展现状

（一）特殊教育学校的体育教育相对完善

特殊教育学校的体育教育课程从 20 世纪 80 年代开始，历经课程计划征求意见稿、课程实验方案，到 2016 年课程标准正式颁布，用了 30 多年的时间，使特殊教育学校的体育教育逐渐成为特殊儿童功能康复、健康成长和全面发展的支持与辅助，同时也引领了特殊体育教育的进步与发展。就目前而言，特殊教育学校的体育发展相对完善。

自 2016 版特殊教育学校义务教育课程标准颁布以来，三类特殊教育学校分别按照课程标准开设体育类课程，实施体育教学活动。第一，课程名称具有特点，培智学校为"运动与保健"，盲校和聋校与普通学校一致，均为"体育与健康"；第二，课程理念体现国家意志，也体现了国家对体育教育的要求，三类特殊教育学校体育课程都强调了"健康第一"的课程理念；第三，课程目标领域基本与普通学校保持一致，对于义务教育阶段残疾学生的体育教育具有引领性，主要包括运动参与、运动技能、身体健康、心理健康四个领域；第四，课程内容具有运动性、功能性和递进性，按照 3~4 个学段，分别设计与课程目标相对应的课程内容，支撑课程目标螺旋递进；第五，教学实施方式与方法具有差异性、多样性、灵活性和丰富性特点，教学过程注重残疾学生的学习效果与评价。

随着中国融合教育工作不断推进，进入到普通学校随班就读的残疾学生波动增加，而且大大超过特殊教育学校的在校生数（见表 2）。就从特殊教育学校和普通学校在校生人数来看，需要更加关注普通学校残疾学生的体育教育问题，只有随班就读学生德、智、体全面发展，才能实现真正意义上的随班就读质量全面提升。2011 版"体育与健康"课程标准中，虽然也提出了"关注地区和个体差异，保证每一位学生受益"，但是在实施的过程中由于残疾学生人数相对较少，又有其特殊性，真正得到的关注较少。从发展的视角看，随班就读体育教育安置方式刚刚起步，残疾学生还处在体育教育的边缘状态，还需要加强体育学科补救教学的支持策略探索。

表2　2008~2020 年特殊教育学校与普通学校（含高校）残疾学生在校生数

单位：人

年份	特殊教育学校	中小学随班就读	高等特殊教育学院	普通高校
2008	153338	264102	1032	6273
2009	158962	269163	1196	6586
2010	166012	259601	1057	7674
2011	173503	225233	877	7150
2012	178998	199753	1134	7229
2013	177195	190831	1388	7358
2014	185746	209056	1678	7864
2015	202526	239606	1678	8508
2016	220918	270747	1941	9525
2017	242659	304004	1845	10818
2018	271519	332001	1873	11154
2019	303545	270554	2053	12362
2020	238300	440021	2253	13551

资料来源：根据教育部和中国残疾人联合会网站数据整理得出。

（二）特殊奥林匹克运动蓬勃开展丰富了智障学生课外体育活动

中国特奥运动有组织地开展活动是从 1987 年开始的，此后每年以全国特奥会和"全国特奥日"的形式组织特奥活动。1987 年在深圳举办了第一届全国特奥会，此后在中国残联的组织下，定期举办全国特奥会，截至 2021 年已经举办了 8 届全国特奥会。2004 年由中国残联、教育部、民政部和国家体育总局联合发布《关于进一步加强和改进特奥工作的意见》（以下简称《意见》），《意见》提出要建立健全特奥工作体系、培养特奥工作者队伍、大力推进基层特奥工作和开展形式多样的特奥活动、拓展特奥运动项目的工作要求。2005年特奥运动员达到50万人，2010年特奥运动员达到100万人。为迎接2007年在上海举办的第十二届国际夏季特奥会，中国残联、教育部、民政部和国家体育总局联合发文将7月20日定为"全国特奥日"。

中国智力残疾人及亲友协会（以下简称"中国智协"）也在积极地推广和普及特奥运动。1993年中国智协正式成立后，就把倡导和普及特奥运动等有助于智障人士身心健康的文体活动列为协会重要任务之一。2009年6月在陕西宝鸡成立了中国智协特奥活动委员会，专门负责特奥活动的组织和推广。自2013年以来，先后在四川成都、河北秦皇岛、海南海口、云南昆明、山东周村、浙江杭州、陕西宝鸡、浙江温州以及2020年以线上形式等开展了13次区域性特奥活动，至今参与的特奥运动员、志愿者及家长近5000人，参与的特殊教育学校有160多所，康复机构和各省区市智协组织80多个。目前，除西藏及港澳台地区以外，全国各省区市地区均已参与特奥活动。在中国智协的倡导下，各省区市智协还会在每年7月20日"全国特奥日"期间，开展形式多样的特奥联谊活动。在特奥联谊活动期间，还推出并逐渐普及了软式垒球、斯耐客高尔夫、旱地冰壶等新项目。每次联谊活动，还穿插座谈会、才艺展示、家长论坛、联欢晚会等，其已成为智协特奥活动的一大特色。为了响应习近平总书记倡导的"三亿人上冰雪"号召，中国智协在中国残联统一领导下，自2017年开始，先后在北京延庆、吉林九台、河北秦皇岛、河北张家口开展了4次特奥冰雪季活动，参与该活动的特殊教育学校有38所，参加冰雪特奥活动的运动员、志愿者有700多人。

国际特奥东亚区也在中国积极推广《特殊奥林匹克融合学校计划》（以下简称"特奥融合学校计划"），旨在激励更多的青少年理解、接纳残疾人士，将来能够成为倡导公平与平等的改革者和建立包容环境的推动者。该计

划2014年在中国启动，2015年首批开展"特奥融合学校计划"的学校就有105所，覆盖了学前、小学、中学、大学各个学段，2020年达到300所，吸引了近2万名特奥运动员和融合伙伴。主要开展的活动有2014年在上海体育学院举办了"施莱佛夏令营"，2015年5月在北京举办了"特奥东亚区融合青少年领导力训练营"，2015年6月在上海卢湾体育馆举办了"耀在一起"特奥融合活动，2015年12月和2016年12月分别举办了两场"年度特奥融合学校领导人论坛"，2016年10月参加了在美国加利福尼亚州举办的"中美融合青少年交流活动"，2017年5月在温州举办了"特奥融合青少年领导力训练营"，2017年10月参加了"哈佛大学法学院特奥融合学校师生交流活动"，2018年12月在上海举办了"携手共创融合新时代——2018特殊奥林匹克融合学校领导论坛"，2019年11月在北京举办了"国际特殊奥林匹克融合学校领导论坛"。据统计，仅2018年组织的14场活动中，就有3086人参与，其中特奥运动员944名，融合伙伴954名，志愿者380名，工作人员490名，家长229名，观众89名。

（三）特殊教育学校运动场地保障了特殊体育教育的顺利实施

运动场地是学校组织体育活动和学生参与体育活动的基本条件。2017年修订的《学校体育工作条例》第20条规定，学校主管部门和学校应当按照国家或地方制定的标准设置运动场地，尤其是新建和改建的学校必须按照标准进行设计。

2011年，住房和城乡建设部、国家发改委批准了教育部编制的《特殊教育学校建设标准》。2020年，住房和城乡建设部又发布行业标准《特殊教育学校建筑设计标准》。这两个建设标准对特殊教育学校的体育活动用地进行了明确规定。《特殊教育学校建设标准》明确提出，体育活动用地包括体育课、课间操、课外活动使用的田径场和球类场地，特殊教育学校应设置适宜残疾学生使用的200m环形跑道田径场（含60m以上的直跑道），用地面积指标应符合相关规定（见表3）。

表3　特殊教育学校体育活动用地指标

单位：片，m²

项目	盲校			聋校			培智学校		
	9个班	18个班	27个班	9个班	18个班	27个班	9个班	18个班	27个班
200m环形跑道	1	1	1	1	1	1	1	1	1
篮球场	0	0	0	1	2	3	1	2	3
占地面积	4628	4628	4628	5186	5744	6302	5186	5744	6302

　　随着特殊教育的发展，特殊教育学校运动场地的占地面积发生变化，残疾学生运动的环境越来越好。从2016～2019年全国31个省（区、市）特殊教育学校运动场地面积和在校生数统计看（见表4），全国31个省（区、市）特殊教育学校的运动场地面积整体上随在校生数的增加而增加。

表4　2016～2019年全国31个省（区、市）特殊教育学校运动场地面积和在校生数

单位：人，m²

地区	2016年运动场地面积	2016年在校生数	2017年运动场地面积	2017年在校生数	2018年运动场地面积	2018年在校生数	2019年运动场地面积	2019年在校生数
总　计	4767005	491740	5080938	578826	5271052	665942	5561667	794612
北　京	60111	6927	66711	6440	68015	6407	68502	6962
天　津	51053	3489	54439	3987	60323	4491	58414	4923
河　北	329360	14589	336717	17112	331159	20670	333480	29459
山　西	94932	10770	98097	12684	102227	14398	108003	18336
内蒙古	160466	9423	156694	11094	158751	11757	179238	13215
辽　宁	166180	9296	166833	11226	168833	11835	223369	13264
吉　林	163155	7484	157706	8797	164083	9649	164119	11313
黑龙江	176910	10862	198812	12375	197905	13990	208783	15812
上　海	61987	7457	65308	7409	67748	7435	69090	8122
江　苏	304553	24662	299959	27512	309688	31151	320023	33083
浙　江	208173	16660	221711	18532	223231	19526	237258	20913
安　徽	202344	20921	207176	27354	214346	31450	217019	36941

续表

地区	2016年运动场地面积	2016年在校生数	2017年运动场地面积	2017年在校生数	2018年运动场地面积	2018年在校生数	2019年运动场地面积	2019年在校生数
福　建	191680	25521	215922	25099	227922	25140	219633	26798
江　西	199498	28006	223670	30330	253123	33788	270509	37644
山　东	419825	26324	482136	28501	511549	30473	531279	38986
河　南	235232	23875	245640	30672	264262	43875	272335	54849
湖　北	161558	11831	173424	13953	173900	16177	176626	28774
湖　南	149026	25737	154987	31192	158719	36544	193403	47085
广　东	289535	37756	311457	44084	329780	47912	375027	52869
广　西	100702	15947	143848	22080	144464	33594	151885	37730
海　南	22547	2142	25807	2556	35769	2952	39263	4291
重　庆	53819	16079	56180	18585	64745	21405	67845	25362
四　川	223720	47780	234324	53461	239738	56851	247777	61072
贵　州	207794	20235	220188	25840	229186	31068	230968	38942
云　南	140213	27690	162808	34075	165241	36925	172821	42207
西　藏	25974	2672	25974	4050	10164	4715	13858	6766
陕　西	85793	10560	91927	14683	101342	16399	109402	18359
甘　肃	112294	11373	110134	13492	116074	15769	117033	19294
青　海	29903	3747	28752	5061	29730	6634	31263	7700
宁　夏	43552	4388	49918	5319	51318	6004	52518	6976
新　疆	95116	7537	93678	11271	97717	16958	100923	26565

注：全部使用整数显示数据。
资料来源：教育部网站。

（四）国家高度重视普通高校的特殊体育教育

随着残疾人事业的发展，残疾学生接受教育的层次也在不断提高。统计数据显示（见表5），自2017年以来，每年都有1万多名残疾学生升入普通高等院校。虽然残疾大学生的人数不多，但国家也非常重视这些学生的身心健康和全面发展。普通高校的特殊体育教育萌芽于20世纪90年代，1995年发布的《中华人民共和国体育法》第18条规定，学校应当创造条件为病残学生组织适合其特点的体育活动；发展得益于2002年教育部颁布的《全国普通高等学校体育课程教学指导纲要》（以下简称《纲要》），其中第10

条规定，"对部分身体异常和病、残、弱及个别高龄等特殊群体的学生，开设以康复、保健为主的体育课程"；规范基于 2014 年教育部印发的《高等学校体育工作基本标准》（以下简称《基本标准》）。

表5　2016～2020 年残疾大学生和普通大学生在校生数

单位：人

年份	高等特教学院残疾大学生	普通高校残疾大学生	普通本科大学生
2016	1941	9525	16129535
2017	1845	10818	16486320
2018	1873	11154	16973343
2019	2053	12362	17508204
2020	2253	13551	18257460

资料来源：教育部网站。

依据《纲要》的要求，目前普通高校的特殊体育教育形式主要是康复保健类课程，服务对象主要是体弱、患病或残疾的学生。安置方式主要有三种：一是专门的体育保健课，课程内容主要是运动生理学、运动医学、康复医学等人体科学理论知识，将中国传统养生方法和西方体育疗法相结合，制定健身运动处方，进而达到增强体质或身体康复的目的；二是在普通班随班就读，课程内容与普通学生一样；三是免修体育课。

《基本标准》是对普通高等院校学校体育工作提出的规范化要求，是对全体普通高校体育工作的规定。《基本标准》第 14 条规定，学生体质健康的测试成绩要列入学生档案并作为对学生评优、评先的重要依据；对于不能达到标准的因病或残疾学生，可以凭医院证明向学校提出申请并经审核通过后可准予毕业。

三　中国残疾人学校体育发展中存在的主要问题

（一）对特殊体育教育缺乏战略统筹

在对中国残疾人学校体育发展历程的梳理和发展现状的分析中可以看

出，虽然特殊教育学校体育教育体系相对完善，也组织了很多体育实践活动，但是从整体来看，残疾人学校体育缺乏战略统筹：缺乏特殊教育与特殊体育教育的统筹，缺乏不同残疾类别学生之间的统筹，缺乏不同教育层次特殊体育教育的统筹。

特殊体育教育在残疾学生教育体系中具有战略性意义，它是残疾人体育事业的基础，更是残疾学生健康的基石。虽然残疾人在总人口中所占比例相对较低，但是如果没有残疾学生体育教育的质量和效益，就谈不上残疾人体育事业的质量和效益，更谈不上国家全民体育的质量与效益。

特殊体育教育纵向涉及学前教育、义务教育、高中教育、高等教育阶段的所有残疾学生，横向涉及视障学生、听障学生、智障学生等不同残疾类别的残疾学生（见表6）。这些学生未来也将成为德、智、体、美、劳全面发展的社会主义建设者和接班人。

表6 2016～2019年义务教育随班就读各残疾类别学生的在校生数

单位：人

年份	视力残疾		听力残疾		智力残疾		言语残疾		肢体残疾		精神残疾		多重残疾	
	小学	初中	小学	初中	小学	初中	小学	初中	小学	初中	小学	初中	小学	初中
2016	17874	9545	20846	7579	88682	26176	小学65196，初中31554							
2017	18929	9804	24959	9041	90114	27164	10329	3734	53394	29135	7007	2087	11898	3228
2018	18456	10482	25576	9772	91438	28997	12384	4421	63667	36761	8407	2749	12400	3558
2019	19150	11398	30907	11993	101682	34908	15448	5999	77862	46439	10920	3698	15559	4562

资料来源：历年教育统计数据，教育部网站，http：//www. moe. gov. cn/s78/A03/moe_ 560/2020/。

贯彻全面发展的教育方针，"体"不只是体育课程，也不只是课外体育活动、体育训练与竞技比赛，而是残疾学生全面发展教育中的一"育"，因此应高度重视体育在"育人"中的作用。对于残疾学生的体育教育在实际工作中是否充分发挥了体育的"育人"功能，需要行政、学校和教师深入思考：一是通过特殊体育教育，我们的残疾学生体质健康状况是否得到了改善；二是通过特殊体育教育，我们的残疾学生运动技能水平是否得到了提高；三是通过特殊体育教育，我们的残疾学生是否塑造了良好的身体、心理和思想品质；四是特殊体育教育的价值到底是什么，特殊体育教育如何以残疾学生为本。

（二）对随班就读体育教育不够重视

从特殊体育教育发展历程的梳理中，可以看到随班就读学生数远高于特殊教育学校学生在校生数，而且对随班就读学生的统计，从2017年开始包含了所有残疾类别学生，其中小学人数最多，智力残疾学生最多，其次是肢体残疾学生。

2011版"体育与健康"课程标准，更多地体现了基础性、实践性、健身性和综合性特点，课程内容远远超过残疾学生的能力，在实施建议中虽然提出课程内容要符合学生身心特点，但是并没有具体说明。目前，对随班就读学生的支持与帮助主要通过资源中心进行，但是资源中心主要是进行学科教学补救，较少对体育课程进行教学补救。体育教师虽然在制定教学目标、选择教学内容、确定教学方法等方面，考虑随班就读学生与普通学生的差异并因材施教，但是多数教师还是不能针对学生的具体情况进行相应的个别化的课程设计和辅助支持。

2017年7月18日，教育部等七部门联合印发《第二期特殊教育提升计划（2017—2020年）》，提出了"以普通学校随班就读为主体、以特殊教育学校为骨干、以送教上门和远程教育为补充，全面推进融合教育"，因此，未来随班就读会是残疾学生的主要安置方式。目前国际上对安置在普通学校接受教育的残疾学生更多的是实施适应体育课程。

（三）缺少残疾学生体质健康评价机制

学生体质健康问题是中国学校体育工作的基础性工作，是评价学校体育教育效果、衡量学校体育工作的重要依据，已成为学校体育工作的制度性工作，且每年向教育部上报一次，也是教育领域每年专项督查工作的重点。我们国家还没有建立适合残疾学生的体质健康测试制度。

2019年国务院颁布《体育强国建设纲要》，将残疾人纳入"重点人群"

范围，要求制订和实施残疾人等重点人群的"体质健康干预计划"。

健康是残疾学生未来参与社会生活、融入社会生活的根基，尤其是体质健康对于残疾学生具有特殊的重要意义。从人的生长发育视角来看，学校教育是一个人接受教育的重要时期，也是身心成长的关键时期，更是身体健康发展的黄金时期。为了提升学生体质健康水平，围绕"促进广大青少年全面健康成长"的主题，自2006年开始，国家发布一系列文件对如何促进学生健康成长提出要求；2014年《国家学生体质健康标准》规定了"学生因病或残疾可向学校提交暂缓或免予执行"，还规定了"特殊学制的学校，在填写登记卡时可以按规定和需求相应地增减栏目"，但是对如何"增减"没有具体说明。

四　中国残疾人学校体育发展的对策和建议

（一）加强特殊体育教育制度化建设

特殊体育教育因其服务对象特殊，而与普通体育教育在学制、课程设置、教学等方面有着很大的差异。2019年，义务教育阶段特殊教育学校在校生数达到794612人。虽然与健全学生相比，残疾学生人数微乎其微，但其仍是一个不容忽视的群体，代表了国家教育整体发展质量和发展水平。《"健康中国2030"规划纲要》提出"共建共享、全民健康"理念，将残疾人纳入重点关注人群，要求"突出解决好妇女儿童、老年人、残疾人、低收入人群等重点人群的健康问题"。另外，特殊体育教育经过30多年的发展，也积累了一定实践经验，因此加强特殊体育教育的制度化建设是非常有必要，也是非常适时的。

第一，制定"特殊教育学校体育工作实施细则"。《学校体育工作条例》是指导中国各级各类学校体育工作的纲领性文件，其中提出"特殊教育学校参照执行"，但并没有具体的说明。面对新的历史时期学校体育工作发生了新的变化，2020年中共中央办公厅、国务院办公厅印发了《关于全面加强和改进新时代学校体育工作的意见》，指出"学校体育是实现立德树人根本任务、提升学生综合素质的基础性工程，是加快推进教育现代化、建设教育强国和体育强国的重要工作，对于弘扬社会主义核心价值观，培养学生爱国主义、集体主义、社会主义精神和奋发向上、顽强拼搏的意志品质，实现以体育智、以体育心具有独特功能"，要求学校体育要"开齐开足上好体育课，加强体育课程和教材体系建设，推广中华传统体育项目，强化学校体育教学训练，健全体育竞赛和人才培养体系等"。2021年浙江省教育厅牵头起草并颁布了《关于全面加强和改进学校体育工作的实施意见（征求意见稿）》，特别提出"实施强制性学生体能训练条例"。[①]

第二，组织实施《随班就读融合体育教育计划》。目前中国随班就读学生数量增长较快，而且残疾类型多样，残疾程度也不只是轻度，已有大量中重度残疾学生进入普通学校就学。目前随班就读已成为残疾学生学校教育的主要安置方式，如果体育教育跟不上，将很难真正全面提升随班就读学生的教育质量。教育部等部门出台的《第二期特殊教育提升计划（2017）》提出："要以区县为单位落实'一人一案'，提高残疾儿童少年义务教育普及水平"，要求针对不同类型、不同水平的随班就读学生，不仅要提供不同的安置方式，还要制订"个别化教育计划"。对于障碍程度较轻的随班就读学生，可以安排在普通班级接受集体教育；对于障碍程度较重且不能适应普通班级学习的，可以选择资源教室安置方式；对于残疾程度更重不能适应资源教室的随班就读学生，可以采用普通学校与特殊教育学校轮流转换的模式；对于完成义务教育学业但未能进入更高一级学校就读的学生，则可以安排进入特殊教育学校职业班接受三年职前培训。对于随班就读学生的多重教育安置方式，如果没有相对科学、规范的指导性文件，当前的随班就读工作恐难应对。

（二）定期组织残疾人学校体育工作专项督导

中国在2007年建立了学校体育工作专项督导制度，主要是针对一些

---

① 浙江省教育厅：《关于全面加强和改进学校体育工作的实施意见（征求意见稿）》，《中国体育报》2021年8月26日。

地方和学校片面追求升学率，对青少年健康缺乏应有的关注和重视。还有许多学校体育场地设施不足，体育课时间得不到保证，导致青少年学生的耐力、力量等部分体能指标以及肺活量水平持续下降，超重和肥胖学生的比例迅速增加等问题而进行专项督导。2016年，为全面提升体育教育质量，国务院办公厅发布《关于强化学校体育促进学生身心健康全面发展的意见》，进一步推动学校体育改革发展。2017年，为提升中小学校体育工作水平和教育教学质量，促进学生身心健康、体魄强健，国务院教育督导委员会办公室又印发了《中小学校体育工作督导评估办法》，并制定了具体的评估指标。

残疾学生的健康问题是国家民生问题，进行专项督导是为了做好残疾学生体育教育工作，促进残疾学生的身体健康、心理健康和全面发展。《"健康中国2030"规划纲要》指出："全民健康是建设健康中国的根本目的。立足全人群和全生命周期两个着力点，提供公平可及、系统连续的健康服务，实现更高水平的全民健康。要惠及全人群，不断完善制度、扩展服务、提高质量，使全体人民享有所需要的、有质量的、可负担的预防、治疗、康复、健康促进等健康服务，突出解决好妇女儿童、老年人、残疾人、低收入人群等重点人群的健康问题。要覆盖全生命周期，针对生命不同阶段的主要健康问题及主要影响因素，确定若干优先领域，强化干预，实现从胎儿到生命终点的全程健康服务和健康保障，全面维护人民健康。"对残疾学生体育教育工作的定期督导，也是对残疾学生体育教育工作的指导，将会有利于促进残疾学生的全面发展和综合素质的提升。

（三）开展残疾学生体质健康监测与评价工作

体质健康监测与评价是中国学校体育中非常重要的工作，我国自2002年开始实施《学生体质健康标准（试行方案）》以来，2007年和2014年又对方案进行了两次修订，国家发布的关于健康的文件基本会提到学生体质健康问题。

2016年发布的《"健康中国2030"规划纲要》，特别提出要"制定实施青少年、妇女、老年人、职业群体及残疾人等特殊群体的体质健康干预计划"，通过"实施青少年体育活动促进计划，培育青少年体育爱好，基本实现青少年熟练掌握1项以上体育运动技能，确保学生校内每天体育活动时间不少于1小时"，"到2030年，学校体育场地设施与器材配置达标率达到100%，青少年学生每周参与体育活动达到中等强度3次以上，国家学生体质健康标准达标优秀率25%以上"；通过体育健身等"非医疗健康干预"，促进全民健康，包括残疾人在内的重点人群。

2021年国务院发布《"十四五"残疾人保障和发展规划》提出，健全残疾人教育体系。坚持立德树人，促进残疾儿童少年德智体美劳全面发展。要将残疾人作为重点人群纳入全民健身公共服务体系建设，组织残疾人参加各级各类全民健身活动，推动残疾人康复健身体育身边化服务。

2021年教育部发布《〈体育与健康〉教学改革指导纲要（试行）》的通知中第2个目标就是"增强体质"，要求重视在体育教学中强化锻炼、增强学生体质，要加强"勤练"，在基本运动技能的锻炼中不断发展学生的速度、力量、耐力、柔韧、灵敏、协调、平衡等身体素质。要根据不同年龄、性别、教材、课型、场地、气候等科学安排运动强度，合理设计练习密度，针对学生素质发展敏感期合理组织学、练、赛，科学推进基本运动技能"课课练"活动。要通过高质量组织课堂教学，课内外相关联开展大课间、课外体育活动、校外体育锻炼等，有效增强学生体质。

参考文献

郝传萍：《浅谈残疾学生体育教育》，《中国特殊教育》2000年第3期。

楼杭英：《开展残疾学生体育活动的思考》，《体育学刊》1998年第3期。

吴华、高修峰：《农村学校残疾学生的体育教育之我见》，《中国学校体育》1997年第1期。

魏星、张琦、燕纪元：《对残疾学生实施终身体育教育的思考》，《体育师友》1996年第4期。

徐永春：《李铁映同志指出：要重视残疾人的体育教育》，《中国学校体育》1994 年第 5 期。

唐栋：《关注高校特殊体育教育　体现教育公平》，《中国成人教育》2009 年第 5 期。

郝传萍、卢雁：《随班就读学生体育教学现状研究——以北京为例》，《北京体育大学学报》2009 年第 6 期。

周艳茹：《京、津、沪地区盲校体育教育现状调查与分析》，硕士学位论文，北京体育大学，2005。

裴伟：《中国残疾人体育教育的演变研究（1840—至今）》，硕士学位论文，东北师范大学，2019。

盛晓丹：《"特奥融合学校计划"现状、问题与展望》，硕士学位论文，福建师范大学，2019。

范继承：《中国学校体育对待特殊学生的理论与实践问题研究》，硕士学位论文，华东师范大学，2019。

梁志斌：《"特奥融合学校计划"活动设计的研究》，硕士学位论文，福建师范大学，2017。

《教育部关于发布实施〈盲校义务教育课程标准（2016 年版）〉〈聋校义务教育课程标准（2016 年版）〉〈培智学校义务教育课程标准（2016 年版）〉的通知》，教育部网站，2016 年 12 月 13 日，http：//www. moe. gov. cn/srcsite/A06/s3331/201612/t20161213_291722. html。

B.6
中国残疾人康复体育发展报告（2021）

侯晓晖 章马兰 汶希*

摘　要：　本报告在界定残疾人康复体育的核心概念的基础上，回顾了
新中国成立以来中国残疾人康复体育经历的探索萌芽、初步
形成、起步发展三个阶段。从康复体育家庭关爱服务人数、
康复体育示范点、服务模式、专业人才培养和培训四个方
面，阐述了中国残疾人康复体育发展现状。分析了中国残疾
人康复体育发展中存在的社会保障及服务体系不健全、服务
模式陈旧、专业人才匮乏、资源配置不合理、公众意识薄弱
等相关问题，提出健全残疾人康复体育社会保障制度、创新
残疾人康复体育服务运行模式、规范残疾人康复体育专业服
务体系、构建残疾人康复体育人才培养体系、完善残疾人康
复体育资源环境配置、加强残疾人康复体育知识的普及宣传
等六个方面建议，以促进中国残疾人康复体育发展。

关键词：　康复体育　专业人才培养　残疾人

残疾人由于身体缺陷，健康基础比普通人群要差，致使残疾人士容易出
现健康问题，罹患各种因残疾导致的继发性疾病，这使残疾人活动受到很大

---

* 侯晓晖，博士，教授，广州体育学院运动医学康复中心主任，主要研究方向为适应体育与运
动康复；章马兰，博士，副主任医师，广州体育学院教师，主要研究方向为康复医学；汶
希，博士，副主任医师，西安工业大学基础学院教师，主要研究方向为运动康复。

影响。同时，由于社会仍有部分人群对残疾人士存在一定程度的偏见和歧视、社会体育公共服务体系不完善、缺乏活动场地和专业指导等原因，残疾人参与日常体育活动较少，身体机能进一步下降，进而导致健康问题，最终影响其生活质量。

残疾人康复的主要目标是改善或者恢复残疾功能以及代偿丧失功能，预防身体功能的丧失，维持功能现有水平或是减缓功能减弱的速度。残疾人实现权利的基本条件和首要前提就是能够有较好的功能活动，因此残疾人康复成为残疾人参与社会生活的重要路径。随着社会发展，残疾人家庭经济水平逐步提高，残疾人康复意识也与日俱增，其对自身康复的需求也变得更为迫切。中国残疾人康复体育在这样的背景下快速发展起来。

一 中国残疾人康复体育的核心概念及发展历程

（一）残疾人康复体育的核心概念

虽然目前对康复体育，不同专家学者有不同的描述，但核心内容基本相同，即残疾人康复体育是将康复医学和体育运动结合起来的一门新兴学科，康复体育以运动医学为基础，以体育运动为手段，帮助残疾人进行适合他们的科学的体育活动。通过体育锻炼提升体质，促进功能发展，减少残疾带来的功能损失，改善心理状态，进而促进残疾人士身心健康，融入社会。

残疾人康复体育主要通过医疗体育、娱乐项目对残疾人进行康复训练。医疗体育主要分为医疗体操和适应体育两类。适应体育通过对运动环境、场地，甚至是规则进行调整，使之适合相应的残疾人士进行练习，从而达到康复的目的。医疗体操形式多样，针对不同的残疾类别有不同的形式，如有针对偏瘫患者的垫上偏瘫体操，针对脑瘫患者的脑瘫体操，针对下肢残疾患者的轮椅体操等。与身体活动有关的消遣活动有钓鱼、套圈、飞镖、飞盘、划船、放风筝等。①

---

① 朱宁波：《残疾人康复体育的积极意义析考》，《当代体育科技》2014年第31期。

残疾人康复体育具有主动参与、全身疗法、循证科学和易于接受的特点。主动参与指的是残疾人能够积极主动参与康复体育活动，促进其主动参与的重要手段是通过宣传教育提高残疾人对康复体育的认知。全身疗法就是强调康复体育不仅能够锻炼身体局部，更是一种全身性的练习，进而提高全身身体机能。循证科学强调康复体育是建立在科学研究的基础上，通过科学设计、专业指导进行的体育活动。易于接受是指残疾人康复体育具有主动性、趣味性和竞争性，可以进行个人训练或者集体训练。这些能够帮助残疾人接受体育活动，进而全身心投入康复体育锻炼中。

2019年，中国残联、国家体育总局联合发布《关于进一步加强残疾人康复健身体育工作的指导意见》，提出了开展残疾人康复体育的基本原则。一是坚持共享融合。残疾人康复体育要以平等参与、共享融合为基本原则，共享全民体育资源，促进社会融合发展。二是坚持基本需求。残疾人康复体育要以残疾人为中心，兼顾不同类别和不同级别残疾人的需求。三是坚持示范引领。残疾人康复体育应着力创建示范样板，带动更多的残疾人康复健身。四是坚持面向基层。残疾人康复体育的服务重心在基层，重点在残疾人身边。五是坚持创新发展。残疾人康复体育应秉持探索创新，努力提高残疾人康复体育的质量和效益。[①]

（二）残疾人康复体育的发展历程

1. 探索萌芽阶段（1983~1999年）

新中国成立以后，残疾人体育处于初步发展的萌芽阶段。1983~1985年，中国智残人体育协会、中国残疾人体育协会和中国聋人体育协会三大残疾人体育协会在中国体育政策与国际接轨的环境下应运而生。[②] 1993年，中国残联宣文部体育处成立，主要负责残疾人体育工作。体育组织的相应成

---

①　《关于进一步加强残疾人康复健身体育工作的指导意见》，中华全国体育总会网站，2020年2月21日，http：//www. sport. org. cn/search/system/gfxwj/qzty/2020/0221/310892. html。

②　邓娜、曹烃、彭续文：《我国残疾人体育政策的发展历程及特点分析》，第十一届全国体育科学大会，南京，2019。

立，为开展残疾人体育运动奠定了基础。

从 1983 年举行全国第一届伤残人运动会，到 1994 年举办第六届远南运动会，标志着中国残疾人体育运动的快速发展。国内外重大赛事的举办，加快了中国残疾人体育事业发展的国际化进程，同时社会对残疾人体育事业的关注日益凸显。

残疾人康复在 1988 年被列入国家发展规划，并且成立中国康复研究中心。经过"八五""九五"两个五年计划的推进，残疾人康复服务体系初具雏形。

1995 年 6 月颁布的《全民健身计划纲要》提出"广泛开展残疾人体育健身活动，丰富残疾人体育健身方法"，首次在政策文件中提出残疾人体育健身活动，残疾人康复体育开始受到关注。

2. 初步形成阶段（2000～2014年）

2000 年 12 月颁布的《2001—2010 年体育改革与发展纲要》提出"关注老年人、残疾人体育"。

2008 年 3 月 28 日颁布的《中共中央、国务院关于促进残疾人事业发展的意见》正式提出残疾人康复体育的相关概念，并指出"落实全民健身计划，开展残疾人群众性体育健身活动，增强体质、康复身心"。

2009 年 10 月颁布的《全民健身条例》进一步要求"制定全民健身计划和全民健身实施计划，应充分考虑学生、老年人、残疾人和农村居民的特殊需求"。全民健身计划的制订与实施，为残疾人康复体育迎来发展契机。

2011 年《中国残疾人事业"十二五"发展纲要》颁布，指出"加强残疾人群众体育工作，促进残疾人康复健身，提高社会参与能力"。同年，中国残联下发《关于贯彻落实〈全民健身计划〉推进残疾人体育健身工作的意见》，把残疾人体育健身工作纳入全民健身事业大局。促进残疾人康复体育发展成为社会广泛共识。

3. 起步发展阶段（2015年至今）

（1）政策引导，提供保障

2015 年 1 月 20 日，国务院印发了《关于加快推进残疾人小康进程的意见》，着力提升残疾人基本公共服务水平。中国残联为贯彻落实《关于加快推进残疾人小康进程的意见》，促进残疾人健身体育、康复体育、竞技体育的均衡发展，创新残疾人体育服务模式，充分保障残疾人平等享有体育基本公共服务均等化成果，引导残疾人健康生活意识和生活方式的改变，促进广大残疾人身体素质和健康状况普遍提高，制定了《残疾人康复体育关爱家庭计划（试行）》，明确指出残疾人康复体育是残疾人体育的组成部分。[1]

2016 年 10 月颁布的《"健康中国 2030"规划纲要》将残疾预防和残疾人康复工作纳入健康中国建设的整体规划，为维护残疾人健康、推动残疾预防和残疾人康复事业提供了有力指导和保障。同年《残疾人文化体育工作"十三五"实施方案》将"促进残疾人康复体育、健身体育、竞技体育协调发展，提高残疾人体育锻炼的参与率与覆盖面"列为该实施方案的任务目标。[2]

2017 年 1 月颁布的《残疾预防和残疾人康复条例》指出"预防残疾的发生、减轻残疾程度，帮助残疾人恢复或者补偿功能，促进残疾人平等、充分地参与社会生活，发展残疾预防和残疾人康复事业"。[3]

2019 年 9 月，中国残联与国家体育总局共同发布《关于进一步加强残疾人康复健身体育工作的指导意见》，强调促进残疾人康复健身是体育工作者践行以人民为中心的发展思想的重要举措，是加快推进残疾人全面小康进程的重要内容，是实施全民健身国家战略的组成部分。[4]

一系列文件和政策的出台，不仅为残疾人康复体育提供了工作引领，还提供了政策保障，促进了中国残疾人康复体育快速发展。

---

① 《残疾人康复体育关爱家庭计划（试行）》，广东省残疾人联合会网站，2020 年 9 月 18 日，http：//www. gddpf. org. cn/xxgk/zcfg/wtxc/content/post_ 607296. html。
② 《残疾人文化体育工作"十三五"实施方案》，河南省残疾人联合会网站，2016 年 12 月 16 日，https：//www. henancjr. org. cn/articles. aspx？ mid = 371&id = 12553。
③ 《残疾预防和残疾人康复条例》，中国政府网，2020 年 12 月 27 日，http：//www. gov. cn/zhengce/2020 – 12/27/content_ 5574471. htm。
④ 《关于进一步加强残疾人康复健身体育工作的指导意见》，中华全国体育总会网站，2020 年 2 月 21 日，http：//www. sport. org. cn/search/system/gfxwj/qzty/2020/0221/310892. html。

（2）活动丰富，实践积极

2017 年在广州举办第一届康复体育健身运动训练营，2018 年在北京市开展残疾人康复体育训练公开课，2018 年由中国残疾人体育运动管理中心组织开展"康复健身体育服务走进平谷""残疾人游泳健身康复""第八届残疾人健身周"系列活动和课程。

在国际特奥会支持下，中国残疾人体育运动管理中心牵头组织实施的特奥"健康社区"项目于 2018 年 6 月落地襄阳。该项目旨在直接向社区智力残疾人群及其家庭提供全方位的健康服务和指导的康复健身服务项目，随后这一项目也在广州开展。

培养残疾人康复体育专业人才，普及推广残疾人群众体育健身项目及方法，是推动基层残疾人健身活动的重要举措。2019 年 5 月 27～31 日，由中国残疾人体育运动管理中心主办、安徽省残疾人体育训练指导中心承办的2019 年全国残疾人社会体育指导员师资骨干培训班在安徽省合肥市举办，来自全国 22 个省（区、市）的 70 余名学员参加此项培训。

习近平总书记指出："全面建成小康社会，残疾人一个也不能少。"党的十九大提出了"发展残疾人事业，加强残疾人康复服务"的工作目标。2019 年 10 月发布的《关于进一步加强残疾人康复健身体育工作的指导意见》对残疾人康复健身体育工作进行了全面部署。2021 年 7 月 18 日，国务院发布《全民健身计划（2021—2025 年）》，强调"完善公共健身设施无障碍环境，开展残疾人康复健身活动"，开启了残疾人康复体育的新篇章。

二 中国残疾人康复体育发展的现状

（一）接受康复体育家庭关爱服务的残疾人数显著增加

2015 年颁布的《残疾人康复体育关爱家庭计划（试行）》，是中国将康复体育送进重度残疾人家庭的第一个指导性文件。该计划要求在"十三五"期间服务约 10 万户残疾人家庭，受众群体主要包括不宜出行的残疾人士或者家庭困难的重度残疾人家庭。根据《中国残疾人事业统计年鉴2020》提供的数据，2019年全国共有50292户残疾人家庭接受康复体育家庭关爱服务。各地开展残疾人康复体育家庭关爱服务的情况参差不齐，浙江、吉林、河北、重庆、山东接受康复体育家庭关爱服务的残疾人家庭较多（见表1）。

表1　2019年全国31个省（区、市）及新疆生产建设兵团
接受康复体育家庭关爱服务情况统计

单位：户

地区	接受康复体育家庭关爱服务	地区	接受康复体育家庭关爱服务
全国	50292	湖北	997
北京	3000	湖南	1500
天津	1000	广东	2891
河北	4500	广西	—
山西	—	海南	—
内蒙古	2000	重庆	4100
辽宁	—	四川	1526
吉林	5100	贵州	102
黑龙江	1000	云南	576
上海	—	西藏	—
江苏	1281	陕西	1000
浙江	7354	甘肃	2930
安徽	1000	青海	—
福建	1170	宁夏	45
江西	1137	新疆	—
山东	3083	新疆生产建设兵团	—
河南	3000		

注：表格中"—"表示该项统计指标数据不足本表最小单位数、数据不详或无该项数据，本报告余同。

资料来源：《中国残疾人事业统计年鉴2020》，中国统计出版社，2020。

"十三五"期间，中国残联将对残疾人的康复体育工作进行更深层次的调整，把残疾人康复体育工作纳入全民健身和残疾人事业发展全局，在《关于加快推进残疾人小康进程的意见》《全民健身计划（2016—2020年）》《"十三五"加快残疾人小康进程规划纲要》《残疾人文化体育工作"十三五"实施

残疾人蓝皮书

方案》《关于进一步加强残疾人康复健身体育工作的指导意见》等重要文件
中,都对残疾人康复体育工作作出了安排。尽管中国残疾人康复体育起步较
晚,但随着残疾人康复体育相关法律法规和政策的不断完善,残疾人康复体
育的发展成果日益凸显。据中国残联统计,截至2020年12月,全国累计为
324659户重度残疾人家庭提供了康复体育进家庭服务。

(二)残疾人康复体育示范点形成规模

《残疾人文化体育工作"十三五"实施方案》对"残疾人自强健身工
程"的内容进行了丰富,继续推进"自强健身示范点"建设,并将全国总
目标量扩增为1万个,"自强健身示范点"被重新命名为"残疾人体育健身
示范点"。建设残疾人体育健身示范点的目的是改善基层残疾人康复健身条
件,推广普及残疾人群众体育活动,提升群体活跃度,在满足残疾人群体基
本运动需求的同时,提升残疾人群体的幸福感与获得感。示范点不仅要承担
对基层残疾人进行康复、健身咨询、指导、培训和活动组织等职能,还要充
分发挥社会宣传和示范带动作用。依据示范点的建设资金来源,可以将示范
点分为中央资助的示范点和省内资助的示范点,分别称为"国家示范点"
和"省级示范点",二者之间无等级之分。按照示范点的类型,可分为政府
公共服务机构和民办非企业组织两类,目前政府公共服务机构性质的示范点
所占比例相对较大。2019年全国新增省级残疾人体育健身示范点数据如表2
所示。截至2020年12月,全国累计建设残疾人体育健身示范点13313处,
残疾人体育健身示范点已经形成规模。

表2 2019年全国31个省(区、市)及新疆生产建设兵团
新增省级残疾人体育健身示范点统计

单位:个

地区	省级残疾人体育健身示范点	地区	省级残疾人体育健身示范点
全国	675	山西	54
北京	36	内蒙古	—
天津	100	辽宁	—
河北	98	吉林	10

续表

地区	省级残疾人体育健身示范点	地区	省级残疾人体育健身示范点
黑龙江	—	海南	—
上海	21	重庆	—
江苏	—	四川	272
浙江	—	贵州	1
安徽	10	云南	—
福建	—	西藏	—
江西	45	陕西	3
山东	—	甘肃	—
河南	10	青海	—
湖北	—	宁夏	—
湖南	—	新疆	—
广东	15	新疆生产建设兵团	—
广西	—		

资料来源：《中国残疾人事业统计年鉴2020》，中国统计出版社，2020。

（三）残疾人康复体育服务形成多样化模式

据统计，截至2015年，中国残疾人总数占全国总人口数的6.4%，已超过8700万人。[1] 根据专家预计，中国的残疾人群体在2050年将达到全国总人口的11%，约为1.68亿人。随着残疾人群体的不断扩大，所面临的问题也会日益增多，残疾人群体所需的康复体育服务也将变得更加复杂和多样。[2] 传统的康复体育的服务范围虽然全面，如广泛地宣传相关康复体育知识，对到访残疾人士进行康复训练指导，提供相关的膳食营养计划与心理健康咨询服务等，但是这些服务大多是在指定的场所进行，没有针对各类残疾人群体的障碍类型和障碍程度实施个性化康复体育服务。随着政府的策略与角色转变，人们越来越认识到残疾人对于康复体育的需求，购买服务是解决问题的主要手段，这也是服务型政府提高服务效率、提升质量的有效途径。

---

[1] 凌亢等：《中国残疾人事业发展报告（2006～2015）》，中国统计出版社，2017。
[2] 崔斌、陈功、郑晓瑛：《中国残疾预防的转折机会和预期分析》，《人口与发展》2012年第1期。

目前中国正处在为残疾人购买康复体育服务的探索期，迫切需要寻求新的路径，突破当前困境。

（四）开始进行残疾人康复体育专业人才培养和培训

残疾人体育指导员是推动残疾人体育事业发展的重要角色，也是残疾人参与康复体育、提升身心健康水平的指导者。截至 2020 年 12 月，中国已经累计培养残疾人体育指导员共 139206 名。[①]

2011 年 12 月 19 日，北京体育大学举办了中国首期国家级残疾人体育健身指导员培训。随后各省（区、市）相继组织开展残疾人体育指导员培训。培训课程统一参照《残疾人体育健身指导员培训大纲（试行）》，培训时长一般为 5～7 天，课程设置分为智障、听障、视障、唐氏综合征、肢体残疾 5 种，具体课程内容如表 3 所示。当前中国残疾人体育指导员培养刚刚起步，还没有做到按照残疾人残障类型和障碍程度有针对性地分别培养，其考核资格也未实行分等级认定。

表3　国家级残疾人体育健身指导员培训课程

单位：学时

类别	培训科目	培训时数
通论	残疾人体育发展	1.5
	中国社会体育指导员制度	1.5
	残疾人体育健身指导员师资培训课程设计和培训组织	0.5
	如何与残疾人实现有效沟通	2
	残疾人功能评定及基本应用	2
	运动处方与慢性疾病	2
	残疾人运动损伤的急救与预防	2
	社区残疾人体育健身活动的组织与实施	2
	残疾人体育锻炼活动设计	2

---

① 《【巡礼"十三五"·残疾人事业这五年】残疾人康复健身体育发展按下"快进键"》，"中国残疾人联合会"网易号，2020 年 12 月 23 日，https：//www.163.com/dy/article/FUHQCJ53051491DT.html。

续表

类别	培训科目	培训时数
专论	盲人特点及体育活动锻炼方法与指导	2
	聋人特点及体育活动锻炼方法与指导	2
	智残人特点及体育活动锻炼方法与指导	2
	唐氏综合征者特点及体育活动锻炼方法与指导	2
	肢体残疾人（截肢）体育活动锻炼方法与指导	1.5
	肢体残疾人（脊髓损伤）体育活动锻炼方法与指导	1.5
	肢体残疾人（脑瘫）体育活动锻炼方法与指导	1.5
实践	常用健身器械的使用与维护	2
总课时数		30

注：1学时=45分钟。

资料来源：李波等《中日残疾人体育指导者培养体制及资格认定比较分析》，《体育与科学》2014年第3期。

三　中国残疾人康复体育存在的问题

中国残疾人康复体育起步晚，难度大，在全民康复体育中具有特殊性，因而存在一些问题亟待解决，具体表现为如下方面。

（一）残疾人康复体育社会保障及服务体系不健全

中国残疾人康复体育起步较晚，康复体育社会保障立法滞后，康复体育社会保障制度及公共服务体系建设仍不完善。尽管"十三五"以来，中国将残疾人康复体育工作纳入残疾人事业和全民健身大局，先后出台了《全民健身计划（2016—2020年）》《"十三五"加快残疾人小康进程规划纲要》《残疾人文化体育工作"十三五"实施方案》等一系列重要文件来支持康复体育发展，但以上文件均不是专门针对残疾人康复体育服务设立的配套文件，其所涉及内容仅包含总体规划和指导原则，缺少针对性细则和可操作性措施，无法满足康复体育发展实际需求。2017年出台的《残疾人康复体育关爱家庭计划（试行）》也只是针对重度残疾人的康复体育进家庭关爱服务，政策所顾及人员范围存在较大盲区。2019年10月，国家体育总局和中国残联联合发布了《关于进一步加强残疾人康复健身体育工作的指导意见》，该文件对残疾人康复体育的总体要求及重点任务做出了进一步安排和部署。[①] 但由于残疾人康复体育存在不同人群的差异性及区域发展不均衡等问题，目前的政策文件尚不能满足残疾人康复体育多层次、多样化的现实需求。康复体育配套的具体措施、实施细则和操作指南的缺失，也导致实际工作开展无规范和标准可遵循，存在主体职责不明确、政策执行脱节和缺失、资金投入不足、分工不明确等现象。残疾人康复体育社会保障法规的不健全，导致各层级公共服务体系建设不完善，包括残疾人康复体育从业者培训体系、组织管理体系、服务质量评价及监督体系等，康复体育缺乏顶层设计和系统规划，绩效评估和问责监督机制建立缓慢和滞后，严重影响康复体育发展进程。

（二）残疾人康复体育的服务模式陈旧

根据中国残疾人联合会发布的数据，2010 年末中国有残疾人 8502 万人，其中重度残疾人 2518 万人，所占比例达 33.73%。[②] 面对庞大的残疾人康复群体，要实现全民健身和全民健康指标达到中高收入国家水平，需要创新残疾人康复体育服务模式。[③] 中国残疾人群基数大，负担重，政府服务辐射能力有限，但现阶段的康复体育服务模式仍以政府为主体，以残联为主导，服务模式呈现"一元化"，尚未形成社会力量支持的体制和机制。在利用政府购买服务并激活社会力量扶持的过程中，暴露出缺少承接主体、承接主体能力弱等现实困难。各级政府及残联、民政、财政和体教部门权责分工不明确，部门间协作不充分，活动组织松散，未能形成上下联动、多部门高效协同及体育企业、协会和个体力量多方资源整合的新型康复体育服务模式，康复体育服务整体效能较低。

---

① 《关于进一步加强残疾人康复健身体育工作的指导意见》，中华全国体育总会网站，2020 年 2 月 21 日，http://www.sport.org.cn/search/system/gfxwj/qzty/2020/0221/310892.html。

② 《2010 年末全国残疾人总数及各类、不同残疾等级人数》，中国残疾人联合会网站，2021 年 2 月 20 日，https://www.cdpf.org.cn/zwgk/zccx/cjrgk/15e9ac67d7124f3fb4a23b7e2ac739aa.htm。

③ 金梅、王家宏、胡滨：《全民健身国家战略中中国残疾人康复体育发展思路与路径选择》，《武汉体育学院学报》2017 年第 12 期。

随着时代发展，体育与科技融合已成为体育发展新趋势，因此，康复、体育和科技融合的创新型残疾人康复体育模式是新时代发展的需求。[①] 而目前中国康复体育以体育健身训练为多见，"互联网＋"、康复机器人、可穿戴设备等现代智慧科技元素融入康复体育少见。适合普及的康复体育推广项目配套光盘、手册、挂图等创编不足。另外，现有的康复体育服务未能结合残疾人残疾类型特征、功能分级、审美需求、兴趣爱好制定个体化精准康复方案，无法满足残疾人尤其是重度残疾人的真正需求。[②] 近年来，不断涌现"全国特奥日""残疾人健身周""冬奥冰雪季"等残疾人康复健身活动，但部分活动流于形式，活动实际参与人数偏少，在场地建设、设施配套、活动开展、服务指导、氛围营造等方面的保障和支持力度不够，其品牌影响力仍有待扩大。总体来说，残疾人康复体育的服务形式及内容还有待进一步优化。

（三）残疾人康复体育专业人才匮乏

由于残疾人康复体育涉及体育学、康复医学、心理学等专业知识及技能，合格的残疾人康复体育从业人员必须为横跨多学科领域的"体医融合"复合型人才。中国"体医融合"起步较晚，人才培养相对滞后，医疗与体育各司其职，各医疗康复机构缺少康复体育人才，也不能提供康复体育相关服务。近年来，部分高等体育及医学院校开始尝试特殊教育（康复方向）专业本科生人才培养，但开设院校少，招生规模小且招生局面被动，多数学生是其他专业招满后无奈地选择该专业，毕业后从事本专业意愿较低。特殊体育康复专业总体师资力量匮乏，专业基础设施配套薄弱；在课程设置上，偏重体育学、教育学知识，欠缺医疗、康复及保健内容，人才培养定位模糊，专业人才与康复体育实际发展需求存在较大差距。[③]

---

① 《国务院关于印发全民健身计划（2016—2020 年）的通知》，中国政府网，2016 年 6 月 23 日，http：//www.gov.cn/zhengce/content/2016－06/23/content_ 5084564. htm。

② 吴燕丹、王聪颖：《资源配置视角下残疾人群众体育的现状、问题与对策》，《体育科学》2015 年第 3 期。

③ 郑健：《论高等中医院校开设特殊体育专业（康复方向）的优势》，《广西中医药大学学报》2012 年第 4 期。

残疾人体育指导员是目前国家培养的残疾人康复体育及健身体育的专职人才。中国残疾人体育指导员培训工作起步较晚，人才数量供需严重失衡。截至2020年，中国共培养了残疾人体育指导员10.4万名，平均每千名残疾人配备指导员1.2名，其数量远远不能满足8500万名残疾人的实际需求。①《2017年北京市残疾人事业发展统计公报》显示：当前北京市得到基本康复的持证的残疾人已经达173806名，而残疾人体育指导员数量为2379名，人员配备比例仅为74∶1。② 由于残疾人群体的特殊性和复杂性，体育指导员除了开展康复体育咨询、运动处方指导等工作外，还须具备项目拓展和活动组织能力，这要求体育健身指导员有扎实的专业知识和较强的实践能力。但目前中国体育指导员培训和管理尚未形成高效运作体系，各级残联选派参与师资培训班的学员准入门槛较低，学员学科背景及资质参差不齐，不利于高质量人才队伍的构建。国家及省级人才培训基本采取短期高强度集中培训的方式，培训形式单一，培训时间短，学员所获取的知识大多是纸上谈兵，临场实践能力差，无法满足实际工作的需要。国家级培训和地方培训在培训大纲、课程设计、内容选择等方面呈现趋同性，各地区培训地方特色不强，高质量的培训教材匮乏，对人际交往、环境适应等软技能的培训明显不足。残疾人康复体育指导员培训教学与实际能力需求脱节，无法在实际工作中因地制宜开展残疾人康复体育专业指导。③ 此外，对残疾人康复体育从业人员在就业保障、福利待遇、职称评定等方面没有明显的政策倾斜，造成培养后残疾人体育指导员就业难和保障难问题。残疾人体育指导员分级制度、激励制度和管理制度松散，日常工作强度高，但收入及成就感低，工作懈怠或跳槽现象普遍。以上因素均导致残疾人体育服务人才隐性流失和显性流失严重，扩大了残疾人康复体育服务人才缺口。

① 于文谦、季城、呼晓青：《残疾人社会体育指导员人才培养问题剖析与路径优化》，《体育学刊》2020年第4期。
② 赵梦娜：《北京市残疾人体育健身指导员工作现状分析》，《体育世界》（学术版）2019年第5期。
③ 吴燕丹、李春晓、林立：《民生视域下残疾人体育服务人才培养的现实困境与路径选择》，《体育科学》2014年第3期。

（四）残疾人康复体育的资源配置不合理

中国残疾人康复体育存在经费来源少、场地分配不足、设施配备不合理等现象。在资金配备方面，由于残疾人康复体育社会保障制度的不健全，残疾人康复体育仍只是一项社会公共服务项目，相关康复体育训练项目未能纳入医疗保险的支付项目范畴，而政府也没有针对康复体育给予稳定的专项经费拨付，导致资金投入不稳定。在专业人员配备方面，中国尚未建立多层次的社区康复人才支持库，社区残疾人康复体育工作者呈现"两低一少"的局面，即技术人员比例低、康复人员比例低、受过高等教育人员少。① 由于残疾人对场地器材有特殊要求，适合残疾人特点的康复体育场地设施器材的配套是否合理，是影响残疾人康复体育参与程度的重要因素。中国残疾人康复体育机构主要集中在残联机构、体育院校及社区残疾人健身示范点。大部分机构康复体育设施仍以功率自行车、康复电动跑步机、多功能训练器等健身器械为主，并没有结合残疾人的残疾类型、功能水平、年龄特征等因素进行康复设施合理配置，管理者和服务人员对部分体育器材的使用指南缺乏了解，无法提供正确有效的专业指导，多数康复体育场地设施形同虚设，闲置及资源浪费现象凸显。而无障碍设施配备、管理及维护，也是影响残疾人尤其是重度残疾人走出家门、积极参与康复体育的重要因素。此外，根据《全面健身计划（2021—2025 年）》要求，主张打造线上线下一体化、综合化、智慧化、数字化全面健身功能服务平台。目前，中国专门针对残疾人康复体育的数字化平台和数据库研发项目不足，经费投入少，科学研究基础薄弱，残疾人通过线上准确快速地获得健身电子地图、体育场馆、体育培训等资源和信息的渠道尚未打通。目前中国康复体育资源配置不合理，离残疾人融入全民健身计划行列总体目标的实现仍有较大距离。

① 潘燕、侯春光：《社区融合理念下残疾人体育康复现状及对策研究》，《考试周刊》2014 年第 97 期。

（五）残疾人康复体育的公众意识薄弱

据《中国残疾人事业统计年鉴2020》数据，2019年中国残疾人社区文体活动参与比例仅为14.6%[①]，明显低于2020年国家统计局发布的全国7岁以上经常参加体育锻炼人数37.2%的比例。[②] 我国残疾人康复体育工作存在重视程度不够、普及性差、宣传力度不到位的问题。由于受文化教育、思想观念等多种因素制约，大多数残疾人对身体的各项功能康复情况缺乏足够的信心，对康复体育缺乏科学的认识，未能建立良好的康复体育观念和意识。大部分残疾人没有认识到体育健身对于自身机能康复的重要作用，更多地选择借助医疗手段促进身体康复，造成生活成本的提高及经济负担的增加；部分残疾人对康复体育的认识仍停留在锻炼身体层面，主动接受康复体育的意愿低；由于残疾造成的自卑感，部分残疾人不愿意在公众场合出现并参与康复体育活动；部分残疾人虽然对康复体育的重要性和必要性有一定的认识，但对自己所享有的优待治疗及康复体育的参与途径并不知晓，导致无法真正投入实际活动项目。此外，"体医融合"复合型人才匮乏，康复医师自身对康复体育认识程度不高，残疾人家属及社区工作人员相关知识普及不到位，无法给予残疾人及时的指导和推荐。以上问题都导致康复体育未能在帮助残疾群体提高身体机能、融入社会中发挥应有的积极作用。

四　中国残疾人康复体育发展的建议和对策

（一）健全残疾人康复体育社会保障制度

1. 深化残疾人康复体育社会保障制度改革，实现高质量全覆盖

"十四五"时期的残疾人康复社会保障制度改革的关键任务，一是以全

---

① 《中国残疾人事业统计年鉴2020》，中国统计出版社，2020。
② 《中华人民共和国2020年国民经济和社会发展统计公报》，中国政府网，2021年2月28日，http：//www.gov.cn/xinwen/2021－02/28/content_ 5589283.htm。

部残疾人参保为基础，继续推进扩大残疾人康复体育社会保障覆盖面，尤其是应尽快将流动残疾人的康复体育纳入保障，全面实现"所有残疾人有机会参加体育康复"；二是深入推进公立医院康复相关科室和社区服务中心的对接，使残疾人在做体育康复的时候有专业指导；三是费用标准化，提升医疗康复方面的参保缴费质量。

2. 优化残疾人康复体育社会保障的政策环境，补齐二、三线城市的层次短板

北、上、广、深等一线城市的残疾人康复体育社会保障发展较为完善，二、三线城市发展较为滞后。多数残疾人社会经济水平相对较低，这是不争的事实。所以应该大力优化残疾人康复体育社会保障的政策环境，推动实现二、三线城市的残疾人康复体育社会保障的全覆盖。

3. 适应国家战略形势变化，探索适应残疾人康复体育的社会保障模式

积极响应"健康中国2030"规划纲要，面对工业化、城镇化、人口老龄化以及疾病谱、生态环境、生活方式不断变化等带来的新挑战，应尝试扩大残疾人康复社会保障的覆盖范围，创新残疾人康复体育理念，提倡康复师多点执业，在进行医疗卫生服务体系建设规划时，注重社区康复医疗设施和人才队伍建设；在基层卫生人员及全科医师继续教育中增加康复体育的专业内容；利用互联网建立云康复平台，使更多残疾人受惠。

（二）创新残疾人康复体育服务运行模式

在残疾人康复体育服务运行过程中，政府应加强对整体流程和各个环节的监督管理，运用科学合理的行业规范，对社区卫生服务中心、医院、社会组织等提供的残疾人康复体育服务做好监督。引进独立的、专业的第三方评估机构，统一评估标准，对残疾人康复体育服务质量进行全过程评估，促进残疾人康复体育服务质量的提升。此外，建立公众参与的社会监督反馈途径，如充分利用网络平台，设立微信公众号、微博等方便社会力量建言献策，使残疾人康复体育服务提质增效。

1. 明确参与主体的职责，发挥各自的功能与作用

新型的残疾人康复体育服务与传统的政府单一、直接提供康复体育服务的方式不同，其服务提供主体呈现多元化，参与主体包括政府、社区、医院、社会组织和志愿者等。应明确各参与主体的职责定位，充分发挥各参与主体的功能与作用，形成"残联和医疗机构建设和运营管理、政府购买和监督服务"的运作框架。其中，政府由康复体育服务的提供者转变成为整个残疾人康复体育服务体系的协调者、推动者和监督者，发挥引导、扶持和监督作用，为残疾人康复体育服务提供政策扶持、资金补贴等。

2. 保障残疾人康复资金投入，拓宽资金来源渠道

我国残疾人康复体育服务存在地区发展不平衡，各地受经济和支持力度的影响，在残疾人康复体育的资金投入上呈现较大的差异。应该保障残疾人康复资金投入，拓宽资金来源渠道。

落实各级政府的财政支持。政府支持是残疾人康复体育支持的主要来源，落实政府财政支持势在必行。

积极引导企业捐助。企业捐助资金相比较政府财政支持更具灵活性，可以保证残疾人康复体育的活动的自主性，因此，企业的捐助对残疾人康复体育的发展也起到十分重要的作用，所以我们应该拓宽企业捐助的渠道，加强企业与残疾人康复体育组织之间的联系，构建社会组织与残疾人的康复体育组织的良好合作关系。①

鼓励个人和社会组织捐赠。个人捐款在残疾人康复体育组织的资金筹集中也占有十分重要的地位。助残类的社会公益组织的起源来自社会也壮大于社会。利用互联网和移动互联网技术，设计慈善智能捐助服务平台，可以通过网络募捐平台拓展残疾人康复体育资金来源渠道。

3. 明确康复体育服务项目领域，提供专业化服务

目前残疾人康复体育服务内容不明确，很多人对康复体育不了解，分不

---

① 吕晶：《社会组织参与残疾人社会福利服务研究——以徐州市为例》，硕士学位论文，中国矿业大学，2016，第47页。

清康复和康复体育的区别，体育康复往往是康复的附属，存在康复体育服务非专业化的问题。建议对残疾人康复体育的服务范畴加以界定，明确残疾人康复体育服务的项目和内容，以保证能够为残疾人提供持续长久的专业化服务。

（三）规范残疾人康复体育专业服务体系

1. 明确政府职责，规范残疾人康复体育服务机制

突出政府对残疾人康复体育的管理职能，建立灵活高效的服务机制，建立健全法律法规保障，构建合理的服务框架。目前，各级政府既是服务决策者，又是服务的提供者，不利于监督管理，需要进一步完善政府与服务机构、政府与康复机构、康复机构与残疾人的关系，实现管办分离，优化服务框架。[①]

2. 充分发挥社区卫生服务中心的纽带作用

社区卫生服务中心架起政府残疾人主管部门与残疾人之间的桥梁，通过社区卫生服务中心把残疾人最想要的康复体育服务需求传递给政府，使残疾人康复体育服务建设真正为残疾人解决实际问题，提高生活质量。

3. 转变公众对残疾人的认知

研究显示，公众大多不了解残疾人的生活情况和康复需求，自然就谈不到重视和关注。公众对残疾人的认识不足，不利于残疾人康复体育专业服务的开展。应充分调动康复机构、公益组织等社会力量，宣传残疾人康复体育理念，鼓励残疾人通过康复体育恢复工作能力，实现融入社会的目标。转变当前公众对残疾人的认知，变歧视和怀疑为尊重和理解，对于整个残疾人事业发展十分重要。

（四）构建残疾人康复体育人才培养体系

1. 建设一支复合型的社区康复人才队伍

康复专业人才匮乏，严重影响残疾人康复事业发展。在残疾人基本的社

---

① 张静茹、徐红昌：《保定市农村公共文化服务体系规范建设探析》，《保定学院学报》2012年第 3 期。

残疾人蓝皮书

区康复都不能保证的现实情况下，要推进残疾人康复体育更是难上加难。

目前在社区卫生服务中心承担残疾人康复工作的医生、护士往往缺乏有关康复特别是康复体育的专业知识和能力，对康复体育的具体内容和工作流程都不够熟悉，不能有效开展工作。而且，残疾人的康复体育也不是单靠康复师就能完成的，还需要社会学、心理学、教育学等其他学科的专业人士支持和帮助，需要体育指导师、职业疗法师、物理疗法师、社会工作者、特殊教育教师、心理治疗师等专业人员的协同合作。我们应该大力推动康复体育人才培养培训，一方面，通过国内国外康复机构开展多种形式的培训进修，采用线上和线下等多种方式，对已经承担残疾人康复体育的社区康复工作者和家庭残疾人康复体育辅助人员进行强化培训，尽快提升他们的专业化水平。另一方面，构建遍布全国的家庭、社区、地方、国家各级残疾人康复体育人才网，为推进残疾人康复体育的发展提供人才保障。

2. 定期组织培训，邀请康复体育专家下社区做示范

社区卫生服务中心应建立统一的残疾人康复体育教育培训制度和轮训机制，确保社区卫生服务中心的医务人员公平享有继续医学教育和规范化培训的机会，为社区卫生服务中心培养更多优秀的临床医护人才，满足残疾人康复需求。邀请高校、医院、研究所及相关领域专家通过线上线下的方式，组织开展关于残疾人康复体育的理论和实际操作培训，并邀请专家下社区，深入基层一线，为社区卫生服务人员传授新理念、新知识，进行指导和操作示范。

3. 鼓励高校增设康复类本科专业，培养紧缺的康复治疗专业人才

鼓励各高等院校在有条件的基础上，开办多学科交叉融合的康复医学、体育康复、残疾人辅助器具等专业，以专业建设为龙头，以课程建设为核心，以教学条件建设为保障，提高专业人才培养质量。拓展和深化"订单式"人才培养模式，注重人才适应社会的通识性、人才素质的全面性、知识结构的实用性、能力结构的创造性和人才规格的可塑性。培养能在各级各类医疗、康复机构独立从事物理治疗、运动康复指导工作，并引领康复治疗专业发展的高级专业人才。

（五）完善残疾人康复体育资源环境配置

残疾人康复体育资源主要包括特殊体育场馆、场地、器械和各种辅助工具。由于残疾人的特殊性，康复体育的开展必须借助一定的体育资源来辅助完成，康复体育资源是完成康复体育治疗和运动处方的重要保障。因此，要重视残疾人家庭或者社区康复站体育资源的建设和配置。要根据残疾人不同障碍类型和障碍程度，开展残疾人康复体育项目（见表4），配置适合的康复体育资源。

表4　残疾人康复体育训练项目

残疾种类	特殊体育内容
视力残疾	强化听觉、触觉器官的训练，强化空间感、方位和反应能力训练。
听力残疾	反应动作练习，协调性练习，节奏感练习，平衡训练。
语言类残疾	触觉训练、舌部运动训练、模拟发声训练、声音刺激、唇读练习等。
截肢类肢体残疾	截肢术后训练、假肢装配前的康复训练、假肢装配后的使用训练。
脊髓损伤类肢体残疾	正确卧位、按摩和关节被动运动、体位变换、早起坐起练习、站立练习、呼吸及排痰练习。
智力残疾	感官训练：强化视觉、听觉训练、强化触觉训练。 协调性训练：学用剪刀；投球入筐；用筷夹弹珠；用针线、绳串珠子、堆积木等。

资料来源：曹祥立《体医融合背景下残疾人康复体育路径研究》，硕士学位论文，山东师范大学，2019，第22页。

目前，国家还没有出台残疾人康复体育资源环境配置的标准，本报告就此提出以下完善措施。

1. 科学规划，构建区域内残疾人"康体医联合体"

综合考虑行政区域面积、常住人口、残疾人口、医疗资源配置、交通等情况，兼顾既往形成的合作关系，以区域康复医疗中心为牵头医院，根据具体情况建立区域残疾人"康体医联合体"，实现全区覆盖，区域"康体医联合体"中的牵头医院与周边社区卫生服务中心形成明确的对口合作关系，通过康复体育资源共享、技术扶持、双向转诊等服务，实现康复体育资源利

用的最大化，推进区域康复体育资源整合和上下联动，为区域内残疾人提供全程持续的康复医疗服务和康复体育指导。

2. 发挥网络优势，建立"互联网＋居家康复体育指导"体医新模式

创建残疾人的信息管理平台。该平台进行残疾人健康信息、康复治疗方案、康复体育进展、家庭护理等信息管理，同时详细记录残疾人在社区和居家体育康复的情况，形成详细的备案资料；成立相关的互联网康复体育服务团队，包括医生、康复师、社区体育指导员、护士及家属等，指导团队人员可以利用信息平台进行康复体育教育、随访及解答疑问；通过互联网进行健康管理，将残疾人体重、血压、心率、血糖、肌力、生活自理能力等信息上传至平台，进行相应的评估和分析，及时告知残疾人及家属，使其全面了解自身健康状况；通过互联网进行居家的康复体育指导，提供在线解答。同时通过信息平台，定期向残疾人推送有关康复体育的相关知识，这样可以减少残疾人不必要的重复诊疗，也能降低康复体育资源的无效消耗，提高残疾人居家康复体育质量。

3. 增加社区康复站体育设施的投入，将康复体育项目纳入基本医疗保障支付范围

2016年，人力资源和社会保障部、中国残联等部门联合印发《关于新增部分医疗康复项目纳入基本医疗保障支付范围的通知》，要求各地将"康复综合评定"等20项康复项目纳入医保支付范围，并且各地原已纳入支付范围的医疗康复项目应继续保留。20个项目兼顾了各类康复领域、残疾类型和康复人群。该通知将残疾人康复医疗纳入基本医疗保障范围，从制度上保障了残疾人的康复费用，大大减轻了残疾人康复医疗的压力，使残疾人可以持续接受康复医疗。[①] 北京、上海、深圳、宁波等地区还建立了贫困残疾人康复辅助器具补贴制度。另外，一些地区将部分康复辅助器具也纳入基本医疗保险报销范围。但是目前尚未见到将康复体育项目纳入基本医疗保障支

---

① 陶慧芬、江传曾、唐利娟：《中国特色残疾人康复事业发展道路探析》，《残疾人研究》2018年第2期。

付范围。本报告呼吁国家增加社区康复站体育设施的投入，并将康复体育项目纳入基本医疗保障支付范围。

（六）加强残疾人康复体育知识的普及宣传

全民健身已经上升为国家战略，科学健身知识普及的重要性日渐凸显。在推进全民健身持续发展，实现体育对健康中国有效支持的进程中，残疾人康复体育必须在残疾人中进行积极普及和宣传。在推进残疾人康复体育的过程中，必须强化残疾人对康复体育的科学认识，最大化地减少体育过程中的运动伤害，明确康复体育方案在康复中的有效性，提升残疾人参与康复体育的科学素养。

1. 大力加强康复体育科普基地建设，构建科普平台

康复体育科普基地建设包括线上线下培训平台建设和培训资源建设。通过已有的互联网信息平台，建立线上培训平台；依托社区卫生中心，建立线下培训平台。培训的人力资源主要由高校和医学院有经验的教师、学生社团骨干成员构成，然后通过加强与医院、社区的合作，引进临床护理和医疗专家、社区的管理人员等充实平台人力资源。

2. 借助互联网优化残疾人康复体育内容和形式

随着信息时代的发展，互联网和自媒体的作用越来越凸显。残疾人康复体育科普教育资源完全可以通过视觉设计、交互设计、服务设计等设计手段，以互联网和自媒体作为媒介，制作成主题活动视频段落、参与式的互动会议等内容，进入残疾人的家庭，让残疾人坐在家中就能够看到真实的科普现场。通过设计专业人员讲解、家庭互动问答等用户易于参与的方式，帮助残疾人在家属的引导下，完成科普教育资源的获取和学习，提高科普教育资源的利用率，让残疾人获取康复体育教育资源的过程成为主动学习的过程。

3. 开展基于残疾人康复体育的精准化科普

当前，我国全民健身科学普及的诉求极为复杂，鉴于生活和锻炼习惯的不同，青少年、中年人和老年人等均具有不同层次和不同程度的需求。目前很少看到与残疾人康复体育相关的科普。因此，针对不同群体的健康状况和

需求，提供精准化康复体育知识普及极为重要。

　　健全残疾人康复体育服务体系是残疾人走出家门、融入社会的基础。《关于进一步加强残疾人康复健身体育工作的指导意见》中要求"各级残联和体育部门要将残疾人康复体育纳入全民健身实施计划，给予特殊支持"。相信在党和政府的重视和支持下，国家将不断完善全民健身场所的残疾人专用设施配备，不断加强无障碍环境建设，为残疾人开展康复健身体育创造条件。同时，建立残疾人自强健身示范点，举办不同层次和类别的残疾人康复健身体育赛事和活动，推广残疾人康复健身体育项目和方法。加强对残疾人康复体育公共服务资源配置，健全残疾人康复体育绩效评价体系和监督反馈体系。相信在不远的未来，残疾人康复体育服务体系将更加完善。

参考文献

　　黎颖强主编《残疾人融合康复实务读本》，华夏出版社，2016。

　　王雪云、高芙蓉主编《政府购买公共服务研究》，经济科学出版社，2016。

　　陈婷、郑程浩、胡子航：《"十三五"期间残疾人群众体育研究的回顾与展望》，《闽南师范大学学报》（自然科学版）2021年第1期。

　　许巧仙、古安琪：《中国残疾人需求研究的知识图谱——基于Citespace的可视化分析》，《人口与社会》2021年第2期。

　　刘冯铂等：《成年残疾人康复需求与康复服务发展研究》，《中国康复理论与实践》2020年第5期。

　　田红梅等：《肢体残疾人康复需求与康复服务发展状况Logistic回归分析研究》，《中国康复理论与实践》2020年第5期。

　　鲁心灵等：《视力残疾人康复需求和康复服务发展状况Logistic回归分析研究》，《中国康复理论与实践》2020年第5期。

　　李安巧等：《智力残疾人康复需求与康复服务发展状况Logistic回归分析研究》，《中国康复理论与实践》2020年第5期。

　　朱桂华等：《健康中国背景下发展残疾人体育的价值研究》，《体育科技》2018年第1期。

　　王治丹：《浅谈残疾人康复体育的现状及对策》，《当代体育科技》2017年第5期。

　　万炳军、史岩、曾肖肖：《"健康中国"视域下体育的价值定位、历史使命及其实现路径——基于习近平治国理政的思想与战略》，《北京体育大学学报》2017 年第 11 期。

张政委、连道明：《中国残疾人体育运动发展的现状与对策》，《福建体育科技》2016 年第 3 期。

邱冬一：《残疾人康复体育的发展现状及对策研究》，《石河子科技》2021 年第 1 期。

王涛、侯晓晖：《残障人体育社会支持系统的构建与应用》，《首都体育学院学报》2013 年第 3 期。

吴丽芳：《国家治理背景下中国重度残疾人康复体育发展研究》，《吉林体育学院学报》2016 年第 6 期。

王燕华等：《加强科普基地建设提升高校社会服务职能》，《实验室研究与探索》2020 年第 2 期。

康琳：《康复诊疗项目收费现状分析与建议》，《现代经济信息》2014 年第 6 期。

任艳苹等：《中国社区康复医疗资源的现状与需求》，《中国康复医学杂志》2014 年第 8 期。

路鹏程：《基于康复诊疗决策支援系统构建区域三级康复服务体系》，硕士学位论文，南方医科大学，2013。

南秀玲：《健康中国视域下"体医结合"发展问题及策略研究》，硕士学位论文，陕西师范大学，2018。

张巧：《政府购买残疾人康复体育服务的实施困境与推进策略》，硕士学位论文，福建师范大学，2019。

W. D. Ronald, *Teaching Disability Sport*：*A Guide for Physical Educators*（London：Human Kinetics，2019）.

De Boer et al. , "Social Stress：Psychological and Psychosomatic Implications," *Neuroscience and Biobehavioral Reviews* 5（2021）.

Gary Howat et al. , "Reducing Measurement Overload：Rationalizing Performance Measures for Public Aquatic Centres in Australia," *Managing Leisure* 9（2019）.

J. R. Silver, "The Origins of Sport for Disabled People," *The Journal of the Royal College of Physicians of Edinburgh* 2（2018）.

专 题 篇
Special Reports

B.7
北京冬奥会和冬残奥会无障碍环境
建设报告[*]

B.7
北京冬奥会和冬残奥会无障碍环境
建设报告[*]

孙计领[**]

摘　要：　提升无障碍环境建设水平是举办奥运会和残奥会的重要要求
　　　　　和基础。本报告首先以国际残奥会委员会《无障碍指南》为
　　　　　基础，简要介绍了无障碍环境的定义、理念、内容、原则和
　　　　　意义。其次，通过实地调研和资料收集，分析了北京冬奥
　　　　　会和冬残奥会无障碍环境建设现状和存在的问题。研究发
　　　　　现，无障碍政策、法规和技术指南不断丰富，竞赛场馆无
　　　　　障碍环境建设基本实现同步完工，城市无障碍环境建设取
　　　　　得显著成效。存在的问题有：法治保障有待加强，监督管
　　　　　理机制有待完善，精细化和系统化水平有待提升，改造存

---

　* 本报告系国家社会科学基金年度项目"残疾人融合发展评价及提升路径研究"（20BRK029）
　　阶段性研究成果。
＊＊ 孙计领，博士，南京特殊教育师范学院副教授，主要研究方向为无障碍战略规划。

在诸多问题，数字化应用不够。最后，为促进无障碍环境建设高质量发展，本报告提出六点建议：提高认识，深刻理解无障碍环境建设的重要意义；加快无障碍环境建设立法，在法治轨道上推动无障碍环境建设高质量发展；深入总结北京冬奥会和冬残奥会无障碍环境建设实践经验；加强无障碍理念、法规政策与标准规范的宣贯力度和培训；有效开展无障碍环境建设的执法检查和评估；加快数字化应用，推动无障碍环境建设的融合发展。

关键词： 无障碍环境　冬奥会　冬残奥会　《无障碍指南》　北京

举办奥运会和残奥会对促进国家与社会文明进步有非常特殊的意义，具有巨大的人文价值，其中较为直接的意义便是提升无障碍环境建设水平，为社会尤其是老龄社会留下一份宝贵的遗产，方便残疾人、老年人群体独立生活和融入社会。通过举办奥运会和残奥会，实现促进所有人融合共享的社会发展目标。2008年北京奥运会和残奥会的举办极大地促进了中国无障碍理念的普及，不仅使北京的城市无障碍环境建设水平得到显著提高[1]，而且促使北京以丰富有效的实践经验不断推进无障碍环境政策法规的完善，成为带动全国无障碍环境建设的排头兵，提升了北京首善之区的影响力。

奥运会和残奥会对无障碍环境建设的要求是非常明确的。根据《主办城市合同运行要求》（*Host City Contract Operational Requirements*），主办城市必须全方位改善无障碍环境。[2] 习近平总书记在北京、河北考察并主持召开北京

---

[1] 施昌奎主编《北京蓝皮书：北京公共服务发展报告（2017～2018）》，社会科学文献出版社，2018。

[2] International Olympic Committee, "Host City Contract Operational Requirements 2015," https：// stillmed. olympic. org/Documents/Host_ city_ elections/Host_ City_ Contract_ Operational_ Requirements_ September_ 2015. pdf.

2022 年冬奥会和冬残奥会筹办工作汇报会议时，强调"同步推进各类配套设施和无障碍环境建设"。① 以北京 2022 年冬奥会和冬残奥会为契机，对北京、张家口无障碍环境开展调研，参加《北京市无障碍环境建设条例》征求意见座谈会，收集有关北京冬奥会和冬残奥会无障碍环境建设的第一手调研资料，结合国际残奥会委员会《无障碍指南》（*Accessibility Guide*)② 和相关文献资料，本报告对北京冬奥会和冬残奥会无障碍环境建设状况和存在的问题进行研究，提出促进无障碍环境高质量发展的对策。

一 国际残奥会委员会《无障碍指南》的理念和要求

（一）《无障碍指南》所倡导的理念

1. 制定《无障碍指南》的意义

国际奥运会和残奥会历来重视无障碍环境建设。《无障碍指南》是国际奥运会和残奥会指导文件的一部分。制定《无障碍指南》是非常重要的一步，因为各国的无障碍政策法规、技术标准和具体实践存在较大差异，这些差异不利于制定"国际公认的标准"。很多国家不愿意采用除"国际公认的标准"以外的无障碍标准。国际奥组委试图整合世界各国的信息，评估各国的差异，汲取各国合理的实践和探索经验，形成一套国际接受的、公认的无障碍设计标准和实践要求。在久经考验的优秀实践案例、成熟的政策法规、通用的技术标准和行业专家提供的详细技术信息的基础上，通过树立正

① 《〈无障碍环境建设条例〉实施第九年综述》，"海外网"网易号，2021 年 8 月 2 日，https：//www. 163. com/dy/article/GGC0G72S0514R9L4. html。

② International Olympic Committee, "Accessibility Guide 2020," https：//www. paralympic. org/sites/default/files/2020 – 11/IPC% 20Accessibility% 20Guide% 20 – % 204th% 20edition% 20 – % 20October% 202020_ 0. pdf.

确理念，分享优秀实践案例，制定设计无障碍环境建设设施和服务的技术指南，为国际奥组委和主办城市提供统一的信息和标准，旨在为主办城市和所有人提供一个更加无障碍、更加包容的运动会和城市环境，使所有人都得到尊重、欢迎和支持。《无障碍指南》的目标是通过对无障碍和包容性的承诺，促进所有人充分参与奥运会和奥运文化遗产规划，并为所有的指南用户提供有效的决策参考。具体来说，《无障碍指南》有四大具体目标：一是确保为所有人提供一种可比较的、高质量的奥运会体验；二是促进奥运会环境达到无障碍和包容性的高标准；三是为东道主制定一套无障碍和包容性标准，帮助主办城市了解无障碍需求，督促其在早期阶段纳入无障碍设计；四是定义一个范围和远景，可以在奥运会结束后通过无障碍规划创造可持续的奥运文化遗产。因此，《无障碍指南》中的相关概念和技术标准在世界各国具有国际通用性、普遍认可性和实际可行性，尤其是对于像中国这样城乡、区域差异相对较大的国家而言，《无障碍指南》还提供了可操作的规范。

2.《无障碍指南》中有关"无障碍"的概念和内容

根据最新版的《无障碍指南》（第 4 版）①，无障碍环境（accessible environment）是指一个没有任何障碍可以阻止智力、身体、感官和行动不便的人安全和自信地通过的环境。无障碍环境主要依靠通用设计（universal design）方法来实现。通用设计是指尽最大可能让所有人可以使用，无须做出调整或特别设计的产品、环境、方案和服务设计。《残疾人权利公约》明确要求缔约方承诺"在拟订标准和导则方面提倡通用设计"。② 经过 60 多年的发展和演变，无障碍概念发生了重要变化，设计理念也发生重要转变，从无障碍设计转向通用设计；环境范围持续扩展，从物理环境扩展到虚拟环

---

① International Olympic Committee, "Accessibility Guide 2020," https：//www. paralympic. org/ sites/default/files/2020 - 11/IPC% 20Accessibility% 20Guide% 20 - % 204th% 20edition% 20 - % 20October% 202020_ 0. pdf.

② 《残疾人权利公约》，联合国网站，https：//www. un. org/chinese/disabilities/convention/ convention. htm。

境；无障碍环境各领域逐渐走向融合发展；无障碍环境的受益群体从残疾人转向全体大众。2013 年，联合国各会员国在主题为"前进道路：2015 年之前及之后兼顾残疾问题的发展议程"的关于为残疾人实现千年发展目标和其他国际商定发展目标的大会高级别会议成果中强调，必须在发展和人道主义对策的所有方面，确保残疾人无障碍环境，并承诺按照通用设计方法建设无障碍环境。① 该成果文件是国际社会发展无障碍环境的里程碑，从此，无障碍环境已逐步被纳入其他发展和人道主义承诺。

《无障碍指南》指出，残奥会认识到其责任不仅是为体育运动创造一个平台，还有促进建立具备无障碍环境的包容性社会，并接纳残疾人。《无障碍指南》的意义超出了与运动会相关的基础设施，寻求积极的文化变革，这些无障碍原则、方法和实践将以公正公平的方式创造一种包容性文化。从长远来看，将会影响所有设施和服务的设计、运行和使用。无障碍权利（the right to access）庄严地载入了《残疾人权利公约》第 9 条，第 9 条是一个创新性条款，首次在联合国人权协定中明确规定无障碍的权利。

（二）《无障碍指南》提出的原则和使用范围

1. 关于无障碍的三项原则

《无障碍指南》提出无障碍的三大原则，为奥运会和残奥会的设施设计、运行和规划提供了基础，需要满足所有三个原则才能将设施或服务视为无障碍。

第一是平等（equity），无论功能和能力如何，确保所有人都能获得相同的体验或服务水平。为此，设计和操作计划应为所有使用者提供相同的使用体验，隐私、保障和安全的条款适用于所有人。

第二是尊严（dignity），确保设施的操作方式或服务的提供方式能保持任何使用者的地位和尊严。为此，设施的设计和运行计划应能适应不同人的

---

① 《执行〈残疾人权利公约〉及其〈任择议定书〉：无障碍环境》，联合国网站，2020 年 1 月 16 日，https：//undocs. org/zh/A/RES/74/144。

喜好和能力；每个人都能够选择自己喜欢的使用方法，无论使用者的经验、知识、语言技能、当前的专注水平或身体状况如何，使用公开提供的服务需要易于理解；无障碍设计应消除不必要的复杂性，允许直观和简单使用。

第三是实用性（functionality），无论身体上有任何功能限制，确保设施和服务的提供满足每个社会成员的特定需求。为此，设计和运行计划要有效地向使用者传达必要的信息；最大限度地减少意外或减轻意外行为造成的伤害和不利后果；以最少的劳累或最合理的操作实现高效和舒适的使用；提供适当的尺寸和空间，使所有用户都能自如地接近、达到、操作和使用，无论其体形、身材或移动能力如何。

2. 无障碍使用的范围

《无障碍指南》指出，全体人口中高达20%的群体需要无障碍设施和服务。无障碍设施和服务的受益群体包括轮椅使用者、行动不便者、视力障碍者、听力障碍者、认知障碍者、暂时受伤者、孕妇、抱着婴儿的父母、推婴儿车或手推车的父母、儿童、老年人、不同语言的人、急救和紧急服务人员、携带沉重行李的旅客、需要陪护的人等。因此，从全人群来看，全体社会成员的能力和需求不一，有固定比例的人群迫切需要无障碍环境。特别是随着人口老龄化，残疾老龄化和老龄残疾化现象会更加明显，残疾人和老年人人口规模日益扩大，具有规模大、增速快、占比高等特征。从生命全周期来看，每个人都需要无障碍环境，因为"障碍"是每个人都会经历的生命过程和体验，障碍体验不是有和无的问题，而是多和少、早和晚的问题。

《无障碍指南》涉及的领域广泛，详细介绍了在住宿、交通、场地布局、信息和服务的获取，以及残疾和意识培训等方面的优秀实践案例。《无障碍指南》还详细介绍了各类设施和服务的要求。场地无障碍对场地的内部元素，包括门（门口和大门）、地面（地面和地面空间）、无障碍座位（伸展范围、膝部和脚间隙）和应急措施等提出具体要求；无障碍路径则对通道（行走地面和突出物、坡道、缘石坡道）、楼梯（人行道和自动扶梯、电梯）、交通负荷区、公共空间、标识和疏散路线等提出具体要求；也对洗手间和其他设备元素包括饮水机、淋浴间和浴缸、更衣室、洗衣房等进行具

体规范；此外还对城市无障碍环境提出要求，包括交通、停车、机场、公共服务和酒店等。奥运会和残奥会具体指南还包括员工意识和培训，运动会设施、功能区认识和使用，移动服务等方面。

二 北京冬奥会和冬残奥会无障碍环境建设现状

北京冬奥会和冬残奥会将在 2022 年举行，有北京赛区、延庆赛区和张家口赛区。冬奥会和冬残奥会的筹办过程，有力地促进了北京市和张家口市无障碍环境建设水平的不断提升。近年来，北京冬奥组委和北京市以筹办冬残奥会为契机，将办奥理念与无障碍设施建设相融合，使全社会无障碍意识得到增强，城市无障碍设施建设水平得到提高，城市无障碍环境得到显著改善，在此过程中培养了专业技术、专业管理和专业服务的人才，包容性社会理念得到推广，为共享经济社会发展成果奠定了基础。[①]

（一）出台了政策、法规和技术指南

2016 年底，北京冬奥组委开始组织编制《北京 2022 年冬奥会和冬残奥会无障碍指南》（以下简称《指南》），2018 年 9 月正式发布，《指南》共分为 10 章，包括总则、技术规范（包括无障碍通行、辅助设施、酒店和住宿）、信息无障碍、场馆和运动员村无障碍设计、城市无障碍设施、无障碍交通、社会环境与服务无障碍、无障碍培训、赛事运行相关业务领域无障碍等内容，既提出了原则要求，也提供了翔实准确的参数、图例和服务内容，为场馆设计和城市无障碍环境建设提供了重要技术支撑。[②] 以《指南》为基础，北京冬奥组委于 2020 年 9 月又发布了《北京 2022 年冬奥会和冬残奥会无障碍指南技术指标图册》，通过图示和文字说明的形式，更加直观地展示

[①] 吴东、卓然：《冬残奥筹办 促城市无障碍环境水平提升》，北京 2022 年冬奥会和冬残奥会组织委员会网站，2021 年 3 月 4 日，https：//www.beijing2022.cn/a/20210304/009226.htm。

[②] 李硕：《北京冬奥会冬残奥会无障碍指南发布》，人民网，2018 年 9 月 8 日，http：//sports.people.com.cn/n1/2018/0908/c14820-30280443.html。

《指南》的技术参数，更有利于《指南》的贯彻实施。①

2019 年 11 月，北京市人民政府办公厅印发《北京市进一步促进无障碍环境建设 2019—2021 年行动方案》（以下简称"三年行动方案"），坚持问题导向、突出重点，坚持成本控制、合规适用，坚持条块结合、以块为主，坚持多元共建、共治共享的原则；提出把城市道路、公共交通、公共服务场所、信息交流等领域的无障碍作为重点内容，具体包括 17 项重点任务；提出全面推进无障碍环境建设，到 2021 年底，重点解决无障碍设施不规范、不到位、不系统的问题。张家口市编制《张家口市无障碍环境建设三年（2018—2020 年）工作方案》，细化分解无障碍环境建设工作目标任务，制定年度任务清单和分解表，明确阶段性任务，先后制定下发了《张家口市无障碍设施建设管理条例》《关于进一步加强无障碍环境建设工作的通知》《关于设置城市无障碍标识的通知》。②

张家口市人大常委会于 2019 年 6 月通过《张家口市无障碍设施建设管理条例》，2019 年 7 月经河北省人大常委会批准，自 2019 年 10 月 1 日起施行。条例明确规定了无障碍设施建设工作的职责分工、标准和范围、维护和管理、法律责任等内容，为张家口市无障碍环境建设提供法治保障。为固化北京市无障碍环境建设有效措施，体现地方立法特色，2021 年 3 月，《北京市无障碍环境建设条例（征求意见稿)》公开征求意见。与 2004 年出台、2019 年修正的《北京市无障碍设施建设和管理条例》相比，《北京市无障碍环境建设条例（征求意见稿)》更新了无障碍环境建设理念，增加了无障碍环境建设的内容，完善了无障碍环境建设管理机制，健全了无障碍设施建设、管理和维护机制，提出构建无障碍环境建设监督体系，在立法层面有了明显的进步。

---

① 《北京冬奥会无障碍指南图册发布》，新华网，2020 年 9 月 18 日，http：//www. xinhuanet. com/local/2020 - 09/18/c_ 1126508123. htm。
② 王雪威、杨光燕、武功川：《张家口市大力推进无障碍环境建设》，河北新闻网，2020 年 8 月 20 日，http：//zjk. hebnews. cn/2020 - 08/20/content_ 8065522. htm。

（二）竞赛场馆无障碍设施建设均已完工

从竞赛场馆无障碍环境建设进度来看，所有场馆均按照《无障碍指南》《指南》相关要求进行了无障碍设施建设。北京 2022 年冬残奥会北京及延庆赛区共 3 个竞赛场馆，目前北京冬残奥会所有竞赛场馆的无障碍设施建设已随场馆建设同步实现完工。[①] 国家高山滑雪中心有无障碍卫生间 18 个、无障碍电梯 19 个、索道 11 条，其中轿厢式缆车可供轮椅使用者使用。国家游泳中心和国家体育馆进行了扩建，将最佳观赛区留给了残疾人，无障碍座席及无障碍卫生间增加了一倍，卫生间全部采用电动门，有语音播报，对通道处突出的台阶进行了圆弧护角处理。在原有的基础上，国家体育馆对无障碍设施进行了整体提升，场馆内部没有门槛，轮椅使用者可以从各个入口直接到达比赛场地和无障碍看台；场馆内部增加无障碍看台 36 个；更衣室至比赛场地采用仿真冰板，坡度较低，运动员可以直接从更衣室滑入比赛场地。

（三）城市无障碍环境建设已见成效

"三年行动方案"实施以来，北京无障碍环境建设成果显著。根据北京市无障碍环境建设专项行动专班办公室有关人员介绍[②]，从启动"三年行动方案"到 2021 年 2 月底，共整治闲置、占用问题 8.96 万个；已整改 5.02 万个点位，整改量是 2008 年的 7.73 倍；近万人参与无障碍环境问题排查，11 万个点位、98 万个无障碍设施元素纳入"大数据管理系统"；城市道路重点整治了不连续、"断头路"等现象，共修复盲道 7031 条，整改人行横道 473 个、人行天桥和地下通道 31 个，缘石坡道基本实现全覆盖；整改公交车、公交站台、地铁站、停车场等 1 万余个，公共交通的衔接顺畅度提

---

① 赵实：《北京冬残奥会所有竞赛场馆无障碍设施均已完工》，澎湃新闻网，2021 年 5 月 15 日，https：//www.thepaper.cn/newsDetail_ forward_ 12691743。

② 吴为：《北京市残联副理事长：一年多整治近 9 万个无障碍环境闲置占用问题》，新京报网站，2021 年 3 月 2 日，https：//www.bjnews.com.cn/detail/161466751415846.html。

升，无障碍交通出行体系初步形成；公共服务场所更加安全便利，整改近 3 万个点位，改造 462 个三级政务服务大厅，完善无障碍设施和服务；居家适老化和无障碍改造方面，近 2 万栋老旧居民楼门口坡化，无障碍设施和服务不断完善；从无障碍环境建设成效评价来看，4 万人参与的线上满意度调查，好评率 84.7%，千名居民访谈结果的肯定评价超过九成。北京市无障碍专项行动正在持续进行中，截至 2021 年 6 月 23 日，冬奥场馆周边、四环以内中心城区、城市副中心等 3 个重点区域已整改点位近 2 万个，整改率 57.27%，涉奥场所周边至少 1 公里已整改 3773 个点位，整改率 55.14%。①

据《张家口日报》报道，张家口市大力推进无障碍环境建设，成效显著，截至 2021 年 7 月，"共改造盲道 358 千米，升级无障碍卫生间 680 个，加装无障碍电梯、升降平台 101 处，新建无障碍停车位 805 个，改造公共场馆无障碍座席 148 个，改造接待和服务区域低位设施 176 处，改装宾馆、酒店无障碍客房 83 个，建设无障碍公共服务网站 38 个"。② 作为三大赛区之一，以打造全国无障碍城市样板为目标，张家口市崇礼区制定《崇礼区无障碍环境专项规划及修建性改造设计》，按照"严把标准、因地制宜、点面结合、全面推进"的工作思路，全面实施全区无障碍环境建设。

三　北京冬奥会和冬残奥会无障碍环境建设存在的问题及分析

通过调研和座谈发现，受历史自然条件限制、标准规范宣传和培训不充分、无障碍意识不强、资金不足等多种因素的影响，无障碍环境建设依然存在覆盖面不全、功能不完善等问题，主要表现为政策法规存在不足和短板，有法难依、质量不高、实施绩效较差的问题比较突出；无障碍环境建设存在

---

① 任册：《北京市冬奥重点区域今年基本实现无障碍化》，《北京日报》2021 年 6 月 25 日。
② 王雪威、杨光燕、武功川：《张家口市大力推进无障碍环境建设》，河北新闻网，2020 年 8 月 20 日，http://zjk. hebnews. cn/2020 - 08/20/content_ 8065522. htm。

部分建设不达标、改造欠账多、改造难度大、改造成本高、改造意愿低、改造不规范、重复改造等常见问题。

（一）法治保障有待加强

虽然北京市和张家口市都对无障碍进行了立法，但立法质量不高的特征比较明显，立法特色不足，内容不具体、不细化，"上下一般粗"的情况比较突出。具体来说，首先，与上位法《无障碍环境建设条例》相比，《张家口市无障碍设施建设管理条例》和现行的《北京市无障碍设施建设和管理条例》的理念有待更新，内容偏少。二者均对无障碍设施进行了规定，但缺少信息交流无障碍和社会服务无障碍的有关规定，与数字化时代和老年人的需求相比，反映人民意愿不足，反映客观规律不够。截至2021年，《无障碍环境建设条例》已颁布实施9年，《北京市无障碍设施建设和管理条例》于2004年制定、2019年修正，未进行及时修订。其次，《无障碍环境建设条例》《北京市无障碍设施建设和管理条例》《张家口市无障碍设施建设管理条例》存在的共同问题是立法位阶较低，主体责任不清晰，法律责任不明确，法律责任较弱，惩处力度不够，强制性不足，可操作性较弱，宣示性大于功能性，解决实际问题有效性不足，已经不适应无障碍环境建设高质量发展的要求。这些问题的存在往往造成有法难依，已不能适应社会成员追求高品质生活和老龄化社会的需求。最后，现有立法经验、政策和实践基础未能及时固化为法律，现有政策强制性不足。根据《残疾人权利公约》126个签署国提供的信息，大约有92%的国家以立法规定了无障碍有关条款，欧洲97%、美洲95%、亚洲91%、大洋洲86%和非洲84%的签署国通过了以残疾人为重点的法律或令。[①] 数据显示，截至2020年，全国共出台了674个省、地、县级无障碍环境建设与管理法规、政府令和规范性文件。[②] 如上海、广东等地的地方性无

---

① 《无障碍环境与〈残疾人权利公约〉及其任择议定书的现况》，联合国网站，2019年7月11日，https：//undocs. org/zh/A/74/146。

② 《2020年残疾人事业发展统计公报》，中国残疾人联合会网站，2021年4月9日，https：//www. cdpf. org. cn/zwgk/zccx/tjgb/d4baf2be2102461e96259fdf13852841. htm。

障碍法规在内容上有所创新和突破。北京市和张家口市应及时吸收借鉴，提高立法理念，拓展立法内容，完善体制机制，细化立法条文，提升可操作性和针对性，把无障碍立法保障落到实处。

（二）监督管理机制有待完善

无障碍环境重建设轻管理的现象比较明显，无障碍通道或盲道被占用、无障碍设施维护不到位的情况较为常见，导致部分无障碍设施反而变成了"障碍"，这不仅给残疾人、老年人无障碍出行造成了一定困难，而且带来了一定的安全隐患。《无障碍环境建设条例》第17条明确规定，无障碍设施的所有权人和管理人，应当对无障碍设施进行保护，有损毁或者故障及时进行维修，确保无障碍设施正常使用。但监督、管理、维护机制尚不完善，甚至没有建立这样的机制，监督主体、管理主体、维护主体尚不清晰，如何监督和管理、维护成本与经费、相关法律责任和处罚办法尚不明确。

（三）精细化和系统化水平有待提升

精细化水平有待提升。目前无障碍环境建设整体上解决了"有没有"无障碍设施的问题，但无障碍环境建设"标准不标准"、无障碍设施"好用不好用"的问题还有待进一步解决。比如无障碍坡道设置不规范，不仅会造成新的障碍，甚至会出现危害生命安全问题，可能变为"夺命"坡道。[1] 无障碍建设覆盖面不全主要体现在两个方面。一是只是对重点道路、交通、公共建筑和服务场所等进行了改造，部分或重点区域基本实现了无障碍，残疾人、老年人无障碍出行还存在较大困难。比如北京市的无障碍环境建设目前主要在冬奥场馆周边、四环以内中心城区、城市副中心和涉奥场所周边至少1公里逐步实现，预计2021年底基本实现无障碍。非重点区域的无障碍

---

① 《无障碍坡道为何成"致命路"？》，新华报业网，2021年1月28日，http：//www.xhby.net/index/202101/t20210128_6962539.shtml。

环境建设不充分的特征比较明显，与重点区域差距较大，如对太子城高铁站进行了全面无障碍改造，但市内公交车以及停靠站还不具备无障碍通行能力。二是无障碍环境建设比较偏重于物质环境，信息交流和社会服务环境无障碍还比较薄弱，残疾人和老年人无障碍获取信息和服务还存在较大困难。

（四）改造中存在意识弱、难度大、不规范等问题

第一，改造意愿不强。这主要是由宣传不充分、无障碍意识不强等因素造成的。无障碍意识不强主要表现为很多人认为无障碍环境建设只是为了满足残疾人的需要，是对小众群体的特殊照顾，使用率不高，但是建设和改造成本高，还没有认识到无障碍环境建设使大众广泛受益的优势。有些酒店、商店、旅游景点等单位，由于缺少资金，不符合无障碍规范也不会受到处罚和承担法律责任，不愿意进行无障碍改造。

第二，改造难度大。一是因为改造基础差。现有建筑、道路、交通、公共场所、社区等在规划、设计和施工时几乎没有考虑无障碍，无障碍环境建设基础薄弱、起步晚、欠账多。二是因为改造存量大。截至2021年6月，北京冬奥会重点区域整改率57.27%，涉奥场所周边至少1公里整改率55.14%，与北京冬奥会和冬残奥会举办时间相比，改造存量大、压力大。①

第三，改造不规范。无障碍改造技术性强、要求多、改造难度大。通过实地调研和座谈，发现很多无障碍设施没有严格按照标准和规范进行改造，比如坡道坡度大、路面高差比较大、盲道提示不规范、无障碍设施与周围环境不连续等现象比较常见，造成无障碍设施功能不完善。因为改造不规范，出现了重复改造问题，尤其是竞赛场馆，一些无障碍设施由于前期建设时不标准或标准有变化，造成改造过的设施仍然不标准，需要重新

---

① 王雪威、杨光燕、武功川：《张家口市大力推进无障碍环境建设》，河北新闻网，2020年8月20日，http://zjk.hebnews.cn/2020-08/20/content_8065522.htm。

改造。现有无障碍设施不好用、不标准的问题比较常见，造成重复改造，增大改造存量。

（五）数字化应用不够，无障碍环境融合发展不足

当前无障碍环境各领域逐渐走向融合发展。[1] 首先，信息无障碍越来越重要。当今世界数字化发展迅速，数字经济、数字社会、数字政府建设加快推进，深刻改变着企业的生产经营方式、政府的治理方式、人们的生活方式。在数字化浪潮中，以信息化手段弥补身体机能、缩小所处环境存在的差异等，使残疾人、老年人等全体社会成员都能平等、方便、安全地获取、交互、使用信息，将有力促进人的全面发展。其次，信息无障碍的发展能方便所有人。信息无障碍技术、产品和服务不仅能解决特殊群体的信息障碍问题，还会给每个人带来便利。最后，信息化、数字化的发展使得建筑、交通、服务、信息等领域的无障碍逐渐走向融合。将信息无障碍理念运用到所有信息设备的开发和信息服务，实现个人信息终端的无障碍，支持所有人共享，公共设备和公共服务的无障碍可以体现公共领域的公平性。新一代信息技术进入无障碍领域，与互联网、人工智能、大数据、物联网等技术紧密结合的应用方便了所有人，如语音转文字的技术不仅方便听障人员使用，也方便所有人在不方便听的情况下获取有效信息；语音导航技术不仅方便视障群体，也方便开车人员行驶；基于人工智能的图像识别技术，不仅能帮助视障群体，也助推了无人驾驶的发展；将物联网技术应用于食品、药品的识别，不仅能提高视障群体的进食和用药安全性，更重要的是为解决食品和药品安全问题提供了新方法和新手段。调研发现，无障碍环境建设融合发展不足，数字化技术在设施无障碍、社会服务无障碍中的应用严重不足，数字化盲道、语音转换系统等高科技产品还未得到广泛应用，智能过街音响装置处于试点阶段。基于"无障碍环境建设信息管理系统"生成的无障碍电子地图，商业价值较低，市场化应用严重不足。

---

[1] 中国信息通信研究院、深圳市信息无障碍研究会：《中国信息无障碍发展白皮书（2019年）》，中国信息通信研究院网站，2019年7月26日，http：//www.caict.ac.cn/kxyj/qwfb/bps/201907/t20190726_206187.htm。

四　促进无障碍环境建设高质量发展的建议

联合国有关报告指出，无障碍环境存在各种挑战和无障碍环境发展不足的原因，主要有三个方面①：一是认识不足；二是缺乏保证切实执行无障碍标准和政策法规的监测机制，监测工作由地方政府负责，但地方政府缺乏足够的人才、财力、物力和技术知识；三是相关利益主体得不到培训，残疾人及其代表组织没有充分参与无障碍环境建设、管理与维护的过程。因此，为加大无障碍相关政策的执行力度，必须经常性地开展教育、提高认识、文化宣传和交流等活动，抵制污名化和歧视，改变对残疾人的态度。特别是树立无障碍环境的正确观念：首先，在设计、开发或生成早期阶段就考虑无障碍，几乎不增加任何额外成本；其次，即便无障碍改造成本较高，但是无障碍环境带来的回报和收益能抵消成本，无障碍环境有助于残疾人独立生活和平等参与社会，可以大幅减少福利支出，有利于残疾人参与社会创造价值；最后，通用设计的应用使所有人都能平等参与社会，实现融合发展和共享发展，无障碍环境应该被看作社会投资的一种方式和社会可持续发展的重要组成部分。

（一）提高认识，深刻理解无障碍环境建设的重要意义

一是从深入贯彻习近平新时代中国特色社会主义思想的高度，认识无障碍环境建设的重要性。坚持以人民为中心的发展思想，无障碍环境建设关系到每一位残疾人、老年人等全体社会成员的民生福祉和对美好生活的向往。"五大新发展理念"中的共享发展理念要求加快无障碍环境建设，为包括残疾人在内的每一位公民创造共享发展成果的基础条件。二是从全面建设社会主义现代化国家的高度，深刻认识无障碍环境建设的重要性。习近平总书记

---

① 联合国残疾人权利委员会：《第 2 号一般性意见（2014）第九条：无障碍》，联合国网站，2014 年 5 月 22 日，https：//www. undocs. org/CRPD/C/GC/2。

在湖南考察时指出，"无障碍设施建设问题，是一个国家和社会文明的标志，我们要高度重视"。① 国家和社会文明的标志需要法治的引领保障。党的十九届五中全会把"社会文明程度得到新提高""社会文明程度达到新高度"分别作为"十四五"时期的目标和 2035 年基本实现社会主义现代化的远景目标。"十四五"规划提出"加强无障碍环境建设""加快信息无障碍建设""加强残疾人服务设施和综合服务能力建设，完善无障碍环境建设和维护政策体系，支持困难残疾人家庭无障碍设施改造""推进公共设施适老化改造""儿童友好城市建设"等一系列具体任务。《政府工作报告》连续四年提出"加强无障碍设施建设"。三是从保障人民合法权益和适应经济社会发展的角度，理解无障碍环境建设的紧迫性。无障碍环境建设不是少数人的需求，具有巨大的人文价值、社会价值和经济价值。

（二）加快无障碍环境建设立法，推动无障碍环境建设高质量发展

无障碍环境建设法是满足人民日益增长的美好生活需要必备的法律制度。截至 2010 年末，中国有 8502 万名残疾人②，其在独立生活、便捷出行、平等参与社会、获取信息和服务等方面还面临很多环境障碍，导致无法充分享高质量发展成果和共享高品质幸福生活。随着社会主要矛盾的转变，人民对美好生活的需要日益增长。特别是随着人口老龄化的持续加深，残疾人、老年人不仅是规模庞大而且是数量不断增长的困难群体，无障碍环境不完善、不系统、不达标是他们面临的最突出问题，平等参与社会治理、共享社会发展成果是他们最现实的利益诉求。实践证明，无障碍环境建设不仅涉及多个部门、多个领域，而且涉及规划、设计、施工、监理、验收、改造、管理、维护等多个环节，每个环节的内容、责任主体、监督主体可能又不相

---

① 《坚守人民情怀，走好新时代的长征路——习近平在湖南考察并主持召开基层代表座谈会纪实》，"新华网客户端"百家号，2020 年 9 月 20 日，https：//baijiahao. baidu. com/s? id = 1678339978653246302&wfr = spider&for = pc。

② 《2010 年末全国残疾人总数及各类、不同残疾等级人数》，中国残疾人联合会网站，2021 年 2 月 20 日，https：//www. cdpf. org. cn/zwgk/zccx/cjrgk/15e9ac67d7124f3fb4a23b7e2ac739aa. htm。

同。法治是国家治理体系和治理能力的重要依托。只有通过无障碍环境立法才能有效保障无障碍环境发展的系统性、规范性、协调性，才能最大限度凝聚社会共识，才能破解无障碍环境"九龙治水"的困局。因此，通过无障碍环境立法，规定好相关主体责任，发挥法治固根本、稳预期、利长远的保障作用，在法治轨道上推动无障碍环境高质量发展。

（三）深入总结北京冬奥会和冬残奥会无障碍环境建设实践经验

深入总结北京冬奥会和冬残奥会无障碍环境建设实践经验可以为促进无障碍环境立法提供重要基础。北京在大力推动无障碍环境建设过程中，积累了好的经验和优秀的实践案例。比如张家口市崇礼区高度重视无障碍环境建设工作，成立了由政府区长任组长，区住建局、残联等24个单位一把手为成员的工作领导小组，对相关单位进行了责任分工，各成员单位按照工作职责，各司其职、各负其责；成立了崇礼区无障碍环境建设监督队，制定《崇礼区无障碍环境建设监督员工作守则》，对无障碍设施的建设、使用过程中存在的问题提出改进意见建议；发挥微信公众号、电视台等媒体的宣传优势，组织开展主题宣传活动，通过专题报道、现场体验、趣味答题等多种形式宣传无障碍建设的相关知识；举办无障碍专业知识培训班，聘请无障碍环境建设专家对残联工作人员和无障碍环境建设监督队就相关业务知识进行培训。北京市自实施"三年行动方案"以来，部门协同对无障碍环境建设存在的突出问题进行了全方位整改，围绕标准规范、体制机制、社会监督、无障碍服务等问题进行了积极探索，建立"高位推动、广泛动员、规划先行、突出重点、使命担当"的工作格局，形成"群众提需、专班推动、行业定标、属地整改、网格管护、社会评价"的北京经验①，发挥城管部门综合执法、无障碍专家和无障碍监督员实地体验、媒体和12345市民热线"接诉即办"三支力量。

---

① 武红利：《北京市政协召开加快无障碍建设提案办理协商会》，人民网，2021年6月18日，http：//bj. people. com. cn/n2/2021/0618/c82837－34782156. html。

（四）加大无障碍理念、法规与标准的宣传和培训力度

世界卫生组织和世界银行联合发布的《世界残疾报告》指出，无障碍环境建设取得积极进展的先决条件是营造无障碍文化氛围，提高社会的无障碍意识，有效执行相关法规政策以及更好地了解无障碍环境建设的重要意义。当前无障碍环境建设存在诸多问题，特别是改造意愿不强、改造不规范，大多是因为无障碍宣传力度不足，无障碍文化尚未全面形成，普法不力、有法不依、执法不严、违法不究的问题比较突出。加大宣传力度首先要加强对领导干部的宣传，把无障碍环境建设的理念纳入全国干部教育培训规划。调研发现，很多领导干部无障碍意识淡薄，甚至根本不了解无障碍。习近平总书记强调，抓住领导干部这个"关键少数"，是全面依法治国的关键。① 领导干部无障碍意识强，有助于推进无障碍环境建设。其次要加大无障碍法规政策和标准规范的宣传力度。当前无障碍宣传重理念轻法规，重感情色彩轻标准规范，缺少对法规政策和标准规范的广泛宣传，用以指导技术实践的资料较少，不利于无障碍环境建设有效推进。最后要宣传到位，无障碍及其相关知识大多是"舶来品"，加强科学研究，精确翻译国外相关知识，以便于国内实践和国际交流。

（五）有效开展无障碍环境建设的执法检查和评估

法律的生命在于实施，实施的关键在于执法。习近平总书记指出："国务院和地方各级人民政府作为国家权力机关的执行机关，作为国家行政机关，负有严格贯彻实施宪法和法律的重要职责，要规范政府行为，切实做到严格规范公正文明执法。"② 《残疾人保障法》和《无障碍环境建设条例》规定，各级人民政府是无障碍环境建设的重要主体。行政机关是实施无障碍法规的责任主体，要带头严格执法，维护公共利益、人民权益和社会秩序。

---

① 《推进全面依法治国要坚持抓住领导干部这个"关键少数"》，光明网，2021年2月18日，https：//m. gmw. cn/baijia/2021－02/18/34621241. html。

② 习近平：《论坚持全面依法治国》，中央文献出版社，2020，第13页。

开展对法律法规实施情况的检查监督，是各级人大及其常委会依法开展监督工作的重要形式。开展执法检查、聚焦民生热点、回应群众关切，可以促进严格执法、推动公正司法。2020 年，无障碍被纳入公益诉讼新领域，浙江省检察机关共办理无障碍环境建设检察公益诉讼案件 178 件，制发检察建议 169 份，有力地推动了重点场所和区域的无障碍环境建设。① 北京延庆区、丰台区、门头沟区也进行了无障碍环境建设公益诉讼检察工作。同时，建议在无障碍执法检查中引入第三方评估，可以更加客观、中立地审视、评价法规实施情况，促进执法检查提质增效。

（六）加快数字化应用，推动无障碍环境建设的融合发展

系统观念强调系统是由相互作用、相互依赖的若干组成部分结合而成的、具有特定功能的有机整体。物理环境便于个体独立生活、安全出行，具体包括居家、社区、建筑物、道路、交通和室外空间等；信息交流环境使任何人都能平等、方便、安全地获取、交互、使用信息；社会服务环境让所有人都能方便地获取基本公共服务。物理环境无障碍、信息交流环境无障碍和社会服务环境无障碍相互影响、相互交叉。数字化的发展使得建筑、交通、服务、信息等领域的无障碍逐渐走向融合。无障碍跨行业、跨领域的发展有助于无障碍环境的全面、系统、融合发展，如信息无障碍与建筑物的融合可以实现精准定位和快速查找相关设施；信息无障碍与交通行业的融合可以提高所有群体出行的安全性、便利性，使交通出行更加有序、安全和顺畅。

---

① 范跃红、赵云：《浙江：持续推进无障碍环境建设检察公益诉讼专项监督》，最高人民检察院网站，2021 年 3 月 6 日，https：//www. spp. gov. cn/zdgz/202103/t20210306_ 510793. shtml。

B.8
中国残疾人奥林匹克运动的实践与探索

金梅 鲍学楼 陈东晓*

摘　要：　本报告采用文献分析、逻辑分析等研究方法，分别从残奥运动、聋奥运动与特奥运动3个方面总结中国残疾人奥林匹克运动发展历程，对中国残疾人奥林匹克运动的发展现状和存在的问题进行深入分析，并针对存在的问题，提出改进建议。本报告认为，应进一步完善残疾人体育权益法律保障体系，健全管理体制，加大财政支持力度，扩大经费来源；积极组织基层赛事，挖掘人才；重视国内残奥运动开展，扩大社会影响力，进而促进中国残疾人奥林匹克运动高质量发展，在世界残疾人奥林匹克运动中贡献中国力量。

关键词：　奥林匹克运动　运动员培养　残疾人体育

奥林匹克运动的本质不在于取胜，而是参与；生活的本质不在于索取，而是奋斗。奥林匹克运动不仅是一项单纯的体育活动，其最高目标是通过体育将世界上所有不同国度、种族、语言、信仰的人凝聚在一起，从而达到世界团结、和平、进步的目的。残疾人体育运动有着超过100年的历史，从1960年罗马成功举办第1届残奥会开始，残疾人奥林匹克运动不断向世界

---

* 金梅，博士，教授，南京特殊教育师范学院体育学院院长，主要研究方向为残疾人体育；鲍学楼，南京体育学院硕士研究生，主要研究方向为残疾人体育；陈东晓，南京体育学院硕士研究生，主要研究方向为残疾人体育。

展示其特有的魅力，它不但标志着时代的发展，也体现了人类社会文明的
进步。

一 中国残疾人奥林匹克运动发展历程

世界残奥运动三大赛事分别为残奥会、聋奥会、特奥会，中国则分为全
国残运会与特奥会，其中残运会包含了聋奥运动项目。中国各项残疾人奥林
匹克运动起步较晚。在党和政府的亲切关怀下，在社会的热情支持下，中国
残疾人百折不挠，拼搏奋斗，残疾人体育发展迅速，在短时间内取得了丰硕
成果。

（一）中国残疾人奥林匹克运动的发展

第 1 届世界残疾人奥林匹克运动会，简称"残奥会"，创办于 1960 年，
由国际奥委会和国际残疾人奥林匹克委员会主办，是世界残疾人的体育盛
会，每四年举办一届，截至 2020 年已举办过 15 届。

1. 中国残奥运动的起始阶段（1949～1983 年）

新中国成立后，国家十分重视体育工作。新中国刚成立不久就组织召
开了全国体育工作者代表大会。1952 年，毛泽东同志发表了"发展体育运
动，增强人民体质"的题词，为全国的体育工作明确了目标和发展方向。
民政系统在全国范围内相继成立了一些残疾人的福利工厂、学校，并成立
了盲人福利会、聋人福利会等残疾人组织，提出了福利企业残疾人和特教
学校的学生参加体育活动和锻炼的明确规定，从而保障了残疾人参与体育
的权利。1983 年在天津举办了首届伤残人体育邀请赛，该赛事吸引了全国
13 个省市参赛，扩大了残疾人运动的影响力。同年成立了中国残疾人体育
协会（NPCC），系统地组织了一系列残疾人体育运动赛事，并为残疾人运
动员提供了一定程度的保障，为奥林匹克运动在中国的开展打下了坚实的
基础。

2. 中国残奥运动的发展阶段（1984～2007年）

随着中国残疾人体育协会（对外称"中国残疾人奥林匹克委员会"）的成立，全国残疾人竞技体育工作步入发展阶段。1984年，中国第一次参加世界残奥会便实现了金牌零的突破，同时居金牌榜第23位，9人破世界纪录。1984年10月，中国第1届残疾人运动会开幕，来自29个省、自治区、直辖市以及香港地区的共计600余名残疾人运动员参加该运动会。1985年成立了中国弱智人体育协会，1986年12月成立了中国聋人体育协会，至此，涵盖各类残疾人的三大体育协会组织都已建立。1989年，中国首次组团派出8名聋人运动员参加国际聋人奥运会。1997年，在丹麦哥本哈根举办的第18届聋人奥运会上实现了金牌零的突破。2001年北京申奥成功后，中国于2003年成立了"中国残疾人奥林匹克运动管理中心"及"中国残疾人体育运动管理中心残疾人体育训练中心"，为残疾人树立体育康复健身的意识，为实现残疾人平等参与社会生活、享受社会文明成果、获得社会的认知，构建了专门平台。在2004年雅典残奥会上，中国残疾人运动员代表团在11个大项，284个小项中，荣获63枚金牌、141枚奖牌，力压俄罗斯、美国等残奥强国，第一次同时登顶金牌榜与奖牌榜。中国残奥运动在短短20年间快速发展，成就辉煌，举世瞩目。中国残奥运动也逐渐走到世界残奥运动的舞台中心。

3. 中国残奥运动的腾飞阶段（2008年至今）

2008年中国成功举办北京奥运会和残奥会。在这届残奥会上，中国不仅蝉联了金牌榜首，并且向世界展示了中国残疾人独特的精神风貌。时任国际残奥委会主席克雷文表示，北京残奥会是有史以来最伟大的一届残奥会。在此之后，残奥运动在中国受到了空前重视，残疾人群体也备受鼓舞，使中国残奥运动迈入了腾飞阶段。2016年里约残奥会，中国残疾人体育健儿越战越勇，蝉联四届残奥会金牌榜榜首（见表1）。2010年广州成功举办了首届亚洲残疾人运动会（APG），极大地促进了残奥运动在亚洲地区的发展。

表1　第12~15届残奥会中国奖牌数

单位：枚

年份	地点	届数	金牌数	银牌数	铜牌数	金牌榜排名
2004	希腊雅典	12	63	46	32	第1位
2008	中国北京	13	89	70	52	第1位
2012	英国伦敦	14	95	71	65	第1位
2016	巴西里约	15	107	81	51	第1位

资料来源：中国残疾人体育网站。

（二）中国聋人奥林匹克运动的发展

国际聋人奥林匹克运动会简称"聋奥会"，又译为听障奥林匹克运动会，是全球专门针对聋人的体育盛会。国际聋人奥林匹克运动会的前身是世界聋人运动会。第1届世界聋人运动会于1924年在法国巴黎举行，当时仅有来自欧洲的9个国家145名运动员参赛。而在2017年土耳其萨姆松举办的第23届夏季聋奥会上，已有来自97个国家共3100余名运动员参赛。

第二次全国残疾人抽样调查结果显示，中国听力残疾人约2054万人。[①]新中国成立之后，在社会和政府的关怀和帮助下，全国各地的聋人学校不仅开设体育课程，还举办各项体育竞赛活动。1957年，北京举行了首届聋人田径、乒乓球、游泳比赛。1959年又举办了全国首届聋人篮球赛。但中国聋人奥林匹克运动起步相对较晚，1986年12月10日，经国家体委、民政部批准，中国聋人体育协会在北京成立，于1988年4月加入国际聋人体育联合会（CISS），并于2004年4月1日更名为中国聋人奥林匹克委员会，简称"中国聋奥会"。中国于1989年第一次参加国际聋奥会，当时仅有4男4女共8名运动员参与了乒乓球项目。2017年第23届夏季聋奥会，中国已有40名男子、67名女子共107名运动员参加田径、游泳、乒乓球、

---

① 《2010年末全国残疾人总数及各类、不同残疾等级人数》，中国残疾人联合会网站，2012年6月26日，https://www.cdpf.org.cn/zwgk/zccx/cjrgk/4c0d47abe6a3414790d4ee786553fb65.htm。

羽毛球、网球、篮球、足球、跆拳道、自行车等9个大项的比赛（见表2）。

表2 第16～23届夏季聋奥会中国参赛运动员数

单位：人

年份	地点	届数	男子运动员数	女子运动员数	总计
1989	新西兰基督城	16	4	4	8
1997	丹麦哥本哈根	18	8	5	13
2001	意大利罗马	19	6	9	15
2005	澳大利亚墨尔本	20	35	34	69
2009	中国台北	21	43	35	78
2013	保加利亚索非亚	22	32	35	67
2017	土耳其萨姆松	23	40	67	107

资料来源：中国残疾人体育网站。

在1997年第18届夏季聋奥会中，中国跳远运动员赵晓东在比赛中跳出了7.03米的好成绩，成功摘金，这是中国在聋奥会上夺得的第一枚金牌，也是第一枚奖牌。此后，每届聋奥会中国运动员在金牌及奖牌数量上都有突破。在2017年第23届夏季聋奥会上，中国运动员共斩获14枚金牌、34枚奖牌，创历史最佳战绩，名列奖牌榜第5位（见表3）。

表3 第16～23届夏季聋奥会中国获得奖牌数

单位：枚

年份	地点	届数	金牌数	银牌数	铜牌数	奖牌总数
1989	新西兰基督城	16	0	0	0	0
1997	丹麦哥本哈根	18	1	0	0	1
2001	意大利罗马	19	2	3	2	7
2005	澳大利亚墨尔本	20	5	8	4	17
2009	中国台北	21	12	9	17	38
2013	保加利亚索非亚	22	12	5	8	25
2017	土耳其萨姆松	23	14	9	11	34

资料来源：中国残疾人体育网站。

　　中国参加冬季聋奥会的历史较短，从 2007 年参加第 16 届冬季聋奥会开始，至今仅参加过 3 届。2007 年首次参加冬季聋奥会，中国只有 14 名运动员参赛。在 2019 年第 19 届冬季聋奥会上，中国共派出 37 名运动员参加冰壶、越野滑雪、高山滑雪、单板滑雪 4 个比赛项目，其中高山滑雪和单板滑雪项目为首次参赛（见表 4）。

表 4　第 16～19 届冬季聋奥会中国参赛运动员数

单位：人

年份	地点	届数	男子运动员数	女子运动员数	总计
2007	美国盐湖城	16	11	3	14
2015	俄罗斯汉特－曼西斯克	18	13	9	22
2019	意大利松德里奥	19	20	17	37

　　资料来源：中国残疾人体育网站。

　　在 2015 年俄罗斯汉特－曼西斯克举办的第 18 届冬季聋奥会中，中国越野滑雪运动员张孝坤、王立国、任建超在越野滑雪 3×10 公里男子接力项目上获得铜牌，这是中国在冬季聋奥会中获得的第一枚奖牌。在这届冬季聋奥会上，中国聋人冰壶队发挥出色，男队在冰壶项目决赛中击败加拿大队，获得金牌，实现冬季聋奥会金牌零的突破，女队也闯入决赛，最终不敌俄罗斯队，获得亚军，这也是中国女子选手参加冬季聋奥会的最好成绩。4 年后，在第 19 届冬季聋奥会中，虽然中国参赛运动员、参赛项目都创历史新高，但整体成绩与上届持平，列奖牌榜第 8 位（见表 5）。

表 5　第 16～19 届冬季聋奥会中国获得奖牌数

单位：枚

年份	地点	届数	金牌数	银牌数	铜牌数	奖牌总数
2007	美国盐湖城	16	0	0	0	0
2015	俄罗斯汉特－曼西斯克	18	1	1	2	4
2019	意大利松德里奥	19	2	0	2	4

　　资料来源：中国残疾人体育网站。

相较于残奥运动，中国聋奥运动还处于发展上升期。虽然参赛的规模逐届扩大、成绩逐届提升，但与俄罗斯、韩国等聋奥运动强国还有较大差距。同时也应看到，中国聋奥项目的发展极不均衡。在第 23 届夏季聋奥会中，中国所取得的 14 枚金牌有一半来自乒乓球项目。赛会设置的 21 项赛事中，中国也仅参加其中的 9 项。目前，中国聋奥运动的发展趋势是朝聋奥运动大国的方向前进，保持乒乓球、羽毛球等强势项目，开拓更多优势项目，努力创造在聋奥运动上"多强多能"的局面。

（三）中国特殊奥林匹克运动的发展

世界特殊奥林匹克运动会，简称"特奥会"，是一项专门针对智力障碍群体而举办的国际性体育综合赛事活动，最早由美国 Eunice Kennedy Shriver 创立。2020 年，全球的特奥组织已经超过 165 个，特奥运动员约 225 万人。在 2019 年第 15 届夏季特奥会上，共有 200 个代表团参加，7500 多名运动员参赛，中国代表团取得了 60 金、61 银、37 铜的成绩。

1. 应时而生：特殊群体体育权益得到重视（1985～2002 年）

改革开放以后，随着中国综合国力的增强，中国残疾人体育事业迅猛发展，智力残疾群体的体育权益也得到了重视。1985 年 6 月 17 日，中国正式成立中国弱智人体育协会（2004 年更名为"中国特奥委员会"），接受中国残疾人联合会、国家体育总局、民政部的业务指导和监督管理。同年 7 月 6 日，中国加入国际特奥会，全国各省（自治区、直辖市）特奥体育协会也相继成立。1996 年，江泽民同志做出"关心弱智人体育事业，开展弱智人体育活动"的重要批示，在党和政府及社会各界的关心支持下，全国各地以社区特奥活动为基础，以特殊教育学校、福利院、福利企业为中心，以特奥训练为重点，广泛开展经常性的特奥活动，满足广大智力残疾人就地、就近参加特奥活动的需求。

1987 年，在中国特奥运动大力发展的背景下，中国在深圳市顺利举办了第 1 届全国特奥会。此次特奥会是中国特奥运动发展中具有里程碑意义的事件，既为中国树立了每四年举办一届的特奥会的优良传统，也为中国发掘了参与特奥会的运动人才。2002年上海申办第12届世界夏季特奥会获得成功，进一步促进了中国特奥运动的开展。经过20多年的发展，中国基层特奥活动日趋活跃，特奥运动员人数增长较快，中国成为世界上特奥运动发展最快的国家。中国特奥运动在国际上影响力不断扩大，举办特奥运动赛事活动的能力也不断得到认可（见表6）。

表6 全国特殊奥林匹克运动会举办情况

届数	年份	地点
第1届全国特奥会	1987	广东深圳
第2届全国特奥会	1991	福建福州
第3届全国特奥会	2002	陕西西安
第4届全国特奥会	2006	黑龙江哈尔滨
第5届全国特奥会	2010	福建福州
第6届全国特奥会	2015	四川成都
第7届全国特奥会	2019	天津
第8届全国特奥会	2021	陕西宝鸡

资料来源：中国残疾人体育网站。

2. 举世瞩目：特奥运动理念深入人心（2003~2007年）

得益于党和政府对智力残疾群体的体育权益和特奥运动的重视，中国特奥运动事业发展迅速，取得了举世瞩目的成就，也为中国首次承办世界特殊奥林匹克运动会奠定了群众基础和现实可能。

2007年10月2~11日，第12届世界夏季特殊奥林匹克运动会在上海举行，取得了空前成功，这是国际特奥运动会第一次在发展中国家和亚洲举行。这届特奥运动会的举办，在中国进一步弘扬特殊奥林匹克"平等、接受、包容"的精神，进一步形成全社会关爱智力残疾人的良好氛围，鼓励和帮助智力残疾人发扬"你行，我也行"的自尊、自强、自立精神，勇敢、欢乐地走出家庭，融入社会。2007年上海成功举办世界夏季特殊奥林匹克运动会，使得特奥运动获得了更多人的关注与了解，吸引更多的人参与特奥运动，使特殊奥林匹克运动"勇敢尝试、争取胜利"的理念深入人心。

3. 层次递进：丰富多彩、形式多样的特奥运动（2008年至今）

在不断深入发展特奥运动体育类活动项目的同时，中国也不断引入国际特奥会其他非体育类的特奥活动，如特奥幼儿运动员计划、特奥融合学校活动、特奥运动员领袖计划、特奥执法人员火炬跑、"快来参加特奥"与青少年高峰会议、家庭支持联络网、特奥运动员健康项目及大学计划与志愿者培训等项目，迅速在全国各地积极开展。通过开展各类特奥非体育类活动，搭建了普通人与智力残疾群体沟通与接触的桥梁，丰富了特奥运动的文化内涵，扩大了特奥运动的参与面，使得更多的人能够了解特奥运动、参与特奥运动。

二 中国残疾人奥林匹克运动的发展现状

（一）初步形成了政策与法律法规保障

改革开放以来，中国残疾人体育事业获得了党和国家的大力支持并得到了充足的发展。国务院、中国残联以及各地方政府都出台了关于残疾人体育发展的政策方针。尤其是2008年北京成功举办奥运会和残奥会以来，中国残疾人体育事业进入了全面科学发展阶段。2008年3月，中共中央政治局召开会议，研究中国残疾人事业发展重大问题，4月，印发《中共中央、国务院关于促进残疾人事业发展的意见》。该意见是中国改革开放以来第一个关于残疾人体育事业发展的纲领性文件，为中国残疾人体育事业的科学发展提供了方向和指南。2008年4月，中国完善了《残疾人保障法》，随后制定了《残疾人就业条例》《精神卫生法》《残疾人分类分级标准》《残疾人预防和康复条例》《中国残疾人事业"十二五"发展纲要》《关于加快推进残疾人社会保障体系和服务体系建设的指导意见》等一系列法规文件，一系列相关法律法规在不断加强和完善中国残疾人体育制度的同时，也有力地推动了中国残疾人奥林匹克运动的科学发展。

表7　中国相关政策文件及法律法规中有关残奥运动的论述

颁布时间	文件名称	主要内容
2007 年 5 月	《国务院办公厅关于进一步加强残疾人体育工作的意见》（国办发〔2007〕31 号）	进一步加强残疾人体育工作，推进残疾人体育运动健康、稳定发展
2011 年 2 月	《全民健身计划（2011—2015 年）》（国发〔2011〕5 号）	大力推进残疾人体育
2011 年 12 月	《残疾人体育工作"十二五"实施方案》	依托公共体育服务体系，全面推进残疾人体育
2011~2015 年	关于组织开展"残疾人健身周"活动的通知（第 1~5 届）	养成健身习惯、享受健康生活
2015 年 1 月	《关于加快推进残疾人小康进程的意见》（国发〔2015〕7 号）	着力提升残疾人基本公共服务水平
2016 年 10 月	《残疾人文化体育工作"十三五"实施方案》	促进残疾人康复体育、健身体育、竞技体育协调发展，提高残疾人体育锻炼的参与率与覆盖面

资料来源：中国残疾人联合会网站。

（二）建成较为完善的组织与管理体系

中国残疾人奥林匹克委员会（NPCC），简称"中国残奥委会"，成立于 1983 年，是全国性的体育团体，由中央有关单位、全国性各类残疾人体育组织、各省（自治区、直辖市）地方残联自愿组成的非营利性社会组织。1993 年国家体委正式将残疾人相关体育工作划归中国残联管理。中国残奥委会下辖中国聋人奥林匹克委员会、中国特殊奥林匹克委员会，并同时接受中国残联、国家体育总局、民政部社团管理机关的指导和监督管理（见图 1）。

中国残疾人奥林匹克委员会直接服务的残疾人主要是肢体残疾人和视力残疾人。中国聋人奥林匹克委员会和中国特殊奥林匹克委员会则分别服务听力残疾人与智力残疾人。但在全国性赛事中，聋奥项目则归为残运会管辖范畴（见表8）。

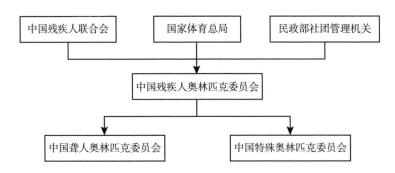

图1 中国残奥委会管理体系

表8 中国残疾人体育组织机构与服务残疾人类别

中国残疾人体育组织机构	残疾人类别
中国残疾人奥林匹克委员会	视力残疾人
	肢体残疾人（分为截肢和其他残疾、脑瘫、脊髓损伤）
中国聋人奥林匹克委员会	听力残疾人
中国特殊奥林匹克委员会	智力残疾人

经过40多年的发展，目前全国已基本形成国家、省（自治区、直辖市）、设区市、县、乡镇五级的残疾人体育管理体制。从中国残疾人体育协会（中国残疾人奥林匹克委员会）到各个省（自治区、直辖市）残疾人体育协会，以及县级残联、乡镇（街道）办事处残联专干组织体系已逐步完善，基本形成残联主导、各部门协同、社会力量支持、残疾人及家庭参与，依托各地区残疾人体育协会、残疾人各专门协会（如聋协、智协、盲协、肢协）和特殊教育学校（教育机构），组织开展残疾人群众体育健身活动和体育比赛的残疾人体育组织体系。残联除了形成自上而下的纵向组织管理体系之外，还建立了与国家体育总局以及地方体育、教育、卫生等多部门的横向组织协调关系，与社会组织、非营利组织、爱心机构等相互协调发展。

（三）初步形成残奥运动员选拔机制与训练体系

残奥运动员选拔一般是指选取具有良好运动天赋及潜力的残疾人参加运动训练，并最终参与竞技比赛。残奥运动员的选拔与训练，可以看作中国残

奥竞技运动的发端。目前各省（自治区、直辖市）没有统一的人才选拔机制，选拔的范围大多集中在残疾人密集的场所（见图2）。选拔的对象大多为后天伤残的优秀运动员、有运动潜力培养价值的残疾人。残奥运动员在选拔后通过训练，代表省（自治区、直辖市）参加全国残运会（特奥会），并以在残运会（特奥会）中获得优异名次的残奥运动员为主，成立国家队，代表国家参加世界性的残奥比赛。

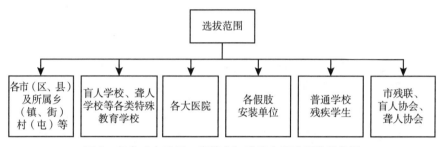

图2 各省（自治区、直辖市）残疾人运动员选拔范围

中国残奥运动员训练体系为各级残联直接任命下的"省队校办""市队校办"，即残奥运动队的日常训练委托给某一学校。这样，运动员在训练的同时还能在学校进行文化课程的学习，同时具有运动员和学生的双重身份。这种方式在一定程度上解决了残疾人运动员的学训矛盾问题。但大部分省（自治区、直辖市）的训练基地设置在特殊教育学校，师资配备、场地设施、社会支持等方面受到限制，影响残奥运动员的训练和发展。目前，残奥运动员训练的地区差异十分明显。

（四）残奥运动全面发展

1. 以人为本的发展理念深入人心，发展目标明确

残疾人奥林匹克运动的根本宗旨是通过没有任何歧视，具有奥林匹克精神——以友谊、团结和公平竞争的精神相互理解的体育活动来教育青年，从而为建立一个和平的更美好的世界做出贡献。中国残疾人奥林匹克运动通过树立以人为本的发展理念，大力弘扬人道主义精神，并通过各级各类体育比

赛，让社会各界人士理解、尊重、关心和帮助残疾人，以包容的心态和胸怀接纳残疾人，共同构建和谐、美好、文明的现代社会。

2. 残奥运动项目开展逐渐现代化、制度化、规范化

随着社会经济和综合国力的提高，中国残疾人体育事业得到了长足发展。从 1984 年中国首次派出 24 名残疾人运动员参加世界伤残人奥运会，并在跳远项目上实现了金牌零的突破，到 2008 年北京残奥会中国代表团总人数 547 人，并参加全部 20 个大项的比赛，中国残疾人体育经历 30 多年的发展，已成为残疾人体育大国，残疾人奥林匹克运动项目在中国得到广泛地传播和发展。

目前，国际残疾人奥林匹克委员会规定的正式比赛项目有射箭、田径、硬地滚球、自行车、马术、击剑、盲人门球、柔道、举重、帆船、射击、七人制足球、游泳、乒乓球、轮椅篮球、轮椅橄榄球、轮椅网球、坐式排球、五人制足球和赛艇 20 个大项。自 1984 年中国首次参加第 7 届夏季残疾人奥林匹克运动会以来，2005 年全国残疾人射击射箭锦标赛在广西桂林市体育中心开赛，全国共有 26 个省区市派出残疾人运动员代表队。2015 年 4 月，第 3 届中国残疾人田径公开赛在中国残疾人体育运动管理中心举行。这都为全国各省高水平残疾人运动员提供了交流切磋的机会。2018 年，全国残疾人硬地滚球锦标赛在广州市残疾人体育运动中心举行，该赛事不仅为全国的残疾人运动员提供切磋技艺和增进友谊的机会，更促进了硬地滚球这项残疾人奥林匹克运动项目在中国的发展。除此之外，中国还多次举办全国性的残疾人奥林匹克运动项目比赛（见表 9），促进了残疾人奥林匹克运动项目发展的现代化、制度化、规范化、科学化，提高了人们对于残疾人运动的认识，使中国残疾人奥林匹克运动蓬勃发展。

表 9　中国举办的全国性残奥项目赛事

赛事名称	举办时间	举办地点
全国残疾人射击射箭锦标赛	2005 年 3 月	广西桂林
第 2 届中国残疾人田径公开赛	2014 年 4 月	北京
全国盲人柔道锦标赛	2014 年 5 月	福建福州
第 7 届残疾人轮椅击剑比赛	2016 年 10 月	云南昆明

续表

赛事名称	举办时间	举办地点
全国残疾人足球赛	2017 年 9 月	北京
全国残疾人硬地滚球锦标赛	2018 年 4 月	广东广州
全国残疾人举重锦标赛	2018 年 5 月	北京
全国残疾人自行车锦标赛	2018 年 7 月	广东深圳
全国首届残疾人马术比赛	2019 年 1 月	四川成都
杭州国际盲人门球锦标赛	2019 年 5 月	浙江杭州

资料来源：中国残疾人体育网站。

3. 残奥运动区域发展存在较大差异

残奥会奖牌获得者在一定程度上体现了残奥运动的发展水平。中国的残奥会金牌获得者地区分布存在一定的非均衡性，主要金牌获得者分布在中国经济较为发达的华东、中南地区，这两个地区金牌获得者占总数的近60%。东北、华北地区紧随其后，而西部地区残奥运动的发展较为滞后，仅占总数的11%（见图3）。

实际上，不但残奥会金牌获得者分布存在地区差异，各地区内部各省之间的金牌获得情况差异也很明显。以第10届全国残疾人运动会为例，虽然老牌体育强省辽宁省荣获108枚金牌，仅次于浙江省、广东省，位列金牌榜第三，但同处东北三省的吉林省仅获得24枚金牌，金牌数不到辽宁省金牌数的1/4，可见各地区内部各省之间的残奥运动发展差异同样较大。

4. 残奥运动的社会关注度不够

改革开放以来，党和政府十分重视中国残疾人体育事业的发展，残疾人体育是中国体育事业的重要组成部分，也是中国全民健身战略实施的重要内容之一。然而在现实生活中，相关主流媒体对于残疾人体育新闻报道的重视程度远远不够。除了对大型赛事进行零星的报道之外，国内一般的残疾人体育赛事报道在综合性报纸中的占比并不高，在报纸头版等重要版面占比更低，即便是残奥会等国际赛事也并未得到相应的重视。例如在2008年北京奥运会期间，各大报纸提前一年就开始对北京奥运会进行"预热"并推出

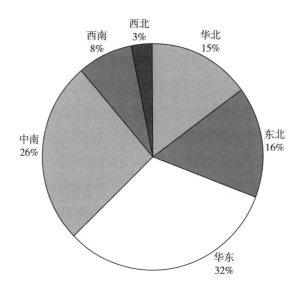

图3 中国获得残奥会金牌运动员的区域分布

资料来源：朱晓莉《中国残疾人竞技体育现实状况与发展路径研究——基于
残奥会成绩数据分析》，《西南师范大学学报》（自然科学版）2020年第10期。

"奥运特刊"等专刊，然而对于残奥会非但没有提前进行"预热"，在比赛
期间少有专门的版面进行报道，部分记者只是通过对网上残奥会的相关消息
进行整合报道（见表10）。

表10 5家报社对于2008年北京残奥会、奥运会的报道数量统计

单位：条，%

报社	残奥会报道	奥运会报道	残奥会报道占奥运会报道的比重
人民日报社	503	1452	34.6
体坛周刊社	77	1632	4.7
中国体育报社	305	1462	20.9
辽沈晚报社	173	1300	13.3
南方都市报社	155	1605	9.7
总计	1213	7451	16.3

资料来源：金秋龙、于晓光、金帆《中国报纸媒体残奥会新闻报道存在的问题与发展对策研
究》，《沈阳体育学院学报》2015年第5期。

（五）特奥运动发展具有特色

1. 特奥竞技运动发展迅猛

中国特奥运动从初创到如今蓬勃发展只经历了 40 余年的时间，但是所取得的成就举世瞩目。这主要得益于改革开放以后，中国经济水平和综合国力的不断提高，以及国家对残疾人体育参与的重视，中国特奥运动的发展具备了必需的经济基础和社会条件。

1987 年中国第 1 次参加世界特殊奥林匹克运动会时，只派出了 23 名运动员，获得了 18 枚金牌。在 2019 年第 19 届世界夏季特殊奥林匹克运动会中，中国特奥代表团获得了 60 枚金牌。中国特奥运动员人数增长迅猛，2000 年中国共有约 5 万名特奥运动员，而 2006 年中国已有 62 万名特奥运动员。

表 11　中国参加的世界特殊奥林匹克运动会情况

类别	届数	举办年份	举办地点
夏季特奥会	第 7 届夏季特奥会	1987	美国印第安纳
	第 8 届夏季特奥会	1991	美国明尼阿波利斯
	第 9 届夏季特奥会	1995	美国纽黑文
	第 10 届夏季特奥会	1999	美国罗利
	第 11 届夏季特奥会	2003	爱尔兰都柏林
	第 12 届夏季特奥会	2007	中国上海
	第 13 届夏季特奥会	2011	希腊雅典
	第 14 届夏季特奥会	2015	美国洛杉矶
	第 15 届夏季特奥会	2019	阿联酋阿布扎比
冬季特奥会	第 5 届冬季特奥会	1993	奥地利萨尔茨堡
	第 6 届冬季特奥会	1997	加拿大多伦多
	第 7 届冬季特奥会	2001	美国阿拉斯加
	第 8 届冬季特奥会	2005	日本长野
	第 9 届冬季特奥会	2009	美国爱达荷
	第 10 届冬季特奥会	2013	韩国平昌
	第 11 届冬季特奥会	2017	奥地利施拉德明/格拉茨

资料来源：国际特殊奥林匹克委员会网站，https：//www.specialolympics.org/。

除了在国际特奥赛场上，中国的全国特奥会也呈现参赛人数越来越多、竞技能力水平越来越高的发展态势。在 1987 年第 1 届全国特奥会中，只有 13 个省（区、市）的 304 名运动员参赛。2019 年在天津举办的第 7 届全国特奥会，参赛代表团达到 35 个，特奥运动员超过 3000 名。与此同时，中国基层特奥组织依托特殊教育学校大力发展特奥运动，挖掘特奥运动人才，扩大了中国特奥运动后备人才队伍，促进了中国特奥运动事业的可持续发展。

2. 特奥融合活动全面开展

近年来，随着国家对特殊群体的体育权益日益重视和经济社会的不断发展，越来越多的人开始关注特殊群体的体育运动，也为特奥运动的全面发展创造了现实条件，使中国特奥运动非竞赛类的项目得以在全国各地蓬勃发展。2020 年，特奥幼儿运动员计划在陕西、内蒙古、广东、福建和江西开展，活动覆盖了中国北部、中部、南部各地区。整体项目包括智力障碍儿童及融合伙伴 403 名，惠及至少 283 户家庭，参与幼儿计划的教练及老师约 154 名，总参与人次达到 5000 以上，同时还对约 100 名教练及老师进行培训，并提供相关的技术指导和资源。2020 年 6 月，云南省昆明市举办了特奥足球训练营，集中省内特奥足球运动员与足球爱好者，重点围绕展现特奥参与者顽强拼搏、奋勇争先的精神，让特殊孩子将体育锻炼当作一种乐趣，提高自己的运动协调能力和社会适应能力。2020 年 10 月，河北省保定市特殊教育中心举办了第 14 届特奥融合活动，发动全市特殊孩子参与体育活动，培养阳光、自信的生活态度和挖掘运动潜能。

特奥融合活动相比竞技类运动，更加注重特殊群体的体育参与，让他们在体育运动中提高身体素质，收获快乐，学会相互包容、相互尊重，进一步营造全社会关心、关爱、关怀特殊群体的良好氛围，培养特殊群体融入社会的必备技能，充分展示社会各界对特殊群体的关注与支持。

3. 资源配置布局日趋合理

特奥运动与残奥运动、聋奥运动最大的区别在于特奥运动员的智力障碍给他们在运动训练和参与中造成了巨大困难。因此，中国特奥运动自开展以

来，政府便有意将资源配置更多地向特奥运动倾斜。2001 年，《中国残疾人事业"十五"计划纲要（2001—2005 年）》明确指出，特殊教育学校要依据残疾人特点，开展形式多样的健身活动，提高体育运动水平。同时国家体育总局还要求各级体育部门在器材、教练员培训等方面为特奥运动提供支持，从国家政策制度层面为特奥运动发展提供保障。同时，原来由政府直接拨款资助特奥运动开展，近年来，中国特奥运动的经费来源渠道逐渐扩大，社会及个人捐赠在特奥运动的活动经费中占比越来越高。2019 年，国际特奥会东亚区特奥幼儿运动员计划不仅获得了国际特奥会的资助，还获得了SOHO 中国的赞助支持。在特奥教练员的培养方面，1986 年内地首次派出特奥教练员赴香港接受培训，此后中国每年都会按计划举办特奥教练员的培训，为中国特奥运动事业的发展培养了大批优秀的特奥教练员，带动了中国特奥运动的良性发展和可持续发展。通过资源配置机制的日趋合理，中国特奥运动在国家总体部署规划下，不断优化发展环境，为更多特殊群体带来体育参与机会。

4. 特奥运动项目开展总体向好

随着特奥运动在中国的不断深入发展，特奥运动已经成为特殊群体参与体育运动、融入社会生活的重要通道，是全面建成小康社会的重要组成部分，可以帮助全社会消除对特殊群体的歧视与偏见，实现社会融合发展的美好愿景。目前中国特奥竞技类运动项目已经建立起国际特奥运动、国内特奥运动、基层特奥运动的多层次发展格局，立足于特殊教育学校开展基层特奥运动，不仅给有运动需求的特殊儿童带来福祉，还有助于选拔优秀的特奥运动员接受特奥运动训练，参加国家特奥运动和国际特奥运动的比赛。2019 年在天津举办的中国第 7 届特殊奥林匹克运动会，共有 35 个代表团近万人参加，参赛代表团数目与上届基本一致，但参赛人数有显著增长，说明了特奥运动已经在全国范围内全面展开。参赛代表团数量趋于稳定，表明全国范围内开始重视特奥运动；参赛运动员人数明显增加，教练员、工作人员的人数也随之增加，体现出多年基层特奥运动的普及宣传和发展的成效。总体而言，特奥运动在中国朝着总体向好的趋势发展。

（六）中国聋奥运动发展较慢

目前，中国聋人运动的全国性综合赛事与残奥运动一起统称为全国残疾人运动会，每四年举办一次。其中各项目的优胜者将有可能代表国家参加四年一度的世界聋奥会等，所以全国残疾人运动会可以看作世界聋奥会的预选赛。除此以外，中国聋人运动还有全国性质的各项目锦标赛和省、市级别的残运会以及特殊教育学校联赛。中国很少承办国际性的聋奥运动相关赛事。目前，除了全运会、省运会等综合性赛事，聋人运动赛事几乎是清一色的锦标赛性质的比赛。成熟的运动竞赛往往是多种形式的，当下的聋奥运动竞赛体系不利于聋奥运动的推广和发展。

三 中国残疾人奥林匹克运动面临的问题

（一）缺乏有针对性的专门法律法规

中国对特殊群体体育权益的保障主要依靠法律法规、行政指令形成的政策体系来实现。虽然经过多年的体系建设，许多法律法规有提及关于特殊群体的体育权益保护，但是当特殊群体的体育权益受到侵害时，却出现因缺乏针对残疾人体育的法律法规而维权困难的现象。

从法律制定的角度来说，中国《残疾人保障法》《体育法》等法律没有明确的章节和条款规定残疾人群体的体育权利，未能指出残疾人群体具体享有的体育权利范畴，权责主体不明确，细则条款不细致，无法为特殊群体体育权利的行使提供具有可操作性的法律保障。在法律中涉及残疾人体育权利的多数条款，多为倡导性条款，缺乏强有力的约束性和惩戒性，不能坚决保护残疾人群体的体育权利，不能充分发挥中国特色社会主义法治体系的优越性，这在一定程度上制约了中国残奥运动的良性发展。

（二）区域发展不均，社会参与度低

残疾人竞技体育无论是在社会宣传还是在政策制定方面均落后于健全人

竞技体育。此外，残疾人竞技体育的政策制定不完善造成偏远地区的残疾人运动员以及教练等自身利益无法得到有效维护，现行的《残疾人保障法》《关于进一步加强残疾人体育工作的意见》等，均未有效地界定和规范残疾人体育的实施，从而造成偏远地区的残疾人体育发展滞后。

虽然中国凭借世界残奥运动三大赛事的成绩被称为残奥体育大国，但是还远不能被称为残奥体育强国，根本原因就在于社会参与度低，残奥运动目前服务的残疾人还是相对少数，这可能成为中国残奥运动可持续发展的难点和重点。

（三）运动员选拔与训练存在局限

目前中国残奥运动员的选拔流于泛化，缺乏科学性的指导，导致了大量有运动潜能的残疾人未被挖掘。同时，"省队校办"的训练模式虽然能在一定程度上解决残疾学生运动训练及学训矛盾的问题，但也从另一个角度说明了中国残奥运动的基础发展并不乐观，只有部分学校有能力承担训练任务。

（四）残奥运动的科研投入不够，器械科技含量不高

中国残奥运动起步晚、历程短，相关残疾人科研团队也未能将残奥各个项目与现代科技进行很好地结合。目前中国相关残奥运动项目体育器械处于起步阶段，与欧美国家相比仍存在一定的差距，竞速轮椅、短跑专用假肢等专业器材都处于弱势。在国际残奥运动赛事比拼中体现的不仅是残疾人运动员的竞技能力，更多的是现代科技的竞争。应积极推动相关科研机构与残疾人竞技体育领域紧密结合，充分发挥现代科技的优势与特点，进而促进中国残疾人奥林匹克运动的发展。

（五）特奥运动基层开展薄弱

目前中国特殊奥林匹克运动员的选拔、培养仍是依托各地特殊教育学校，因此大力开展学校特奥运动，让特奥幼儿运动员计划、融合学校活动走进学校，普及特奥运动至关重要。当前中国学校特奥运动面临几个亟须解决

的问题。

1. 运行机制有待完善

目前特殊教育学校的日常工作由教育部门主管，许多针对特殊教育的政策由残联下发，特奥运动的主管部门是中国残疾人体育运动管理中心。多机构之间缺乏沟通，难以协调运作，不能及时将相关政策指令下达至特殊教育学校，导致了特奥运动开展和后续一系列工作的消息不流通、协作不顺畅，开展效果打折扣。

2. 特奥运动开展地域差异显著

中国特殊教育学校中特奥运动的开展在地域上呈现东部多、西部少，南部多、北部少的特点，并且城市的特奥运动开展次数、参与人数、经济投入都要远高于农村地区。

3. 缺乏开展特奥运动的经费

当前中国特奥运动开展的经费主要来源是国家财政拨款，部分活动由国际特奥会东亚区资助支持，以及少量的社会捐赠。总体而言，目前活动经费的来源较为单一。经费的欠缺直接制约了中国特奥运动的发展。对于特校学生而言，足够的活动经费是其参与特奥运动的经济基础，场地、器材、服装和活动举办经费等问题，都需要充足的经费来解决。

（六）聋奥运动缺少社会普及

目前中国在残奥三大运动中，聋奥的社会普及度远远低于残奥和特奥，大多数健全人只知残奥、特奥而不知聋奥。国际上，中国聋奥运动的表现没有残奥、特奥运动突出；国内，聋奥赛事又和残奥赛事合办，导致聋奥运动发展缓慢。

四　中国残疾人奥林匹克运动发展的对策建议

（一）完善残疾人体育权益的法律保障，健全残奥运动管理机制

中国残奥运动的发展，离不开党的根本领导，离不开政府的切实保障。

在推进国家治理体系和治理能力现代化的时代背景下，残奥运动的发展是残疾人实现体育参与合法权益最有效与直接的途径。政府应不断完善残疾人体育权益法律保障机制，通过出台有关残疾人体育权益的专门法律法规，如残疾人体育法，使残疾人的体育权益受到切实保护。同时在其他各领域，如就业、社会福利等与残疾人利益相关的领域，同步建设相关法律法规，形成"一主导，多辅助"的局面，全面保障特殊群体的体育权利，为中国残奥运动的发展筑牢法律保障。

（二）加大财政支持力度，开放经费来源渠道

当前残疾人的体育需求正随着社会发展水平的提升而增长，这与目前社会尚未能满足其残奥运动需求的现实状况形成矛盾。充足的资金是推广及发展特奥运动的必备条件，除了适当增加每年中央及地方政府划拨的残奥活动经费之外，还可以从各地实际出发，改变观念，扩展经费来源路径，如加大企业、高校的帮扶力度，建立定点定向的资助关系，除了在经费上的直接支持外，还可以在体育器材、场地、服装等方面提供赞助。同时还可借鉴举办国际特殊奥林匹克融合慈善晚宴的形式筹集善款。2015年6月13日，国际特殊奥林匹克委员会举办了融合慈善晚宴，在这场活动中，通过拍卖爱心人士及企业的捐赠品，为国际特奥运动筹集了1028万元。[①] 中国同样可以举办类似形式的慈善活动，邀请社会各界爱心人士为特殊群体筹集善款，并且成立专项基金会用于当地残奥运动事业的发展。

（三）加大开办基层比赛力度，挖掘更多残奥运动人才

需要开展更多的基层残奥运动比赛，减少目前梯队间的跨越度，使更多残疾人参与残奥运动，挖掘更多的残奥运动人才。积极承办国际聋奥运动相关赛事，从而获取更多的社会关注度。建立赛区制度，将各省按照发展水平

---

① 《国际特殊奥林匹克融合慈善晚宴举行　共募集善款1028万元》，中国青年网，2015年6月15日，http://news.youth.cn/gn/201506/t20150615_6751902.htm。

进行平等分配，体育强省辐射体育弱省，加强各省运动队之间的交流。出台对体育弱省的扶持政策。

（四）改变残奥运动"外重内轻"局面，扩大残奥运动社会影响力

目前中国无论是残奥、特奥还是聋奥运动都陷入了一个误区，在国际上取得良好成绩具有广泛影响力，在国内却鲜有人问津。这种"外重内轻"的局面不利于中国残奥运动的可持续发展，当务之急便是扩大残奥运动的社会影响力。

1. 加大媒体宣传力度，形成残疾人体育明星效应

作为一项与奥运会在同一层面的国际赛事，相关媒体应以同等宣传力度对待，同时积极塑造残疾人体育明星。体育明星是现代竞技体育发展过程中所产生的人物形象，而残疾人体育明星不仅拥有自强不息、顽强拼搏、身残志坚的体育精神，而且具有优秀的运动能力。报纸媒体应积极地报道此类优秀的残疾人运动员，塑造典型的残疾人体育明星形象，加强全社会对残疾人的关注与重视，扩大残疾人体育的影响力，进而构建和谐、文明、友爱的现代化社会，促进中国残疾人奥林匹克运动繁荣发展。

2. 扩大残奥运动宣传范围，提高社会对残奥运动的认识

开展残奥运动不仅是为了让残疾人群体有机会参与体育活动，更是为了宣传残奥运动，让社会上更多的人消除对残疾人群体的歧视与偏见，主动去了解残疾人群体。

通过媒体网络、书籍杂志或是开设知识讲座、座谈会等无偿向家长、学校及社会各群体宣传残奥运动。在线上或线下举办不同类型的残奥活动，邀请社会各界参与，借助丰富多彩、形式多样的活动来增强人们对残奥运动的兴趣，扩大残奥运动的影响力，从而让更多残疾人参与残奥运动，让更多人加入残奥、支持残奥。

3. 有效整合社会资源，加强人文关怀

残奥运动离不开融合活动，融合活动能够帮助残疾人群体更好地融入社区、融入社会，激发残疾人的自信心，既能够在某种程度上改善残疾人群体

的生活，又能够改变社会大众对残疾人群体的看法。扩大融合活动的范围，需要有效地整合现有社会资源，充分利用有利条件。残奥运动的开展离不开社会资源、学校资源、家庭资源的支持，在现有残奥运动运行模式的基础之上，以学校资源为载体，开展基础落地的残奥活动，做好残奥运动的普及，同时做好残奥运动员的选拔与训练工作。在家庭方面，加大对残奥运动的宣传力度，对家长进行残奥知识与运动技能的培训，让残疾人群体不仅能获得家庭支持，还能在家就接受适当的运动训练。吸纳社区资源，为残奥运动开展创造良好的外部环境，改变社会对残疾人群体的看法，保护残疾人群体的自尊心，增强自信心。建立起以学校资源为主导，家庭、社区相辅助，主管部门协调领导的可持续的、科学的残奥运动发展生态链，从而使得残奥运动能够长足、稳定向前发展，为更多的残疾人群体提供参与体育的便利与机会。

B.9
中国残疾人体育专业人才培养的
实践与探索

章 岚　王疆娜　郭方玲*

摘　要： 本报告运用文献分析和经验总结法，对中国残疾人体育专业人才培养的发展进行回顾和分析。本报告发现：中国残疾人体育专业人才培养可分为萌发准备、正式起步、多元发展、质量提升四个阶段；目前呈现人才培养目标个性与共性并存、人才培养课程体系进一步优化、人才培养层次趋于多元、师资队伍建设力度逐渐加大、学生发展水平稳步提升的特点；存在相关政策缺乏针对性、师资队伍力量相对薄弱、院校培养与现实需求存在差距、特殊体育专业毕业生流失严重、学生专业思想不坚定等问题。本报告根据存在的问题，提出加大落实学校层面的政策支持力度、构建残疾人体育专业人才培养平台、优化残疾人体育专业教师队伍、拓展特殊体育人才培育渠道、改进残疾人体育专业评价的建议。

关键词： 残疾人体育专业人才　残疾体育　适应体育

* 章岚，博士，教授，博士生导师，山东体育学院研究生教育学院院长，主要研究方向为运动健康与康复；王疆娜，山东体育学院特殊教育教研室讲师，主要研究方向为特殊教育体育；郭方玲，山东体育学院特殊教育教研室副教授、硕士生导师，主要研究方向为特殊教育体育。

2017 年习近平同志在十九大报告中提出，要为人民群众提供全方位全周期健康服务，2019 年国务院发布了《关于实施健康中国行动的意见》，并制定印发了《健康中国行动（2019—2030 年)》，突出强调"健康中国战略"是国家发展基本方略中的重要内容。残疾人群体是社会的重要组成部分，加强残疾人健康服务、提升残疾人健康水平，是社会文明进步的标志，具有政治与经济的双重效益。适宜的体育运动是促进身心健康的重要途径，2021 年国务院印发《全民健身计划（2021—2025 年)》，提出要"促进重点人群健身活动开展""开展残疾人康复健身活动"①。鉴于残疾人障碍类别、特点、程度的不同，残疾人健身活动呈现专业性与复杂性的特点，凸显了对残疾人体育专业人才指导的依从性。回顾中国残疾人体育专业人才培养的发展历程，总结和分析其发展现状，对于提高中国残疾人体育专业人才培养水平，具有重要的理论与实践价值。

一　中国残疾人体育专业人才培养的发展历程

（一）萌发准备阶段（2000年之前）

中国残疾人体育运动萌发于清末民初。1874 年，北京成立了中国第一所盲人学校"启瞽明目书院"；1887 年，山东蓬莱建立了中国第一所聋哑人学校"启喑学馆"。尽管学校学生人数不多，学校还是将体育教学作为学校教育的重要组成部分，经常开展相应的体育活动，促进学生健康发展。

新中国成立以来，中国政府高度重视残疾人体育事业的发展，并于 1990 年颁布了《中华人民共和国残疾人保障法》，提出国家和社会应"鼓励、帮助残疾人参加各种体育文化、娱乐活动"，积极"举办特殊艺术演出和残疾人体育运动会，参加国际性比赛和交流"② 等，残疾人体育文化、娱乐活动的开展应注意要充分符合残疾人的身心特点，满足残疾人的身心发展需求。

---

① 《国务院关于印发全民健身计划（2021—2025 年）的通知》，中国政府网，2021 年 8 月 3 日，http://www.gov.cn/zhengce/content/2021–08/03/content_5629218.htm。
② 《中华人民共和国残疾人保障法》，中国政府网，2008 年 12 月 11 日，http://www.gov.cn/test/2008–12/11/content_1174760.htm。

21 世纪，随着人们对残疾人认识的进一步提升，残疾人体育运动开始受到关注，残疾人能够参与的体育运动活动日益增多，特别是"适应体育"理念的出现，为残疾人体育事业发展注入新的灵魂，使高水平、能力强的残疾人体育专业人才需求也开始不断增长。中国特殊教育事业和残疾人体育事业快速发展，对具备残疾人体育教育、运动训练、康复以及社会体育管理等专业知识技能的人才需求量急剧增加。在此背景之下，中国残疾人体育专业人才培养事业开始兴起。

（二）正式起步阶段（2000～2007年）

中国残疾人体育专业人才培养的首次实践可追溯到 2000 年。2000 年，天津体育学院获教育部批准增设特殊教育专业，并于 2001 年正式开始招生。[①] 这是中国第一所开设特殊教育专业的体育高校。2004 年，山东体育学院获批设立特殊教育专业，同年开始招生；[②] 2006 年，西安体育学院获批设立特殊教育专业。随着中国高等体育学院陆续设立特殊教育本科专业，以高等体育院校设立特殊教育专业，培养特殊体育专业人才的模式逐步形成。

（三）多元发展阶段（2008～2013年）

2008 年北京残奥会的成功举办，增加了残疾人体育运动在大众群体视野中的"曝光度"，人们开始理性、科学地对待残疾，充分认识到残疾人体育事业发展的重要性。2008 年，广州体育学院获批设立特殊教育专业，[③] 2010 年《国家中长期教育改革和发展规划纲要（2010—2020 年）》第一次将特殊教育单独列出，提出各级政府要加快发展特殊教育，把特殊教育事业纳入当地经济社会发展规划。[④] 该纲要的颁布，使中国特殊教育人才培养迎来

---

① 天津体育学院网站，http：//www. tjus. edu. cn/rcpy/zysz. htm。
② 山东体育学院网站，https：//jkxy. sdpei. edu. cn/news－show－92. html。
③ 徐敏：《中国特殊体育教育专业人才培养：现状、问题与措施》，《泉州师范学院学报》2021 年第 4 期。
④ 《国家中长期教育改革和发展规划纲要（2010—2020 年）》，教育部网站，2010 年 7 月 29 日，http：//www. moe. gov. cn/srcsite/A01/s7048/201007/t20100729_ 171904. html。

了新的历史发展阶段。2013 年，武汉体育学院的二级学院健康科学学院开设了特殊教育专业。至此，中国开办特殊教育专业的高等体育院校已达 5 所。此外，辽宁师范大学体育教育系、北京体育大学分别开办了特殊体育教育与适应体育教育专业。从体育院校特殊教育相关专业人才的培养方案来看，中国残疾人体育专业人才培养已经从萌发准备、正式起步阶段逐渐走向多元发展阶段。

1. 开设特殊体育专业的院校多元化

开设特殊体育专业的高校性质不同，有专业的体育院校，如天津体育学院、山东体育学院，也有师范院校，如辽宁师范大学、泉州师范学院等。

2. 学生生源多元化

特殊体育专业的生源主要包括体育特长生、文化生（文科）、文体生。北京体育大学还与中国残疾人体育运动管理中心合作，举办专门招收残疾人专业运动员的"残奥冠军班"。

3. 培养目标多元化

残疾人体育事业发展的人才需求多样化，使院校特殊体育专业人才培养目标趋于多元化。该专业主要培养特殊教育、体育教学、运动训练、康复训练、适应体育、体育竞赛以及科研管理等方面的特殊体育人才。

4. 人才培养层次多元化

一是人才培养层次由单一本科培养延伸拓展到硕士、博士高层次人才培养。二是高校特殊体育专业人才的主要职业方向趋于多元化，如特殊教育教师、特殊教育体育教师、残疾人运动训练师、残疾人康复训练师、残疾人体育赛事管理、残疾人社会体育指导员等。三是培养方式多元化。一些高等院校体育教育专业开设了特殊教育、残疾人体育相关课程；另一些体育学院开办了特殊教育专业，培养专业的特殊体育人才。

（四）质量提升阶段（2014 年至今）

2014 年，教育部、国家发改委、民政部、财政部、人力资源和社会保障部、卫生计生委、中国残联共七部委联合出台了《特殊教育提升计划（2014—2016 年）》，标志着中国特殊教育开始走向提升质量的发展道路。特殊教育高质量发展的要求，推动着残疾人体育专业人才培养从多元化发展阶段走向全方位质量提升阶段。

2017 年，教育部印发了《普通高等学校师范类专业认证实施办法（暂行）》的通知，各高校特殊体育专业以评促改、以评促进，人才培养质量成为专业建设的重要内容。2018 年颁布的《普通高等学校本科专业类教学质量国家标准》明确了高等院校特殊教育专业办学的基本要求，加快了高等学校办学质量的提升。国家相关政策的颁布为特殊体育专业发展提供导向的同时，也为专业的优化发展安装了"助推器"。

以国家相关政策为导向，以满足特殊教育学校体育教师需求、促进特殊学校体育教学质量提升为目的，各高等学校结合自身办学宗旨和条件逐步推动特殊体育专业的高质量发展。例如，山东体育学院特殊教育专业培养方案自 2014 年以来分别进行了 2 次大的修订，2 次小的修订。

2014 年，山东体育学院特殊教育专业培养方案中的培养目标为：培养具备残疾人体育教学、竞赛组织与训练、运动康复训练、教育康复训练等相关知识与技能，能够在特殊教育学校、儿童康复机构、儿童福利院等部门从事体育教学、康复训练等工作的应用型人才。2017 年培养方案中的培养目标修订为：培养具有高尚的道德品质，扎实的特殊教育、康复训练、体育教学等相关知识与技能，较强的实践能力和自主学习能力，能够在特殊教育学校、儿童康复机构和普校等部门从事特殊教育、康复训练、管理与研究工作的复合型、应用型人才。修订后的 2017 年人才培养方案在培养目标上，增加了对学生高尚道德品质的培养，强调了学生专业情感、专业知识、专业技能整合性专业素养的培养。此外，在 2017 年人才培养方案中增加了特殊体育专业人才的普校适用性，符合中国特殊教育、融合教育发展的总方向。除专业培养方案修订外，山东体育学院为进一步利用学校资源，提高特殊教育体育专业人才培养质量，积极整合专业资源，打破学院专业壁垒，进行了"康教体"融合的特色专业建设，旨在为社会输送具有康复训练、特殊教育以及体育教育的复合型技能的人才。

2019 年，在《本科专业类教学质量国家标准》与《特殊教育专业认证

标准》的双重要求下，山东体育学院对特殊教育专业培养方案有针对性地进行进一步优化，培养目标修订为：根据国家特殊教育和残疾人康复事业发展需求，面向山东省、辐射全国，培养具有高尚的道德品质、扎实的特殊教育、康复训练、体育教学等相关知识与技能，较强的实践能力和自主学习能力，能够在特殊教育学校、儿童康复机构和普通学校等部门从事特殊教育、康复训练、体育教学等工作的应用型人才。相较于 2017 年的培养目标，2019 年的培养目标强调了人才培养要与社会需求相匹配，增加了人才培养的针对性。此外，在 2019 年培养方案中，毕业要求增加了师德素养要求，且专业素养、专业知识技能要求更加准确、具体，可操作性强，并突出了学生的自主学习能力的培养。

由此可见，在国家政策的支持下，各院校坚持不懈地进行实践探索，人才培养目标逐渐明确，人才培养方案更加准确、清晰，专业课程结构不断优化，教学实践方式更加多元，使中国残疾人体育专业人才质量得到稳步提升。

二 中国残疾人体育专业人才培养的发展现状

（一）人才培养目标共性与个性并存

残疾人体育专业人才培养目标的制定是以中国残疾人事业发展需求为导向，以该特定领域专业人才教育目的为依据，结合各个学校的性质以及办学定位所提出的具体的培养要求，包括本专业的专业理论、专业知识、专业技能、专业能力、专业素质以及基本的职业定位等维度。当前 6 所开设特殊教育专业的高等体育院校在人才培养目标上共性与个性共存。

一方面，各体育高校面临着整体一致的国情和残疾人体育专业人才需求的现状，人才培养目标具有共同之处。虽然在表达的内容上各有千秋，但均体现出面向特殊人群体育教育的专业特点，就业定位均体现了与国家残疾人体育事业相对应的职业领域。具体来说，各体育院校培养目标均包含了基本素质要求、专业知识要求以及专业技能要求三个方面。其中，基本素质要求主要是培养学生坚定的政治立场、能够执行国家相关的政策方针、践行社会主义核心价值观，使学生具有良好的思想品德素养，形成以德立心、以德育人、以德育德的素养，树立正确的残疾人观，具备较高的特殊教育社会责任感等。专业知识要求基本包括了残疾人身心发展的基本知识理论，特殊教育、体育教学的基本内容、思想与方法，深入了解本专业的发展趋势与前沿研究动态，掌握一定的文献查阅、信息收集与实践研究能力。专业技能要求则是掌握本专业相关的理论与技能，能够理论联系实际，充分运用相应的评估工具与方法综合评估特殊学生的需求，开展个别化教育与康复训练；具备本专业的基本技能与研究能力，能够积极参加相关科研活动，培养分析问题、解决问题的能力等。

另一方面，尽管各高校的培养目标都体现了上述共性特点，由于各高校的办学定位、学校资源、特殊教育专业定位的不同，各高等院校的人才培养侧重点也有所不同，具有鲜明的特色，主要体现在特殊教育专业人才培养定位、人才培养职业定位以及专业知识与能力三个方面。首先，各高校在特殊教育专业人才培养定位方面存在一定差异。山东体育学院、天津体育学院以及广州体育学院等主要培养应用型人才，辽宁师范大学体育学院、西安体育学院则培养的是专门型人才。其次，各高校人才培养职业定位不同。山东体育学院、天津体育学院以及广州体育学院等院校，均涉及培养在特殊教育学校、特殊教育机构、康复中心中从事特殊教育、体育教学、康复训练等工作的人员。其中，山东体育学院增加了在普通学校从事体育教学工作的职业定位，为中国融合教育的推广提前储备体育专业人才。另外，仍有部分院校在人才培养职业定位中增加了体育赛事组织、残疾人社会体育管理、体育竞赛、运动技能教学、教学管理以及研究等方向。最后，各高校人才培养目标中对于专业知识与能力的表述略有差异，例如广州体育学院着重培养运动技能教学、残疾人康复训练方面的知识与能力，山东体育学院侧重培养特殊教育、体育教学、康复训练方面的知识与能力，等等。尽管不同院校专业目标规定不同，但总体包含残疾人体育事业中的体育教学、体育训练、康复训

练、体育赛事、社会体育管理、体育相关研究等方面，为促进中国残疾人体育事业各方面的发展助力。

（二）人才培养课程体系进一步优化

中国残疾人体育专业人才培养课程设置逐渐优化，并日趋完善。本报告发现，当前特殊体育教育专业课程较为全面，包含通识性课程、教师教育课程、特殊教育课程、康复训练课程、体育类课程。不同体育院校特殊教育专业根据培养目标的不同设置的课程略有不同，但总体来看，中国体育院校特殊教育专业人才的培养趋于综合性。

以社会残疾人事业特定领域发展需求为导向，以本专业培养目标要求为依据，综合选择相应的课程。"通识性课程＋专业性课程"模式是当前高等院校人才培养的主要模式，是培养适应社会发展的复合型人才的主要路径。通识性课程主要包括法律基础、文学、马克思主义哲学、中国近现代史纲要、计算机文化技术等方面，培养学生基本的社会科学文化素养，帮助学生树立正确的人生观与价值观等。通识性课程的设置注重培养学生的共性能力，专业性课程的设置则体现了专业的差异性。专业化的课程设置除依据培养目标与毕业要求外，还要充分考虑到师资力量与专业水平、学校资源条件等。

当前中国体育院校特殊教育专业课程设置符合科学性、系统性、适应性与合理性的基本原则。其中，科学性主要体现在特殊教育专业学科课程的设置上，例如设置特殊教育、康复训练、体育教学等学科课程；系统性体现在学科知识本身是完整、系统的，构建了从学科基础课程到学科核心课程再到学科方向课程的整个学科系统，另外课程设置系统性还体现在不同专业需求的不同学科课程的整合性，如教育学、特殊教育、心理学、体育学、康复学等领域学科课程的优化整合；适应性主要表现为，既能满足当前社会残疾人体育事业相关领域的发展需求，又能符合在校学生的身心发展特点，处理好已知与未知的关系，合理设置课程体系；合理性则表现为，课程设置既要充分符合毕业要求从而实现培养目标，又要充分考虑到学校的办学条件、师资水平以及学生特点。

实践课程设置是课程结构中的重要组成部分，是培养学生理论联系实际、提升学生实践操作能力的重要环节。以山东体育学院为例，对比特殊教育专业 2014 版、2017 版、2019 版、2020 版培养方案中课程设置资料发现，近年来，山东体育学院特殊教育专业实践课程所占的学时、学分以及在总学分中的占比呈逐渐增加的趋势，这表明学校对实践能力培养的重视程度逐渐提高。实践能力培养途径主要分为两种，第一种是在理论课程中增加实践课时，如特殊儿童体育游戏共 32（24 + 8）学时，其中理论课 24 学时，实践课 8 学时，理论课重点讲解本门课程的基本知识与技能，实践课则着重培养学生对于重要的知识与技能的实际应用能力。第二种是专门开设的实践课程。实践课程的开设，不同体育院校略有不同，教育实习与毕业论文（设计）是各个体育院校特殊教育专业均开设的实践课程。教育实习是理论联系实际促进学生专业知识与技能转化的重要环节。学生在教育实习的过程中能够充分将所学的间接经验与现实中的直接经验结合起来，如将书中特殊儿童的身心发展特点与实习中特殊儿童的异常行为相结合，促进知识与技能的优化整合以及知识的内化。在教育实习的过程中能够让学生对特殊教育职业有更为直观的认识，培养他们的责任感与使命感，促进教学实践目的的实现，提升从业能力。毕业论文（设计）着重培养学生发现专业问题、运用所学的知识与技能去分析问题、查阅资料研究问题、解决问题以及小组协作的能力，为今后从事一线特殊教育科研工作奠定基础。

除教育实习与毕业论文（设计），各体育院校特殊教育专业实践课程设置略有差异，如山东体育学院特殊教育专业在 1 ~ 6 学期每学期的第八周，即本学期教学周实施中间段，开设了专业实践周课程，主要针对本学期开设课程中相应实践能力的综合提升，并根据学生的实践能力水平有针对性的优化后续的课程教学，这具有一定的特色。此外，部分体育院校特殊教育专业还开设了教育见习、教育研习、中期实习、社会实践等实践课程，虽然课程性质略有差异，但是其主旨均为通过各种途径提升学生运用所学知识与技能的能力，提升学生专业实践能力，为进入社会工作岗位打下坚实的基础。

（三）人才培养层次趋于多元

中国残疾人体育专业人才培养从无到有，逐渐发展，培养层次日趋多元，已由单一本科培养延伸拓展到硕士、博士高层次人才培养。本科教育主要培养特殊体育教育的基础性专业知识与技能；硕士则是具有一定方向性的特殊体育领域的知识或技能型研究人才，如特殊体育运动康复训练方向的研究分析、特殊体育教学领域、残疾人社会体育领域、特殊儿童适应体育领域等。中国特殊体育相关专业的研究生培养始于2001年的北京体育学院，主要培养适应体育和特殊体育方向的研究生；2008年以来，福建师范大学体育学院和上海体育学院陆续培养了一批特殊体育方向的研究生；随后，广州体育学院、天津体育学院以及山东体育学院也有部分研究生从事残疾人体育相关研究。通过访谈发现，多数从事特殊体育研究的研究生，其本科专业为非特殊教育专业，专业的系统性与延续性没有体现。为了进一步提升特殊体育专业人才培养的系统性与延续性，增加本硕连读模式是特殊体育专业人才培养的一个有效路径。

（四）师资队伍建设力度逐渐加大

加强师资队伍建设是保障课程有效实施、提升专业办学质量的重要基石。残疾人群体障碍类别与障碍程度的差异性，导致残疾人体育事业需求呈现多领域融合的特点。以社会需求为依托，体育院校特殊教育专业注定是一个需要打破学科壁垒的多学科交叉融合性专业。专业知识、技术、实践以及研究能力等维度的培养对师资队伍的专业背景以及结构提出了一定的要求。师资队伍结构的合理性、专业领域的均衡性以及专业水平的高低直接影响到高校特殊教育专业的办学质量，进而影响到人才培养目标的实现以及所培养的人才走向工作岗位后的专业适用性。

总体来说，近年来各体育院校特殊教育专业师资队伍建设力度逐渐加大。从专任教师现状来看，开设专业较早的天津体育学院、山东体育学院的师资队伍结构较为合理。以山东体育学院为例，特殊教育专业教师数量充足。2020 年本科教学基本状态数据显示，特殊教育专业教师约 21 名，师生比约为 5∶1；专业结构合理，包括特殊教育、康复训练、体育教育、运动训练等专业背景；职称结构合理，教授、副教授、讲师以及助教形成了"两头小、中间大"的特点；学位层次较高，博士学位教师居多，近年来，特殊教育专业教师招聘的学位要求均设置为博士学位。以上各个方面显示了当前体育院校特殊教育专业师资队伍建设力度逐渐加大且成效显著。

具体分析，当前体育院校特殊教育专业师资队伍优化的主要途径包括以下六种：第一种，根据专业发展需要积极招聘相关专业的高水平人才，为学校特殊教育专业师资队伍注入新鲜血液，充分发挥优质人才的带头作用，并为其提供良好的职业发展环境；第二种，通过各种途径提升教师的专业化水平，为教师进修提供政策支持，为教师在国内外深造提供相应的平台，鼓励教师进行学历提升；第三种，提升教师的科研水平，积极组织教师申请相应的科研项目，并鼓励教师在科研过程中进行实践转化，从而提升科研对教学的引导性；第四种，关注教师的教学能力提升，积极组织教师参加专业教学理念、教学方法、教学方式等方面的培训，提升专业教师的教学质量水平；第五种，根据学科建设与课程设置需要，聘请校外高水平的专家学者或具有丰富实践经验的教师或工作人员前来讲学，或将其聘为兼职教师；第六种，充分发挥专业整合力量，既包括校内各专业的力量整合，也包括高校之间的特殊教育专业联盟，加强校内学科整合以及校外各院校学科交流学习。

总之，当前中国体育高校特殊教育师资队伍建设力度逐渐加大，部分高校师资队伍水平较高，但仍有部分体育院校需要进一步加强。

（五）学生发展水平稳步提升

近年来，体育院校特殊教育专业学生发展水平呈现稳步提升趋势，本报告主要从生源变化、招生数量、就业情况三个方面进行分析阐述。

首先，各体育院校生源稍有不同但总体趋于多元，主要包括文化高考生、体育高考生、残疾人运动员等。具体而言，山东体育学院 2004～2020 级特殊教育专业生源为体育高考生，2021 级改为文化高考生；西安体育学

院特殊教育专业生源为文化高考生；天津体育学院特殊教育专业生源还包括残疾人运动员；其他体育院校特殊教育专业生源均为体育高考生。由此可见，体育高考生是体育院校特殊教育专业生源的主要来源，文化高考生与残疾人运动员生源的注入使体育院校特殊教育专业生源趋于多元。

其次，各体育院校招生数量根据需要与专业办学要求逐步优化。在中国6所体育院校中，山东体育学院的特殊教育招生规模变化较大，2004年办学招生数量30余人，2005年招生数量40余人，随着社会对残疾人体育人才需求的不断增加，山东体育学院特殊教育专业增加至两个班，约100人。其他体育院校特殊教育专业招生规模多为30~50人。从生源地来看，各体育院校特殊教育专业生源地多为学校所在省份，部分高校以本省为基础、面向周围其他省份定向招生培养，例如山东体育学院生源主要来自山东、湖北与贵州三省，其中山东生源居多。定向招生模式更加提升了特殊体育教育人才培养的针对性。

最后，体育院校特殊教育专业就业情况良好。自体育院校开办特殊教育专业以来，为中国残疾人体育事业发展培养了多元化的专业人才，专业毕业生服务于残疾人体育事业的各个领域并做出了突出贡献。通过对山东体育学院、西安体育学院、天津体育学院、武汉体育学院特殊教育负责人进行访谈发现，当前各院校的特殊教育专业毕业生的就业情况良好，就业率均达到90%以上，其就业岗位主要集中在特殊教育学校、康复训练机构，从事特殊教育、体育教学、运动康复训练、感觉统合训练以及其他康复教育的工作；部分毕业生就职于普通中小学，主要从事学校体育教学，资源教室、融合体育教学的工作；有小部分学生充分利用学校自由的选课政策，在学好专业课的同时积极发展自己的爱好，在满足专业毕业要求的同时，主动学习其他领域知识与技能，毕业后就职于健身中心、儿童体适能训练中心，从事健身与儿童体适能教练员的工作。

除以上三方面的发展之外，随着国家对残疾人关注度的增加，越来越多的科研工作转向残疾人相关领域，且取得了丰硕的成果。人们对于残疾人生理病理、身心发展、障碍情况的认知逐渐科学化。复杂性与差异性是残疾人的主要特点，因此对于相关领域专业人才的培养，不仅要掌握专业基本的知识与技能，还要有一定的科研能力，即发现问题、分析问题、解决问题的能力。2019年《特殊教育专业认证标准》的颁布，对特殊教育专业人才培养提出了"一践行，三学会"的毕业要求，将综合育人、班级指导、学会反思、沟通合作与师德规范、教育情怀、专业知识以及教学能力进行整合，凸显了人才培养要求的整合性。

三 中国残疾人体育专业人才培养中存在的问题

（一）相关政策缺乏针对性

相关政策的完善是更好地解决残疾人体育专业教育中种种问题的保障。为推进残疾人体育专业发展的进程，国家有关部门出台了涵盖教育起点、教育过程以及教育结果三个环节的政策法规。但当前的政策法规在操作层面仍不完善，主要表现为：政策文件多居于国家层面，以指导性为主，内容宽泛、缺乏整合性；地方性文件比重低且缺乏地域特点，如我国已出台的特殊教育一期、二期提升计划，地方出台的各省份提升计划因普遍缺乏地方特色与创新性，影响了指导特殊教育专业发展的效度；缺乏针对性的专业建设政策支持，《国家中长期教育改革和发展规划纲要（2010—2020年）》发布之后，特殊教育专业得到了空前的发展，各高校纷纷开办特殊教育专业，国家为特殊教育专业建设提供了专项资金支持，凡是师范类特殊教育专业均可以获得3000万~5000万元的专业建设经费，部分省份还匹配了相应专业建设经费，部分院校建设了"特教大楼"，积极引进特殊教育专业人才，资金的充足推动了特殊教育专业快速发展，但多数体育院校特殊教育专业并非师范专业，并未享受到该类别的专业建设经费，从而使体育院校特殊教育专业的发展相较于师范类特殊教育专业的发展具有一定的滞后性；在实际操作过程中，政策文件缺乏量化标准，操作难度大、不易评估且执行力度不够，政策实施缺乏相关部门的监督与评价机制，从而降低了政策支持效力，如涉及实

践操作领域的，以课程评价类、体育教育效果评估类为代表的政策文件较少，导致高校办学评价的合理性有待商榷，涉及资金方面，部分学校存在专款他用的情况，在一定程度上影响了专业发展进程。

现阶段，残疾人体育相关专业均缺乏职业认定标准，影响了体育院校特殊教育专业人才培养导向性。在体育院校特殊教育专业人才培养多元化的职业定位中，康复训练、运动训练、体育赛事、残疾人社会体育指导员等职业资格标准尚未设立，仅有特殊体育教师具有一定的入职门槛，即普通中小学的体育学科教师资格证。体育院校特殊教育专业毕业生只要考取普通教师资格证，然后通过教师公开招聘就可以入职特殊教育学校或者普通学校，但考试内容多为教育学、教育心理学、普通心理学等相关内容，特殊教育涉及内容较少，特殊教育相关知识的考察多出现在面试环节。由此看出，专业化的特殊体育教师准入制度目前尚未确立，故难以据理评判特殊体育教师的任职资格。由此可见，当前特殊体育教育人才的培养呈现一定的盲目性特点。

（二）师资队伍力量相对薄弱

虽然体育院校特殊教育专业师资队伍水平呈现稳步上升的趋势，个别体育院校师资队伍力量较强，但总体上看仍相对薄弱，主要表现为以下三个方面。第一，专业背景差异较大，具有特殊教育专业背景的教师少。多数教师为非特殊教育专业，经过学院师资队伍调整后加入特殊教育专业教师队伍，专业性、系统性不强，特殊教育教师专业素养有待进一步提升。第二，部分体育院校专职教师数量较少，职称较低、青年教师比例较高，且多数专业基础课任教教师为非特殊教育专业教师，如运动解剖学、运动生理学、运动人体科学等均为其他专业专职教师，从而影响了基础课程与专业核心课程之间的衔接性。第三，教师专业化水平与残疾学生体育运动特殊需求之间存在一定落差。虽然在残疾学生对师资队伍素质的评价调查中，在教师的实践经验、学术水平、教学方法、教学效果以及敬业精神方面，超过60%的学生对教师的评价是较满意和很满意，但立足于当前中国高等院校特殊体育专业人才培养的专业师资数量和结构现状来看，除了天津体育学院和山东体育学院因较早开设特殊教育专业而在人数和职称结构上有优势外，其他 4 所学院专业师资均不足 6 人。

由此可见，为满足特殊体育专业人才培养的需要，一支师德高尚、结构优化、业务精湛、富有活力的高素质师资队伍显得尤为重要。但当前的教育现状却与之相悖，因此，专业师资数量较少，师资质量参差不齐是亟须解决的关键问题。

（三）院校培养与现实需求存在差距

当前，体育院校中的特殊教育专业是培养中国残疾人体育事业相关人才的主阵地。由于残疾人身心障碍的差异性较大，其体育运动需求呈现复杂性、整合性特点，要求人才培养具有多学科交叉整合的特征，但目前体育院校在该专业办学上仍存在单一学科培养的现象，即便个别院校，如山东体育学院进行了"康教体"融合的特殊教育应用型人才培养模式探讨，但仍处于初始阶段，尚未完全融合，与残疾人体育事业发展、人才专业性需求仍有一定距离。

此外，残疾人身心发展以及残疾人体育事业发展仍处于"爬坡"阶段，很多领域还是"盲区"，仍需要进一步研究，因此研究型人才培养至关重要。当前，研究生教育层次仅在北京体育大学、山东体育学院、福建师范大学有较清晰的研究领域，上海体育学院也有涉及，但总体数量不多，尽管培养了少量硕士层次特殊体育研究生，但完善的培养体系仍未形成。

（四）特殊体育专业毕业生流失严重

为满足社会和人才市场对特殊体育专业人才的巨大需求，在市场调查不足的情况下，特殊体育专业开始招生培养，而相应的配套经费和政策支持没能及时跟进，考生也往往是在滑档后调剂到该专业。因此，从入学之初，学生就缺乏对本专业强烈的思想认同。对泉州师范学院特殊体育专业学生进行

职业决策倾向性问卷调查的结果显示，收入是特殊体育专业学生在职业选择时最看重的指标，其次是发展前景，再次是兴趣和工作舒适度，反而专业对口性是学生不太关注的点。相似的结论还出现在对其他几所高校特殊体育专业人才的访谈中。在各所高校中，该专业的毕业生从事该领域或相关领域工作的人数不及该专业毕业生的一半，面对特殊体育发展巨大的人才需求与本来就为数不多的特殊体育专业人才放弃对口专业而从事其他岗位的现实矛盾，我们应加以重视并采取必要的干预措施。

（五）学生专业思想不坚定

根据山东体育学院特殊教育专业在校生专业志愿填报情况调查结果发现，除了少数第一志愿为特殊教育专业的学生外，大多数学生选择该专业是出于其他专业人满后的无奈之举。第一志愿学生的报考原因主要集中在"就业前景好""听从老师和家长的建议"等，而根据自身原因（"符合个人的兴趣点"和"对专业的了解和认同"）报考该专业的学生仅占了1/3。学生毕业后工作缺乏积极主动性，思想意志不坚定都是人才流失的原因。因此，学生的专业思想建设成为制约当前高等院校特殊体育专业人才培养的关键因素。

四　中国残疾人体育专业人才培养的建议

（一）加大落实学校层面的政策支持力度

一方面，要落实体育院校特殊教育专业的建设经费和配额。相关学校要充分认识到残疾人体育事业发展的重要性，明确体育院校特殊教育专业发展的社会使命感与责任感，尽量将特殊教育与体育教育、运动康复、运动训练等专业均质考虑，做到政策经费支持的均质化、合理化。在特殊教育实验室建设、专业图书建设、教学环境与设施建设以及实习基地建设等方面积极推进，为培养优质的残疾人体育人才奠定物质基础。另一方面，加强体育院校特殊教育研究领域师资队伍建设。为教师进修、访学提供经费支持，鼓励教师进行特殊教育教改课题、研究课题的申报，并提供相应政策支持促进教师科研成果的实践转化。

（二）构建残疾人体育专业人才培养平台

残疾人体育专业人才须进一步加强协同合作。中国高等体育院校之间构成的中观协同创新系统在中国体育类高等院校友好互助、良性竞争中起着重要的作用。但是，随着社会对人才需求的不断提升、院校跨学科专业的不断增加，高等体育院校自我封闭的协同创新是远远不够的，院校必须提升高等教育系统层次，优化高等教育系统结构。中国高等体育院校残疾人体育专业人才培养的利益相关体主要包括体育企事业单位、特殊教育科研院所等。高等体育院校可以尝试与多个创新体共同搭建更高层次的人才培养协同创新平台。在新的创新系统中，设立新的具体项目，根据人才培养类型的差异，满足体育教科训的具体要求，建立多主体协同创新中心，通过各类协同创新中心分别培养残疾人体育专业人才。同时，创新主体需要借助企业、中介等非政府组织提供的技术支撑、财政支持，促进协同创新中心落地。

（三）优化残疾人体育专业教师队伍

教师是人才培养的实施主体。教师质量直接影响到人才培养的质量。高等体育院校需建立教师培养长效机制，如制定国内外进修、访学、留学等政策，以提升残疾人体育专业教师业务能力及教学水平；需制定学历水平提升激励政策，鼓励专业教师通过多种途径提升学历，促进自身专业水平提升；需制定人才引进政策，加大对有出国留学背景的人才、高水平人才、高学历人才等的引进力度；需进一步加大校外人才引进力度，缩减校内人才招聘，促进专业教师体系、教师教育背景的多元化；需建立残疾人体育专业教师教学的发展中心，开展专业教师业务培训、教学培训等工作，提升教师教学及专业水平；需建立教师集体备课、老中青教师"传帮带"等机制，有利于新聘教师尽快融入教学队伍、熟悉教学流程、提升教

学质量；需进一步鼓励校内残疾人体育教师参加校外工作，加强残疾人体育教师校内外的良性流动。

（四）拓展特殊体育人才培育渠道

在中国，有100多所高校开设了体育教育专业，这些高校为特殊体育教师人才培养提供了重要平台和依托。中国特殊体育教师人才培养应在此基础上，借鉴国际先进经验，与时俱进，更新教育理念，在高校体育教育专业增设特殊体育课程，增加人才培养路径。在当前为体育教育学生开设课程的基础上，开设一批涉及特殊体育理论与实践的选修课程，学生需要修满6~8个此类学分，并具备指导残疾学生完成体育活动的能力，才能达到学校多类型残疾学生所需的师资水平。在该课程体系下成长毕业的教师能够为残疾学生提供专业的特殊教育教学指导，提高残疾学生体育学习的质量。这既顺应国际教育发展的潮流，也满足教育发展对人才培养提出的客观要求。为满足校内外残疾人运动需求，高等体育院校需加大对残疾人科学健身指导员的培养力度。设有体育学研究生的高等院校应加大对特殊教育专业研究型人才的培养力度，特别是硕士生、博士生培养方向及研究领域，构建以特殊体育课程为基础，特殊体育教育专业人才为骨干，相关专业博士、硕士为"塔尖"的"金字塔式"人才培养模式。

（五）改进残疾人体育专业评价

评价是指对事物价值高低的评定，专业评价则是通过各种途径与措施对专业办学质量高低的评定。改进残疾人体育专业评价就是要充分关注专业办学中利益相关方对专业办学质量的评价，主要包括学校评价、政府评价、用人单位评价以及学生评价四个环节。

一是政府评价。目前，专业办学政府评价主要通过各院校教学评估、特殊教育专业评估、特殊教育专业认证等形式来检验各个高校残疾人体育专业人才培养质量是否符合培养要求、培养目标是否实现。

二是学校评价。学校评价主要是指进一步完善学校质量监控体系，构建自下而上考查、自上而下反馈指导的质量监控的闭环体系，其目的重在自查自纠。

三是社会评价。社会评价是用人单位对残疾人体育相关人才培养质量的一种反馈，是用人单位对残疾人体育专业毕业生质量满意度的反馈，主要采用访谈、问卷调查、实地走访等方式从培养目标、毕业要求、课程体系、课程设置以及毕业生表现等方面向用人单位进行调查，并根据结果及时调整，促进人才培养方案进一步完善。

四是学生评价。学生作为直接利益相关方，是残疾人体育人才培养过程中的主体，直接体验了本专业人才培养过程，对该过程最有发言权。学校要多通过学生评教、学生座谈、问卷调查的方式，获取学生对培养目标、毕业要求、课程设置、教师专业水平、教学方法等方面的反馈信息，通过信息分析，进一步优化专业培养方案的制定，促进专业良性发展。

参考文献

王涛：《高等体育院校适应体育发展面临的问题及未来趋势》，《山东体育学院学报》2014 年第 2 期。

侯晓辉等：《高等体育院校特殊教育专业建设的现状与对策》，《首都体育学院学报》2010 年第 4 期。

马冬雪：《适应体育学学科建设的基本理论问题探讨》，《长春师范大学学报》2018 年第 12 期。

王卉：《特殊教育（体育）专业课程设置的比较研究》，硕士学位论文，江苏师范大学，2013。

黄增仁：《特殊教育（体育）专业人才培养与课程设置研究》，硕士学位论文，吉林体育学院，2017。

柳悦、马勇、苗新见：《特殊教育学校体育专业师资培养方略研究》，《现代特殊教育》2018 年第 22 期。

朱莉：《体育院校特殊教育专业毕业生就业现状分析及对策研究》，《价值工程》2011 年第 25 期。

黄衍存：《中国体育院校特殊教育专业人才培养研究》，《体育文化导刊》2015 年第

7 期。

杜鑫：《中国部分高等体育院校开设特殊教育专业现状的调查研究》，硕士学位论文，北京体育大学，2010。

余祥辉：《中国高等院校特殊教育体育专业人才培养的问题与对策》，硕士学位论文，福建师范大学，2014。

实 践 篇

Practice Reports

B.10

南京市残疾人群众体育的发展与实践*

蔡翾飞 严岳松 李筱菁**

育的参与情况、体育组织管理情况与服务情况，发现残疾人

群众体育发展的创新与特色体现在"加强顶层设计，提供制

度保障""强化政府主导，实现多方共同参与""培育市场

导向以及体育消费观念""实现'两头'延伸，构建融合性

群众体育""以人为本，明确群众体育发展目标""提供专

业支持，推进群众体育发展"等6个方面，并从健全残疾人群

众体育保障体系、强化残疾人群众体育专业服务、加强残疾

人群众体育场地器材建设、提升残疾人群众体育参与度等4个

---

* 本报告为南京市残疾人事业发展研究智库 2021 年度课题项目"南京市残疾人群众性文化体
育发展与实践"研究成果。

** 蔡翾飞，博士，南京特殊教育师范学院副研究员，主要研究方向为残疾人教育和教育社会
学；严岳松，南京市残疾人联合会三级主任科员，主要研究方向为残疾人事业发展理论与实
践；李筱菁，博士，南京特殊教育师范学院讲师，主要研究方向为残疾统计。

方面对南京市残疾人群众体育的发展提出建议。

关键词： 残疾人体育　群众体育　融合体育教育　南京市

残疾人群众体育对于展现残疾人体育素养，尊重残疾人生命价值，倡导平等、参与、共享的融合社会具有积极影响。《中共中央、国务院关于促进残疾人事业发展的意见》提出，"开展残疾人群众性体育健身活动"①。《国务院关于加快发展体育产业促进体育消费的若干意见》指明，"促进群众体育与竞技体育全面发展，不断满足人民群众日益增长的体育需求"②。《"健康中国2030"规划纲要》明确提出，"促进重点人群体育活动"③。2021年1月，习近平总书记在北京考察冬奥会、冬残奥会筹备工作时特别强调，体育强国的基础在群众体育。江苏《省政府关于加快推进残疾人小康进程的实施意见》明确要求，"普及残疾人群众性文化体育"④。在此背景下，南京市制定了《南京市残疾人保障实施办法》、《南京市"十三五"残疾人事业发展规划》（以下简称《"十三五"发展规划》）、《中共南京市委关于制定南京市国民经济和社会发展第十四个五年规划和二〇三五年远景目标的建议》等一系列政策，积极推动残疾人群众体育事业发展。回顾南京市10多年来的残疾人群众体育发展现状，总结创新与特色，以期这一事业能够有更加广阔的发展前景。

---

① 《中共中央、国务院关于促进残疾人事业发展的意见》，中国政府网，2008年4月23日，http：//www.gov.cn/jrzg/2008 - 04/23/content_ 952483.htm。
② 《国务院关于加快发展体育产业促进体育消费的若干意见》，中国政府网，2014年10月20日，http：//www.gov.cn/zhengce/content/2014 - 10/20/content_ 9152.htm。
③ 《中共中央 国务院印发〈"健康中国2030"规划纲要〉》，中国政府网，2016年10月25日，http：//www.gov.cn/zhengce/2016 - 10/25/content_ 5124174.htm。
④ 《省政府关于加快推进残疾人小康进程的实施意见》，江苏省人民政府网站，2016年8月1日，http：//www.jiangsu.gov.cn/art/2016/8/1/art_ 46143_ 2543193.html。

一 南京市残疾人群众体育发展的政策支持体系

（一）成长型政策支持

2009 年，市政府成立"南京市创建无障碍建设城市领导小组"，以此落实无障碍建设的长效管理机制，其中，小组成员包括市体育局、市残联等。该小组的成立有利于开展区域性残疾人群众体育活动。随后，市委、市政府发布《中共南京市委 南京市人民政府关于促进残疾人事业发展的实施意见》，明确应"繁荣残疾人体育事业"，加大经费投入，配置适合的健身器材，开发残疾人群众体育项目以及健全残疾人服务体系。① 各区县也落实相关政策，如六合区制定《中共南京市六合区委南京市六合区人民政府关于促进残疾人事业发展的意见》，强调建立和完善残疾人文化体育事业，健全包括体育事业在内的残疾人服务体系。②

《江苏省残疾人保障条例》从中观层面提出要求，地方政府和相关部门应将残疾人体育活动纳入全民健身计划。县级以上地方政府应建设符合国家标准、满足残疾人需求的体育活动设施和场所。同时，体育活动场所应配置适合残疾人体育活动的器材与设施。③ 基于此，《南京市"十二五"残疾人事业发展规划》提出"残疾人基层体育更加活跃"的发展目标，制定"形成方便参与的残疾人体育活动体系"的实施方案。④ 《关于印发溧水县儿童发展规划（2011—2015）的通知》则要求，"重视儿童体育锻炼""加强儿

---

① 《中共南京市委 南京市人民政府关于促进残疾人事业发展的实施意见》，中国盲人协会网站，2016 年 9 月 18 日，http：//www. zgmx. org. cn/newsdetail/d－63619－12. html。

② 《中共南京市六合区委南京市六合区人民政府关于促进残疾人事业发展的意见》，南京市六合区人民政府网站，2010 年 12 月 14 日，http：//www. njlh. gov. cn/lhqrmzf/201810/t20181022_ 588764. html。

③ 《江苏省残疾人保障条例》，江苏省人民代表大会常务委员会网站，2021 年 10 月 8 日，http：//www. jsrd. gov. cn/zyfb/sjfg/202110/t20211008_ 532341. shtml。

④ 《市政府关于印发南京市"十二五"残疾人事业发展规划的通知》，南京市人民政府网站，2012 年 12 月 6 日，http：//www. nanjing. gov. cn/zdgk/201212/t20121214_ 1055876. html。

童活动设施和场所建设"。① 这一政策为包括残疾儿童在内的所有儿童接受群众体育活动提供了良好的社会环境与客观条件，扩大了群众体育参与对象的覆盖面。《南京市美丽乡村建设实施纲要》也提出，"完善农村文化体育设施"以及"加快构建村镇公共体育服务'四有'目标"②，进一步扩大了群众体育、残疾人群众体育的实施范围。紧接着，《省政府关于加快发展体育产业促进体育消费的实施意见》提出"加快发展残疾人体育"③ 的要求。《南京市彩票公益金管理办法》则指出，体育事业彩票公益金主要用于落实全民健身计划。该办法还支持为残疾人服务的社会保障和社会福利事业。④ 成长型残疾人群众体育政策支持体系是南京市落实国家、江苏省等宏观或中观层面的政策法规而制定的一系列地方性法规与条例。总体分析，南京市为推动残疾人群众体育的发展，建立了较为完善的政策保障支持系统。

（二）发展型政策支持

2016～2020 年是南京市全面推动"迈上新台阶、建设新南京"的关键时期，也是《"十三五"发展规划》推进现代化建设的重要阶段。南京市残疾人群众体育在省政府、市政府及相关部门出台一系列政策的支持下获得蓬勃发展。《省政府关于加快推进残疾人小康进程的实施意见》提出4 点要求，"加强残疾人服务设施建设""加强残疾人文化体育服务""全面推进城乡无障碍环境建设""加大政府购买服务力度"⑤，通过提供资金

---

① 《关于印发溧水县儿童发展规划（2011—2015）的通知》，南京市溧水区人民政府网站，2012 年 7 月 17 日，http：//www. njls. gov. cn/lsqrmzf/201810/t20181021_ 495667. html。
② 《中共南京市委 南京市人民政府关于印发〈南京市美丽乡村建设实施纲要〉的通知》，中华人民共和国财政部网站，2013 年 5 月 5 日，http：//zgb. mof. gov. cn/zhengwuxinxi/gongzuodongtai/201307/t20130716_ 966543. html。
③ 《省政府关于加快发展体育产业促进体育消费的实施意见》，江苏省人民政府网站，2015 年 6 月 9 日，http：//www. jiangsu. gov. cn/art/2015/6/9/art_ 46143_ 2542963. html。
④ 《南京市彩票公益金管理办法》，南京市财政局网站，2015 年 4 月 15 日，http：//czj. nanjing. gov. cn/njsczj/201505/t20150520_ 1057879. html。
⑤ 《省政府关于加快推进残疾人小康进程的实施意见》，江苏省人民政府网站，2016 年 8 月 1 日，http：//www. jiangsu. gov. cn/art/2016/8/1/art_ 46143_ 2543193. html。

支持、无障碍物理环境与改善路径等，实现了群众体育活动的进一步推广与普及。《南京市"十三五"残疾人事业发展规划》则提出，完善"共融、共建、共享"的残疾人体育服务体系，提升其整体社会参与水平。市残联建立设施相对完善的残疾人文体训练中心。同时，建立残疾人自强健身示范点。①

进一步来看，《南京市残疾人保障实施办法》明确指出，福彩、体彩公益金应按比例用于残疾人事业的发展，街镇、社区或村创建的"残疾人之家"实施残疾人体育健身计划、开展体育活动。公共活动场所配置适合残疾人体育活动的器材及物理设施。②《南京市市级体育彩票公益金使用管理办法》则提出，"体彩公益金的补助范围包括群众体育"③，如资助建设和维修公共体育场地设施、购置体育健身器材、资助群众体育组织和队伍建设、资助或组织开展全民健身活动等。《南京市"健康细胞"工程建设计划（2017—2020）》要求，充分利用各种资源，推动公共体育设施向残疾人开放。④《中共南京市委南京市人民政府关于加强和完善城乡社区治理的实施意见》提出，组织开展群众体育活动等公共文化体育服务，为保障对象提供残疾人基本公共服务等社会服务。⑤ 2020 年，面对新冠肺炎疫情的冲击，市财政局制定并落实《南京强化财政保障，全力落实"六保"任务》，支持新消费，发放体育类消费券。⑥ 这些均为南京市残疾人群众体育的发展提供了充足

---

① 《市政府关于印发南京市"十三五"残疾人事业发展规划的通知》，南京市人民政府网站，2017 年 3 月 20 日，http：//www. nanjing. gov. cn/zdgk/201810/t20181022_ 573513. html。
② 《市政府关于印发南京市残疾人保障实施办法的通知》，南京市人民政府网站，2017 年 3 月 30 日，http：//www. nanjing. gov. cn/zdgk/201810/t20181022_ 573511. html。
③ 《南京市市级体育彩票公益金使用管理办法》，南京市财政局网站，2017 年 6 月 27 日，http：//czj. nanjing. gov. cn/njsczj/201810/t20181023_ 593687. html。
④ 《〈南京市"健康细胞"工程建设计划（2017—2020）〉政策解读》，南京市人民政府网站，2017 年 9 月 15 日，http：//www. nanjing. gov. cn/zdgk/201810/t20181023_ 642904. html。
⑤ 《中共南京市委南京市人民政府关于加强和完善城乡社区治理的实施意见》，南京市民政局网站，2018 年 8 月 8 日，http：//mzj. nanjing. gov. cn/njsmzj/njsmzj/201810/t 20181022_ 590625. html。
⑥ 《南京强化财政保障，全力落实"六保"任务》，南京市财政局网站，2020 年 5 月 18 日，http：//czj. nanjing. gov. cn/njsczj/202005/t20200518_ 1878339. html。

的时新性保障与支持。

随着《"十三五"发展规划》的积极落实，南京市级政府机构进一步优化、深化、细化相关政策，以确保残疾人群众体育事业的发展顺应时势。如《中共南京市委关于制定南京市国民经济和社会发展第十四个五年规划和二〇三五年远景目标的建议》强调，健全残疾人关爱服务体系和设施，完善帮扶残疾人等社会福利制度。大力发展体育产业，建设一批国家级体育产业示范基地，创建国家体育消费示范城市。同时，积极培育体育服务业。①2021年，南京市市场监督管理局发布地方标准《肢体功能障碍辅助器具适配服务规范》（DB3201/T 1030-2021），移动辅具评估包括电动轮椅、手动轮椅或特制轮椅、助行器等三项内容，保障有需要的肢体残疾人顺利参与群众性体育活动。随着社会经济的进步和残疾人体育事业的逐步发展，江苏省、南京市相关的政策法律体系亦趋于完善，为残疾人群众体育事业的蓬勃发展提供了更加有力的保障。南京市群众体育发展的政策导向由兜底保障转向高质量提升，更加体现以人为本，关注残疾人的群众体育活动参与的实现、适应及提升。

二 南京市残疾人群众体育发展的基本情况

（一）残疾人群众体育参与情况

近年来，在江苏省委、省政府，南京市政府和南京市残联的高度重视下，全民健身计划在南京市得到了较好的贯彻落实。自2017年，江苏省残联、省委宣传部、省文广新局、省体育局制定的《江苏省残疾人宣传文化体育工作"十三五"实施方案》明确提出"必须采取切实有力、行之有效

---

① 《中共南京市委关于制定南京市国民经济和社会发展第十四个五年规划和二〇三五年远景目标的建议》，中共南京市委网站，2020年12月26日，http：//sw. nanjing. gov. cn/zyfb/swwj/202101/t20210126_ 2804726. html。

的措施，加强基层残疾人文化体育建设"① 以来，南京市残疾人群众体育健
身活动在组织频率上呈现良好的增长态势。

结合"国际残疾人日""全国助残日""残疾人健身周"等各类残疾
人节日和活动，南京市各类残疾人群众体育活动开展得如火如荼。2018
年 8 月，由省残联和省体育局主办、镇江市政府承办的江苏省第十届残疾
人运动会分别在南京和镇江两地举行，南京残疾人代表团共 144 人参赛，
参与了田径、游泳等 12 个大项的比赛，金牌榜和总分榜均排第一名。同
年，第三届全国残疾人排舞公开赛在南京市举办，来自 11 个省市 22 支代
表队的 560 余人参加比赛。2019 年，在江苏省第九届残疾人健身周上，
南京市残疾人运动员在旱地冰壶、象棋比赛中均荣获第一名。同时，雨花
区残联积极发挥区残疾人体育训练基地和 11 家"残疾人之家"的阵地作
用，广泛开展群众体育活动，让更多残疾人参与到体育活动中。永阳街道
残联联合溧水区聋人协会在永阳"残疾人之家"举办了第一届溧水区聋
人协会飞镖活动。2020 年，江宁区"残疾人之家"组织举办冬季运动会，
设置赛跑、丢沙包、拔河等运动项目，让残疾人士在运动中结交朋友、收
获健康。2021 年 4 月，栖霞区 20 余名残疾人积极参与了紫东·仙林半程
马拉松。除此之外，2018 年，南京市秦淮区"肢协"与常州市天宁区
"肢协"建立友好共建协会，开展旱地冰壶友谊赛交流活动，让体育健身
活动成为两市残疾人友好交流合作的重要纽带。各类体育健身活动的蓬勃
发展满足了残疾人群体康复、健身、交友等需求，为残疾人更好地融入社会
创造了条件。

（二）残疾人群众体育组织管理情况

1. 领导结构不断完善

根据《南京市残疾人保障实施办法》，各区县政府和有关部门已将残疾

---

① 《江苏省残疾人宣传文化体育工作"十三五"实施方案》，江苏省残疾人联合会网站，2017
  年 12 月 29 日，http://www.jscl.gov.cn/index.php? m = content&c = index&a = show&id =
  4028839e67dd95c60169b273d09b2495&site_ id =1。

人体育纳入全民健身计划。① 目前，南京市残疾人群众体育健身活动主要依托市、区各级残联及各街道"残疾人之家"组织开展，并负责相关器材的配备；业务则由南京市体育局总体指导，尽可能体现"以残疾人为中心"的理念。截至2018年底，全市已有126个"残疾人之家"，覆盖全市所有街镇，积极开展各类残疾人文化体育健身活动，以丰富活动为基本点，提升残疾人工作影响力。南京市残联、南京市体育总会、各区政府定期举办南京市残疾人运动会。2019年，南京市残联获得由中国残联和国家体育总局授予的"全国残疾人体育先进单位"称号。②

2. 策略制定因地制宜

为贯彻落实全民健身计划，更好地服务残疾人体育活动，南京市以丰富活动、动员社会力量为基本策略，最大限度优化资源配置。2013年起，江苏省政府与国家体育总局签署合作协议，开始建设一批公共体育服务体系示范区。③ 2015年，包括南京市在内的首批示范区建成，形成由政府牵头成立示范区建设工作机构、培养公共体育服务从业人员，为包括特殊人群在内的全体居民提供健身设施的局面。通过打造城市社区"10分钟体育健身圈"，保证居民在直线距离800~1000米即可享受公共体育设施，这也为有一定活动能力的残疾人提供了极大便利。此外，2017年，南京市向江苏省残联申报区级、街道、社区残疾人文体艺展能中心共9个，④ 用于承办各类残疾人文化体育活动，这也大大丰富了南京市残疾人群众体育活动资源。为改善残疾人生活质量、提高残疾人身体功能，南京市区残联持续实施残疾人文化体育进家庭计划，为重度残疾人提供康复体育器材并配发使用说明。仅2018年，就为200名不易出户和家庭困难的残疾人提供了康复体育器材服务等。⑤

---

① 《市政府关于印发南京市残疾人保障实施办法的通知》，南京市人民政府网站，2017年3月30日，http：//www.nanjing.gov.cn/zdgk/201810/t20181022_573511.html。
② 南京市地方志编纂委员会办公室主办《南京年鉴（2020）》，南京年鉴编辑部，2020。
③ 《江苏率先启动公共体育服务体系示范区建设》，国家体育总局网站，2015年12月4日，http：//www.sport.gov.cn/n20001280/n20745751/n20767297/c21208066/content.html。
④ 南京市地方志编纂委员会办公室主办《南京年鉴（2018）》，南京年鉴编辑部，2018。
⑤ 南京市地方志编纂委员会办公室主办《南京年鉴（2019）》，南京年鉴编辑部，2019。

3. 财务支持体系多元化

在财务组织管理方面，南京市财政局根据《南京市政府购买公共服务目录》，负责拨款进行残疾人公共服务的购买，其中，包括公共体育健身指导服务、残疾人运动员体育训练服务等以支持残疾人群众体育活动的开展。[1] 为落实全民健身计划，财政部门安排专项彩票公益金以支持残疾人在内的全民健身活动，培训残疾人体育社会指导员，等等。通过制定构建"阳光惠民"系统[2]等财政计划，南京市进一步整合资金用于残疾人公共文化体育服务等惠民领域，扩大资金支持范围。由此可见，南京市基于政府财务责任能力实施财务管理，最大限度地为残疾人体育活动提供充足的资金保障。

三　南京市残疾人群众体育健身服务情况调查

为全面贯彻落实全民健身计划及南京市政府颁发的《市政府关于加快发展体育产业促进体育消费的实施意见》等政策，科学地掌握南京市残疾人群众体育服务情况，本报告就南京市残疾人群众体育健身服务情况进行调查分析，从而为南京市群众体育发展提供切实可行的依据。

（一）调查对象与方法

本调查采用问卷调查法，主要调查对象为南京市残联系统和残疾人社会组织工作人员、残疾人及亲属两类人员（两类人员有交叉）。调查共回收问卷1359份，其中有效问卷1073份，有效率为79.0%（见表1）。接受调查的残疾人中，残疾类型以听力残疾和肢体残疾为主（见表2）。

---

[1] 《市政府办公厅关于转发市财政局南京市政府购买公共服务目录（暂行）的通知》，南京市财政局网站，2014年7月31日，http://czj.nanjing.gov.cn/njsczj/201409/t20140911_1057864.html。

[2] 《溧水区财政局构建"阳光惠民"系统 强化惠民领域监督》，南京市溧水区人民政府网站，2019年5月31日，http://www.njls.gov.cn/jrs/syw/201906/t20190603_1556028.html。

表1 南京市残疾人群众体育健身服务调查问卷的发放与回收情况（按人员类型）

单位：份，%

调查对象	回收问卷数量	有效问卷数量	有效率
残联系统和残疾人社会组织工作人员	300	226	75.3
残疾人及亲属	648	558	86.1
其他	411	289	70.3
合计	1359	1073	79.0

表2 南京市残疾人群众体育健身服务调查问卷的发放与回收情况（按残疾类型）

单位：份，%

调查对象	回收问卷数量	有效问卷数量	有效率
视力残疾人	66	43	65.2
听力残疾人	139	124	89.2
言语残疾人	17	9	52.9
肢体残疾人	392	331	84.4
智力、精神残疾人	107	89	83.2
多重残疾人	52	45	86.5

（二）调查结果与分析

在残疾人健身场所配备方面，多数人认为现有健身场所不能满足或只能小部分满足残疾人需求（见表3）。关于残疾人参加体育健身活动的主要障碍，多数人认为是没有合适的场地器材以及行动不便。此外，缺乏专业指导、没有适合自己的体育项目也是阻碍残疾人参加体育健身活动的重要原因（见表4）。

表3 南京市现有健身场所能否满足残疾人需求

单位：%

选项	残联系统和残疾人社会组织工作人员	残疾人及亲属	其他
不了解	7.1	26.3	28.7
不能满足	21.7	26.2	16.9
小部分满足	30.9	28.8	30.1
基本可以满足	26.1	13.8	13.5
大部分都能满足	12.8	3.4	8.3
完全能满足	1.3	1.4	2.4

表4 南京市残疾人参加体育健身活动的主要障碍

单位：%

选项	残联系统和残疾人社会组织工作人员	残疾人及亲属	其他
没有合适的场地和器材	57.9	57.9	57.1
行动不便	53.5	39.2	50.2
基本生活没有保障,没有条件参加	27.9	31.7	32.9
被人歧视	10.1	16.5	15.9
家人不支持	4.9	2.7	4.8
没有适合自己的体育项目	37.2	37.3	38.1
缺乏专业指导	40.7	43.4	44.6
怕受伤	15.5	12.0	8.9
不喜欢体育运动	5.3	3.2	2.8
其他	0.4	2.1	0.6

在无障碍环境整体建设方面，70%以上的调查对象认为南京市无障碍环境整体建设较好或一般。此外，部分调查对象认为非常好，只有少数调查对象认为较差或非常差（见表5）。

表5 南京市无障碍环境整体建设情况

单位：%

选项	残联系统和残疾人社会组织工作人员	残疾人及亲属	其他
非常好	20.8	10.9	10.4
较好	38.9	35.8	38.8
一般	36.3	38.4	38.4
较差	2.6	5.9	2.4
非常差	0.4	2.7	1.4
不清楚	0.8	6.3	8.7

在残疾人体育健身服务改进需求方面，选择"健全相关政策，保障残疾人体育权利"和"完善健身设施和场所建设"选项的人数在各类调查对象中占比最多。除此之外，选择"加强健身场所的无障碍建设""加强对残疾人健身活动的专业指导""增加专门供残疾人使用的场所和器材"选项的

人数也占较高比例（见表6）。值得注意的是，虽然多数调查对象认为南京市无障碍环境整体建设较好，但对于体育健身场所方面的无障碍设施建设，多数人认为仍需加强。

表6　南京市需要改进的残疾人体育健身服务

单位：%

选项	残联系统和残疾人 社会组织工作人员	残疾人及亲属	其他
健全相关政策，保障残疾人体育权利	58.4	58.8	60.9
完善健身设施和场所建设	69.0	60.4	64.0
健身场所体育场馆对残疾人收费要合理	32.7	34.6	32.9
加强健身场所的无障碍建设	51.3	48.2	53.9
加强对残疾人健身活动的专业指导	48.2	46.1	48.1
增加专门供残疾人使用的场所和器材	49.5	58.9	46.0
提高相关服务人员态度	20.8	29.2	21.5
其他	1.8	23.3	0.7

调查结果表明，专门针对残疾人的群众体育健身服务仍不能很好地满足其需求，需要改进的主要集中在政策和硬件支持等方面，包括适合残疾人使用的健身场地器材供给、专业残疾人健身指导员培养等。

四　南京市残疾人群众体育发展的创新与特色

（一）加强顶层设计，提供制度保障

南京市积极遵循党和国家关于残疾人群众体育的大政方针，如《中华人民共和国体育法（修订草案）》《"健康中国2030"规划纲要》《"十三五"加快残疾人小康进程规划纲要》，贯彻江苏省颁发的相关法律法规，参照江苏省其他城市的经验做法，制定具有本土特征的区域性法规条例和规章制度，实现顶层设计及制度保障，服务于残疾人的文化体育生活，推动当地残疾人群众体育事业的发展。其中，以《南京市残疾人保障实施办法》《南京市"十三五"残疾人事业发展规划》《南京市"十二五"残疾人事业发展规划》《南京市残疾人事业"十一五"发展纲要》等最具代表性。相关政策的适用范围为市、区、街道或镇等不同层级，如《南京市市级体育彩票公益金使用管理办法》《中共南京市六合区委南京市六合区人民政府关于促进残疾人事业发展的意见》《南京市美丽乡村建设实施纲要》等。制度体系的适用范围还包括儿童、青（少）年、老年等不同年龄阶段的人群，如《关于印发溧水县儿童发展规划（2011—2015）的通知》《2019 年南京市中考体育考试实施办法》《江苏省贯彻体育强国建设纲要实施方案》。与此同时，还涉及建筑、民政、教育、体育、卫生、文宣、财政、交通、人社、规划等不同部门的行政职能，如雨花区财政局规定，每年为残疾人群众体育活动拨付一定比例的财政经费。整体来说，南京市残疾人群众体育的政策运行机制为国家级、省级、市级、区县级行政机构的闭环实施，并以第三方社会组织（如南京市江宁区残疾人体育协会）的参与执行作为辅助。

（二）强化政府主导，实现多方共同参与

南京市始终贯彻落实以政府为主导、多部门协同参与的多元化公共体育服务建设工作，从而打造了以人为中心的服务型治理模式。随着江苏省公共体育服务体系示范区的成功建成，南京市残疾人群众体育实现了公共体育服务体系多元化的治理模式，即在市政府、市体育局、市发改委、市卫健委、市财政局、市城建局等部门的协调治理下，充分整合供需情况，为广大残疾人提供政策措施、资金投入、体育设施、健身指导、活动组织、法律支持等多种服务。另外，由学术机构参与调研，掌握群众体育发展一手资料。为深入了解和掌握南京市群众体育发展现状和问题，南京市残联、南京特殊教育师范学院中国残疾人数据科学研究院借助《南京市残疾人保障条例》立法调研，在南京市开展相关调研，在为南京市残疾人事业发展提供法律支持的基础上，积极推动残疾人群众体育活动发展。同时，社会组织在残疾人体育事业发展中的助力作用也得到凸显。在省、市级残联和体育局党组的领导下，从"残疾人健身周"到各类残疾人运动会，"残疾人之家"、街道、"肢

协"、"盲协"等残疾人社会群体或志愿群体均发挥了重要作用。通过组织相关活动，社会组织的自身力量得到增强、办赛水平得到提高、影响力得到显著扩大。

（三）培育市场导向及体育消费观念

市场导向及体育消费观念的培育，主要源自南京市硬件体育健身设施的打造。2017 年，南京市政府发布《进一步扩大旅游文化体育健康养老教育培训等领域消费的实施方案》，明确提出"培育体育消费市场""促进体育设施开放共享"①。同年颁发的《市政府关于加快发展体育产业促进体育消费的实施意见》指出，扩大消费市场供给应成为发展体育产业、促进体育消费的主要任务之一。② 为实现这一目标，南京市打造多家"体育服务综合体"，并向残疾人免费开放。同时，大力促进公共体育服务均等化，重点围绕农村、棚户区、老旧小区、安置房片区等区域和贫困人口、残疾人等群体提升服务水平。培育市场导向，一方面，有助于推广适合残疾人开展体育健身的方法，为其参与群众体育健身活动提供充分便利；另一方面，通过充分盘活体育场馆资源、促进无形资产开发，逐渐增添和完善残疾人进行体育锻炼的场地、设施，实现残疾人体育市场化、社会化、资产化。除此之外，全民健身、体育消费的观念来自持续的宣传。"南京晨报""金陵微雨花"等微博、微信公众号对残疾人运动会进行宣传推广。高淳区体彩中心结合本地实际，使用电子屏在城区投放公益广告，深入开展公益体彩品牌宣传工作。由此可见，南京市通过各类媒介，鼓励残疾人广泛参加符合自身特点的体育健身活动，参与体育消费。这些都对残疾人群众体育事业的发展起到助力作用。

---

① 《市政府办公厅关于印发进一步扩大旅游文化体育健康养老教育培训等领域消费的实施方案的通知》，南京市人民政府网站，2017 年 10 月 21 日，http：//www. nanjing. gov. cn/zdgk/201810/t20181022_ 573802. html。
② 《市政府关于加快发展体育产业促进体育消费的实施意见》，南京市人民政府网站，2017 年 5 月 27 日，http：//www. nanjing. gov. cn/zdgk/201810/t20181022_ 573586. html。

（四）实现"两头"延伸，构建融合性群众体育

《南京市全民健身实施计划》将本市全民健身事业摆在重要位置，以促进市民身体素质的提高和生活质量的改善。那么，残疾人体育必然是其中一项重要工作，包括残疾人体育健身和康复设施、残疾人体育社团、残疾人社会体育指导员、残疾人运动会与健身活动等。[①] 这些均为残疾人参与群众体育提供便利与服务。让残疾少年儿童、残疾老年人进行健康适能锻炼是群众体育活动的重要内容，也是实现社会融合的推动因素。一方面，《南京市教育局2014年决算补公开》中的决算表记载，"其他文化体育与传媒支出"全年收入是50.5万元，财政拨款收入是50.5万元；"用于残疾人事业的彩票公益金支出"全年收入为40.5万元，财政拨款收入也为40.5万元。[②] 有学者对来自南京市宁馨阳光家园残疾人服务中心的40名自闭症儿童进行干预，发现体育活动能改善自闭症程度，特别是合作模式的体育游戏活动改善自闭症的效果最佳。[③] 另一方面，《江苏省全民健身实施计划（2016—2020年）》提出，"完善老年人公共体育服务保障体系""构建残疾人公共体育服务康复体系"[④]。2020年，由省体育局、省老龄委办、省老年人体协共同主办的江苏省老年人体育节在南京举行。2021年，南京市浦口区老年人体育节开幕式在汤泉旅游度假区举行，该体育节举办了17项体育比赛，有近万人参与。这些都为身体有障碍的少年儿童和老年人参与群众体育活动提供了政策保障、实践平台与参与机会，为残疾人群众体育受益对象的全覆盖及其融合发展提供了可能。

---

① 《市政府关于印发南京市全民健身实施计划的通知》，南京市人民政府网站，2017年1月25日，http://www.nanjing.gov.cn/zdgk/201810/t20181022_573421.html。

② 《南京市教育局2014年决算补公开》，南京市教育局网站，2016年6月17日，http://edu.nanjing.gov.cn/njsjyj/201606/t20160617_1057968.html。

③ 蒋丰、徐东芹：《体育活动对自闭症儿童的干预效果研究——以南京市宁馨阳光家园残疾人服务中心为例》，《四川体育科学》2018年第3期。

④ 《江苏省政府关于印发江苏省全民健身实施计划（2016—2020年）的通知》，江苏省人民政府网站，2017年1月13日，http://www.jiangsu.gov.cn/art/2017/1/13/art_46450_2557725.html。

（五）以人为本，明确群众体育发展目标

2016 年，习近平在全国卫生与健康大会上提出，以人民健康为中心，残疾人应"人人享有康复服务"。没有全民健康，就没有全面小康。[①] 残疾人的身心健康是实现全面小康和以人为本的重要元素，群众体育是实现残疾人身心健康的关键一环。残疾人群众体育作为南京市体育事业的重要组成部分，迫切需要以人为本。在"平等、参与、共享"的新残疾人观下，南京市营造全民参与、零拒绝、包容的群众体育社会环境，不断制定满足人民群众日益增长的体育需求的具体措施。如《江苏省残疾人保障条例》《南京市残疾人保障实施办法》重视无障碍公共环境建设，通过各种传播媒体宣传残疾人事业，为残疾人参与群众体育活动创造了条件（无障碍物理环境与人文环境）。《南京市"十三五"残疾人事业发展规划》提出"提升残疾人基本公共服务水平，提高残疾人自我发展能力"的举措，提升残疾人参与群众体育活动的水平。南京市还建立满足残疾人群众体育的物质文化保障机制，即社会支持力量（社会组织、企业、媒体、专家），以扩大相关体育活动的参与群体。南京市充分利用城市的规划道路、绿地、森林、广场、人防、河道等设施，建设群众体育设施，并逐步建立多元化主体协同、公益服务和市场运营相结合以及残疾人群自主参与的运行模式。

（六）提供专业支持，推进群众体育发展

"十二五"期间，南京市大力发展全民健身事业，科学健身指导水平明显提升。市、区两级市民体质检测与运动健身指导中心（站）全覆盖，每年免费为 3 万市民检测体质，提供专业运动健身指导。"十三五"期间，南京市继续将专业运动健身指导服务融入各类体育健身活动中，建设"亚健康运动干预"示范站，坚持普惠原则，大力推进公共体育服务向残

---

① 《全国卫生与健康大会 19 日至 20 日在京召开》，中国政府网，2016 年 8 月 20 日，http：// www. gov. cn/xinwen/2016 - 08/20/content_ 5101024. htm。

疾人延伸。① 与此同时，在专业化支持的残疾人体育事业进程中，高校的作用也得到持续发挥。南京特殊教育师范学院作为全国独立设置的本科特殊教育师范学院，在残疾人事业专业人才培养中始终发挥着重要作用。近年来，学校与北京师范大学、北京体育大学、福建师范大学等多所高校，围绕残疾人体育事业，进行密切合作，完成一系列特殊体育课程建设、残疾人体育研究方向的重要课题。其设置的公共事业管理及社区工作专业方向，开设了残疾人文体活动等系列课程，通过介绍残疾人文化体育活动管理的相关内容、方法运用等，培养了一批具有残疾人体育健身管理专业素养的优秀残疾人社会工作者。

五　南京市残疾人群众体育发展的未来展望

（一）进一步健全残疾人群众体育保障体系

南京市残疾人群众体育的发展依赖于完善的政策法规、健全的财政保障机制以及多元协同发展的组织体系。市委、市政府长期以来非常重视残疾人群众体育的发展，站在全局高度，从根本上解决本市残疾人最关心的群众体育健身及需求问题，制定《南京市残疾人保障条例》等一系列法律法规，并适时出台专项条例，确保此项工作的开展有法可依。南京市还需将残疾人群众体育事业纳入经济发展规划，即列入公共财政支出预算，从资金上建立对残疾人群众体育的支持保障。同时，通过政府购买服务、项目补贴等形式，南京市将残疾人群众体育涉及的场地、设备、器材、水电等费用纳入财政专项。南京市还可以吸纳民间组织、爱心企业、社会人士以捐赠的形式为残疾人群众体育事业的发展提供经济或物质支持。另外，南京市需要进一步建立多元化、协同发展的组织体系，将建筑、民政、教育、体育、卫生、文宣、财政、交通、人社、规划等部门涉及残疾人群众体育的工作职能加以统

---

① 《市政府关于印发南京市全民健身实施计划的通知》，南京市人民政府网站，2017 年 1 月 25 日，http://www.nanjing.gov.cn/zdgk/201810/t20181022_573421.html。

一化、体系化与流程化，建立市级、区级、街道或社区的残疾人群众体育协会组织。再者，南京市需进一步将群众体育、残疾人群众体育、残疾人康复体育、残疾人竞技体育通过共融共享的模式，实现统一发展。

（二）进一步强化残疾人群众体育专业服务

目前，专业化的健身服务仍不能满足南京市残疾人体育健身活动的需要。专业化的健身服务是缩小残疾人与健全人在全民健身参与程度上的差距，帮助残疾人平等参与社会生活，更好地满足残疾人参与体育活动的精神需求的重要路径。专业化的残疾人健身服务首先是指培养残疾人体育健身专业指导员。该指导员需要具备的能力包括指导残疾人展开适合自己身体状况的体育锻炼能力、体育教学能力、心理疏通能力、培训残疾人辅助器具使用能力、组织动员残疾人参与体育健身活动的能力等。这些能力的提升需要参考社会体育指导员的培养方式，如开展学习培训班、组织残疾人健身比赛等。[1] 另外，专业化的残疾人体育健身服务还需教育层面的提升，即将体育教育与融合教育相结合，保障残疾人从少年儿童时期开始享受平等的体育教育权利。融合体育教育提倡差别共存，提倡残障学生接受与健全学生的差异，结合自身的身心特点，与健全学生共融共享教育资源。目前，南京市融合体育教育师资仍处于短缺的阶段，教师知识体系不够完善，对不同类型的残疾人缺乏针对性，重理论而轻实践，且缺乏相应的教师资格认证体系。对此，有学者建议着重培养"普特适应性"教师，将特殊教育通识课程和体育课程分开教授。[2] 从师资培养入手，达到强化残疾人体育专业服务的目的。

（三）进一步加强残疾人群众体育场地器材建设

为促进全民健身计划的实施，南京市大力推进无障碍建设和市民健

---

① 王聪颖、吴燕丹：《浅析残疾人体育健身指导员的能力要求及培养途径》，《福建体育科技》2013年第2期。

② 陈曙等：《基于全纳教育理念的体育教育专业课程体系重构》，《武汉体育学院学报》2015年第10期。

身硬件条件建设。然而，专门针对残疾人体育活动的场地建设较为有限，这使残疾人体育健身活动的开展仍存在较大障碍。为此，需要从两个方面加以改进。第一，加强特殊教育学校体育场地器材建设。南京市特殊教育学校相关硬件的建设在全国处于较为领先的水平，但是，随着有入学需求的学生人数越来越多，体育教学场地和资源将缺乏有效供给。目前，南京市多个区的特殊教育学校办学场地不能完全满足学生的体育健身活动需求。体育器材匮乏、种类少、来源渠道少是全国特殊教育学校体育教学面临的共同问题。这一方面的提升需要相关政策的支持，确保特殊教育学校学生与普通学校学生享有同等的体育教学场地使用权。第二，加强广大市民体育健身场地的无障碍设施建设。体育场馆的无障碍设施体现了一座城市的文明程度。南京市部分场馆内无障碍设施不够完善，建设不符合标准。这说明基层公共体育场地设施还需要加强规划及建设，与残疾人相关的不同部门需要形成协同机制，共同推进残疾人群众体育健身场馆的资源配置。

（四）进一步提升残疾人群众体育参与度

经过市委、市政府的积极推动，南京市残疾人参与群众体育活动获得长足发展。然而，残疾人群众体育活动的参与程度和参与质量还存在提升的空间。残疾人群众体育活动的参与程度包括参与人数、参与活动类型等。残疾人群众体育活动的参与质量则是指是否就近参与、就便参与，通过参与是否增加自身的幸福感、对自身身心发展是否产生积极影响，还包括是否参与"互联网＋科技"平台助力残疾人群众体育模式的创新。南京市应进一步创新残疾人群众体育的工作思路和工作模式，开展"残疾人冰雪运动季""全国特奥日"等群众体育品牌活动，强化宣传工作，给全民普及"残疾人参与群众体育活动是其基本权利"的理念，有益于促进社会整体发展和文明程度的提高，并最终实现"残疾人参加各级各类全民健身活动"的目标。

参考文献

张盼、吴燕丹、郑程浩：《赋权增能理论视角下中国部分残疾人体育参与的困境与破解策略》，《首都体育学院学报》2020 年第 5 期。

王雪峰、肖坤鹏：《全面建成小康社会下中国农村残疾人体育发展：成就、经验与展望》，《山东体育科技》2021 年第 2 期。

吕秀娟：《全纳教育理念在高校特殊体育教育教学策略中的应用》，《中国测试》2021 年第 4 期。

魏佐涛：《〈高校智能化体育场馆建设与经营管理〉：智能体育馆建设与运营对高校体育运动的影响研究》，《建筑学报》2021 年第 3 期。

B.11
北京市残疾人康复体育进家庭
试点项目的实践

韩霄 黄恺 赵梦娜*

摘　要：　中国残联颁布的《残疾人康复体育关爱家庭计划（试行）》要求，在"十三五"期间为不易出户或家庭困难的重度残疾人实施康复体育家庭关爱服务。北京市作为第一批试点地区，分别在2018年和2019年，由中标单位北京市海淀区盎辰适应体育培训中心承接、组织完成了两次康复体育进家庭项目服务。在项目实施中，科学设计试点项目方案，充分做好前期准备工作，多方联动，整合资源，保证项目实施，同时严格执行规范，重视质量控制。将康复体育训练的器材送进家庭、将康复体育训练的方法送进家庭和将康复体育训练的服务送进家庭的"三进"服务的实施，为受助对象提供了康复体育服务，试点工作取得预期成效。但在试点项目实施中也存在精准服务不足、残疾人社会体育指导员专业性不足、经费不足、项目周期短等问题。据此，本报告提出了相关改进建议。

关键词：　康复体育　体育锻炼　精准服务　北京市

---

* 韩霄，北京市海淀区盎辰适应体育培训中心理事长，主要研究方向为特殊体育教育与适应体育；黄恺，北京体育大学博士研究生，主要研究方向为特殊体育教育与适应体育；赵梦娜，北京体育大学博士研究生，主要研究方向为特殊体育教育与适应体育。

一 残疾人康复体育进家庭试点项目的背景

（一）残疾人康复体育进家庭项目

残疾人康复体育是残疾人体育的组成部分。2015 年，在中国残联颁布的《残疾人康复体育关爱家庭计划（试行）》中，对康复体育进行了界定："康复体育是通过体育锻炼的手段，在康复治疗过程中，帮助残疾人恢复或保持一定的器官功能，最大限度地减少由于身体器官或组织的残疾而带来的功能缺失，包括医疗体育、矫正体育等。"[①] 中国残联组织实施的《残疾人康复体育关爱家庭计划（试行）》要求在"十三五"期间，"为 10 万名不易出户或家庭困难的重度残疾人实施康复体育家庭关爱服务"，提供将康复体育训练的器材送进家庭、将康复体育训练的方法送进家庭和将康复体育训练的服务送进家庭的"三进"服务，积极引导残疾人树立健康的生活意识，改变生活方式，改善残疾人的身体健康状况，促进残疾人生活质量的提升。[②]

残疾人康复体育进家庭项目采用以点带面的形式展开，由各省（区、市）结合本地的实际情况制定本地区试点工作方案，以中重度残疾人对康复体育的基本需求和残疾人身体基本情况为实施依据，通过政府购买服务的形式，依托残疾人自强健身示范点，委托合作机构入户提供服务支持，根据试点区域的服务效果，倡导服务升级，不断扩大试点范围。

（二）开展试点工作的背景

1. 是"健康中国"战略的重要组成部分

近年来，国家在医疗与健康领域都出台了与残疾人群体直接相关的政策

---

① 《残疾人康复体育关爱家庭计划（试行）》，广东省残疾人联合会网站，2020 年 9 月 18 日，http：//www. gddpf. org. cn/xxgk/zcfg/wtxc/content/post_ 607296. html。
② 《残疾人康复体育关爱家庭计划（试行）》，广东省残疾人联合会网站，2020 年 9 月 18 日，http：//www. gddpf. org. cn/xxgk/zcfg/wtxc/content/post_ 607296. html。

文件。2016 年 10 月，国务院发布了《"健康中国 2030"规划纲要》（以下简称《纲要》），这是新中国成立以来首次从国家层面提出的健康领域中长期战略规划。《纲要》将"全民健康"作为"建设健康中国的根本目的"。"全民健康"包含"全人群健康"和"全生命周期健康"两个方面。《纲要》还规定要"做好妇女儿童、老年人、残疾人、低收入人群等重点人群的健康工作"。残疾人群体的健康工作既涉及全人群，又涉及全生命周期，身体功能维持与健康促进作为残疾人群体健康水平状态的目标，从国家和政府层面提出了更加明确的要求与发展方向。

2. 是落实"十三五"期间残疾人体育任务规划目标的具体措施

在"十三五"期间，为贯彻落实《国务院关于加快推进残疾人小康进程的意见》（国发〔2015〕7 号），促进残疾人健身体育、康复体育、竞技体育的均衡发展，创新残疾人体育服务模式、服务项目、服务效果，充分保障残疾人平等享有体育基本公共服务均等化成果，引导残疾人健康生活意识的树立和生活方式的改变，促进广大残疾人身体素质和健康状况普遍提高，经中国残联领导批准，制定了《残疾人康复体育关爱家庭计划（试行）》，旨在"为 10 万名不易出户或家庭困难的重度残疾人实施康复体育家庭关爱服务"，为残疾人提供"三进"服务，积极引导残疾人树立健康的生活意识，改变生活方式，改善残疾人的身体健康状况，进而提升残疾人的生活质量。该项目的提出与实施，是"十三五"期间残疾人体育任务规划目标实现的途径和政策措施之一。

3. 为残疾人功能康复和健康维持的研究成果提供了可行性技术支持

北京市海淀区盎辰适应体育培训中心作为项目中标方，与北京体育大学中国残疾人体育研究中心合作，依据多年来核心业务——运动康复服务的实践与探索，与相关教研团队进行资源整合，改编、开发了专门适用于残疾人功能康复和健康维持的训练方案，其中包括适用于残疾人在室内就能独立完成的中医导引养生操"养生六法"和适用于残疾人在家庭环境中独立完成或与家庭成员配合完成的弹力带和运动毛巾抗阻力量训练。这种针对身体单独部位和全身多系统配合的功能性与易操作性训练方案，为试点的具体方案

设计提供了可行性技术支持。

4. 北京市承接试点工作，具有代表性的探索价值和意义

在"十三五"期间，首批开展残疾人康复体育关爱家庭计划的省（区、市）由中国残联直接拨款，承接试点任务。北京市作为首都城市，对于试点项目的推广具有代表性的探索价值。从项目的具体实施来看，北京市残联在执行该计划时，能够在顶层设计上有效贯彻中国残联的项目目标，在执行过程中使监督机制和管理机制更加健全；从职能分工的角度来看，做到权责清晰、任务具体；从北京市的资源来看，无论是医疗、运动康复和体育都具有优势，为项目实施提供坚实的基础保障。

二　残疾人康复体育进家庭试点项目的实施和成效

（一）残疾人康复体育进家庭试点项目的开展情况

残疾人康复体育进家庭试点项目，是由两级残联支持开展的。项目也分为中国残联支持的康复体育进家庭试点项目和北京市残联支持的康复体育进家庭项目。

1. 首批中国残联支持的康复体育进家庭试点项目

《残疾人康复体育关爱家庭计划（试行）》自 2015 年颁布以来，采用以点带面的形式组织开展工作。按照计划的部署，2015 年度各省级残联结合本地区的年度工作安排，选择 2 个市（县区）开展试点，试点范围东、中、西部省（区、市）分别不低于 3000 户、2000 户和 1000 户。各地区结合地区特点和项目实施情况，制定本地区的监督检查和绩效评估管理办法。2016 年度采取局部扩大试点的方式，加倍或全覆盖市（县区）试点范围，东、中、西部省（区、市）分别不低于 6000 户、4000 户和 2000户。同时提出要求，做好试点的社会宣传，积极争取相关企业、社会组织的合作与支持。结合扩大试点情况，还要求各地区加强对试点项目的监督管理。

首批由中国残联支持的试点项目，纳入中国残联工作范围，主要依托各级残联部门落实此项工作，试点阶段也取得了一些初步成效。

2. 北京市残联支持的康复体育进家庭试点项目

北京市作为首批康复体育关爱家庭计划的试点城市，一直在积极探索新的服务模式。按照中国残联关爱家庭计划的要求，一类地区每 100 户实施 1 户关爱家庭计划，在"十三五"期间，整个北京市完成 4720 户家庭的康复服务。北京市残联根据试点的情况，不断完善项目实施方案和管理办法，采用政府购买服务的方式，扩大受助对象的范围，让更多的残疾人足不出户就能享受到康复体育服务，不断改善自身体质、促进身体健康，从而达到改善残疾人生活质量的目的。

（二）北京市康复体育进家庭试点项目的实施过程

1. 科学设计试点项目方案

按照《残疾人康复体育关爱家庭计划（试行）》的要求，本项目主要为不易出户或家庭困难的重度残疾人实施康复体育家庭关爱服务。从服务的人群来看，涉及不同的残疾类别和不同的残疾程度，人群范围广，共性特征少，需求类型多元化；从康复体育本身的特点来说，不同类型的康复采用的手段和方法也不相同，内容宽泛，不易聚焦。为了尽可能地满足不同残疾类别的康复锻炼需求，充分发挥"三进"的价值，让更多的残疾人了解体育活动，提高体育锻炼的意识，进而通过体育锻炼达到康复的目标，本项目方案在设计的过程中，主要基于以下几个方面来展开。

在服务内容和器材的选择上，主要考虑：基于不同残疾类别、不同残疾程度的身体状况，开发体育锻炼内容；基于不同残疾类别的日常锻炼需求和功能康复需求，制定适宜的锻炼方案；基于器材使用的便携性和操作性，选择适宜长期使用的体育锻炼器材。

在服务实施环节上，主要考虑：通过联络员对接各区县负责人，选拔街道和社区残疾人社会体育指导员参与项目的实施环节，提供入户指导服务；由北京体育大学的专业团队，为各区县的残疾人社会体育指导员进行现场培

训，详细介绍体育锻炼的内容和需要残疾人社会体育指导员完成的工作，确保更好地为受助对象提供服务；利用现代化的联络方式，与受助对象建立微信联络群，解答受助对象在体育锻炼中存在的疑问，及时纠正错误动作，提高服务质量。

2. 明确试点项目的服务目标和任务节点

该项目的服务目标：为促进残疾人日常身体活动水平的提高，增强残疾人的体质，贯彻落实国务院《"健康中国2030"规划纲要》和《北京市全民健身条例》，在北京市昌平区等10个城、郊区开展康复体育进家庭项目，为北京市10个区县的3000户家庭提供康复体育健身指导，提高残疾群体对于体育锻炼的认识，积极参与体育锻炼。

该项目的任务节点：根据北京市残联项目招投标计划的要求，在中标后第一时间按照项目的实施周期，初步拟订项目实施计划，并按照计划做好各阶段的准备工作。

3. 充分做好前期准备工作

项目周期较短且任务较重，为确保项目的顺利实施，必须做好前期的筹备工作，为后续工作的开展争取宝贵的时间。前期筹备阶段需要完成的主要工作包括以下四个方面。

第一，残疾人康复体育锻炼内容的开发以及配套器材的定制。为满足残疾人群体的多样化需求，同时又能提供针对性的锻炼内容，经过项目专家组反复讨论，最终确定的体育锻炼内容为：功法一套，包含站式"养生六法"和坐式"养生六法"；完整的体育锻炼方案一套，包括运动前的热身操、不同部位徒手动作练习（站姿、坐姿和卧姿）、不同部位弹力带动作练习（站姿、坐姿和卧姿）以及运动后的放松与拉伸。以上的内容基本可以满足多数人日常体育锻炼的需求，不同残疾类别也可以结合自身的康复特点，选择适合自身的体育锻炼方案的组合。

同时，为了配合开发的体育锻炼内容，选择了适宜残疾人操作和使用的健身器材一套，主要包括：可视化视频设备MP4 1台，并将录制好的体育锻炼视频按顺序导入设备中，方便受助对象随时观看和模仿练习；辅助用于热身操的运动毛巾 1 条；力量训练弹力带 2 条，分别给上肢和下肢使用。

第二，编制《残疾人康复体育锻炼指导手册》。为了配合锻炼内容，根据每个运动动作的特点、训练的主要部位、练习的次数和方法以及练习的注意事项，编制了一本锻炼指导手册，便于受助对象查阅，指导其更科学地进行锻炼。

第三，编制《残疾人体育锻炼需求调查问卷》。为了给残疾人群体提供更加有针对性的体育锻炼指导服务，需要更多地了解残疾人对于参与体育活动的态度以及参与的需求，在了解影响其参与体育锻炼的因素后，可以在体育锻炼活动方案设计时，尽可能规避一些消极的影响因素。基于此，本项目专门编制了一套完整的调查问卷，主要包括受助对象的基本信息、日常体育活动情况、影响参与体育活动的因素等内容，并在项目的实施过程中对问卷进行发放和回收。

第四，编制《残疾人锻炼日志》。在开发体育锻炼内容后，为充分了解此锻炼内容对于残疾人群体的有效性，在项目实施过程中，挑选出 200 位受助对象参与效果研究。研究团队编制了专门的锻炼日志，并在入户时告知受助对象填写的要求，通过为期一个月的锻炼，观察锻炼的效果。锻炼日志包括受助对象的基本情况，每日锻炼的内容、锻炼的时长以及锻炼后的身体感受、睡眠状况等，要求受助对象详细、如实记录数据，这也为未来项目实施计划和内容的完善提供更多可靠的依据。

4. 多方联动，整合资源，保障项目实施

为了确保北京市康复体育进家庭项目的顺利进行，项目中标单位北京市海淀区盉辰适应体育培训中心采用各区县负责人、残疾人社会体育指导员、北京体育大学技术服务指导团队和盉辰适应体育培训中心专家团队多方联动机制，整合优势资源，密切配合完成阶段性任务。

第一步，组织各区县相关负责人召开项目动员会，介绍本项目的基本情况、执行周期安排和服务的具体内容，明确各区县负责人在本项目中的任务以及任务完成的时间节点，包括：按照受助对象的筛选要求和名额，上报受

助对象名单；按照各区县受助对象的名额，以20:1的比例，协调上报残疾人社会体育指导员名单；协调安排残疾人社会体育指导员的培训时间、培训地点等事宜，做好培训的宣传与推广工作。同时，在动员会上，安排北京体育大学技术服务指导团队和各区县负责人建立联系，一对一的沟通后续工作。

第二步，由北京体育大学技术服务指导团队为各区县的残疾人社会体育指导员进行培训。一是向指导员们介绍本次项目的基本情况、需要指导员配合完成的工作，并根据完成任务的时间顺序、所需的材料等，为每个指导员配备了一个专用工作包，提醒指导员按时、按要求提交相关的材料；二是在培训现场，根据本项目实施的服务内容，针对性地进行培训，现场教授"养生六法"、热身操等锻炼内容，及时纠正指导员的错误动作，解答指导员在学习中的困惑；三是在培训当天，将所要发放给受助对象的器材打包分发给每位指导员，确保指导员顺利入户送器材、送服务、送锻炼方法。另外，各区县负责人将联络本地的媒体频道，在各区县残联的官网上对本次项目进行宣传，让更多的人了解残疾人体育进家庭项目，扩大宣传效果。

第三步，正式开始提供入户服务。本项目服务实施周期为3个月，指导员在第一次入户时，需要完成以下工作：将体育锻炼的器材发放给受助对象本人，并由本人签字签收；由指导员向受助对象讲解本项目服务的内容，并现场教授受助对象；需要受助对象填写需求调查问卷，问卷分为纸质版和电子版两种形式，根据受助对象的情况任选一种即可，并进行现场回收；本项目中选择了200位受助对象作为研究对象，这200位受助对象的入户工作，由北京体育大学技术服务指导团队配合指导员一起完成，在入户时通过问询的形式填写锻炼日志的基本信息，同时告知受助对象锻炼日志的填写要求，需要其记录3个月内的锻炼情况，以便后期了解锻炼后的效果。

第四步，在完成第一次入户工作后，由残疾人社会体育指导员与所负责的受助对象建立微信群，督促受助对象坚持锻炼，并及时解答受助对象在锻炼中存在的问题。

第五步，经过 3 个月的锻炼后，项目到了收尾阶段。此时，残疾人社会体育指导员需要进行第二次入户工作，一方面了解受助对象通过本项目取得的锻炼效果，另一方面填写项目入户服务满意度调查表，对项目服务的形式、服务的内容、服务的效果进行评价，为项目后期的经验总结提供参考建议。

在整个项目结束后，为更好地总结项目实施过程中的经验，对本次项目涉及的所有信息进行收集和整理，包括问卷数据的录入与分析、锻炼日志的回收与整理、优秀案例的征集与整理、项目满意度调查结果的回收与整理，并提交项目结项报告。通过前期对于残疾人身体活动时间、体力活动内容、静态生活状况和参与体育活动影响因素的调查，项目团队进一步了解了残疾人体育锻炼的需求，具体的需求调查情况如表 1 所示。

表 1　北京市成年残疾人体育锻炼希望得到的帮助形式

单位：人，%

希望得到的帮助形式	人数	所占比例
提供适合家庭锻炼的器材	1829	61.44
提供适合家庭锻炼的方法	1601	53.78
专人指导	1586	53.28
提供适合家庭锻炼的内容	1209	40.61
家人帮助	1190	39.97
提供专门的可视设备	1035	34.77
同伴陪同	826	27.75

5. 严格执行规范，重视质量控制

残疾人康复体育进家庭是各级残联的一项重要工作，是改善中重度残疾人体质、提高残疾人生活质量的重要途径，是市残联体育工作按照社会化方式开展工作的有益尝试。益辰适应体育培训中心自中标以来，高度重视此项

工作，从观念上提高认识，按照北京市残联项目的执行周期，合理制订实施计划，按照时间节点完成各阶段的任务，明确各部门的职责分工，全力抓好协调、服务、监督工作。

有效整合优势资源，多团队协作配合完成任务。在项目服务内容开发方面，组建专业研发团队，根据受助对象的特点开发适宜的体育锻炼内容，同时充分考虑受助对象的使用需求，选择适用于本项目服务内容的锻炼器材，充分发挥器材的特点，提高器材的使用率。

在项目实施方面，充分发挥了各区县残联在辖区内的资源优势，确定项目本区协调人，并积极推荐相关人员，配合中标单位在区内成立项目工作组，按要求督促区项目工作组按时完成康复体育指导员的确认、康复体育进家庭受助对象的筛选工作，全面配合项目工作组深入社区、家庭开展工作，确实让残疾人从中受益。

在专业化服务方面，由北京体育大学技术服务指导团队为本项目提供专业培训支持，针对项目服务内容，面向各区域的残疾人社会体育指导员，以现场教授的形式展开，从源头上提升服务内容质量，确保为受助对象提供专业化的体育锻炼指导，满足受助对象多样化的日常体育锻炼和康复锻炼的需求。

在精准服务方面，一方面，根据填写的《残疾人体育锻炼需求调查问卷》，了解受助对象的基本情况、参与体育活动的时间和内容以及影响参与体育活动的因素，为下一年计划的制订提供参考依据，提升服务的精准度；另一方面，对200位受助对象进行跟踪指导，了解锻炼效果。

（三）北京市康复体育进家庭试点项目的成效与评价

依据项目设定的工作目标，通过满意度问卷调查和线上随机回访的形式了解项目的实施效果，调查结果如下。

1. 锻炼内容满足受助对象的基本锻炼需求

绝大多数受助对象认为锻炼内容可以满足基本的锻炼需求（见图1）。

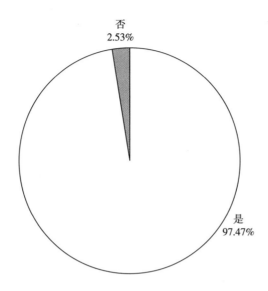

图1　锻炼内容是否满足基本锻炼需求

2. 视频学习有利于掌握康复锻炼方法

（1）关于视频学习康复锻炼方法

97%的受助对象都认为视频的方式方便学习康复锻炼方法，并且大部分受助对象在项目实施周期内能够每天观看视频内容30分钟以上（见图2、图3）。部分受助对象表示，指导员的监督会在保证视频观看时长上起到作用。

（2）关于不同姿势弹力带训练内容

大部分的受助对象表示对锻炼内容非常满意（见图4）。

3. 对入户指导周期内锻炼效果感到满意

96.23%的受助对象表示对自己近2个月的锻炼效果非常满意（见图5）。随访发现，受助对象中有人表示，在整个项目周期完成后，自身的身体状况或多或少会发生一些改变，比如在做家务等体力活动时的身体状况有所改变。

4. 对入户指导人员的工作服务感到满意

大部分的受助对象表示对指导员的工作服务表示满意，尤其在指导员对视频播放器使用的指导和对其项目周期内每日进行锻炼的监督两方面，表示满意。

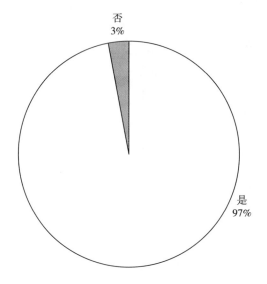

图2　视频的方式是否方便学习康复锻炼方法

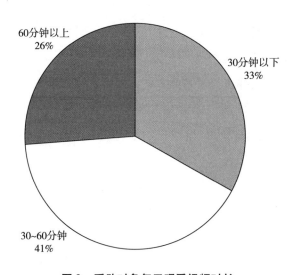

图3　受助对象每天观看视频时长

5.对后续进行体育锻炼持积极态度

受助对象表示出对整体服务的满意，受助对象中绝大多数愿意继续坚持体育锻炼，少数人可能坚持不下来，极少数不愿意继续坚持（见图6）。

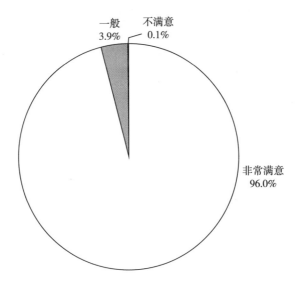

图4 对坐姿、站姿和卧姿弹力带训练内容的满意程度

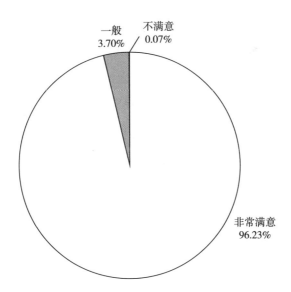

图5 是否对入户指导周期内锻炼效果满意

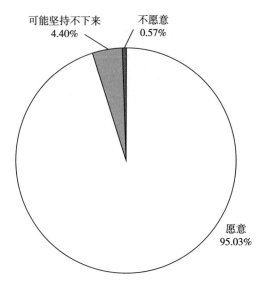

图6　后续是否愿意继续坚持体育锻炼

三　北京市康复体育进家庭试点项目中存在的问题

（一）提供精准服务存在一定困难

从数量上来看，受助对象每年涉及北京10个区县的3000户家庭；从受助对象类别来看，要求本市户籍，持证的二级、三级和四级残疾人，包括肢体残疾、智力残疾、低视力者，且近3个月内健康状况和身体功能相对稳定。众所周知，不同的残疾类别康复需求千差万别，想要制定一套满足所有残疾人群体的日常体育锻炼方案，在实际操作上存在较大难度，再加上受助对象数量多，每20位受助对象仅配备1位残疾人社会体育指导员，对于指导员来讲工作量较大，难以保障服务的精准度。

（二）残疾人社会体育指导员专业性不足

项目依托各区县上报的残疾人社会体育指导员来具体实施，首先由项目承接单位为各区县残疾人社会体育指导员进行专门的培训，再由指导员来进行具体的入户指导。通过对残疾人社会体育指导员的调查可以发现，此岗位人员构成复杂，主要为街道残联协管员、社会工作者等，由于没有专门的残疾人社会体育指导员岗位，多数人员没有从事体育运动或体育指导的经历，也极少参加专门的体育培训，专业性亟待加强。

（三）项目经费不足

对于本项目而言，主要的工作在于为受助对象提供体育锻炼方案和体育锻炼指导服务，而本项目由于经费有限，且经费多用于购买器材，用于开发体育锻炼内容和进行入户指导的费用则相应减少，造成工作在开展时难度较大。锻炼内容的开发需要依靠专业的团队，且耗费人力、物力和精力，需要有一定的资金支持，才能更好地进行内容的开发。同时，对于残疾人社会体育指导员的入户服务费用更需要增加，因为现有的指导员都是从其他岗位借调而来，并非专职岗位，本来在基层就身兼数职难以脱身，如果没有一定的经费支撑，难以确保其对于本项目投入的精力和时间，因此就会降低服务的质量，进而影响服务的效果。

（四）项目任务周期较短，服务效果难以量化

众所周知，体育作为一种康复手段，注重对身心影响的持续性，只有坚持不懈的锻炼才有可能取得较为显著的效果，但是本项目从开始实施到结项，整个服务周期只有 3 个月，对于个体的影响难以通过指标进行量化评估。

（五）缺少项目后续跟踪指导服务支持，持续性效果受到影响

本项目作为"十三五"期间北京市残联体育部门的重要工作之一，每年都通过政府购买服务的形式来开展，每个家庭只有一次参与机会，但是对于项目完成后，没有再进行相应的跟踪指导服务，可能有很多人不会再继续坚持锻炼，这就难以对其产生持续性的影响，整个项目的实施效果也会打折扣，难以真正实现项目制定的初衷。

四　北京市康复体育进家庭试点项目的改进建议

（一）针对残疾人的多样性需求，服务内容应兼顾残疾类别和程度的需要

中国有 8500 多万名残疾人，不同的残疾类别和残疾程度对于体育锻炼的需求一定是不同的。通过项目实施前期对残疾人基本情况和体育锻炼需求的调查发现，尽管已经开发出众多适用于不同残疾人群体的锻炼内容，但是在实施过程中仍旧存在精准化服务不足的问题。康复体育进家庭项目实施的初期目标就是让更多的残疾人了解体育这种康复手段，改变传统的思维定式，让更多的残疾人从"不动"到"愿意尝试运动"。在下一阶段的服务中，要响应国家"体医结合"的号召，精准化定位服务内容，满足更多残疾人的体育锻炼需求，真正实现体育促进健康的目标。

（二）加强街道、社区残疾人社会体育指导员的专业化培训，使其能够胜任入户指导的角色

北京市在实施康复体育进家庭项目中，为更好地扩大受助对象的范围，充分发挥残疾人社会体育指导员的作用，为残疾人社会体育指导员提供入户前的培训，以 1:20 的服务比例，较好地控制了服务的质量。由于残疾人社会体育指导员没有专职的岗位，多数人在所在单位都是身兼数职，且较少有参与体育活动的经历，因此在专业性方面还需要进一步提高。如果能加强对残疾人社会体育指导员的培训，促进其专业化发展，就能在康复体育进家庭项目中发挥更有效的作用。

（三）加强具有针对性的科学体育锻炼的知识普及宣传，帮助残疾人建立科学运动健身的正确理念

运动是把双刃剑，科学合理的运动可以帮助人提高健康水平，但过度的运动、不恰当的运动反而会增加人受伤的风险。对于残疾人群体而言，原有的伤病对身体造成的伤害很多是不可逆的，不科学的运动会增加二次受伤的风险。因此，更需要对这一群体加强科学体育锻炼知识的宣传和普及，只有树立正确的健身理念，才能更多地推动康复体育的发展。

（四）加大经费投入力度

项目实施的效果在很大程度上受到前期内容准备的影响，如果前期精力投入不足，服务内容就难以做到精准化、全面化。因此，在健身方法和技术手段的研制、社会体育指导员的专业培训等方面要设立专项经费。在项目执行过程中的各层级服务人员的必要报酬要列入项目经费总体预算。只有确保更多专业的人有精力做专业的事情，才能更有效地保障项目的最终质量。

（五）立足于可持续发展，建立信息化管理平台，建构远程网络支持服务系统，实现追踪性服务与管理

康复体育进家庭项目要从项目的可持续发展着手，注重后续的跟踪指导服务，让项目不再只是走形式，而是要真正渗透到千万个残疾人家庭当中。利用好大数据时代的优势，为残疾人群体建立信息化管理平台，及时更新残疾人的信息，为受助对象构建远程网络支持服务系统，加强后续的指导，提升项目的影响力和社会价值。

B.12
重庆市特殊教育中心
"三位一体"特色体育的实践

邵宇 黄秋 周威林 徐尚宗 姜舟*

摘　要：　重庆市特殊教育中心为了解决体育教学中课程封闭单一、教学资源匮乏、参赛平台局限的问题，经过不断地探索，形成了以融合为引领的教学—训练—竞赛"三位一体"特色体育教育模式。该模式是指，在教学上，完善体育课程，确保"每天运动一小时"，开设多种运动项目，注重普及性与趣味性相结合，激发潜能；在训练上，开展多种形式互为补充的训练，整合校内外资源，聘请优秀教练，建设盲人综合训练基地；在竞赛上，提高参赛平台层次，实现与普通学生同台竞技，使学生的体育素养得到大幅度提升。通过对教育实践的总结，提出了视障教育学校体育教育发展的五条建议：建立完善的资源共建网及支持与服务体系，健全竞赛奖励机制，与相关高校共同开展运动员定向培养合作，多途径、多项目创造融合机会，提升视障教育学校体育教育水平。

关键词：　视障教育学校　"三位一体"特色体育　融合教育　重庆市

---

* 邵宇，重庆市特殊教育中心副校长，主要研究方向为学生管理；黄秋，重庆市特殊教育中心体育教师，主要研究方向为适应体育、人文体育；周威林，重庆市特殊教育中心体育教师，主要研究方向为适应体育、体育教学；徐尚宗，重庆市特殊教育中心体育教师，主要研究方向为适应体育、体育教学；姜舟，重庆市特殊教育中心体育教师，主要研究方向为适应体育、体育教学。

一 实践背景

2020 年，中共中央办公厅、国务院办公厅印发了《关于全面加强和改进新时代学校体育工作的意见》（以下简称《意见》），指出学校体育是实现立德树人根本任务、提升学生综合素质的基础性工程，是加快推进教育现代化、建设教育强国和体育强国的重要工作，对于弘扬社会主义核心价值观，培养学生爱国主义、集体主义、社会主义精神和奋发向上、顽强拼搏的意志品质，实现以体育智、以体育心具有独特功能。为贯彻落实习近平总书记关于教育、体育的重要论述和全国教育大会精神，把学校体育工作摆在更加突出位置，构建德智体美劳全面培养的教育体系。①

体育是社会文明成果的一个缩影。作为特定的社会文化现象，体育能够体现当下社会及文化道德水平，具有塑造人和培养人的功能。通过参与体育活动提高学生体质健康水平，增强自信心，塑造良好的心理品质，以实现体育教育的目的。残疾人参与体育更是凸显了体育的融合功能，特奥、残奥等赛场上的特殊运动员以其自强不息的精神，唤起了公众对生命的敬佩。残疾人体育是实现社会公平的重要内容，也为残疾儿童有效融入社会提供了新的途径。

重庆市特殊教育中心（以下简称"重庆特教中心"）是重庆市一所视障教育学校。近年来，在国家政策指引下，结合学校"挺起胸膛朝前走"的校训、"为每一个孩子的幸福人生奠基"的办学宗旨，在体育教学实践过程中，发现特殊体育教学存在以下问题：教学内容、课程封闭单一，跟不上普通学校体育教育的多样化发展；训练师资、场地、资金资源缺乏，训练手段单一，不利于盲生体育素养的培养；参赛平台层次较低，局限于校级、区级

---

① 《中共中央办公厅、国务院办公厅印发〈关于全面加强和改进新时代学校体育工作的意见〉和〈关于全面加强和改进新时代学校美育工作的意见〉》，教育部网站，2020 年 10 月 15 日，http：//www.moe.gov.cn/jyb ＿ xxgk/moe ＿ 1777/moe ＿ 1778/202010/t20201015 ＿ 494794.html。

比赛，比赛对象局限于同校特殊群体，参赛意义不大，不利于竞赛成绩的纵向比较和提升。基于此，在课程改革的推动下，结合学校视障教育实际，从视障儿童身心发展规律出发，不断探索特殊体育教学的改革和创新，最终形成了以融合为引领的教学—训练—竞赛"三位一体"特色体育教育模式。通过融合普通学生参与体育教学、体育训练、体育竞赛的方式，以体育融合为主线，以校本课程开发的体育课堂教学为基础环节，以训练、竞赛为提高运动成绩的重要渠道，培养学生对体育运动项目的兴趣，增强体质，健全人格，锻炼意志，提高运动成绩，积极适应社会，融入社会。

二　重庆市特殊教育中心特色体育的具体实践

重庆特教中心在与盲校义务教育课程标准保持一致的基础上，开发了特色体育融合课程，对照课程标准，厘清课程性质、基本理念，摸清学生学习特点，贯彻融合教育理念，制定体育课程内容，形成以融合为引领的特色体育课程。该课程具有立德树人的导向作用，注重体育素养与学生理想信念的培养，关注学生生命质量和价值，开发潜能。

（一）教学

1. 开齐开足体育课，确保"每天运动一小时"

重庆特教中心严格按照国家课程方案和课程标准，开齐开足体育课，不断丰富课程内容，逐步拓宽体育课程领域。积极响应"每天运动一小时"的号召，以"阳光大课间"和"两操"活动为平台，充分保障学生日常体育锻炼。根据季节变化，开设了啦啦操、跑步、足球、篮球、跳绳等形式丰富且多样的"阳光大课间"活动，根据不同年级学生的需求分配相应的体育项目，保障学生最大限度地参与活动。"两操"是早操及下午课间操。早操以校园啦啦操等增强身体素质的活动为主，下午课间操则以学校特色的跳绳项目（包含单人竞技跳绳、花样跳绳、双人配合跳绳）为主。在老师和学生的共同参与下，全校师生真正将"健康第一、终身体育"的理念全面贯彻在学校的日常体育活动中，为学校特色体育项目的开展，打下坚实的基础。

2. 注重普及性与趣味性相结合，激发学生潜能

近年来，在每年举办的学校体育节上，除了开设传统的田径比赛外，还增设了独具特色的"校园吉尼斯挑战赛"项目，例如：平板支撑、"金鸡独立"、叠加转呼啦圈等。在比赛形式上，采取了形式多样的跳绳比赛、班级队列队形比赛、班级啦啦操比赛等。此外，增加了全校学生参与的体质健康摸底的达标赛，参照学校制定的视障学生体质测试评价标准，对学生身体素质进行准确评价。这也是学校在体育思想观念上的巨大改变，打破了传统的少数人参与体育竞赛的认识樊篱，促进全员参与体育健身。体育节的举办不仅有效地帮助学生增强体质，培养学生协作、拼搏、自强的体育精神，还为学校营造了浓厚的体育活动氛围，加速学校特色体育发展，助推校园体育文化建设。

3. 多种运动项目满足学生需求

由于视觉获取信息的缺陷，视障学生在感知事物、形象思维、运动协调等方面存在不同程度的障碍。体育活动应满足学生的特殊需要，注重调动学生多感官参与，致力于学生的潜能开发，提高学生运动技能。经过多年的发展与沉淀，重庆特教中心形成了一批有针对性、有优势的运动项目：盲人门球、田径、盲人足球、盲人棒球、盲人乒乓球、游泳、跳绳、残疾人啦啦操等。田径、游泳项目帮助学生掌握动作技能，增强学生体质；盲人乒乓球、门球、足球等项目用听觉代替视觉，最大限度地补偿学生生理缺陷，锻炼手耳协调能力；跳绳、残疾人啦啦操能改善学生前庭神经功能，锻炼平衡、灵敏、协调能力，增强空间、方位感。学校开展的多种运动项目既能满足学生体能锻炼的需求，又能满足学生日益增长的多样化美好生活追求需要，为终身体育奠定基础。

（二）训练

1. 强化学校体育训练，满足学生多元化需求

重庆特教中心体育训练形式以集体训练和兴趣小组训练为主，训练方式采用分层训练、分类训练和个别化训练相结合，以普通学校（社会体育机

构）优势项目融合、扶持为实施途径，通过灵活的"走班"教学，满足不同学生的差异化需求。组建了课外兴趣小组、体育社团和俱乐部，利用课外时间开展跳绳、足球、啦啦操、田径、游泳等多项运动。以多种形式推动学生积极参与常规课余训练，逐步完善"健康知识＋基本运动技能＋专项运动技能"的体育教学延伸模式。为了保障学生每天有体育锻炼的时间，学校合理安排寒暑假体育作业，家长通过微信群打卡汇报学生每天锻炼情况，教师得到反馈后，及时指导，家校合力，培养学生良好的锻炼习惯。

2. 建成盲人综合训练基地，完善体育设施设备

全面完善体育教学设施设备，建成盲人综合训练基地。2020年，重庆市盲人综合训练基地在重庆特教中心落成，学校体育训练设施设备进一步完善，训练经费和后勤保障更加有力，学校加大体育设施设备建设力度、增强师资力量、整合有效资源，这无疑为学校的"三位一体"特色体育教育模式"插上腾飞的翅膀"。

3. 聘请优秀教练，整合校内外资源

聘请各领域优秀教练对各项目进行定期指导，对运动项目、训练方式方法提出宝贵意见。在专家的指导下，学校各个运动队伍管理和训练效果得到有效改善，基地建设得以进一步完善，运动队运动成绩得到有效提升。同时，整合校内校外场地资源，与社区体育场地、兄弟学校场地资源多方联动，满足学校运动队对训练器材和场地的需求。

（三）竞赛

1. 不断提高参赛平台层次

随着学校运动队运动成绩的提升，重庆特教中心的体育比赛平台实现了从校级、区级提升至省市级、国家级、国际级。参赛平台层次的提高、赛事含金量的增加，助推学校特色体育发展。

2. 实现与普通学生同台竞技

多年来，重庆市南岸区运动会只有田径比赛设置了特殊组，重庆特教中心参赛队员的竞争对手主要来自本校同队队友。经过学校努力争取，区中小

学运动会在越来越多的竞赛项目中设置了特殊组。2020 年 10 月，重庆市中学生田径锦标赛首次增设了特殊组，这是重庆市水平最高、规模最大的中学生运动会，面向全市特殊学校，邀请全市 26 个区县的 74 名残疾人运动员一同参与赛事。视障学生与普通学生同台竞技，这是全国第一次真正意义上普特融合的田径体育赛事。① 2021 年重庆市中学生田径锦标赛延续了上一届特殊运动员共同参与的模式，包括重庆特教中心在内的 30 余所特殊教育学校的近百名特殊运动员，参与视力障碍、听力障碍、智力障碍组的比赛，特殊群体参赛规模不断扩大，使普特融合的竞技体育赛事成为常态。2021 年 5月，重庆特教中心跳绳队首次参与普通组竞赛，打破了以往残疾人体育的竞赛方式，并且在 8 个跳绳项目中，重庆特教中心运动队以绝对性的优势获得了 3 个项目的金牌。②

重庆特教中心还与广益中学进行了普特融合的大胆尝试。两校整合师资力量，外聘西南大学啦啦操教练和来自台湾的啦啦操金牌导师，组建了一支跨学校、跨地域、跨学段的普通学生和视障学生共同参与的融合啦啦操超级联队，搭建起普特融合的学习共同体，最大限度地实现了残、健两类学生的优势互补。啦啦操队先后获得 2018~2019 年全国啦啦操联赛（重庆站）公开残疾组集体花球自选动作冠军、2019 年世界啦啦操锦标赛残疾组集体技巧（3 级）亚军、2018~2019 年第七届中国（南京）啦啦操公开赛公开学生残疾组集体技巧（0~2 级）冠军、2019~2020 年全国啦啦操联赛（重庆站）公开残疾组集体街舞自选动作（融合）冠军。

在重庆特教中心的积极推动下，重庆市视障学生的体育参与形式正在悄然发生变化，体育比赛正以积极的方式，将同一时间、同一项目、同一竞赛融合在一起，开创了从无到有的融合竞赛场面。学校的体育融合实现了视障

① 《重庆市 2021 年中学生田径锦标赛暨第十四届全国学生运动会选拔赛竞赛规程》，重庆市教育委员会网站，2021 年 3 月 16 日，http://jw.cq.gov.cn/jygz/twygfjy/zxtz_21522/202103/t20210316_9002118.html。
② 《体育快讯丨南岸学子运动展风采》，"书香南岸"微信公众号，2021 年 6 月 2 日，https://mp.weixin.qq.com/s/8GlljJ-ilOJJxpVPygWXIw。

学生与普通学生的交流，对促进残疾人与社会的交流、更好地融入社会具有深远意义。

三　重庆市特殊教育中心特色体育的实践经验

重庆特教中心积极探索视障学校特色体育发展之路，打造以融合为引领的"三位一体"特色体育教育模式，帮助视障学生增强体质、健全人格、磨炼意志、融入社会，促进视障学生身心全面发展。根据学校发展水平、教育资源配置、学生实际情况，立足办学宗旨，放大优势，在以融合为引领的"三位一体"理念驱动下，学校立足时代发展的需求，积极寻找体育教学、训练改革的突破口，加强对体育锻炼制度的探索，开发出适合盲生的体育校本课程，最大限度地补偿学生生理缺陷，挖掘学生潜力，使学校体育教育同学生身心健康发展相适应。同时，制定了关于视障学生的体质测试评价标准，能够较为全面地评价学生的身体素质表现，教育教学质量普遍提高，逐步形成了可行性强、多渠道、多层次、多元化的视障学校特色体育教育模式，促进了学校体育多样化发展。尊重和关注当今弱势群体日益增长的多样化体育文化需求，充分发挥个性、挖掘潜能，促进学生全面发展，符合新时代社会和谐发展需要。

（一）普特融合，拓宽思路

1. 教育教学质量提升

融合体育模式下的体育教学，为视障学生和普通学生提供了有效的互动媒介。通过学校有效协调，普通学生到特教课堂进行交流、经验分享，特教教师可以借鉴优秀教学方法，视障学生可以在普通学生的帮助下，更快地掌握动作要领，强化动作技术。在相处过程中，普通学生能够提高对视障学生的认可度。

这种体育教学模式，通过有效的体育课堂教学，为普通学生和视障学生搭建了一个互相接纳的平台，增强交流联系，实现学生之间通过体育进行交流和互动，形成普通学生主动帮扶视障学生，视障学生积极主动寻求帮助的互动意愿，在不影响视障学生进行体育参与的独立性前提下，加强双方学生主动互助意识，强化视障学生体育运动技能，实现高质量教育教学。特教体育教师可以从普校体育课堂教学中汲取优秀的教学经验，提高自身教育教学水平。

2. 体训队技术水平的提升

在各个队伍的训练中，采用与各个项目高水平的训练队伍进行融合训练的方式，学习优秀队伍的成熟、先进技术，纠正存在的错误动作，给予技术性帮助。在训练相处过程中，视障学生可以感受到高水平训练队伍的动作水平、严格的训练氛围；普通学生可以感受到视障学生的拼搏精神，在普通学生的加油呐喊下，视障学生往往更能突破身体极限，动作技术超水平发挥，在增强训练效果的同时，提高了视障学生适应场地的能力。

借鉴普通学校优秀运动队伍训练模式，从学校体育整体情况出发，着重突出学生的主动参与性、项目的发展性，构建了适合重庆特教中心学生的梯队训练模式，致力打造一个体育学习氛围更加浓厚、参与度更高的体育训练环境。

体育课堂时间有限，难以满足有更多运动需要的学生，这部分学生自愿组成了兴趣小组，主动学习。虽然这部分学生的总体竞技水平没有运动队学生的水平高，但是他们凭借浓厚的兴趣爱好，自主进行锻炼，指导老师也会定期组织指导训练。兴趣小组是"训练—竞赛"体系的基础，为学生学习基本的动作技术打下坚实的基础，学生身体素质逐步提升，并为各个项目的体训队提供储备队员。在这个过程中，学生不仅能够实现体能的增强，还能实现兴趣、自愿的有机结合，加快校园体育文化的形成。

在兴趣小组中，具备一定学习能力，身体素质、心理素质较强的同学，可以通过选拔进入各个项目的体训队，体训队由各个项目教练员负责队伍的管理与训练。训练分为常规训练和赛前训练，常规训练一般是以强化技术动作的日常练习为主，赛前训练是以巩固与提升技术动作的集中训练为主。体训队队员分为一梯队和二梯队，一梯队由整个队伍各方面表现突出的队员组成，主要代表学校参加各级比赛；二梯队由队伍中某方面稍有欠缺的学生组成，以提升运动成绩、增强身体素质为主，采用升、降级的形式，激励他们

向更高水平进阶。

3. 自我认同感增强

体育运动改善了重庆特教中心学生的身体状况，增强了他们的体适能，同时体育运动给他们心理上带来的愉悦与刺激，能够逐渐消除他们不良的情绪。运动技能的掌握使他们发现了自身的价值，并且能够勇于正视自己的价值，不断挖掘自己的潜能，增强社会责任感，敢于承担社会责任。

通过体育融合的形式，重庆特教中心的学生在运动项目技术、自信心、自我认同感和社会交往能力等方面均有了大幅度提升。体育融合是残疾人与健全人在体育领域融合交往的初始媒介，[①] 本报告希望融合不要局限于体育运动，而是能够以"体育融合"为跳板，将沟通媒介进一步扩展到其他领域，增加普通学生与视障学生的交流机会，相信会使更多人改变对视障学生的看法，进一步促成社会良性互动，让越来越多的视障学生感受到社会大众的认可，不断增强视障学生的自我尊重、自我认同感。

（二）建立特殊教育资源中心，推动融合教育

为了让每一个视障学生享有公平且有质量的教育，学校在上级领导的指示下加大市级资源中心建设力度，发挥示范辐射作用，推动区域内学校融合教育工作的开展，对所有有特殊需要的学生进行评估和帮助，对有需要的学校进行指导，推动资源中心在本市全区域覆盖，进一步探索区域推进融合教育的有效发展。

（三）研发校本课程，优化课程设置

在视障学生体育课程教材缺失的情况下，学校依据视障学生生理特点，融汇人教版《体育与健康》的教学内容、教学要求，分学段研发适用于各水平视障学生身心发展规律的校本课程，并开设学校特色体育项目，丰富课程内容，拓宽课程领域。校本课程的研发在很大程度上激发了视障学生对体

---

① 徐五所：《融合体育残疾人体育教育的诉求》，《当代体育科技》2015 年第 35 期。

育运动的学习兴趣，加强了教师对视障学生身心特点的了解，提高了教师运动技能教学水平，促进学生对体育项目的学习和掌握，引导学生树立正确的运动健康观念。

（四）以点带面，创新学校教学工作

体育融合取得的丰硕成果，带动了学校教学工作的整体创新。学校把融合带到整个教育教学活动中，多途径融合，构建了以音乐、体育、美工学科为主的特色课程体系，开设了管乐团、合唱团、特色打击乐团、电声乐队、巧手美工团等丰富多彩的艺术社团，值得关注的是，重庆特教中心扬帆管乐团是中国人民解放军军乐团定点扶持单位。重庆特教中心学生通过常规训练、集中训练、展演、参赛等方式，在人文素养、个性化方面都得到极大提升，为今后融入社会生活奠定了坚实基础。

（五）以赛促训，强化教学训练，形成多个优势项目

学校以"健康第一，终身体育"为教学指导思想，以全面培养视障学生体育核心素养为目标，以融合为引领的"三位一体"特色体育教育模式为手段，以"融合来引领，教学立基础，训练促提高，竞赛抓成果"为定位，成功创建"重庆市盲人综合训练基地"，通过提升发展平台层次，强化教学训练，形成多个优势项目。

在体育教学中贯彻并落实以融合为引领的"三位一体"理念，对体育课程进行优化设置，多途径培养学生体育学习兴趣。

围绕体育项目和学生特点，从教学设计、教育手段、个别化教育、集体教育等方面全面推进教育行动，在学校的体育课堂中将"三位一体"特色体育教育模式做优、做强、做实，形成一定的学校体育教学特色。以学生兴趣、功能补偿为突破口，以赛促训，全面强化教学训练内容，拟定学校体育特色运动项目，将跳绳项目作为引领项目，啦啦操作为全校常规性项目，田径、游泳、盲人乒乓球、盲人足球等作为特色项目。鼓励学生多参加国内外的竞赛，赛前集中训练，赛中认真记录、交流学习，赛后对比赛中出现的问

题进行分析总结，有针对性地制订新一轮的训练计划。通过循环往复的"竞赛—发现问题—分析问题—解决问题"方法，达到以赛促训、促进学生竞赛能力提升、多个优势项目全面发展的目的，为实现学校体育项目可持续常态化发展奠定基础。

（六）课题引领，深化教学改革

学校体育组教师积极以科研课题研究为学科引领，促进专业发展，累计发表核心期刊2篇，省级期刊7篇，省级、市级、区级课题共4项，以课题为引领，开展适宜视障学生发展的体育活动。目前，视障学生体育可供参考的论文成果很欠缺，融合体育亦是如此。融合体育是当下实现残疾人与普通人、人与社会、人与自然和谐统一的有效途径，是体育教育的范例，是可以深度挖掘的案例。作为特殊体育教育工作者的我们，应当不断寻求先进理论，深化教育教学改革。

（七）体育教师队伍高质量发展

为了保障体育特色项目的开展，首先，学校配备5名专职体育教师，师资力量充足，师生配比率高达1∶55；其次，学校根据体育教师的专职特长，开设体育特色项目，以满足学生体育活动的需求；最后，学校在各个队伍技术提高阶段，聘请行业内专业、权威的专家、教练进行动作指导，强化师资队伍。

（八）制定体质测试评价标准

为了更精确地掌握学生身体机能指标，体育组教师调研了全国多数视障学校学生体质情况，结合重庆特教中心学生情况，制定了重庆特教中心学生体质测试评价标准。视障学生体质测试评价标准的制定，使不同程度视力残疾、不同年龄段的学生的体质差异有了明显区分，从模糊的体质评价转化成精确的定量评价。该评价标准充分尊重学生身体差异，同时能够使教师有针对性地加强学生薄弱项目，提升学生整体体质水平。

四 重庆市特殊教育中心特色体育发展中存在的问题

（一）部分普校存在认知偏差，融合之路充满荆棘

在推进以融合为引领的"三位一体"特色体育教学模式的过程中，部分普校仍然存在认知差异，将同场比赛的融合体育定义为配合、辅助视障学生完成比赛，而不是共同参赛。在这种认知偏差下，部分普校对体育资源有所保留，且缺乏主人翁意识，因此很难取得项目的成功，使学校的体育发展乃至社会残疾人体育的发展受到一定阻碍，未来融合体育还有很长一段路要走。

（二）资金短缺，各项目开展困难

各个项目的开展都需要大量的资金作支撑，竞技体育需要维护、更新场地器材设施以符合项目开展条件，运动员需要营养均衡的膳食来保证高强度训练、需要专业医疗团队保障身体机能恢复等，这些都离不开专项资金支持。近年来，学校通过努力争取各种政策和资源，改善和提升学生体育运动的条件和质量，充分利用社会各种教育资源，根据学生特点，为其创造了相对丰富的体育课程。

（三）基地教练的运动医学、康复知识欠缺

目前，学校基地教练的运动医学、康复知识较为欠缺，很难对训练过程中学生急性损伤进行康复指导。在学校特色体育的大力发展下，师资不能完全满足发展需求。

五 重庆市特殊教育中心特色体育发展的成效与思考

（一）成效

2018年，学校在全国啦啦操委员会的技术支持下，完成了2018年全国

残疾人啦啦操示范套路动作编制及教学视频，该视频在全国进行了推广。2019年4月，重庆特教中心和广益中学联合组队（Luck 啦啦操队），参加了在美国奥兰多举行的"2019 年世界啦啦操锦标赛"，获残疾组集体技巧（3 级）亚军，取得了中国在该项目上的最好成绩，[①] 这也是中国第一支融合啦啦操队伍登上国际赛场。学校还获得了"全国啦啦操推广单位""残疾人啦啦操示范单位"的称号。此外，国家体育总局体操运动管理中心全国啦啦操委员会批准重庆特教中心为"全国啦啦操五星级俱乐部"，重庆特教中心成为全国第一家五星级残疾人学校俱乐部，成为全国残疾人啦啦操运动项目唯一推广示范单位。

2019年5月，重庆特教中心扬帆跳绳队在"中华人民共和国第十届残疾人运动会暨第七届特殊奥林匹克运动会"盲人跳绳比赛中，获5金1银1铜，经此一役，奠定了重庆特教中心扬帆跳绳队在盲人跳绳项目的领先地位；2021年5月，学校扬帆游泳队在"重庆市第六届残疾人运动会"上获得6金10银4铜；[②] 学校扬帆田径队站上了全市中小学生运动会的赛道，与同龄伙伴同场竞技。

（二）思考

1. 建立完善的资源共建网

配合市区教育局、体育局、残联进行多层次、多维度、多元化的合作。由上级部门牵头，与其他单位协调沟通，建立资源共建共享网，共同助推学校特色体育发展，推动区域整体体育发展。

在目前发展进程中，需要以地方残联、地方体育管理部门等为枢纽，加大体育资源共享力度，建立特殊学校与普通学校、社会体育机构等的共建网，促进体育资源的融合，保障各特殊学校体育项目的高质量发展。

---

① 黄秋等：《国际接轨背景下中国 ParaCheer 的制胜因素》，《福建体育科技》2019 年第 5 期。
② 周铉：《市残运会游泳比赛在綦开赛》，重庆綦江网，2021 年 5 月 21 日，https://www.cqqjnews.cn/qijiang_ Department/Department51/2021 -05/25/content_ 4529879. htm。

2. 建立完善的支持与服务体系

为了促进学校盲人综合训练基地训练项目的建设和有序开展，依托省市残联搭建了与各基地单位、兄弟学校的沟通交流平台，借鉴优秀队伍的训练方式方法，在基地文化和特色的基础上，整合优秀队伍成功经验，打造符合本校训练基地的特色文化。在物资方面，依靠省市残联、社会爱心企业等机构帮扶资助，为学校体育项目的发展提供物质保障。

建立强大的后援保障团队，完善医疗、营养、康复等复合型后勤服务团队，提高残疾人体育训练基地保障服务能力，满足学生在学习、训练之余的其他生活需求，让学生安心投身于训练中，不断提升基地竞技体育水平。

定期派教练员进行有针对性的运动康复培训和专业技能提升性的校外培训，完善训练、医疗等复合型支撑团队，打造专门的一体化竞赛教练团队。

3. 健全竞赛奖励机制

健全体育竞赛奖励机制、规范体育比赛奖励机制，鼓励运动员、教练员刻苦训练，发挥主动性和创造性，积极投身于训练和比赛中，从而全面提升学校竞技体育综合水平，全面推动学校体育高质量发展。

4. 与国内招收特殊体育运动员的高校紧密联系，开展运动员定向培养，实现资源共享

2001 年，北京体育大学已经开始招收残疾人体育硕士生，各个体育院校也为体育教育本科学生设立了残疾人体育课程。[①] 越来越多的高校开始保障视障学生接受高等教育的权利，越来越多的大学为视障学生成立了专门的教育院系。学校应积极与招收视障学生的体育院校、综合院校紧密联系，开展运动员定向培养合作，实现资源共享。这将为视障学生圆梦大学多了一条通道，让他们能够全身心投入训练和比赛，减轻就业、升学压力。

5. 多途径、多项目创造融合机会

目前，重庆特教中心视障学生已经参加了田径、球类、游泳、跳绳、啦

---

① 刘洋、陶玉流、徐建华：《融合体育教育："残健融合"的当代残疾人体育教育发展理念》，《山东体育学院学报》2012 年第 2 期。

啦操、盲人足球等体育项目，而多人集体项目显然更利于普特学生的融合，许多体育项目只要稍微调整竞赛分组，就能做到既适合视障学生参与，又适合普通学生参与，或是只要改变竞赛规则，就能做到组队参与。重庆特教中心在有些体育项目上已经实现了视障学生与普通学生的同场竞技，比如田径、跳绳、啦啦操项目，多次参与区级、市级中学生运动会，实现了体育项目上的普特融合。同时，学校希望越来越多的体育项目能为特殊群体提供融入的机会，让体育项目的参与者覆盖面更广。

重庆特教中心以融合为引领的"三位一体"特色体育的实践，为视障学生搭建了学校体育和社会之间的桥梁，满足了视障学生的体育及身体运动补偿需求，促进了学生身心全面发展，提高了学生身体素质综合能力、社会适应和交流水平，真正实现了"挺起胸膛朝前走，以心为眼看世界"的目标。在未来的学校体育工作中，体育教师要加大力度引导学生参与体育运动，协助更多体育赛事的组织举办，为视障学生提供参赛机会，引领视障学生把体育运动作为自身融入社会的一个有效途径。社会各方力量合力促进特殊体育教育的高质量发展，提高弱势群体身体素质，为"教育强国、体育强国、健康中国"的远景目标奠定坚实基础。

B.13
西安市启智学校特奥运动融合教育模式的创新实践

李唯宇 韩秦虎 顾正薇 刘曼*

摘 要： 特殊奥林匹克运动对于智力障碍儿童的发展具有重要意义。
西安市启智学校从2002年开始进行特奥运动融合教育模式的
创新实践，取得的经验有：构建多元化课程，满足差异化需
求；完善特奥支持保障体系，实施有效教学；开展学前运动
康复与融合活动，促进运动康复。开展特奥运动以来，西安
市启智学校取得了良好的效益，不仅学校在特奥运动中屡次
获奖，而且对特殊儿童个体和家庭，都具有积极影响。

关键词： 特殊奥林匹克运动 融合教育 学前运动康复 西安市

一 西安市启智学校特奥运动融合教育模式的实践历程

20世纪80年代，融合教育在后现代主义思潮与西方民权运动的推动下
应运而生，融合教育是特殊教育发展的产物，强调为身心障碍儿童提供正常
化的教育环境。特殊奥林匹克运动（以下简称"特奥运动"）正是在此背景

---

* 李唯宇，西安市启智学校校长，主要研究方向为特殊教育学校管理；韩秦虎，西安市启智学
校党总支书记，主要研究方向为培智教育；顾正薇，陕西师范大学博士研究生，西安市启智
学校教研主任，主要研究方向为培智教育；刘曼，西安市启智学校教导主任，主要研究方向
为培智教育。

下产生的，通过举办各种体育赛事，对运动员的健康进行筛查以及开展融合学校活动等，致力于消除对全球智障人士的歧视，创建包容性社区，为智障人士提供机会融入社会，提高其社会适应能力。中国的特奥运动源于特殊教育，1985年中国特奥会成立，2014年国际特奥东亚区顾问委员会在北京成立。目前在中国，特奥会每年组织的体育活动超过110场。

西安市启智学校于2010年10月15日正式成立并开学，是西安市第一所面向智力障碍儿童的特殊教育学校，隶属于西安市教育局。学校坚持"以人为本，适性发展"的理念，秉持"以学生为本、教师第一"的发展观，通过转作风、强技能、谋创新、促改革，努力推动学校快速发展。学校先后荣获"全国教育系统先进集体""全国残疾人体育工作先进单位""陕西省示范特教学校""陕西省依法治校示范校""陕西省平安校园"等称号。

特奥运动融合教育模式的实践在西安市启智学校开展已久。追溯历史，可以将西安市启智学校的特奥运动融合教育模式的发展大约分为三个阶段。

（一）雏形期（2002～2010年）：肇始于全国特奥运动会举办地的便利，初识特奥运动的魅力

2002年9月8～13日，第三届全国特奥运动会在陕西西安举办，这是中国特奥运动史上规模最大、规格最高、项目最多的一次特奥运动盛会，是中国特奥运动发展史上新的里程碑。当时的西安市第二聋哑学校启智部的部分学生参与了本次特奥会的体育及非体育项目，师生第一次以小集体的形式参与特奥运动，深切地感受到了特奥运动带来的快乐。这个阶段，由于师生对特奥运动还不够熟悉，在上级教育主管部门及残联的较长一段时间引导、组织下，才慢慢了解、熟悉了特奥运动，以积极的态度参与特奥运动及融合活动。2010年9月，学校代表陕西参加在福建福州举办的全国第五届特奥会，共参加田径、轮滑、篮球三个项目的比赛，获得17金5银6铜的骄人成绩。2010年10月，西安市启智学校在建校时与西安市第二聋哑学校原启智部合并，特奥运动融合教育的发展也随之进入了另一个阶段。

（二）探索期（2011～2015年）：密切联系国际国内特奥组织，积极参与特奥运动

西安市启智学校办学伊始就对特奥工作高度重视，特奥运动旨在为智障人士提供机会融入社会，促进其社会适应能力的不断提高。其与西安市启智学校"以人为本，适性发展"的办学理念指引下的"明德育能"课程体系建设非常契合。在这一阶段，学校尝试将特奥运动与学校的课程建设结合起来，在日常课程中加入特奥的训练项目，并积极加强与特奥组织的联系，促进智力障碍学生与社会群体的融合。学校承办了2012年国际特奥东亚区青少年融合接力跑，吸引了来自西安市大学南路小学六年级的160名小学生和西北大学的40名大学生以及残联、教育局等上级部门领导，《华商报》、《西安晚报》、陕西电视台、西安教育电视台等多家媒体单位的参与；组织参加了2013年9月28日，西北工业大学举办的陕西省特奥大学计划融合活动。2013年1月25日至2月6日，学校特奥代表与融合伙伴、指导教师参加了在韩国举办的世界特奥会青少年峰会；2013年11月，协助东亚区举办了特奥幼儿运动员计划培训班、特奥家庭论坛、特奥幼儿健康计划活动；2013年10月14～18日，承办了2013年西安市特奥足球周活动，西安市启智学校代表队获得了A组第一名的好成绩，并包揽了个人技术比赛金牌和银牌；2014年11月4日，承办了国际特奥东亚区"特奥融合计划——西安融合滚球赛"，西安市启智学校一队获得了A组第一名、二队获得了B组第三名的优异成绩；2014年11月，12名师生参加了在上海举办的2014年上海第三届特奥阳光融合跑暨城际邀请赛，获得了A组优胜奖的优异成绩；2015年5月10日，26名特奥运动员代表陕西参加了在四川举行的中国第九届残疾人运动会暨第六届特殊奥林匹克运动会，西安市启智学校参加了滚球、轮滑、篮球3个大项16个小项的比赛，获得了5项7人次金牌，4项5人次银牌，6项20人次铜牌，其中男子篮球获得了集体体育道德风尚奖，6名学生获得了个人体育道德风尚奖，1名学生还作为开幕式火炬手参加了火炬传递；2015年8月，4名学生代表中国参加第十四届世界夏季特奥会田径

比赛，获得了4金4银1铜9枚奖牌的佳绩。

随着对特奥运动的深入了解及参与的特奥运动越来越多，学生的变化非常显著。平时的常规训练可以达到提高学生身体素质、磨炼意志、锻炼学生专注度和动作协调的目的，有很好的康复效果，尤其是活动中的互动，提高了学生的沟通交往能力，为融入社会打下基础。2015年，融合学校计划逐步开始推广，通过参加比赛及活动，学生们提高了团队协作能力，变得更加专注，更有责任心，出门在外，也学会了自我照顾。优异的成绩为学生带来成功的喜悦，学生自信得到恢复，同时亲子关系得到改善，为学生将来融入社会，走向独立打下基础。

（三）成熟期（2016年至今）：借助专业力量形成创新模式，发挥引领辐射作用

融合学校计划的目标之一，即在教育界推广"特奥融合"的理念，为学校的师生创造学习和融入特奥的机会。自西安市启智学校与西安市体育学院签订共建特奥融合学校协议以来，多次合作开展活动。2016年5月，学校组织两支队伍参加在西安市体育学院举办的西安市特奥足球融合比赛，获得A组第三名；2016年10月，与西安市第六中学足球队共同参加了在河北邢台举办的2016年全国青少年校园足球特奥融合组总决赛，获得了体育道德风尚奖；同年10月，与西安体育学院的融合伙伴代表陕西参加了上海融合足球赛暨全国城市总决赛，获得全国第五名。

在这一时期，西安市启智学校多次独立组队代表陕西参加国家、东亚区以及国际特奥运动比赛，多次在田径、足球、篮球、硬地滚球、轮滑等特奥运动项目获得金牌、银牌和铜牌。2017年5月，学校代表陕西参加了河北邯郸举办的全国特奥滚球比赛，获得了团体体育道德风尚奖，2名学生获得了16~21岁男子组双人赛第一名；同年5月，学校足球队参加了2017年西安市特奥足球融合赛，以绝对的优势获得A组冠军；同年10月，学校足球队赴上海参加2017年国际特殊奥林匹克东亚区融合学校足球联赛，获得了B组第二名；学校轮滑队参加在眉山举办的全国特奥轮滑比赛，获得7金3

银 6 铜的佳绩；2018 年 5 月，学校足球队赴福州参加全国第十届残运会暨 2018 年全国特奥足球比赛，获得 1 金 1 铜；2019 年 3 月，6 名学生代表中国参加第十五届世界夏季特奥会滚球项目比赛，获得 3 金 3 银 1 铜 7 枚奖牌，成为当年夺牌的主力；2019 年 10 月，学校参加西安举办的国际特奥东亚区融合篮球赛，获得五人制篮球赛二等奖。

随着特奥运动的发展，学校也逐步建立了完整的特奥运动融合教育运作模式。比如运动员的梯队建设、特奥领袖选拔、教练员聘用制、运动训练课程化、拓展比赛及活动向省内各地市、区县学校辐射，通过经验分享，共同推动特奥运动融合教育在本地区的发展。

二 西安市启智学校特奥运动融合教育模式的构建与实施

（一）构建多元化课程，满足差异化需求

1. 课程理念

西安市启智学校在传承和创新发展的过程中明确了学校文化，形成了"以人为本，适性发展"的办学理念，"办一流特校，立一方标杆"的办学目标，以及与之相适应的"一训三风"。在办学理念的指引下，学校将课程梳理为"明德""育能"两大板块，逐步构建服务于学生发展的"明德育能"课程体系。"明德"即了解并遵守社会规则，不因学生认知差而默认其可以德行弱，积极培养他们成为正直向上的人。该板块包括锻炼强健体魄、树立规则意识、形成自律意识、养成良好习惯。"育能"即培育生活能力，包括交流沟通、生活自理、社会交往、职业技能。板块内部层层递升，板块之间相互促进，构成有机的课程体系。

课程的生命在于创新。随着入校新生障碍程度日趋严重、自闭症及多重障碍学生的比例逐年增高，课程必须进行相应的变化。坚持以学生为本，结合终身化、个性化、多元化、职业化、远程化和多媒体化等课程要求，不断开发新的满足学生需求的课程是长期命题。

2. 课程构建

学校以集体课、小组课、个训课为依托，以行政班加走读的学习形式，以文化课程、特奥运动课程、康复训练课程和兴趣课程为实施途径，用灵活的教学形式提供尽可能多的课程选择，满足不同学生的差异化需求。随着智力障碍学生群体间差异不断加大，学校也不断转变教师教学观念和教学方式，逐步减少教师讲得多、学生参与过少的情况，以调动智力障碍学生的学习主动性为落脚点，提高训练效率；运用积极行为支持的方法，改善智力障碍学生的问题行为，加强训练队管理；构建适宜的结构化环境，全校分学段、分主题进行教室内部环境创设；每周一下午，中高职年级进行主题实践活动，通过家长进课堂、级组，大学生进校园等活动，为学生搭建自我成长的平台。

（1）特奥运动课程

西安市启智学校是陕西省较早开展特奥运动教学与训练的学校，共有篮球、滚球、轮滑三项特奥运动项目的课程。由于智障学生个体差异较大，在特奥运动课程中实施个别化教学，有针对性地对学生进行教学。补偿差异、激发潜能、勇敢表现，是开展特奥运动兴趣课及专项训练的目的。学校积极开展篮球、轮滑、滚球、田径等特奥运动项目常态化训练，先后多次代表陕西参加第五届、第六届、第七届全国特奥会，代表国家参加第十四届洛杉矶、第十五届阿布扎比世界夏季特奥会。

（2）康复课程

因智力障碍学生具有情绪不稳定、社交沟通困难等特点，学校针对性地开设了情绪行为训练、社交沟通训练等康复课程，致力于提高学生自我控制能力。除此之外，还设有动作训练、感知觉训练课程，侧重于恢复、提高学生运动能力。课程以一对一个别化康复为基本形式，结合小组康复与家庭康复，多形式、多循环实施。

（3）兴趣课程

根据学生的认知及心理发展特点，从能力及兴趣出发，每周四下午以走班制的形式开设 17 个兴趣班，其中包含了大量的传统文化课程，如国画、陶艺、茶艺，注重丰富的人文内涵对培智学生的影响与熏陶。同时，将特奥运动普及化，除运动员外，吸纳更多有兴趣及爱好的学生加入特奥运动兴趣队。

（二）完善特奥支持保障体系，实施有效教学

自 2010 年建校以来，西安市启智学校逐步推进特奥运动工作的开展，共开设了篮球、滚球和轮滑三项特奥运动特色项目的课程。学校从整合资源培养运动员队伍、组建教练团队、明确训练内容及目标、提供后勤保障等方面来确保学生日常训练及比赛的正常开展。

1. 运动员梯队培养

（1）择优录取，组建优质特奥队伍

在校学生均可参与运动员选拔，选拔运动员有以下三种方式：

运动会选拔，西安市启智学校每年会开展 1~2 次运动会，运动会上设有田径赛、篮球赛、趣味赛、亲子赛等项目，通过运动会上学生的表现，学校初步筛选适合参与比赛的学生；

体育课选拔，西安市启智学校各班学生每周有 3 节体育课程，教师在课堂上授课时，除了教授基本的课堂内容外，也会有意识地培养学生各方面的能力，同时结合学生的表现，筛选协调性好、身体素质好、纪律性好的学生作为运动员的候选人；

班主任推荐选拔，西安市启智学校每个班级均配备两个班主任，每个班主任都非常熟悉学生情况和家长情况，对于学生运动、体能方面有充分地了解，因此，班主任推荐的学生也可以作为初步选拔对象。

在初步筛选完成后，教练员会积极与学生班主任和学生家长沟通，在通过班主任及家长同意后，教练员将学生组队，进行体能训练和专项训练等，在训练过程中淘汰不符合条件、体能素质不达标的学生，剩下的学生则作为储备队员或参赛队员继续进行训练。

截至 2021 年 9 月，西安市启智学校共有学生 211 人，其中参赛的特奥运动员 28 人，储备运动员 9 人，共计 37 人，占比 17.54%。在参赛的各队

人数中，篮球队共 18 人，其中男生 13 人，女生 5 人，队员大多数来自高年级组，平均年龄约为 18 岁；滚球队共 5 人，其中男生 2 人，女生 3 人，队员大多数来自中年级组，平均年龄约为 9 岁；轮滑队共 5 人，其中男生 2 人，女生 3 人，队员大多数来自高年级组，平均年龄约为 12 岁。

表 1　西安市启智学校特奥运动员队伍现状

单位：人

运动员	篮球队	滚球队	轮滑队
男生	13	2	2
女生	5	3	3
总计	18	5	5

（2）全方位培养，练就扎实基本功

学校对于运动员的培养十分重视，不仅指派专人负责运动员的培养，还召开专项工作会议确定运动员的培养内容。目前，主要从以下三个方面对运动员进行培养。

思想素质培养。智障学生是由各种有害因素导致大脑器质性的损伤或发育不完全。他们心理活动的物质基础——大脑，存在问题，因此他们的智力、心理、人格等方面都存在不同程度的缺陷。特奥运动要求智障学生有团队精神，懂得互助友爱、团结协作、文明礼让、吃苦耐劳、勇敢拼搏等。因此，西安市启智学校教师在特奥运动训练中，一直在观察、了解学生的思想与心理状态，有的放矢地进行个别引导。同时也采取正强化在群体中树立榜样，例如表扬、鼓励、物质奖赏等，在一定的情况下也会使用一些负强化措施。对智障学生的思想品德、言谈举止教育，教师无须讲大道理，应该要多观察、多了解，方法得当，反复强化。

体能培养。培智学校学生普遍体质差、发育不全、步态迟缓，经常感冒生病。培智学校在课程设置中也要有计划、有步骤地训练特奥运动员。西安市启智学校教师非常注重学生的体能训练，目前每周安排 6 节体能训练课，每节课 30 分钟，主要训练内容有：速度训练、力量训练、平衡性训练、协调性训练以及灵敏性训练等。按照学生的情况，循序渐进，逐渐增加训练的强度，使学生逐渐适应，克服困难，增强体质。

运动技能培养。特奥运动就是要让智障学生通过运动展现自我，提高自信心。掌握运动技能既是培养的重点，也是难点。在训练中，西安市启智学校教师根据智障学生注意力不集中、识记缓慢、活动缺乏动力的特点，创设情境，激发学生活动兴趣，指导学生仔细观察每一个动作，分散知识点，"小步子"循序渐进，让学生学得来、学得轻松，同时又做到因材施教，反复巩固练习，让各类学生都学有所得，而且学得扎实、牢固。

2. 教练员队伍培养

西安市启智学校现有专职体育教师 7 人，兼职体育教师 4 人，共计 11 人；现有特奥运动队教练员 9 人，其中篮球队教练员 5 人，滚球队教练员 2 人，轮滑队教练员 2 人。教练员是参与特奥运动比赛的主心骨，教练员的能力和水平往往能直接决定运动员整体的水平。西安市启智学校自建校以来就非常重视教练员的培养，主要培养以下三个方面。

（1）重视师德教育，不断提高思想水平

较高的思想道德素质是培养人才的基础，是师德的核心组成部分。西安市启智学校始终把教练员的师德培养放在第一位，经常开展相关的培训，学校也多次开展反兴奋剂的宣传等活动，确保每位教练员都要有较高的师德水平。

（2）加强专业培养，提升专业能力

专业的教练员要具备一定的理论基础知识和扎实的实践能力，将理论与实践相结合。教练员应具备以下能力：制订教学、训练计划的能力，讲解与示范的能力，组织体育教学和训练的能力，一定的医疗保健能力及掌握一定的急救知识。理论是实践的基础，教练员的理论知识在训练中显得尤为重要。学校每学期会派教练员进行 1~3 次的校外培训，组织若干次校内培训等，教练员之间也会进行总结和研讨，修正不足，经过理论学习后，再在校内进行实践，从而纠正问题，提升自身和运动员的能力。

（3）关注心理健康，提高心理素质

一个好的教练员应具有良好的心理承受力和强健的体魄。教练员的活动空间扩大，影响范围广泛，会受到不同年龄层次、不同知识结构群体的监督和效仿。因此，教练员必须具有良好的心理承受力，能耐挫折、抗失败，应变要机智，能及时有效地调控好自己的情绪，愉快地与他人合作，因为在教学过程中，教练员的心理特征以及所表现出来的行为都会对学生产生较大的影响。教练员还必须具有强身之道，长年坚持体育锻炼，使身体更强壮，才能将祖国的下一代培养成具有坚强、乐观、奋发向上、百折不挠、善处逆境的良好心理素质和身体素质的接班人。

3. 完善特奥保障支持体系

学校的特奥工作在各部门的支持、保障和配合下，才能有条不紊地进行。

（1）上级教育主管部门及残联的引导

西安市启智学校在上级教育主管部门及残联引导、组织下才慢慢了解、熟悉了特奥运动，以积极的态度参与特奥运动及融合活动，经过多年的发展，取得了较好的运动成果和良好的社会反响。

（2）学校提供的保障

西安市启智学校为保证学校特奥运动各个项目的顺利开展，积极开展和各个高校之间的合作，购置专项训练需要的设备器材及安排各个项目训练需要的场地，同时提供相应的资金保证，为学生运动员购买营养品，加强学生运动员的营养，保证学生运动员有一个良好的身体素质去参加训练。

（3）校外爱心组织提供的支持

社会上也会有一些爱心组织为学生运动员提供一些力所能及的帮助，比如提供一些生活用品、服装设备等，为学生开展训练提供了一定的支持。

（三）开展学前运动康复与融合活动，促进运动康复

学校除义务段与职业段通过课程构建与实施来推动特奥运动融合教育模式的实践外，学前段的运动康复与融合活动也是特奥运动融合教育模式不可

或缺的一部分。《第二期特殊教育提升计划（2017—2020年）》提出，加快发展非义务阶段特殊教育，加大力度发展特殊儿童学前教育。西安市启智学校专设学前特教班，接收适龄特殊需求幼儿入校学习与康复。从目前学校学前特殊幼儿现状可知，多数学前特殊幼儿存在运动障碍问题，包括粗大运动、精细动作以及感觉统合失调等。幼儿运动障碍意味着其大脑对身体各器官失去了控制和组合的能力，这将会在不同程度上削弱人的机体适应能力和降低人的认知程度。因此，学校调整学前特教班的课程，除了集体课中已有的粗大运动领域课程，还给学生提供运动能力的个别化康复训练。个别化康复训练能更有针对性地解决幼儿运动障碍的具体问题，提高学生运动能力，为西安市启智学校特奥运动员储备力量。

1. 个别化运动康复训练

运动能力是个体进行学习、自我管理、日常生活和社会交往的基本条件。普通儿童随着年龄的增长，逐渐掌握了基本的运动姿势、提高了运动能力，6岁之前基本能掌握移位相关的运动技能，手眼协调、手部操作以及多感官的感觉统合等技能。但是，特殊儿童往往在姿势控制、移动、平衡与协调、手眼协调、手部动作等方面存在障碍，因此，西安市启智学校的个别化运动康复包括粗大动作训练、精细动作训练和感知觉及感觉统合训练。这些课程针对学前特殊幼儿运动障碍的特点，通过有计划、有步骤地对粗大运动、精细运动和感知觉及感觉统合等能力的训练，强化儿童身体功能，改善异常的运动模式，提高动作的协调性与正确性，优化感官知觉处理系统的功能，同时运动还能促进大脑的发育，改善认知、语言等功能，为幼儿的生活和学习奠定基础。

西安市启智学校个别化运动康复训练的内容设置以"儿童运动发育规律"及"神经平衡疗法"相关理论为依据，先进行粗大运动、精细运动和感觉统合等功能的评估。粗大运动训练按照姿势及基本运动能力、移位相关运动技能、平衡强化技能的顺序，由简单到复杂、躯干近端到远端的规律设计课程内容；精细运动训练按照基本手部功能、手部操作技巧、手眼协调及使用工具相关操作技巧的顺序，由粗到细、由低级到高级的规律设计课程内容；感觉统合训练以感觉统合失调的三个关键问题为出发点，进行本体觉、

前庭觉和触觉等感知觉的统合训练；以视觉、听觉、嗅觉、味觉的感官知觉为辅，增强多感官的统合训练。在以上课程设置原则的基础上，依据运动治疗学相关理论基础，进行具体训练内容的设置。学前阶段，根据儿童对运动康复训练的需求，灵活设置个别化康复课程。总体上，西安市启智学校对有运动康复训练需求的幼儿保证每周不少于 2 小时，6 个月康复训练总计不少于 40 小时的训练时间，并且对有严重运动障碍的幼儿按需增加训练时间。

西安市启智学校运动康复课程注重完整的评估体系，除前期评估外，还进行过程性评估和阶段性评估。过程性评估是指在每次训练开始前和结束后，康复师都要对儿童进行评估，评估儿童是否掌握本节课的训练内容，掌握情况如何。阶段性评估是指在每学期前后都要对儿童进行评估，评估本学期儿童的运动康复效果和与学期前相比所取得的阶段性收获。完整的评估体系能够为康复师提供教学反馈，检验教学效果，可以及时调整训练计划以及为下一阶段教学目标的制定提供依据。

2. 学前特殊幼儿融合活动

为了进一步提高普通幼儿园师生对特殊幼儿的认识，促进特殊幼儿与普通幼儿的相互融合，促进融合教育常态化、一体化发展。结合学校学前教育部学生特点，学校先后与西安市第二保育院、碑林区东木头市幼儿园开展多次学前康复融合活动。活动不仅包括班级内的区域活动，还有丰富多样的户外融合活动，包括跳圈、平衡木、袋鼠跳等多项运动类康复活动。户外融合活动不仅丰富了学校学前学生的运动课程，而且简单的竞技运动活动使学前学生体验到合作的乐趣、成功的喜悦，进而提升了他们在康复过程中的自信心。

康复融合活动架起了特殊幼儿与普通幼儿间的桥梁，让普通师生加深对特殊幼儿的了解与认识，也让特殊幼儿体会到快乐与关爱。

三 西安市启智学校特奥运动融合教育模式取得的成效

（一）获奖情况

在上级教育主管部门及残联等部门的支持下，西安市启智学校组织学生参加了多项特奥赛事，均取得了优异的成绩（见表2）。此外，学校还承办了国际特奥东亚区、陕西省残联、西安市残联、碑林区残联等各级体育比赛及活动。

表2 西安市启智学校参加各级、各类比赛所获奖牌及奖励

单位：枚

比赛等级	金牌数	银牌数	铜牌数	其他
国际级	7	7	2	优胜奖
国家级	60	45	46	—
国家级团体	—	—	2	4次获得体育道德风尚奖
市级团体	3	—	2	

（二）产生的影响

1. 促进运动员个体的全面发展

特奥融合活动有利于学生身心康复。特奥融合活动通过体育运动的方式促进参与者身体素质的提高，使参赛的特奥运动员在与融合伙伴的互动中体验到运动的乐趣。在日常训练中，特奥运动教练员有针对性地为特奥运动员制定个别化的训练方案，在日复一日的训练中加强力量训练，培养智力障碍运动员们的比赛竞争意识，在补偿学生能力发展基础之上，促进了智力障碍运动员们的潜能开发。在与融合伙伴的交往中，逐渐学习融合伙伴的行为模式、技术动作以及面对比赛的心理调节方法，缓解特奥运动员的紧张、焦虑等负面情绪，增强特殊儿童的自信心，提高社交沟通能力，从而为特殊儿童迈出学校、融入社会打下坚实基础。

特奥融合活动促进特奥运动员主体意识的发展。特殊儿童尤其是智力障碍儿童在主体意识发展方面相对薄弱，很难有清晰的自我认知，自己的行为控制能力差。运动技能能够影响到运动员在比赛中的具体表现，从而影响到运动员对自身运动能力的认识。特奥运动员对自身有了更清晰的认知，了解自己的优势及劣势，在比赛中发挥优势，学会控制自己的情绪及行为。这种主体意识的发展也会延伸到运动场外，也更容易将运动中体会到的成功和快

271

乐扩展到与外界的交往中，这样特奥运动员的训练与比赛动机也会愈加强烈。

特奥融合活动促进特奥运动员个体价值的实现。智力障碍学生缺乏成功和胜利的体验，通过参加特奥运动，其在运动过程中发挥自己的优势及技术能力帮助队伍获得胜利，体验到自身的价值。

特奥融合活动提高特殊儿童社会适应能力。智力障碍的生理因素影响了智力障碍学生的社会适应能力，特奥融合运动为智力障碍学生提供了走近社会的有效途径，提供了与普通人群进一步互动交流的机会。智力障碍学生通过个人或团体参加比赛，提高了自身的生活自理能力以及融入社会、适应社会的能力。

特奥融合活动有利于特殊儿童生命质量的改善。智力障碍儿童也渴望拥有丰富多彩的生活，通过参加融合活动，其与融合伙伴建立良好的同伴关系，扩展社交圈层，走出封闭的自我，尤其对于高水平的特奥运动员来说，特奥运动让外界认识到他们，改变了对智力障碍学生的刻板印象，外界对于特奥运动员的接纳度也会达到新的高度。

2. 提升了特奥运动员家庭成员的生活质量

特奥融合活动的开展，促进了运动员家庭对学生障碍理解的改变，学生并不会因障碍而无法获得生活上的成就感。反之，因为运动员的特殊性和特奥运动项目的开展，学生获得了更多在普通群体中无法获得的荣耀，进一步提高了特奥运动员家庭的获得感。

参加特奥融合活动对特奥运动员的家庭生活质量及幸福感有显著的提升作用。家长对于运动的认识逐渐积极与正向，对智力障碍学生的未来有了乐观的期待，更加珍惜自己的家庭，家庭成员的主观幸福感及生活质量显著提升。

3. 改变了社会对智障群体的认识

通过推广特奥融合活动，整个社会以及融合伙伴对于智力障碍儿童的认知有了明显的改观，认识到智力障碍学生的发展潜能以及融合活动对于智力障碍学生发展的意义。社会对于智力障碍学生的态度及行为倾向有所改变，在生活中愿意关注并帮助他们。强化了智力障碍人士的社会支持体系，使社会对于这部分弱势群体有了新的认识。

特奥融合活动的组织开展是普通人群对人类生命多样性的整体认知的一次积极尝试。特殊教育的广泛发展是当前教育体系中人文关怀属性的重要体现，特奥运动课程的开展和特奥融合活动的组织实施是当前社会文明发展的人文关怀部分的重要活动之一，特奥融合活动的组织开展更有助于促进社会文明的进步和发展。

四 未来展望

在探索特奥运动融合教育模式的实践过程中，全校师生及家长，目标一致，克服困难，历经十几年的努力，西安市启智学校特奥运动融合教育运行模式基本完善，取得了很好的教育效果及社会效应。在今后的工作中，学校需进一步加强融合理念的落实。在融合学校的签订上，拓展思路，争取与更多普通学校签订融合学校协议，并定期、高质量、高频率开展融合运动及融合活动，扩大特奥运动辐射面，让更多的智障学生及普通学生参与特奥运动，并在运动中取得进步、获得荣誉感。通过融合理念的落实，让更多智障学生有机会享受长期或短期回归普通教育的机会，得到更合适的教育及最大限度的发展。

附　录
Appendices

B.14
中国残疾人体育事业发展大事记
（1983～2020年）[*]

1983年

10月21日，天津市体委、民政局等单位联合发起并举办了全国伤残人体育邀请赛，借此机会国家体委等部门在天津召开了全国伤残人体育工作者和运动员代表大会，选出了以卫生部部长钱信忠为主席的第一届中国伤残人体育协会。

1984年

3月，在安徽合肥举办了第一届全国伤残人运动会。每四年一次且涵盖

---

[*] 本大事记为江苏省高等学校自然科学研究重大项目"中国残疾人发展数据库建设及应用"（项目编号：18KJA520006）阶段性研究成果。本大事记由易莹莹整理编写。易莹莹，博士，南京邮电大学经济学院副教授，研究领域为残疾统计。

肢体、盲和脑性麻痹的全国残疾人综合性运动会已形成制度。

6月，中国首次派体育代表团参加在美国举行的第七届夏季残疾人奥林匹克运动会（Paralympic Games，简称"残奥会"），实现了残奥会金牌零的突破。

1985年

6月，中国智残人体育协会成立，7月加入了国际特殊奥林匹克运动会组织。

10月，在杭州举办了全国伤残人乒乓球锦标赛。

1986年

12月，中国聋人体育协会成立。至此，从国内到国际涵盖各类残疾人的三大体育协会组织都已建立，并由中国残联负责管理。

1987年

3月，在广东深圳举办了第一届全国特殊奥林匹克运动会。

8月，在河北唐山举办了第二届全国伤残人运动会。

1988年

4月，中国聋人体育协会加入国际聋人体育联合会。

5月4日，国家体委下发了《关于进一步加强伤残人体育工作的通知》。

5月30日至6月20日，中国伤残人乒乓球队访问了意大利和法国，在有法国、西德、瑞士、荷兰、比利时等国参加的沙多鲁国际乒乓球邀请赛中获3枚金牌、4枚银牌、2枚铜牌。

6月17日至19日，伤残人射击、举重邀请赛在湖南湘潭市举行，这是中国举办的首次伤残人射击、举重比赛。

6月20日，远东及南太平洋地区残疾人运动会（以下简称"远南运动会"）联合会主席方心让正式致函国务院总理李鹏、民政部部长崔乃夫、国家体委主任李梦华、中国残联主席邓朴方、中国伤残人体协主席钱信忠，希望中国承办在1994年举行的第六届远东及南太平洋地区残疾人运动会。

10月，中国派出43人组成的体育代表团参加了在首尔举办的第八届残奥会，获得金牌17枚、银牌17枚、铜牌10枚，共有11人破9项世界纪录。金牌总数排第14名。

11月19日，国务院正式批准1994年在中国北京举办第六届远南运动会。

1989年

1月7日至17日，第十六届世界聋人运动会在新西兰的基督城举行。中国首次组团派出8名运动员参加了乒乓球项目的比赛。

8月11日，北京市人民政府函复国家体委、中国残联同意主办第六届远南运动会。

9月20日，在日本神户市世界纪念馆举行的第五届远南运动会闭幕式上，北京市常务副市长张百发代表下届运动会主办城市接过了远南运动会联合会会旗。在本届运动会上，中国体育代表团获得99金、32银、8铜的成绩，破14项世界纪录。

12月30日，由外交部、财政部、卫生部等24个部委、群众团体和北京市政府各1名司局级干部组成第六届远南运动会筹委会，邓朴方任主任委员。

1990年

5月12日至14日，首次全国伤残人射击锦标赛在陕西省西安市举行。

7月4日至11日，世界伤残人青年锦标赛在法国圣太田市举行，37个国家 1200 名运动员参加了田径、游泳、自行车等 9 个项目的比赛。中国 10 名青少年运动员参加了田径、游泳两大项 29 个小项的比赛，获得 10 枚金牌、9 枚银牌、3 枚铜牌的好成绩。这是中国首次参加该项比赛。

7 月 4 日至 25 日，世界伤残人锦标赛和运动会在荷兰阿森举行，49 个国家和地区的 2000 名运动员参加了 19 个大项的角逐。中国代表团 15 人参加了田径、游泳 2 个大项的比赛。本届运动会是第八届伤残人奥运会后规模最大的一次。

1991年

3 月 10 日至 12 日，第二届全国特奥会在福州市举办。

5 月 25 日，国务院批准成立第六届远南运动会组委会。

5 月 28 日，邓朴方主持召开远南运动会组委会第一次主席办公会议。确定第六届远南运动会的宗旨为：平等、参与、友谊、进步。同时还决定本届运动会设田径、游泳、乒乓球、射击、轮椅篮球等 14 个正式比赛项目。

7 月 26 日，中国伤残人体育协会在北京召开常委会，对体协名称进行了研究。为了与《中华人民共和国残疾人保障法》保持一致，决定将中国伤残人体育协会更名为中国残疾人体育协会（对外称"残奥会"）。

7 月，第八届世界夏季特奥会在美国明尼苏达州举行，中国派出 15 人参加，取得了 21 金、10 银、2 铜的好成绩。

9 月 13 日至 18 日，远南运动会组委会常务副主席张百发率组委会代表团一行 6 人，赴泰国出席在普吉省召开的远南联合会执委会及技术、医学科学委员会会议，向大会提交了《关于第六届远东及南太平洋地区残疾人运动会筹备工作的报告》，获得与会者的高度评价和一致肯定。

1992年

3 月 12 日，由远南运动会组委会和中国残疾人体协共同主办的第二期

远南地区残疾人体育运动分级培训班在广州市举行。

3月17日，李瑞环在广州会见应邀来华出席远南执委会议的国际残疾人奥委会主席罗伯特·斯特德沃德，以及远南联合会主席方心让、副主席畑田和男、秘书长平川奈津子和国际残疾人体育运动协调委员会主席格兰特。李铁映、陈俊生及邓朴方、张百发、万嗣铨也参加了会见。下午，邓朴方会见了罗伯特·斯特德沃德和方心让，郭建模、万嗣铨会见时在座。

3月18日至23日，第三届全国残疾人运动会在广州举行。本届盛会是《中华人民共和国残疾人保障法》颁布实施后的第一次全国残疾人大型运动会。在本次赛事上，20人42次超27项世界纪录，136人238次超全国纪录。

9月24日，第九届夏季残奥会在巴塞罗那举行，中国体育代表团在此次运动会上取得11金、7银、7铜的成绩，有8人14次破7项世界纪录、11人21次破9项残奥会纪录。中国在金牌榜上的排名从第14位上升到第12位。

10月26日，第六届远南运动会运动员村工程在亚运村西侧举行奠基仪式。该项工程是集办公、客房、餐饮、娱乐、展览、购物、通信于一体的综合大楼，主楼地上23层，总建筑面积7万平方米。全部建筑均采用无障碍设计，为国内首座大型无障碍建筑，于1994年5月交付使用。

12月22日至26日，国家体委和中国残联在长沙市首次共同召开了全国残疾人体育工作座谈会。各省区市及计划单列市的体委、残联等部门的同志共92人参加了座谈会。

1993年

3月，世界冬季特奥会在奥地利举行，中国有58人参加。

6月13日，中国残联下发通知，经研究决定：成立宣文部体育处，定编6人。

8月，在英国举行的世界轮椅运动会上，中国获得6金、4银、2铜的成绩。

1994年

5月10日，国务院新闻办公室在北京国际饭店举行中外记者招待会，邓朴方、张百发、万嗣铨分别介绍了第六届远南运动会筹备工作情况，并回答了记者们提出的问题。

5月31日，第六届远南运动会各竞赛委员会正式成立。

6月24日，由602人组成的第六届远南运动会中国残疾人体育代表团正式成立。中国代表团422名运动员将参加所有14个大项的比赛。国务委员李铁映、彭珮云任名誉团长，中国残联副主席吴庆彤任团长，国家体委副主任张发强、中国残联副理事长周敬东任副团长。

8月29日，远南运动会火种采集和八达岭长城至健翔桥火炬接力从早7时举行至10时35分。火炬接力经延庆、昌平、海淀到健翔桥，全程56公里。邓朴方、何鲁丽、郭建模、万嗣铨等领导和1万人参加了火炬接力。晚上，党和国家领导人江泽民、李鹏、乔石、李瑞环、刘华清、胡锦涛在人民大会堂听取了残疾人运动员和教练员代表的汇报，接见了中国残疾人体育代表团全体成员，观看了中国残疾人艺术团的演出，并同全体演员合影留念。

9月4日，第六届远南运动会在首都工人体育场隆重开幕。《人民日报》发表社论《高扬不屈的旗帜》，热烈祝贺。开幕仪式后，举行了7万人参加的大型文体表演《我们同行》。当天，邮电部发行《第六届远东及南太平洋地区残疾人运动会》纪念邮票一套。

9月5日，中国轮椅女子举重运动员边建欣以77.5公斤的成绩获得女子44公斤级力举金牌。这是第六届远南运动会首枚金牌，李铁映为第一块金牌获得者边建欣颁奖。

9月10日，远南组委会在北京国际会议中心举行最后一次新闻发布会。邓朴方对关心、支持、参与第六届运动会的各界人士表示感谢。远南运动会闭幕式在中华民族园举行。徐寅生主持仪式，方心让致闭幕辞，伍绍祖致欢送辞，李铁映宣布第六届远南运动会胜利闭幕。第六届远南运动会共决出金

牌 554 枚、银牌 464 枚、铜牌 385 枚，奖牌总计 1403 枚。超纪录 99 次。比赛成绩名列前三的国家依次是：中国（298 金，超纪录 36 次）、澳大利亚（50 金）、韩国（46 金）。

1995年

7 月 1 日至 9 日，第九届世界夏季特奥会在美国康涅狄格州举行，参赛国家和地区达到 143 个，中国也派团参赛。

1996年

5 月 10 日至 15 日，大连市举办了第四届全国残疾人运动会。本届运动会为中国残疾人体育代表团参加在美国亚特兰大举行的第十届残疾人奥运会做了全面的准备。

8 月，第十届残奥会在美国亚特兰大举办，中国在本届残奥会上获得 16 金、13 银、10 铜的成绩，奖牌名次升到第 9 位。

1997年

1 月，第六届世界冬季特奥会在加拿大举行，中国派出 75 人的代表团参加了本次赛事。

3 月，吉隆坡举办了第五届亚太聋人运动会，中国将 4 金、1 银收入囊中。

4 月，世界残疾人锦标赛在悉尼举行，中国在本次赛事中赢得了 20 金、6 银、1 铜。

7 月，第十八届世界聋人运动会在哥本哈根举行，中国运动员赵晓东摘取了 1 枚跳远金牌，实现了中国在世界聋人运动会上金牌零的突破。

8 月，德国田径运动会和残奥会田径精英赛在杜德城举行，中国分别取得了 3 金、2 银、4 铜和 2 金、1 银的成绩。

10 月，首届远南地区乒乓球赛在香港开赛，3 金、2 银、4 铜被中国代表团收入囊中。

11 月，上海市成功举办了首届亚太区特奥会，有来自亚太区 15 个国家和地区以及中国的 44 个代表团参赛。

1998年

1 月，泰国盲人体育邀请赛在曼谷举行，中国体育代表团取得 21 金、6 银、3 铜。

2 月，渣打新机场国际残疾人马拉松赛在香港举办，中国获得了 1 枚金牌。

5 月 6 日至 10 日，中国残联、国家体委系统残疾人体育干部 30 人在兰州举办测试工作培训班，对田径、游泳、举重 3 个项目的竞赛规则、裁判方法及医学分级等统一了标准、要求。11 日至 23 日测试人员分赴全国 24 个省市对 300 多名运动员进行了同阶段的异地测试。此次测试工作为远南运动会中国代表团第 2 次报名和残奥会积分赛报名工作打下了良好的基础。

5 月，日本轮椅网球锦标赛在福冈进行，中国赢得金牌 2 枚。

6 月 16 日至 26 日，第二届世界残疾人射击锦标赛在西班牙桑坦德市举行。中国派出 6 名运动员参赛，北京运动员林海燕在女子气手枪 40 发比赛中以总分 467.3 环的成绩勇夺第 1 名。

6 月 20 日至 24 日，福州市体育中心举行全国残疾人乒乓球、羽毛球、柔道选拔赛，来自全国 24 个省市的 200 余名运动员参加了这次选拔赛。

7 月 1 日，全国残疾人田径、举重选拔赛在南京五台山体育中心落幕，全国 28 个省区市的近 300 名男女运动员在雨中进行了角逐。

7 月中旬，中国残疾人体协会同国家体育总局反兴奋剂检测中心检验处对参加远南运动会和世界锦标赛部分运动员（8 名）进行了第一批兴奋剂抽测，结果均为阴性。

7月16日至26日，在首届世界盲人运动会上，中国代表团11名运动员夺取6金、1银、5铜的好成绩，在奖牌排名榜上排名第七。

8月，第二届世界残疾人田径锦标赛在英国伯明翰举行，中国赢得3金、3银、6铜。

10月19日至29日，在新西兰举行了第二届世界残疾人游泳锦标赛。中国派出9名运动员参赛，共取得5金、2银、2铜的成绩。在58个参赛国家中，金牌总数排第14位。

10月，阿联酋举办了世界残疾人举重锦标赛，中国赢得4金、4银、4铜。

10月，世界残疾人乒乓球锦标赛在巴黎落下帷幕，中国体育代表团获得1金、1银、1铜。

1999年

1月7日至17日，第七届远南运动会在泰国曼谷举行，中国体育代表团在本届运动会上取得了205金、90银、45铜，破17项世界纪录。

5月18日至22日，日本举行国际轮椅网球公开赛，中国派出河北董福丽、广东蔡凤萍参赛，董福丽获女子单打A组金牌。

6月8日，中国残疾人体育协会在北京召开第二届全国委员会全体会议，选举了新一届协会委员会及中国残疾人体协领导成员，通过了《中国残疾人体育协会章程》。

6月11日至19日，世界盲人门球锦标赛在加拿大举行，大连门球队代表中国首次参赛，以7战3胜1平3负积10分的成绩排列第9位。

6月24日至7月4日，第十届世界夏季特奥会在美国北卡罗来纳州举行。中国派出了75人的代表团参加这一国际赛事。中华慈善总会会长、中国智残人体协主席阎明复任代表团顾问，团长为中国残联副理事长王智钧。

6月25日至30日，国际残疾人射击比赛在韩国首尔举行，中国派出陕西省残疾人射击队参赛，张难、芮倩、肖卫东在女子气步枪比赛中获得 40 发立射团体冠军。

7 月 30 日至 8 月 2 日，世界残疾人田径赛在西班牙巴塞罗那举行。中国有 13 名运动员参赛，共取得了 7 金、5 银的好成绩。

8 月 27 日至 31 日，世界残疾人田径明星赛在德国杜德城举行，中国 7 名运动员参加了比赛。

9 月 4 日至 7 日，第二届远南残疾人乒乓球赛在中国台北举行。有中国、日本等 8 支队伍参赛。中国共夺得 9 金、4 银、2 铜。此次赛事是残奥会积分赛之一。

10 月 9 日，第十九届北京国际马拉松赛增设了轮椅组项目。

10 月，世界轮椅运动会在新西兰举行，中国获得了 19 金、10 银、5 铜，破 1 项世界纪录。

12 月，国际乒乓球赛在西班牙拉科鲁尼亚开赛，中国的成绩为 5 金、3 银、5 铜。

2000年

5 月 6 日至 14 日，第五届全国残疾人运动会在上海市举行。智力残疾运动员首次参加残运会。

6 月 22 日，中国残疾人陕西省射击训练基地举行了隆重的揭牌仪式。陕西射击场在亚洲地区处于领先地位。

10 月 18 日至 29 日，第十一届残疾人奥运会在澳大利亚悉尼举行。中国派出了由 122 人组成的代表团，87 名运动员参加了田径、游泳、举重、乒乓球、射击、盲人柔道 6 个大项 159 个小项的比赛，共夺得 34 金、22 银、17 铜的好成绩。有 4 人破 4 项残奥会纪录，15 人破 25 项世界纪录，获得的金牌总数名次从上届残奥会的第 9 位跃居到第 6 位。

11 月，第六届亚太聋人运动会在中国台北举行，中国代表团获取了 17 金、23 银、22 铜。

2001年

3月4日至11日，第七届世界冬季特奥会在美国阿拉斯加州安克雷奇市举行。中国27名运动员参加了地板曲棍球、速度滑冰、雪地走三大项目的比赛。

4月19日至25日，"绿然杯"全国聋人篮球、田径、游泳、乒乓球、羽毛球选拔赛在天津市举行。这次的聋人篮球比赛是在间断了15年之后再次举办的全国性比赛。

5月17日至19日和5月20日至23日，由国际特奥会、中国特奥会主办，湖北省残联承办的中国特奥讲师培训班及2001年第1期国家特奥培训班在武汉圆满举行。

7月13日，北京获得2008年第二十九届夏季奥运会和第十三届残疾人奥运会主办权。

7月16日，中国残联主席邓朴方、理事长郭建模、副理事长王智钧等向国务委员司马义·艾买提汇报组织、筹备残奥会的设想；同时，残联党组召开扩大会议，研究部署筹备等事宜。

7月23日至31日，第十九届聋奥会在意大利举行，中国取得了2金、3银、2铜的成绩。其中中国选手张珺在女子三级跳远比赛中打破了聋奥会纪录。

8月15日至16日，宣文部在北京召开备战2008年残奥会工作研讨会。会后，形成了《备战2008年残奥会工作研讨会会议纪要及有关问题的请示》等文件。

9月11日，中国残联主席邓朴方会见来中国访问的国际残疾人奥林匹克委员会主席菲利普·克雷文。

2002年

3月16日，中国参加在美国盐湖城举办的第八届冬季残奥会的体育代表团回国。盲人运动员韩丽霞获得了 10 公里自由式滑雪第 6 名的好成绩，这是中国代表团参赛的最好成绩。

3 月 19 日至 23 日，中国残疾人联合会和中国残疾人体协在京举办了残疾人体育工作者培训班，42 名干部参加了 4 天的培训。

4 月 14 日至 19 日，全国残疾人田径、柔道、举重锦标赛暨世锦赛选拔赛在济南市隆重举行。

4 月 23 日，上海市代表在伦敦举行的国际特奥会董事会上，就申办2007 年世界夏季特奥会做了精彩的陈述。

5 月 16 日，全国聋人篮球锦标赛落下帷幕。

5 月 24 日，受国际特奥会委托，特奥会亚太区主席容德根来沪将 2007年世界夏季特奥会主办权授予上海。

5 月 28 日至 6 月 1 日，全国盲人门球超级联赛暨世锦赛选拔赛在大连体育馆举行。

6 月 11 日至 15 日，在湖北武汉举行了全国残疾人游泳、自行车锦标赛暨世锦赛选拔赛。

7 月 2 日至 7 日，全国坐式排球优胜队联赛暨世锦赛选拔赛在无锡市锡山区体育馆举行。

7 月 3 日至 13 日，残疾人 IPC 世界射击锦标赛在韩国龙仁市举行。中国 17 名选手参加了其中 20 个项目的角逐，共获得 6 枚金牌、3 枚银牌、3 枚铜牌，荣登奖牌榜榜首。

7 月 21 日至 27 日，第三届世界残疾人田径锦标赛在法国里尔市举行。中国派出 69 名残疾人运动员参加角逐，共获得 7 枚金牌、22 枚银牌、18 枚铜牌，破 3 项世界纪录。

8 月 5 日至 8 日，世界残疾人自行车锦标赛在德国慕尼黑奥克司堡举行，共有 45 个国家的百余名运动员参加。这是中国首次参加世界性的残疾人自行车场地赛。

8 月 13 日至 23 日，国际残奥会举办的乒乓球世界锦标赛在中国台北举行。中国派出了 14 名运动员参加，取得了 8 金、3 银、1 铜的成绩，位列各

参赛代表团第一。

8月23日至29日，第三届世界残疾人举重锦标赛在马来西亚吉隆坡举行。中国代表团20名运动员参加了全部20个级别的比赛，获得金牌6枚、银牌2枚、铜牌6枚的优异成绩，有3人4次破3项世界纪录。

9月5日至9日，IBSA盲人柔道世界锦标赛在意大利举行，共有25个代表团的150多名运动员参加了男、女共14个级别的比赛。中国夺得3金、1银、1铜，这是中国盲人柔道项目在国际大赛上获得的最好成绩。

9月8日，第三届全国特奥会在西安市举行。这是中国特奥运动史上规模最大、规格最高、项目最多的一次特奥运动盛会，成为中国特奥发展史上新的里程碑。

10月26日至11月1日，韩国釜山举行了第八届远南运动会，中国体育代表团赢取了191枚金牌、90枚银牌、50枚铜牌，破16项世界纪录。

12月4日至19日，中国残疾人体育代表团参加了在阿根廷马德普拉塔市举行的IPC世界游泳锦标赛，共获得21金、5银、11铜，并打破10项世界纪录，获得金牌总数第三的成绩。

12月5日至9日，国际残奥会第九次代表大会在希腊雅典举行。来自100个国家和地区的300多名代表参加了会议。以中国残奥会主席、中国残疾人联合会理事长郭建模为团长的中国代表团出席了会议。北京奥运会组委会体育部派员参加了会议。

2003年

2月4日，国际特奥会主席菲利浦·克雷文到中国残疾人体育协会参观，中国残联副理事长王智钧、残奥会秘书长贾勇陪同参观。

2月7日至15日，在德国拜尔斯布伦市举行了第七届残疾人越野滑雪锦标赛。中国代表团参加了2个大项12个小项的比赛。

3月15日，在英国伯明翰举行的世界残疾人室内田径锦标赛上，中国运动员王芳在女子 60 米脑瘫组比赛中，为中国代表团夺得唯一一枚金牌。

4 月 14 日至 20 日，第六届全国盲人门球预赛暨全国盲人门球锦标赛在湖北黄石落下帷幕。

6 月 21 日至 29 日，第十一届世界夏季特奥会在爱尔兰首都柏林举办。中国派出了 45 人的代表团，共获得 19 枚金牌、10 枚银牌、3 枚铜牌。

7 月 21 日至 28 日，第六届全国残疾人运动会坐式排球预赛暨全国坐式排球锦标赛在重庆市璧山县举行。

7 月 25 日至 31 日，第六届全国残运会聋人篮球预赛暨全国锦标赛在天津体育学院举行。

8 月 24 日，35 岁的残疾人谢延红经过 16 小时 44 分的艰苦努力，成功横渡了英吉利海峡，成为世界上第 1 位成功横渡英吉利海峡的残疾人。

9 月 16 日，第六届全国残疾人运动会在南京开幕，17 日至 23 日在江苏省南京、常州、扬州三市进行了比赛。这是全国残运会第一次由一个省承办、第一次不在同一城市举行。在全部比赛中，共有 79 人超 95 项世界纪录、3 人平 3 项世界纪录、260 人破 447 项全国纪录。

9 月，欧洲残疾人自行车公开赛在布拉格举行，5 金、10 银、5 铜被中国体育代表团收入囊中。

10 月 16 日至 22 日，第四届远南乒乓球锦标赛在上海国际体操中心举行。这是中国第一次举办残奥系列的国际单项赛事。中国选手共获得 8 枚金牌。

10 月 25 日至 11 月 2 日，世界轮椅运动会在新西兰基督城举行。中国是第 3 次组团参加此项赛事，取得了 78 枚金牌、31 枚银牌、24 枚铜牌（共计 133 枚奖牌）的好成绩，名列金牌、奖牌总数第一，并打破 8 项世界纪录。

12 月 1 日至 7 日，全国特殊奥林匹克篮球赛在湖南湘潭市举行。

12 月 9 日至 13 日，首届全国残疾人足球赛在江门市五邑大学隆重举行。中国有 13 人被国际残疾人体育组织评定、批准为国际残疾人裁判员，11 人担任该组织技术职务。

2004年

1月19日至25日，世界轮椅网球公开赛在新西兰基督城举行，中国派出3名运动员参加了角逐。

2月，第八届世界冬季特奥会在日本举行。第一次举办冬奥会的日本于2月27日至29日邀请11个国家和地区的智残运动员600多人参加了一次测试赛。中国特奥会派出30名运动员参加测试赛，其中黑龙江组队的18名运动员参加了4个项目的滑雪赛，共获12枚金牌、8枚银牌、4枚铜牌；由山东青岛12名运动员组成的地板曲棍球队，荣获A组冠军。

3月2日上午，国家主席胡锦涛在人民大会堂会见了国际特殊奥林匹克委员会创始人、名誉主席尤尼斯·肯尼迪·施莱佛率领的国际特奥会代表团。当日下午，国际特奥会与中国签订2007年在上海举办世界夏季特殊奥林匹克运动会的正式协议。由此，上海承办2007年世界夏季特奥会的法律关系正式确立，这也标志着2007年世界夏季特奥会的筹备工作已经全面启动。

3月9日至11日，全国残疾人射击、射箭锦标赛在西安市举行。

3月至12月，在西安、益阳、南昌、石家庄、福州、兰州、嘉兴、北京、重庆、黄石、广州、哈尔滨等12座城市共举办了包括射击、射箭、田径、举重、盲人柔道、游泳、乒乓球、羽毛球、自行车、坐式排球、轮椅篮球、残疾人（脑瘫、聋人）足球、盲人门球、硬地滚球、聋人篮球等15项残疾人单项锦标赛。有1900余名运动员参赛，涌现出了一大批优秀运动员，为参加雅典残奥会并夺取优异成绩打下了坚实的基础。

4月1日，中国残疾人体育协会、中国聋人体育协会、中国弱智人体育协会换届会在北京隆重召开。大会选出了新一届领导成员。

4月1日，中国残疾人奥林匹克运动管理中心正式成立，并由中国残疾人联合会主席邓朴方、国家体育总局副局长张发强为中心揭牌。

4月1日至3日，全国残疾人田径锦标赛在益阳举行。

4月5日，中国残疾人联合会、教育部、民政部、国家体育总局联合发布了《关于进一步加强和改进特奥工作的意见》，要求各省区市残联、教育厅（教委）、民政厅（局）、体育局认真贯彻执行。

4月15日至16日，全国残疾人举重、盲人柔道锦标赛在南昌举行。

4月21日，在北京体育大学举行了国际特奥东亚区和中国特奥会联合主办的"特奥实践活动日"。这是"中国特奥高校发展计划"项目开展的第一站。

4月27日至29日，全国残疾人游泳锦标赛在石家庄市举行。

5月10日至13日，全国残疾人乒乓球、羽毛球锦标赛举行。

5月12日至16日，亚洲残奥理事会执委会和远南运动会联合会执委会在马来西亚首都吉隆坡相继召开会议。会上，张国忠被推选为远南发展委员会主席。

5月19日至25日，中国派出17人（其中运动员12人）参加了在意大利举行的游泳热身赛，获得金牌14枚、银牌6枚、铜牌6枚。

5月23日至26日，全国残疾人自行车锦标赛在兰州举行。

6月9日，雅典奥运会火炬在北京进行了隆重的传递活动。中国著名残疾人运动员齐凯利参加了本次火炬传递活动。

6月11日，中国著名篮球运动员姚明任特奥全球大使暨2007年世界夏季特殊奥林匹克运动会大使宣布仪式在上海举行。

6月12日，"交通杯"全国残疾人坐式排球锦标赛在嘉兴市落下帷幕。

6月23日，残疾人李成刚横渡长江成功。

6月23日至28日，全国轮椅篮球锦标赛在北京举行。

7月5日至7日，沈阳举办了东亚区特殊奥林匹克乒乓球赛。

7月7日，中国奥运残疾人乒乓球队参加了在埃及举办的国际残疾人乒乓球公开赛。

7月13日，北京2008年残奥会会徽发布仪式在北京举行。

7月23日至29日，全国聋人篮球锦标赛在哈尔滨举行。

7月28日至31日，为贯彻执行《关于进一步加强和改进特奥工作的意

见》的文件精神，全国特奥工作会议在陕西省西安市召开，中国残联理事长汤小泉、中国特奥会主席王智钧出席并做了重要讲话。

8 月 25 日至 30 日，中国代表团一行 12 人（其中运动员 7 人）参加了在意大利举行的射击热身赛，获得了金牌 6 枚、银牌 4 枚、铜牌 3 枚。

9 月 18 日，中国云南选手李剑飞在第十二届残奥会男子 P 1~10 米气手枪 SH1 决赛中，为中国摘得本届残奥会的首枚金牌。

9 月 18 日，北京体育大学竞技体校教师柴岭在雅典莱奥西亚奥林匹克体育中心柔道赛场执法第十二届残奥会第一场柔道比赛。从此，结束了在国际赛场上没有中国裁判执法的历史。和柴岭同时在赛场上执法的还有乒乓球裁判史桂兰、射击裁判王祖岳及李凤华。

9 月 18 日 19 时 30 分，央视《焦点访谈》栏目第一次播放了中国残疾人体育节目。中国残联副理事长、中国残奥会副主席申知非应邀做客访谈。

9 月 19 日，来自山西的王云峰在雅典残奥会盲人柔道男子 73 公斤级决赛中获得金牌，这也是中国在残奥会上获得的首枚盲人柔道金牌。

9 月 27 日，中国体育代表团参加的雅典残奥会所有比赛项目结束，共获得 63 枚金牌、46 枚银牌、32 枚铜牌，共计奖牌 141 枚，高居金牌榜和奖牌榜首位，实现了残奥会历史性突破。

9 月 30 日，参加第十二届残奥会的中国体育代表团在人民大会堂举行了隆重的总结表彰大会。全国总工会、共青团中央、全国妇联、国家体育总局及中国残联分别宣读了表彰决定并颁发了证书和牌匾。表彰大会由中国残联理事长汤小泉主持。中国残联主席邓朴方出席了会议并做了重要讲话。国家体育总局、全国总工会、全国妇联、共青团中央有关领导同志出席了会议。

10 月 15 日至 21 日，全国残疾人（脑瘫、聋人）足球锦标赛在重庆举办。

11 月 8 日至 12 日，第三届"韩青制衣杯"全国特奥地板曲棍球比赛在山东省青岛市举行。

11 月 9 日，尤尼斯·肯尼迪·施莱佛国际特奥运动健康中心在温州医学院成立。

11 月 23 日，首届"康比特杯"盲人高空走钢丝比赛在北京举行。

11 月 24 日至 30 日，全国盲人门球锦标赛在黄石市举行。

12 月 20 日至 23 日，全国硬地滚球锦标赛在广州举行。

2005年

1 月 5 日至 16 日，第十二届聋人奥运会在澳大利亚墨尔本举行。中国代表团由 69 名运动员和 32 名教练员、工作人员组成，参加田径、游泳、乒乓球、羽毛球、网球、篮球 6 个项目的比赛，获得了 5 金、8 银、4 铜的好成绩，金牌榜名列第九，奖牌榜名列第八。

1 月 27 日，2007 年上海世界夏季特殊奥林匹克运动会组织委员会宣布成立并在上海举行组委会第一次全体会议。

2 月 26 日至 3 月 5 日，第八届世界冬季特奥会在日本长野举行。中国派出了由 92 人组成的代表团参加本届盛会，是迄今为止中国向境外派出的最大规模的特奥代表团。在本届特奥会上，中国运动员取得了金牌 37 枚、银牌 22 枚、铜牌 16 枚的好成绩。

3 月 7 日，第八届世界冬季特奥会中国体育代表团举行了总结表彰大会。中国残联理事长汤小泉、常务副理事长吕世明和国家体育总局群体司副司长刘国永等出席。中国残联、中国特奥会对在本届运动会上取得优异成绩和做出贡献的运动员、教练员以及单位进行了表彰。

3 月 9 日至 20 日，世界残疾人越野滑雪锦标赛在美国缅因州肯特堡举行。

3 月 14 日至 17 日，全国残疾人射击、射箭锦标赛在桂林市举行。

3 月 16 日，2005 中国十佳劳伦斯冠军奖颁奖活动在深圳电视台演播厅举行。王云峰、王燕红、边建欣、张小玲、何军权、李剑飞、李端、张蕾、周菊芳、盛玉红等 10 名优秀残疾人运动员被选为 2005 年中国最佳残疾人运动员候选人，最终，湖北游泳运动员何军权当选。另外，江苏省残疾人运动

员孙海涛当选中国十佳劳伦斯委员会委员。

3月31日至4月3日，第一届亚洲轮椅篮球锦标赛在马来西亚首都吉隆坡隆重举行，中国取得第2名的好成绩。

4月6日至7日，全国残疾人举重、盲人柔道锦标赛在太原举行。

4月23日至27日，"英派斯杯"全国残疾人田径锦标赛在重庆市举行。

5月12日，第一届残奥世界杯赛在英国曼彻斯特举行，中国体育代表团由33人组成，其中运动员23人，参加了田径、游泳、自行车3个项目的比赛，共获得金牌9枚、银牌3枚、铜牌4枚，打破3项世界纪录。

5月13日至16日，全国残疾人游泳锦标赛在陕西省西安市举行。

5月，第二届残疾人乒乓球单打世界杯赛在法国举行，中国获得2金、1铜。

6月6日至10日，全国残疾人自行车锦标赛在日照市举行。

6月18日至24日，第五届亚洲及南太平洋地区乒乓球锦标赛在马来西亚举行，中国派出由27名运动员、4名教练员和2名工作人员组成的代表团，获得了19枚金牌、10枚银牌、7枚铜牌。

6月24日至29日，首届东亚区特殊奥林匹克足球赛在上海市青浦区举行。

6月，轮椅网球世界杯积分赛在荷兰格罗宁根开赛，中国获得男子团体第14名、女子团体第13名的成绩。

7月1日至5日，全国残疾人乒乓球、轮椅击剑锦标赛在江苏省南京市举行。

7月2日至6日，全国特殊奥林匹克游泳比赛在福建三明举行。

7月10日至13日，全国特奥乒乓球比赛在吉林省长春市举行。

7月20日，首届"兰狮杯"全国肢残人攀岩比赛在北京市房山区十渡举行。

7月20日至23日，全国特奥滚球比赛在黑龙江商业大学举办，这是中国第一次全国性的特奥滚球比赛。

7月24日至29日，全国聋人足球锦标赛在北京市门头沟区举行。

7月24日至31日，中国选手杨曾宝参加了在奥地利举行的聋人网球赛。这次比赛共有13个国家的52名运动员参加，最终杨曾宝进入了单打第2轮，与搭档进入了双打四强。

7月，亚洲残疾人举重锦标赛在马来西亚吉隆坡举行。

7月，在波兰华沙举办世界轮椅击剑杯比赛，中国取得4枚金牌、5枚银牌、4枚铜牌。

8月4日至10日，盲人青少年运动会在美国科罗拉多州斯普林斯市开幕，中国代表团在该运动会上赢得了14金、4银、1铜。

8月6日至10日，全国特殊奥林匹克田径比赛在大连举行。

8月9日至22日，IPC欧洲自行车锦标赛在荷兰举行，中国的成绩是2金、1银、3铜，破1项世界纪录。

8月17日至26日，欧洲自行车公开赛在荷兰举行。中国共派出18名运动员参赛，取得了2金、1银、3铜的成绩，并打破了1项世界纪录。

8月21日至26日，全国轮椅篮球锦标赛在沈阳市举行，共有270多名运动员参加了比赛，是自轮椅篮球运动在中国开展以来参赛队伍和运动员最多的一次。

8月22日至26日，欧洲残疾人田径公开赛在芬兰埃斯波举行。中国代表团由22人组成，其中运动员16人。共夺取金牌5枚、银牌1枚、铜牌5枚。

8月22日至28日，在残疾人乒乓球台北公开赛上，中国荣获金牌11枚、银牌9枚、铜牌4枚。

8月25日至27日，在慕尼黑举办的德国射击锦标赛中，中国夺得了4金、3银、2铜。

8月，欧洲残疾人田径公开锦标赛在芬兰埃斯波市举办，中国赢得5金、1银、5铜，破1项世界纪录。

9月5日至10日，全国坐式排球锦标赛在甘肃省天水市举行。

9月8日至12日，中国派出3名运动员参加了在泰国举行的"曼谷杯"轮椅网球比赛。吴丹丹取得女子公开组单打第3名，并与马来西亚选手配合

取得女子双打冠军；吴汉斌获得男子公开组单打第 5 名；李柏青获得公开组（A 级）冠军；吴汉斌与李柏青配合取得男子公开组双打第 3 名的成绩。

9 月 16 日至 24 日，世界肢残人运动会在巴西举办，65 金、37 银、24 铜的成绩书写了中国残疾人体育代表团的辉煌，并破 2 项、平 2 项世界纪录。

9 月 20 日至 25 日，中国派 2 名运动员参加了日本大阪轮椅网球积分赛。石艳平与日本选手配合获得双打冠军并在单打比赛中进入前 8 名；董福利战胜了日本头号种子选手，取得最高级别单打第 1 名，并与日本选手配合获得了双打第一。

9 月 24 日至 28 日，东亚区特殊奥林匹克篮球比赛在河北省石家庄市举行。

10 月 6 日至 12 日，亚太地区轮椅篮球锦标赛在韩国大田市举行。

10 月 12 日至 18 日，由中国残联、国家体育总局、中国残疾人体育协会主办，乌鲁木齐市人民政府和新疆维吾尔自治区残疾人联合会、体育局、残疾人体育协会协办，乌鲁木齐市新市区人民政府承办的全国聋人篮球锦标赛在乌鲁木齐市举行。来自北京、上海、辽宁、福建、浙江等 23 个省区市的 36 支代表队的 378 名运动员参加了比赛。辽宁队、新疆队、山东队获得男子组前 3 名；云南队、辽宁队、黑龙江队获得女子组前 3 名。

10 月 19 日至 23 日，由中国特奥会主办、浙江省残联承办的第 8 期全国特奥新项目（高尔夫、保龄球）推广培训班在浙江省杭州市举行。来自全国 10 个省区市的 40 名学员参加了培训。

10 月 21 日，第二届"康比特杯"全国盲人高空走钢丝比赛在北京举行。

10 月 22 日至 27 日，由中国残疾人联合会、国家体育总局、中国特奥会主办，湖南省残疾人联合会、体育局、残疾人体育协会协办，益阳市残疾人联合会、残疾人体育协会承办的全国特奥地板曲棍球比赛在湖南省益阳市举行。有来自湖南、辽宁、河北、山东、浙江、上海、吉林等 7 个省市的 98 名运动员参加了比赛。

10月25日，"未来我们创造"特奥爱心义跑活动在北京海淀公园举行。

10月25日至30日，国际特奥东亚区与中国特奥会在黑龙江省哈尔滨市共同举办了第5期国家特奥教练员和家庭支持联络网培训班。来自黑龙江省残联系统的45名负责文体工作的干部、特教学校体育教师和21名特奥运动员参加了培训。

10月28日至11月6日，澳大利亚射击积分赛在布里斯班举行。中国派出14名运动员、6名工作人员参加了比赛，获得7枚金牌、5枚银牌、5枚铜牌。

10月29日至11月2日，全国硬地滚球锦标赛、全国残疾人羽毛球锦标赛在四川省成都市举行。来自全国17个省区市以及香港特别行政区的91名运动员参加了硬地滚球比赛，广东队、香港队、重庆队获得团体前3名；来自全国14个省区市的70名运动员参加了羽毛球比赛，广东队、江苏队、河北队获得团体前3名。中国残联常务副理事长吕世明出席并观看了比赛。

10月29日至11月2日，全国特殊奥林匹克羽毛球比赛在四川省成都市举行。本次比赛由中国残联、国家体育总局、中国特奥会主办，四川省残联、体育局、残疾人体育协会承办。共有12个代表队的76名运动员报名参赛。本次比赛的单打、双打、混合双打共决出20枚金牌，个人技术比赛决出8枚金牌。

11月4日至8日，由中国特奥会主办、辽宁省大连市残联承办的第9期全国特奥新项目（手球、高尔夫、垒球）推广培训班在辽宁省大连市举办。来自全国8个省区市的40名学员参加了培训。

11月4日至8日，由中国特奥会主办的全国特奥比赛项目规则、规程研讨会在北京举行。来自全国18个省区市的50名从事特奥工作的专职干部参加了研讨会。中国残联常务副理事长吕世明，国际特奥东亚区总监钱恩培，中国特奥会副主席赵素京、杨金奎等出席了研讨会。

11月8日至13日，全国轮椅橄榄球锦标赛在湖北省武汉市举行。共有来自全国10个省区市的10支球队的100多名运动员参加了比赛。云南队、湖北队、河北队获得前3名。

11 月 10 日至 2006 年 1 月 23 日，国家残疾人运动员在北京、上海等 14 个省市进行田径、游泳、乒乓球、举重、自行车、盲人柔道、射击、射箭、击剑、轮椅网球、帆船、坐式排球、轮椅篮球、冬奥项目共 14 个项目的冬训。

11 月 14 日下午，由中国残疾人联合会、中国特奥会、中国残疾人福利基金会、北京市政府主办的"快来参加特奥"大型活动在北京中华世纪坛举行。国际特奥会主席蒂姆·施莱佛、首席执行官布鲁斯和全球慈善大使阿诺·施瓦辛格，中国残疾人联合会主席邓朴方、理事长汤小泉、常务副理事长吕世明，中国特奥会主席王智钧，北京市副市长孙安民，上海市副市长周太彤等领导及特奥运动员和各界人士 1000 多人出席了此次活动。

11 月 15 日至 20 日，"全球通"杯盲人门球锦标赛在浙江省杭州市举行。21 个省区市的 232 名运动员参赛。浙江队、北京队、吉林队分获男子组冠军、亚军、季军，山东队、江苏队、北京队分获女子组前 3 名。

11 月 18 日至 19 日，国际残奥委会大会在北京举行。来自 100 多个国家和地区、20 个国际残疾人单项体育组织和地区性组织的 300 余名代表出席了会议。国务委员陈至立，国际残奥委会主席菲利浦·克雷文，中国残联主席、北京奥组委执行主席邓朴方分别在开幕式上致辞。国际残奥委会授予邓朴方"国际残奥委会勋章"。中国残联党组书记王新宪、理事长汤小泉、常务副理事长吕世明、副理事长申知非出席了会议。会议选举产生了国际残奥委会新一届领导机构。菲利浦·克雷文连任国际残奥委会主席，中国残联副理事长、中国残奥会副主席申知非当选国际残奥委会执委。

11 月 21 日至 23 日，全国特奥举重、体操比赛在天津市举行。

11 月 24 日至 27 日，第一届法国轮椅击剑世界杯赛在法国巴黎举行。包括法国、波兰、美国和中国香港在内的 12 个国家和地区的近百名运动员参加了角逐。中国派出了由 12 名运动员、3 名教练员、2 名裁判员以及 2 名工作人员共 19 人组成的代表团参加比赛，取得了 2 金、5 银、9 铜的好成绩，列金牌榜第 3 位。

11 月 25 日至 29 日，津山轮椅公路接力赛在日本举行。来自中国、韩国、日本 3 个国家的 20 支代表队参加了比赛。中国派出了包括 7 名运动员在内的由 10 人组成的代表团，最终取得了团体第 3 名的成绩。

11 月 27 日至 29 日，全国特奥自行车、高尔夫球、网球邀请赛在湖南省湘潭市举行。

11 月 30 日至 12 月 3 日，新西兰暨亚太地区特奥会在新西兰基督城举行。以中国特奥会副主席杨金奎为团长的中国特奥代表团一行 19 人（其中特奥运动员 13 人、教练员 3 人、工作人员 3 人）参加了田径、游泳 2 个大项 34 个小项的比赛，共获得 16 枚金牌、4 枚银牌、6 枚铜牌。

12 月 1 日至 7 日，全国残疾人（脑瘫、盲人）足球锦标赛在海南省海口市举行。来自 18 个省区市的 18 支队伍共 191 名运动员参加了脑瘫足球锦标赛；来自 18 个省区市的 18 支队伍共 172 名运动员参加了盲人足球锦标赛。脑瘫足球比赛的前 3 名分别被广东队、北京队、黑龙江队获得；盲人足球比赛的前 3 名分别被江苏队、河北队、黑龙江队获得。国际脑瘫足球联合会委派技术人员对中国的脑瘫足球裁判员和教练员进行了培训。

12 月 16 日至 20 日，全国轮椅网球锦标赛在广东省广州市举行。

2006年

2 月 14 日至 19 日，由加拿大、澳大利亚、日本和中国四国参加的 2006 年大阪国际轮椅篮球友谊赛在日本大阪举行。中国派出了由 15 人（其中运动员 12 人）组成的代表团参赛。

2 月 24 日至 27 日，由香港残奥会及香港残疾人体协主办的第一届香港轮椅击剑世界杯赛在香港举行，来自 12 个国家的 181 名运动员参赛。中国代表团参加了全部 12 个项目的比赛，取得了 6 枚金牌、4 枚银牌、9 枚铜牌的好成绩。

3 月 10 日至 19 日，第九届冬季残奥会在意大利都灵举行。共有来自 39 个国家和地区的 486 名运动员参加了 4 个大项、总共 58 枚金牌的角逐。中国体育代表团参加了北欧式滑雪（越野滑雪）1 个大项 22 个小项的比赛。

3月16日，由中国残联、国家体育总局、中国残疾人体育协会主办，广西壮族自治区残联、体育局、残疾人体育协会承办的2006年全国残疾人乒乓球、举重、盲人柔道锦标赛在南宁市举行。举重项目中有3人4次打破3项全国纪录，有2人5次超2项世界纪录。

3月20日至27日，全国轮椅篮球锦标赛暨全国第七届残疾人运动会轮椅篮球预赛在河南省济源市举行。全国15个省市的25支轮椅篮球代表队的255名运动员参加了比赛。

3月21日至25日，国际特奥东亚区与中国特奥会在黑龙江省哈尔滨市联合举办了2006年运动会管理系统培训班。来自全省的22名学员参加了此次培训。

3月24日至30日，全国轮椅橄榄球锦标赛在湖北省武汉市举行。共有来自全国10个省市的100多名运动员参加了比赛。河北队、辽宁队、湖北队获得前3名。

3月29日至4月3日，全国盲人门球锦标赛在甘肃省兰州市举行。来自25个省区市的25支男队、23支女队共计280余名运动员参加了比赛。北京队、天津队、云南队分获男子组冠军、亚军、季军，云南队、山东队、江苏队分获女子组前3名。

4月16日，2006年全国坐式排球锦标赛暨第七届全国残疾人运动会预赛开幕式在浙江省嘉兴学院体育馆举行。中国残联理事长汤小泉出席，并宣布锦标赛开幕。

5月12日，参加韩国釜山第四届世界残疾人举重锦标赛的中国举重代表团凯旋。本届世锦赛共有66个国家和地区的1200多名选手参加，中国派出了男、女选手各10名参赛，获得了7金、3银、3铜，3人4次打破世界纪录，总成绩名列第一。

5月23日，广州残疾人奥林匹克运动管理中心举行落成仪式，并挂牌为中国残疾人体育训练基地。中国残联主席邓朴方、党组书记王新宪、副理事长申知非、理事贾勇以及广东省有关部门的领导出席了仪式。

6月9日至16日，由中国残联、国家体育总局、中国残疾人体协共同主办，广东省残联、体育局协办，肇庆市人民政府承办的 2006 年全国残疾人田径锦标赛在广东省肇庆市体育中心举行。来自全国 31 支代表队的 583 名运动员参加了比赛。江苏队、云南队、辽宁队分别获得团体总分前 3 名。本次田径锦标赛共有 25 人 33 次超 24 项世界纪录、113 人 137 次创 77 项全国纪录。

6 月 18 日至 21 日，由中国特奥会主办、江苏省特奥会承办的 2006 年全国特奥保龄球教练员、裁判员培训班在江苏省南京市举办。来自 15 个省区市的特奥教练员、裁判员参加了本次培训。

6 月 18 日至 21 日，首届全国残疾人飞镖邀请赛在辽宁省大连市举行。本届邀请赛由中国残联、国家体育总局、中国残疾人体协共同主办，大连市残联、大连市残疾人体协承办，大连市益春堂药房有限公司、大连市金马车飞镖俱乐部协办。来自全国 13 支代表队的 53 名运动员参加了比赛，韩国残疾人运动员也被特邀参赛。

6 月 21 日至 24 日，由中国残联主办，中国盲人协会、中国残奥管理中心承办，北京狮子会和香港狮子会协办的 2006 年全国盲人象棋比赛在北京市怀柔国家登山基地举行。来自 18 个省区市以及香港特别行政区的 52 名运动员参加了比赛。吉林省李伟、甘肃省魏家贵、山西省王学立分别夺得冠军、亚军、季军，上海队、北京队、浙江队分别获得团体第 1、第 2、第 3 名。

6 月 22 日至 27 日，全国特奥网球比赛在湖南省益阳市举行。有来自全国 10 个省市的 89 名特奥运动员参加了比赛。共产生了 39 枚金牌、30 枚银牌和 27 枚铜牌。中国残奥管理中心相关人员出席了颁奖仪式及闭幕式。

6 月 27 日至 30 日，第四届全国特奥会骨干裁判员培训班在黑龙江省哈尔滨市举办。来自黑龙江省的 70 名骨干裁判员参加了培训班。本次培训针对第四届全国特奥会裁判原则及细节进行了讨论，并对裁判员提出的问题进行了解答。

6 月 29 日至 7 月 3 日，盲人柔道世界锦标赛在法国举行。本次比赛是 2008 年北京残奥会的积分赛，有 34 个国家的 187 名运动员参加。中国派出

了 14 名运动员参赛,共获得 2 枚金牌、3 枚银牌、3 枚铜牌。

7 月 12 日至 21 日,2006 年残疾人射击世界锦标赛在瑞士举行。本届锦标赛是 2008 年北京残奥会的积分赛,有来自 45 个国家的 260 名运动员参加了比赛。中国派出了 16 名选手参赛,共夺得 6 枚金牌、5 枚银牌、1 枚铜牌,打破了 2 项世界纪录,名列金牌榜第一。

7 月 30 日至 8 月 4 日,第四届全国特奥会在黑龙江省哈尔滨市举行,有 37 个代表团的 1418 名运动员参赛,为举办 2007 年上海世界夏季特奥会积累了丰富经验,也极大地推动了特奥运动的发展。

8 月 12 日至 16 日,由中国特奥会主办、甘肃省残联承办的 2006 年全国特奥自行车教练员、裁判员培训班在甘肃省天水市举办。来自 12 个省市的 40 多名教练员、裁判员和工作人员参加了培训。

8 月 17 日至 23 日,2006 年全国残疾人(脑瘫、盲人)足球锦标赛在黑龙江省哈尔滨市举行。这两项锦标赛也是第七届全国残疾人运动会预赛,脑瘫足球锦标赛有 19 个省区市的 215 名运动员参加,重庆队、辽宁队、黑龙江队分获前 3 名;盲人足球锦标赛有 19 个省区市的 188 名运动员参加,江苏队、云南队、辽宁队分获前 3 名。另外,北京等 21 支代表队、贾建峰等 132 名运动员、杨凌宇等 16 名裁判员荣获本次比赛的体育道德风尚奖。

8 月 21 日至 29 日,中国残疾人赛艇队首次参加了英国赛艇世界锦标赛,取得男子单人双桨第 7 名的成绩。

8 月 25 日至 28 日,由国际特奥会东亚区主办的 2006 年国际特奥会东亚区运动会管理系统培训班在山东省青岛市举行。来自中国特奥会、香港特奥会等的学员参加了培训。

9 月 2 日至 12 日,世界残疾人田径锦标赛在荷兰阿森举行,以中国残联理事贾勇为团长的中国体育代表团一行 68 人(其中运动员 48 人)参加了本次比赛。在比赛中,中国代表团取得了 22 枚金牌、12 枚银牌和 21 枚铜牌并打破 6 项世界纪录,居金牌榜首位。

9 月 6 日晚,2008 年北京残奥会吉祥物发布活动在八达岭长城脚下隆重举行。

9月8日至18日，中国残疾人自行车代表团一行21人参加了在瑞士举行的2006年世界残疾人自行车锦标赛，共获得6枚金牌、6枚银牌、4枚铜牌，并打破3项世界纪录，列奖牌榜第4位。

9月14日至18日，2006年全国残疾人游泳锦标赛在河北省石家庄市举行。此次比赛是由中国残联、国家体育总局、中国残疾人体育协会主办，河北省残联、体育局、残疾人体育协会承办的，来自24个省区市的25支代表队共361名运动员参加了比赛。本次比赛共有5人超7项世界纪录，云南队以绝对优势位居团体总分榜榜首，陕西队、广东队分别获第2名、第3名。

9月22日至10月3日，世界残疾人乒乓球锦标赛在瑞士举行。以中国残联理事、体育部主任、中国残奥管理中心主任贾勇为团长的中国体育代表团一行36人参加了本次比赛，最终获得14枚金牌、4枚银牌和7枚铜牌，高居金牌榜首位。

9月29日至10月9日，轮椅击剑世界锦标赛在意大利都灵举行。中国代表团一行13人参加了此次比赛，共获得4枚金牌、6枚银牌和3枚铜牌。

10月3日至15日，2006年脑瘫硬地滚球世锦赛在巴西里约热内卢举行。本次比赛共有来自30个国家的200多名运动员参赛，中国派出了7名运动员参加，取得了BC3级双打第9名、BC4级双打第11名的好成绩，从而获得了该项目2008年北京残奥会的参赛资格。

10月9日，2006年全国特殊奥林匹克高尔夫球比赛在海南省海口市举办。海南省委常委、宣传部部长周文彰出席开幕式暨欢迎酒会并致辞，宣布开幕。中国残奥管理中心、省文体厅、省卫生厅、省公安厅、省财政厅、团省委等成员单位的负责人出席开幕式。本次比赛，共有13个省市代表队的运动员、教练员、裁判员等百余人参加。

10月20日，"远南震撼之旅·梦圆2008"第九届远南运动会火种交接仪式暨中国残奥励志万里行出发仪式在国家奥林匹克体育中心举行。中国残联主席邓朴方、党组书记王新宪、理事长汤小泉，国家体育总局副局长冯建中，北京市副市长孙安民，中国残联常务副理事长吕世明、理事贾勇，第九届远南运动会组委会代表，赞助企业代表等有关领导和相关人士出席了

仪式。

11月25日至12月1日，第九届远南运动会在马来西亚吉隆坡举行。中国派出了以中国残联党组书记王新宪为团长的274人（其中运动员190人）代表团参赛，以199枚金牌、72枚银牌和36枚铜牌居金牌榜和奖牌榜首位，并打破17项世界纪录，实现了中国在远南运动会上连续六届保持金牌总数第一。

2007年

1月22日，中华人民共和国第七届残疾人运动会新闻发布会在北京人民大会堂举行。

3月9日至11日，在丹麦埃斯比约市举行2007年丹麦残疾人游泳公开赛。本次比赛有17个国家和丹麦国内17个残疾人游泳俱乐部的近200名选手参赛。中国派出了28名运动员参加了68个小项目的角逐，共夺得46枚金牌、16枚银牌、5枚铜牌，2人次破2项世界纪录。通过参赛，实现了锻炼队伍、培养新人的目的。

3月16日至20日，中国派出24名运动员参加了在约旦安曼举办的约旦残疾人乒乓球公开赛，共获得16枚金牌、8枚银牌和7枚铜牌，居金牌榜、奖牌榜首位。本次比赛是2008年北京残奥会积分赛，有来自25个国家和地区的209名运动员报名参赛。

3月22日至25日，第七届全国残运会分级师培训班在云南昆明市举办，有19名分级师和相关的残疾人体育工作者共60多人参加了培训。

5月12日，全国残疾人体育工作会议在云南昆明召开。中共中央政治局委员、国务院副总理、国务院残疾人工作委员会主任回良玉出席会议并做重要讲话。中国残联主席邓朴方、国家体育总局局长刘鹏分别就进一步加强残疾人体育工作发表讲话。中国残联党组书记王新宪、理事长汤小泉、常务副理事长吕世明、理事贾勇，以及中央有关部委负责人，第七届全国残运会各代表团团长，各省区市残联和体育局的负责人等200余人出席会议。

5月12日至20日，第七届全国残疾人运动会在云南省昆明市举行，本次运动会设田径、游泳、举重等20个大项643个小项，来自31个省区市和新疆生产建设兵团、香港特别行政区、澳门特别行政区等35个代表团（云南省2个代表团）的3000多名运动员参加了比赛，共产生815枚金牌，打破336项全国纪录，超91项世界纪录，平2项世界纪录，是历届全国残运会中项目设置最多、规模最大、奖牌总数最多的一届。

6月15日至18日，由中国残联、中国特奥会主办，山西省残联、山西省特奥会承办的第十二届世界夏季特奥会中国代表团集训工作会议在山西省太原市召开。中国残联党组书记王新宪，中国残联理事、中国残联体育部主任贾勇，中国特奥会主席王智钧，山西省省委常委、常务副省长薛延忠，山西省政府副秘书长李顺通，山西省残联党组书记、理事长郭贵仁等领导出席了会议开幕式，来自全国31个省区市及新疆生产建设兵团的项目领队、副领队及部分教练员137人参加会议。

6月20日，2007年第十二届世界夏季特奥会执法人员火炬跑火炬、徽标发布仪式在北京举行。国务院副总理回良玉出席发布仪式并揭晓火炬、徽标，上海市委副书记、市长及特奥会组委会主席韩正代表组委会致辞。上海市委书记习近平及中国残联主席邓朴方、党组书记王新宪、理事长汤小泉、常务副理事长吕世明、副理事长申知非出席仪式。

6月23日，第五届北京"奥林匹克文化节"开幕式在北京石景山雕塑公园隆重举行。中共中央政治局委员、北京市委书记、北京奥组委主席刘淇宣布本届文化节开幕。国务委员、北京奥组委第一副主席陈至立为文化节主题雕塑揭幕。中国残联主席、北京奥组委执行主席邓朴方，中国残联理事长、北京奥组委执行副主席汤小泉及国务院有关部委负责人出席。

7月18日，第十二届世界夏季特殊奥林匹克运动会中国体育代表团成立大会在上海特奥竞赛训练中心召开。

7月29日至8月6日，由中国残联理事长汤小泉率团，中国盲人体育代表团一行41人赴巴西圣保罗参加了第三届世界盲人运动会，28名运动员参加了田径和柔道两个大项的比赛，其中16名田径选手夺得9金、4银、8

铜，12 名柔道选手夺得 3 金、3 银、4 铜，共获金牌 12 枚、银牌 7 枚、铜牌 12 枚，居奖牌榜第 5 位。本次运动会设田径、5 人制足球、游泳、柔道、门球和举重等 6 个大项，是争夺这 6 个项目北京残奥会入场券的一项重要赛事，有来自 63 个国家和地区的 1600 多名运动员和工作人员参加。

8 月 20 日至 27 日，中国残疾人体育代表团 23 名运动员参加了在法国波尔多举行的 2007 年世界残疾人自行车锦标赛，获得 5 金、6 银、5 铜，并有 3 人次打破 2 项世界纪录，居奖牌榜第 4 位。

9 月 4 日，北京残奥会倒计时一周年志愿者动员誓师大会暨北京市残疾人体育训练和职业技能培训中心落成仪式举行。

9 月 25 日晚，2007 年世界夏季特奥会执法人员火炬跑中国迎圣火和起跑仪式在北京居庸关长城举行。中央和国家机关有关部门、北京市和上海市有关方面负责同志及首都各界代表、境外嘉宾 1000 余人出席仪式。

10 月 2 日至 11 日，2007 年世界夏季特殊奥林匹克运动会在上海举办。国家主席胡锦涛出席开幕式并宣布运动会开幕。来自 164 个国家和地区的特奥代表团 1 万多人（其中特奥运动员 7291 人）参加了本届特奥会。中国派出了由 1713 人组成的代表团，其中运动员 1274 人，他们参加了全部 21 个比赛项目和 4 个表演项目，共获得金牌 463 枚、银牌 336 枚、铜牌 258 枚，还获得绶带 219 条、技能比赛奖牌 307 枚，以自信和勇敢完美地诠释了本届运动会"你行我也行"的主题。

12 月 18 日，由中国残联主办的首次以残疾人体育为主题的全国性摄影大赛——"生命·梦想·追求"残疾人体育摄影大赛颁奖仪式在北京举行。中国残联理事、体育部主任、中国残奥管理中心主任贾勇等领导出席了颁奖仪式。

2008年

7 月 17 日，中国残奥代表团在京宣告成立，由来自全国 31 个省区市的 547 人组成，其中运动员 332 人，比上届增加 132 人。

9 月 6 日至 17 日，第十三届夏季残奥会在北京举行（马术比赛在香港举行，帆船比赛在青岛举行）。本届残奥会是迄今为止中国举办的规模最大、规格最高的综合性残疾人体育盛事。来自 147 个国家和地区的 4032 名运动员参加了比赛，在 20 个大项 472 个小项上展开了激烈角逐，运动员人数、参赛国家和地区数、比赛项目数都创残奥会历史新高。中国体育代表队参加了北京残奥会全部 20 个大项的比赛，其中马术、轮椅橄榄球、轮椅篮球、赛艇、帆船、硬地滚球、盲人足球、脑瘫足球、盲人门球 9 个项目为中国选手首次参加。中国选手不畏强手，顽强拼搏，以昂扬的斗志、饱满的精神状态出色完成了参赛任务，以金牌 89 枚、银牌 70 枚、铜牌 52 枚，奖牌总数 211 枚，56人次打破 92 项世界纪录的优异成绩再次居金牌榜、奖牌榜首位。

9 月 8 日至 13 日，第十三届残疾人奥运会帆船比赛在青岛奥帆中心举行。中国代表团取得了 89 金、70 银、52 铜的好成绩，奖牌总数首次超过了200 枚，蝉联金牌榜第一。

2009年

2 月 7 日至 13 日，第九届世界冬季特奥会在美国博伊西举行。中国派出 87 人组成的代表团参赛，共夺得 33 枚金牌、34 枚银牌、27 枚铜牌，充分发扬了"勇敢尝试，争取胜利"的精神。

8 月 24 日至 27 日，2009 年全国特奥游泳、举重比赛在中国残疾人奥林匹克运动管理中心举行。来自北京、河南、新疆等 20 个省区市的 234 名运动员，经过为期四天的比赛，分享了游泳和举重两个大项的 624 枚奖牌和101 条绶带（第 4~6 名）。

8 月 30 日，国务院发布《全民健身条例》，其中明确指出："制定全民健身计划和全民健身实施计划，应当充分考虑学生、老年人、残疾人和农村居民的特殊需求。"这部行政法规的颁布，进一步保障了残疾人体育参与的基本权益，并且为残疾人体育的未来发展奠定了基础。

9 月 5 日至 15 日，第二十一届夏季聋奥会在中国台北举行。这是第一次在亚洲举行的夏季聋奥会。中国代表团团结一致、奋勇拼搏，取得 12 枚

金牌、9 枚银牌、17 枚铜牌，奖牌总数 38 枚，位列参赛代表团金牌榜第四，破 4 项聋奥会世界纪录，夺取中国参加聋奥会的最好成绩，实现了运动成绩和精神文明双丰收。

11 月 6 日晚，广州 2010 年亚洲残疾人运动会会徽、吉祥物、口号正式发布。

2010年

1 月 13 日至 14 日，中国残联宣文部、体育部在浙江省嘉兴市共同组织召开 2010 年全国残联宣传文体工作会议。来自全国 31 个省区市及新疆生产建设兵团的 100 多名残疾人事业的宣传文体干部出席会议。

5 月 14 日至 20 日，2010 年全国坐式排球锦标赛暨第八届全国残疾人运动会在中国残疾人体育运动管理中心举行。上海男队和江苏女队分别获得了男组、女组的冠军。男子组比赛的第 2 名和第 3 名分别由浙江队和辽宁队夺得，辽宁女队和上海女队分列女子组比赛的第 2 名和第 3 名。

6 月 27 日，中国残联党组成员、体育部主任贾勇出席天津市首届全民健身大会残疾人组比赛开幕式，并为中国残疾人体育天津残联训练基地揭牌。

7 月 20 日，中国残联主席张海迪，中国残联党组副书记、常务副理事长王乃坤在福州参加第五届全国特奥会组委会成立大会，并在会前听取福建省残疾人工作专题汇报。

7 月 21 日，第五届全国特殊奥林匹克运动会圣火在福建省莆田市湄洲岛成功采集。

7 月 21 日晚，"2010 年集善中国行"国际足球邀请赛在国家体育场盛大开幕。本场比赛由北京市人民政府、辽宁省人民政府、中国残疾人福利基金会和中国足球协会共同主办，所有门票收入全部捐赠给中国残疾人福利基金会，用于支持中国西部社区康复站和特教学校建设。

8 月 2 日，广东省第六届残疾人运动会在惠州江北体育馆开幕。

8 月 11 日，甘肃省第八届残疾人运动会暨第二届特奥会在酒泉开幕。

9月19日至25日，第五届全国特奥会在福州成功举办。39个代表团的1712名运动员参加比赛。运动会期间，开展了健康计划、青少年峰会、家庭领袖论坛等非体育项目。

12月12日至19日，首届亚洲残疾人运动会在中国广州举办。本次比赛共有来自41个国家和地区的2512名运动员参赛，设19个大项341个小项，共产生341枚金牌、338枚银牌、341枚铜牌，打破17项世界纪录，82项亚洲纪录。中国派出了614人组成的代表团参加了全部19个大项的比赛，其中运动员431名，以金牌185枚、银牌118枚、铜牌88枚和奖牌总数391枚的优异成绩，居金牌榜、奖牌榜首位，创10项世界纪录、平1项世界纪录、创47项亚洲纪录，以良好的精神风貌和优异的竞赛成绩，实现了"安全、文明、干净"的参赛目标。

2011年

1月2日上午，首届厦门国际轮椅马拉松赛在厦门开赛。

1月16日晚，2010年度体坛风云人物颁奖盛典在京举行。中国女子盲人门球队荣获该奖项。

2月24日，国务院颁布的《全民健身计划（2011—2015年）》将残疾人体育作为重要组成部分。

5月16日，国务院批转了《中国残疾人事业"十二五"发展纲要》，其中对于残疾人体育事业做出了明确指示。该纲要指出残疾人体育事业的主要任务是加强残疾人群众体育工作，促进残疾人康复健身，提高社会参与能力；提高残疾人竞技体育水平，在重大国际赛事中争取优异成绩。

5月23日，2011年全国特奥田径比赛在中国残疾人体育运动管理中心举行开幕式。本次比赛由中国残联、国家体育总局、中国特奥委员会主办，中国残疾人体育运动管理中心承办，为期四天，在50米、100米、200米、400米、800米、1500米、4×100米接力、4×400米接力、立定跳远、跳远、跳高、垒球、铅球等13个田赛和径赛项目上展开了激烈角逐，按年龄

和运动能力分组，决出了 317 枚金牌。

6 月 25 日至 7 月 4 日，第十三届世界夏季特殊奥林匹克运动会在希腊首都雅典举行。中国体育代表团由 137 人组成，其中特奥运动员 97 名、教练员和工作人员 40 名，他们参加了田径、游泳、足球、篮球、乒乓球、举重、体操、轮滑、滚球、羽毛球、柔道等 11 个大项 71 个小项的比赛。共夺得 80 枚金牌、35 枚银牌、22 枚铜牌。

8 月 8 日，第二届北京奥运城市发展论坛在国家会议中心开幕。

9 月 22 日，第八届全国残疾人运动会火炬传递活动点火起跑仪式在绍兴大禹陵祭禹广场举行。

9 月 23 日下午，第八届国际残疾人职业技能竞赛中国代表团启程动员会在中国残疾人体育运动管理中心召开。

10 月 5 日至 13 日，2011 年全国乒乓球锦标赛（决赛阶段）在张家港市体育馆举行，10 月 5 日至 8 日进行单项赛，9 日至 13 日进行团体赛。其中，10 月 7 日下午进行混双决赛，8 日下午依次举行女双、男双、女单、男单决赛。12 日下午举行女团决赛，13 日下午进行男团决赛。

10 月 11 日，第八届全国残疾人运动会在浙江举行，主会场设在杭州，在嘉兴、绍兴、湖州设立分会场。共有 35 个代表团的 3041 名运动员参赛，产生 723 枚金牌、703 枚银牌、628 枚铜牌，超 65 项世界纪录、平 2 项世界纪录，破 347 项全国纪录、平 6 项全国纪录。运动会期间首次开展残疾人群众体育展示活动。

10 月 18 日，第三届全国残疾人体育科学论文报告会在浙江大学紫金港校区开幕。来自全国残联、体育系统以及 40 多所高等院校的 100 多名残疾人工作者、体育工作者、专家和学者参加。会议共收到残疾人体育科研论文和专题报告等 100 多篇，是有史以来中国最大规模、最高水平的残疾人体育科研盛会。

11 月 20 日至 25 日，亚洲坐式排球锦标公开赛举行，25 日在北京中国残疾人体育运动管理中心落幕，中国女队夺得冠军。雅典和北京两届残奥会冠军中国女子坐式排球队在 25 日进行的决赛中直落三局，战胜对手伊朗队夺得冠军，中国男队在争夺第 3 名的比赛中战胜对手斯里兰卡队获得季军。

12 月 1 日至 6 日，2011 年世界轮椅与肢残人运动会在阿联酋沙迦举行。经过 6 天的角逐，中国代表团共获得 53 金、23 银、4 铜，居本次轮椅运动会各代表团金牌榜、奖牌榜首位。其中田径获得 18 金、10 银、2 铜，游泳获得 29 金、12 银、1 铜，举重获得 6 金、1 银、1 铜。举重项目打破 1 项世界纪录、2 项青年纪录，田径项目打破 2 项世界纪录、2 项亚洲纪录。

12 月 3 日至 11 日，由北京市政府承办的国际残奥委会 2011 年年会在北京召开。本届年会主要探讨了如何进一步促进残疾人体育事业发展和推动媒体对残奥运动的关注。

12 月 19 日至 23 日，举办首期国家级残疾人体育健身指导员师资培训班，30 个省区市和新疆生产建设兵团共 131 人获得首批国家级残疾人体育健身指导员培训讲师资格。

2012 年

6 月 12 日，第 2 期国家级残疾人体育健身指导员师资培训班在北京体育大学举行开班仪式。

8 月 8 日至 12 日，成功举办第二届残疾人健身周活动，全国共有 28 个省区市结合本地特色，举办了丰富多彩的残疾人健身周活动。

8 月 29 日至 9 月 9 日，中国派出 417 人的代表团参加了在伦敦举行的第十四届夏季残奥会，取得了 95 枚金牌、71 枚银牌、65 枚铜牌（231 枚奖牌）的优异成绩，实现了中国在残奥会上金牌榜和奖牌榜的三连冠，创造了新辉煌。

10 月 22 日至 26 日，由国际特奥东亚区、中国特奥委员会主办，中国残疾人体育运动管理中心承办的 2012 年"波音杯"特奥融合篮球赛在中国残疾人体育运动管理中心举行。

11 月 21 日，2012 年全国聋人游泳锦标赛在中国残疾人体育运动管理中心举行。

2013年

1月29日至2月5日，第十届世界冬季特奥会在韩国江原道平昌市举行。中国76名特奥运动员参加了花样滑冰、速度滑冰、地板曲棍球、越野滑雪、雪鞋走等5个项目的比赛，他们发扬"勇敢尝试、争取胜利"的特奥精神，共取得了34金、14银、26铜的优异成绩。

4月22日至24日，2013年中国残疾人田径公开赛暨IPC田径大奖赛在中国残疾人体育运动管理中心开赛，这也是中国首次举办国际残疾人奥委会授权的国际残疾人田径单项赛事。北京站的比赛历时3天，共吸引了中国、新加坡、蒙古国、文莱、伊拉克、斯里兰卡、中国香港、中国台北等8个国家和地区的120余名运动员参加。

5月31日至6月5日，2013年全国残疾人举重锦标赛在石家庄开赛。此次举重锦标赛由中国残疾人联合会、国家体育总局、中国残奥委员会主办。来自全国19个省代表队的144名选手参加了比赛，男子组、女子组各设置10个比赛级别。

7月26日至8月5日，第二十二届夏季聋奥会在保加利亚索非亚举行，中国代表团在本届聋奥会上共收获12金、5银、8铜（25枚奖牌），名列奖牌榜第五。其中，游泳项目摘得7金、2银、5铜（14枚奖牌），乒乓球项目摘得4金、2银，羽毛球项目摘得1金、1银，田径项目摘得3铜。

10月16日至23日，2013年国际乒联残疾人乒乓球亚洲锦标赛在位于北京顺义区的中国残疾人体育运动管理中心举行。在个人项目和团体项目决出的总共27枚金牌中，中国队获得19枚。

10月28日至30日，2013年全国特奥乒乓球比赛在嘉兴残奥中心体育馆开赛。本次比赛由中国残联、国家体育总局、中国特奥委员会主办，浙江省嘉兴市承办。来自全国25个省市的147名运动员参加比赛。

11月4日至9日，于福州市举行的2013年国际特殊奥林匹克融合杯足球赛东亚区选拔赛中，由智力残疾者和普通健全人混合组成的中国特奥融合足球队以 4 战全胜的成绩夺得第 1 名，直接获得了 2014 年国际特殊奥林匹克融合杯足球赛的参赛资格。

2014年

3 月 7 日至 16 日，第十一届冬季残疾人奥林匹克运动会在俄罗斯菲什特奥林匹克体育场举行，这是中国代表团参加的第 4 届冬季残奥会，共有 10 名运动员参加轮椅冰壶和越野滑雪 2 个大项 5 个小项的比赛。中国运动员虽未实现奖牌零的突破，但首次出征残奥会的中国轮椅冰壶队获得第 4 名，创造历届冬季残奥会最好成绩。

6 月 17 日至 27 日，2014 年全国聋人足球锦标赛暨全国第九届残疾人运动会聋人足球预赛在吉林省长春市举办。

9 月 8 日至 14 日，2014 年国际乒联残疾人乒乓球世界锦标赛在中国残疾人体育运动管理中心举行。中国队共获得 8 枚单打金牌、6 枚团体金牌，以 14 枚金牌、8 枚银牌、5 枚铜牌的成绩位列榜首，其中女子单打轮椅组的全部金牌被中国队包揽。

10 月 18 日至 24 日，2014 年亚洲残疾人运动会在韩国仁川举行。中国体育代表团奖牌总数达 317 枚，其中金牌 174 枚、银牌 95 枚、铜牌 48 枚，奖牌和金牌总数均位列第一。

11 月 14 日至 23 日，2014 年全国聋人篮球锦标赛在中国残疾人体育运动管理中心举行，其是 2015 年全国第九届残疾人运动会暨第六届特殊奥林匹克运动会的提前比赛项目，比赛成绩计入全国第九届残运会暨第六届特奥会的奖牌总数和团体总分。

2015年

1 月，北京冬奥申委向国际奥委会递交申办报告，申请 2022 年冬奥会、冬残奥会举办权。

2月5日，国务院印发《关于加快推进残疾人小康进程的意见》，提出推动各县（市、区）建成一批残疾人体育健身示范点，普及一批适合残疾人的体育健身项目。

3月19日至25日，BISFed2016年硬地滚球单项世锦赛在中国残疾人体育运动管理中心开幕。最终，泰国队夺得了4个级别的2金1银，成为本次世锦赛的最大赢家，中国队获得2块银牌。

3月27日至29日，2015年全国残疾人羽毛球公开赛在河北省唐山市古冶区开赛。本次全国残疾人羽毛球公开赛是唯一一次在县区级城市举行的比赛。本次比赛设有29个项目，总共进行271场比赛，产生21枚金牌、17枚银牌、13枚铜牌。北京、河北、重庆等的18支代表队获体育道德风尚奖；高雨阳等41名运动员获得个人体育道德风尚奖；卢晓伟等8名裁判员获裁判体育道德风尚奖。

3月28日至4月5日，第十八届冬季聋奥会在俄罗斯汉特曼西斯克及马格尼托哥尔斯克举行，中国代表团夺得1枚金牌、1枚银牌、2枚铜牌，实现了中国冬季聋奥会金牌零的突破。中国获得里约残奥会155个参赛名额，6支集体项目队伍取得入场券。

5月14日，中国残联印发《残疾人康复体育关爱家庭计划（试行）》，在4省市开展重度居家残疾人康复体育服务试点18080户，将"康复体育器材、康复体育方法、康复体育指导"送入重度居家残疾人家庭。

7月25日至8月16日，广东省第十四届运动会在湛江市奥林匹克体育中心举行。

7月31日，张海迪主席出席国际奥委会第一百二十八次全会并独立进行陈述，对北京联合张家口成功获得2022年冬奥会、冬残奥会举办权起到了关键作用。以成功申办北京冬奥会、冬残奥会为契机，全力推进残疾人冬季项目发展，及时出台《冬季残奥项目振兴计划》，启动冬季冰上项目发展区域布局和国家残疾人冬季项目训练基地调研工作。

9月8日至13日，2015年国际羽联残疾人羽毛球世锦赛在英国斯托克曼德维尔举办，共有来自37个国家和地区的220余名运动员参赛。中国残疾人运动员王平在 2015 年国际羽联残疾人羽毛球世锦赛上获得 WH1 级女子单打冠军，并与队友麦建朋配合获得 WH1 级混合双打铜牌。

9 月 12 日至 19 日，全国第九届残疾人运动会暨第六届特殊奥林匹克运动会游泳比赛在成都高新区举办。共产生 218 枚金牌、215 枚银牌和 188 枚铜牌，取得了 18 人（队）38 次创 29 项新的世界纪录、87 人（队）142 次创 94 项新的全国纪录的好成绩。

9 月 12 日至 19 日，全国第九届残疾人运动会暨第六届特殊奥林匹克运动会在四川省成都市双流体育中心举行。来自全国各省区市和新疆生产建设兵团及香港特别行政区、澳门特别行政区的 35 个代表团近 5000 名运动员参加比赛，运动会共产生 1561 枚金牌，超世界纪录 51 项，破全国纪录 204 项，平 3 项。

10 月 6 日至 9 日，2015 年中国网球公开赛轮椅网球国际邀请赛在北京举行，共有来自中国、瑞士、中国台北 3 个国家和地区的 20 名运动员、教练员及工作人员参加。比赛预赛在中国残疾人体育运动管理中心举行，决赛在国家网球中心布拉德、德拉维特球场举行。中国运动员分别夺得男子单打和女子单打冠军、亚军。

11 月 18 日，2015 年北京轮椅健身大步走运动会在奥林匹克公园开幕。全市近 200 名残疾人摇动轮椅冲过起跑线，开始了 3 公里迷你马拉松比赛。

2016年

2 月 14 日至 25 日，中国派队参加了在斯里兰卡举行的三站轮椅网球公开赛：第五届尼甘布轮椅网球公开赛、第九届斯里兰卡轮椅网球公开赛、第七届 SSC 轮椅网球公开赛。每站比赛均有 10 余个国家和地区的 40 名运动员参赛，中国轮椅网球队由 14 人组成，其中男运动员 4 名、女运动员 5 名。经过激烈角逐，中国队斩获男子单打、女子单打、女子双打全部 9 枚金牌，取得 9 金、7 银、10 铜的好成绩。

2 月 27 日至 3 月 1 日，轮椅网球世界杯团体赛亚洲区资格赛在斯里兰

卡科伦坡举行。中国派出14人代表团参赛，其中男运动员4名、女运动员5名。决赛中男子组中国2：0战胜伊朗，女子组中国2：0战胜韩国，双双获得于2016年5月在日本东京举行的轮椅网球世界杯团体赛参赛资格。

3月8日，中国残疾人联合会在原有的"残疾人自强健身工程"基础上，结合当前残疾人群体体育的现实状况，出台了《残疾人自强健身示范点建设办法（暂行）》。

4月22日至24日，第四届中国残疾人田径公开赛暨2016年IPC田径大奖赛北京站在中国残疾人体育运动管理中心落幕。来自中国、日本、韩国等21个国家和地区的200多名残疾人运动员在为期三天的比赛中展开了激烈角逐。中国选手表现出色，有4人打破不同级别的世界纪录。

6月7日至13日，2016年国际乒联残疾人乒乓球中国公开赛在中国残疾人体育运动管理中心举行。本次比赛是2016年里约残奥会前重要的国际赛事，为中国运动员更好地备战里约残奥会提供了宝贵的练兵机会。

6月15日，国务院印发《全民健身计划（2016—2020年）》。

9月7日至18日，里约热内卢残奥会在巴西里约热内卢举办。中国派出由499人组成的代表团参加，获得了107枚金牌、81枚银牌、51枚铜牌（共239枚奖牌），稳居金牌榜和奖牌榜首位，创造了51项世界纪录，自雅典残奥会起连续四届位列残奥会金牌榜、奖牌榜"双第一"。

10月24日至29日，"三菱友谊杯"2016年残疾人民间足球争霸赛总决赛在中国残疾人体育运动管理中心落下帷幕。本次比赛辽宁队、广东队、山东队分别荣获聋人甲组冠军、亚军、季军，湖北队、河北队、浙江队分别荣获聋人乙组冠军、亚军、季军，辽宁队、上海队、山东队分别荣获特奥融合甲组冠军、亚军、季军，浙江队、广西队、河北队分别荣获特奥融合乙组冠军、亚军、季军，广东队、辽宁队、山东队分别荣获盲人组冠军、亚军、季军。

12月4日，2016年苏州太湖国际马拉松开跑，14位残疾人组成轮椅队伍参赛，其中脊髓损伤者严培龙用时4时41分16秒，使用轮椅完成了42.195公里的马拉松挑战。

2017年

3月2日至12日，2017年轮椅冰壶世锦赛在韩国江陵举行，中国、加拿大、芬兰、德国、韩国、挪威、俄罗斯、苏格兰、瑞士、美国的代表队伍参加本次比赛。经过单循环赛和佩寄制决赛两轮比赛后，中国队跻身四强。

3月18日至24日，第十一届世界冬季特奥会在奥地利的格拉茨与施拉德举行，在为期一周的赛会期间，中国代表团共获得24枚金牌、22枚银牌和25枚铜牌。

4月15日，由中国残疾人联合会主办、中国残疾人体育运动管理中心承办的首届残疾人康复健身体育项目交流展示活动在北京举行。

5月13日至15日，2017年世界残奥田径大奖赛在中国残疾人体育运动管理中心举办。本次参赛总人数达到538人，为历届比赛之最。本次大奖赛是东京残奥会周期中国残疾人田径队参加的第一项国际赛事，中国队派出了包括70名运动员在内的98人的代表团参赛，主要参赛目标是选拔、培养新运动员，锻炼队伍，为世锦赛练兵。

5月20日上午，2017年韶关市"体彩杯"龙舟赛暨粤港澳特殊龙舟赛在韶关市浈江区河段上隆重举行。该比赛旨在通过残健合作共荣，呼吁社会关爱、接纳残疾人，促使智障残疾人以更加积极向上、乐观健康的心态融入社会。

5月22日至25日，2017年全国轮椅网球锦标赛在中国残疾人体育运动管理中心举行。

5月30日，上海普陀区一场定向越野比赛中，残疾人和健全人混合组队、配合完赛成为最大亮点，一个小组两名残疾人、两名健全人，携手共同努力完成目标，这种"残健融合"的办赛模式，在近几年越来越多地出现在人们的视线中。

6月8日至9日，2017年全国残疾人举重锦标赛在江西南昌举行。此次锦标赛共有4名运动员打破全国纪录：河北选手郭玲玲在女子50公斤级比

赛中,通过第 4 次加举,以 110.5 公斤的成绩打破该项目全国纪录;安徽选手王键以 183.5 公斤的成绩,破男子 54 公斤级全国纪录摘金;江西选手邓雪梅以 135.5 公斤的成绩,破女子 86 公斤以上级全国纪录夺冠;广东选手叶继雄以 234 公斤的成绩,破男子 88 公斤级全国纪录夺得金牌。

6 月 8 日至 11 日,"应利杯" 2017 年全国盲人足球锦标赛在沈阳开赛。在冠亚军争夺战中,广东代表队 5∶3 战胜辽宁代表队获得冠军,辽宁代表队获得亚军。

6 月 13 日至 15 日,"华诺菲杯" 2017 年全国残疾人田径锦标赛在镇江体育会展中心开赛。在这次的比赛中,共决出 296 枚金牌,打破 30 项次全国纪录。

6 月 20 日至 26 日,2017 年全国残疾人游泳锦标赛在武汉市洪山区文体中心游泳馆举行。来自全国 26 个队的 338 名残疾人运动员参赛,其中有 13 人为里约残奥会冠军。

6 月 20 日至 26 日,2017 年全国轮椅篮球锦标赛在中国残疾人体育运动管理中心举行。来自 12 个省区市及香港特别行政区的 155 名轮椅篮球运动员参加此项赛事。

7 月 11 日,2017 年全国残疾人羽毛球锦标赛在云南省文山市体育中心综合馆开幕。

7 月 14 日至 23 日,第八届残疾人世界田径锦标赛在伦敦奥林匹克体育场举行。中国队最终以 30 金、17 银、18 铜的成绩高居金牌榜和奖牌榜第 1 位。

7 月 18 日至 24 日,由中国残疾人联合会、中国残奥委会、中国聋人体育协会主办,安徽省残疾人联合会、合肥市蜀山区人民政府承办,安徽省残疾人体育训练指导中心、安徽省残疾人体育协会协办的 2017 年全国残疾人飞镖锦标赛在合肥举行。

7 月 18 日至 30 日,第二十三届夏季聋奥会在土耳其萨姆松举行,中国代表团获得 14 枚金牌,名列奖牌榜第五,取得了中国参加聋奥会以来的最好成绩。

8月9日，残疾人健身周活动启动，本次活动主题为"共享健康、共享残运、共享小康"。同时围绕贯彻落实《健康中国2030规划纲要》，全面启动"残疾人自强健身工程"，新建3620个残疾人体育健身示范点。

8月10日，国家体育总局召开新闻发布会，正式对外公布《全民健身指南》。

8月26日至30日，2017年国际乒联残疾人乒乓球亚洲锦标赛在中国残疾人体育运动管理中心拉开帷幕。本次比赛是亚洲地区最高级别赛事，是2018年残疾人乒乓球世锦赛前重要的积分赛，为中国运动员获取2018年世锦赛参赛资格提供了宝贵的机会。

9月2日，2017年新西兰残奥单板滑雪世界杯比赛在三锥山雪场举办，共有来自9个国家的40名残奥单板滑雪运动员参加了比赛。中国运动员陈琢参加男子UL级别比赛获得季军，实现了中国残疾人单板滑雪自2016~2017赛季以来奖牌零的突破。

9月12日至17日，2017年残疾人射箭世锦赛在中国残疾人体育运动管理中心举行，中国队以4枚金牌、1枚银牌、2枚铜牌的总成绩荣列奖牌榜首位，圆满完成了锻炼队伍、积累大赛经验的参赛目标。

9月19日至23日，"三菱友谊杯"2017年残疾人民间足球争霸赛年终总决赛在北京中国残疾人体育运动管理中心拉开帷幕。

10月23日至28日，亚太区轮椅篮球锦标赛在北京市中国残疾人体育运动管理中心举行，本次赛事共有14个国家和地区的男女轮椅篮球队参赛。最终，中国女队拿到冠军，男队位列第五。

10月23日至29日，2017年全国残疾人象棋、围棋锦标赛在浙江省杭州市举行。本次锦标赛有利于在残疾群体中更广泛普及围棋项目，弘扬中华传统文化，鼓励更多的残疾人朋友"走出家门、科学健身、融入社会、分享快乐"。

10月26日至30日，2017年全国特奥轮滑比赛在四川省眉山市彭山区省残疾人体育训练中心开幕。来自四川、云南、上海等24个省区市的182名运动员同场竞技，争夺轮滑比赛奖牌。

11 月 5 日至 10 日，2017 年全国盲人跳绳比赛在浙江省杭州市国家盲人门球训练基地举办，来自全国的 14 支代表队共计 154 人参加了本项赛事。重庆代表队以每分钟 279 下的成绩获得个人速度赛男子全盲组冠军。四川代表队成为最大赢家，共斩获个人速度赛女子全盲组、男子低视力组和女子低视力组，双人速度赛男子组、女子组 5 个单项的金牌。上海代表队夺得了最具分量的团体花样赛冠军。

11 月 22 日至 26 日，2017 年国际残疾人羽毛球世锦赛在韩国蔚山开赛。此次比赛，共有来自 42 个国家和地区的 268 名运动员参赛。中国残疾人羽毛球队首次参加世锦赛，共派出 18 名运动员参赛，获得 4 金、7 银、5 铜的好成绩。

12 月 10 日至 14 日，2017 年亚洲青年残疾人运动会在迪拜残疾人体育中心举行。中国体育代表团 37 名青年残疾人运动员在田径、游泳、羽毛球和盲人门球 4 个项目中顽强拼搏，奋勇争先，最终获得了 27 枚金牌、9 枚银牌、5 枚铜牌的好成绩。

12 月 22 日至 28 日，2017 年全国残疾人越野滑雪锦标赛在哈尔滨亚布力滑雪场举办。来自北京、河北、辽宁、吉林、黑龙江、江苏、浙江、湖北、广东、四川等 18 个地方的 98 名运动员参加了 20 公里站式（传统技术）、15 公里坐式、5 公里站式（自由技术）等 28 个小项的比赛。

2018 年

1 月 9 日，由中国残疾人联合会、中国残奥委员会、中国聋人体育协会主办，河北省残疾人联合会、河北省体育局、张家口市人民政府承办的 2017～2018 年度全国残疾人高山滑雪和单板滑雪锦标赛在张家口富龙滑雪场开赛。本次锦标赛是中国残联、中国残奥委员会和中国聋人体育协会首次在全国范围内举办的高山滑雪和单板滑雪项目赛事，也是河北省首次承办全国性冬季体育赛事。

2 月 7 日，第二届中国残疾人冰雪运动季活动暨广东省第二届残疾人冰雪活动在深圳市宝安区海雅缤纷城拉开帷幕。本次活动的主题为"冰雪健身、共享健康"，旨在让其成为广大市民和残疾人群众了解冬残奥会体育项目、了解残疾人体育事业的一个开放的窗口，成为宣传残疾人冬残奥会项目的一张亮丽的名片。

2月8日，第二届中国残疾人冰雪运动季暨北京市残疾人"心系冬奥、喜迎新春"冰雪嘉年华活动在北京市延庆区举行。

2月11日，由中国残联主办，国家体育总局、教育部、全国总工会、共青团中央、全国妇联、北京冬奥组委等部门支持，江苏省残联、江苏省体育局承办的第二届中国残疾人冰雪运动季全国示范活动暨江苏省残疾人冰雪运动季启动仪式在常州市举行。

2月27日，由中国残疾人联合会主办，中国残疾人体育管理中心、黑龙江省残疾人联合会承办的全国残疾人大众迷你滑雪比赛在黑龙江省哈尔滨市举行。

3月12日，残奥冠军班2015~2017级春季学期正式开学。

3月18日，平昌冬残奥会闭幕。中国代表团在平昌冬残奥会上获得了1枚金牌、1个第4名、1个第6名、4个第8名的好成绩，实现历史性突破。

3月19日至25日，2018年巴西残奥场地自行车世锦赛在里约热内卢举行。共有来自28支代表队的155名运动员（107名男运动员、48名女运动员）参加了比赛。中国派出5名男运动员、7名女运动员参加了比赛。经过4天紧张激烈的比赛，中国残疾人运动员共获得3金、4银、3铜，名列奖牌榜第3位。

3月29日，2018年"我与轮椅篮球"——轮椅篮球社区示范推广首站活动在北京平谷区开展。通过开展轮椅篮球运动的体验活动，增加残疾人参与体育健身的乐趣，提升其身体素质与健康水平，达到全民健身的目标。

4月2日，在第11个世界自闭症患者关爱日，作为中心公益游泳平台的延伸项目，3名游泳专项的冠军班学生许庆、王金刚、夏江波应邀来到国家游泳馆参加"点亮蓝灯——关注孤独症儿童"活动。

4月10日，"我与轮椅篮球"社区示范点推广系列活动在山东省济宁市

鱼台县谷亭街道办事处李庄社区举行。

4月13日至16日，全国残疾人体育分级技术交流活动在青岛举办，国内分级专家、夏季和冬季残奥重点项目分级组长、近年来参加国际分级培训的优秀分级员共20人参加研讨和学术交流。共同研究国际残疾人体育组织最新分级规则和管理流程上的变化，对标国际标准，提高国内分级技术和管理水平。

4月18日至24日，2018年全国残疾人跆拳道锦标赛在山东省青岛市举办。共有来自10个省市的140名运动员、教练员和裁判员参加。比赛分为肢体组及听力组。在4天的比赛中共产生了17枚金牌、14枚银牌和26枚铜牌。本次比赛也是跆拳道项目首次列入夏季残奥会比赛项目后，全国第一次举办残疾人跆拳道比赛。

5月13日，第六届中国残疾人田径公开赛暨2018年世界残奥田径大奖赛（北京站）在中国残疾人体育运动管理中心落下帷幕。中国队以64金、17银、10铜的成绩位列奖牌榜第一。

5月18日，2018年全国残疾人举重锦标赛在中国残疾人体育运动管理中心开赛。本次比赛旨在增进举重项目国内交流、锻炼队伍，加强举重运动员梯队建设，推动残奥举重运动可持续发展。同时也为国家队备战雅加达亚残会，构建东京残奥会优秀运动员人才梯队，选拔、培养优秀裁判员和教练员等奠定基础。

6月1日至2日，2018年全国残疾人体育反兴奋剂训练营活动在江苏省泰州市举办。中国残联体育部、中国残疾人体育运动管理中心、中国反兴奋剂中心以及江苏省残联有关同志出席。本次训练营有来自各省区市宣文部（体育部）、残疾人体训中心，以及部分国家残疾人体育训练基地的负责同志和有关教练员、专职工作人员参加。

6月5日上午，由中国残疾人体育运动管理中心联合中国足球协会主办的中国足协D级教练员培训班在体管中心顺利开班。来自全国13个省市的24名基层残疾人足球教练员参与了本次培训活动。

6月10日至14日，2018年全国残疾人网球锦标赛在资阳市全民健身中心举办。据了解，这是资阳首次举办全国性体育赛事。

6月21日，2018年全国特奥乒乓球比赛在中国残疾人体育运动管理中心正式开赛，赛事持续6天。

6月23日，2018年全国残奥冰球锦标赛在青岛国信冰场拉开帷幕。本次比赛共有来自河北、山东、黑龙江等的6支队伍共82名运动员参赛。经过6天的角逐，山东队、河北队、辽宁队分获第1~3名，黑龙江队、新疆队、北京队分获第4~6名。

7月3日至8日，2018年全国残疾人冰壶锦标赛在北京怀柔中体奥冰壶运动中心举行。共有来自9个省市的10支轮椅冰壶队报名参赛。

7月20日，由中国残疾人体育运动管理中心主办，中国智力残疾人及亲友协会、北京市残疾人体育协会承办的以"特奥五十年，辉煌新时代"为主题的第十二次全国特奥日活动在国家游泳中心举行。

7月22日至27日，全国第十届残疾人运动会暨第七届特殊奥林匹克运动会预赛暨2018年全国残疾人乒乓球挑战赛在甘肃省金昌市金川区体育健身中心举办。本次赛事共有来自北京、河北、吉林等11个省市代表队的78名残疾人运动员参加。

7月29日上午，由中国残疾人体育运动管理中心和国家体育总局体操运动管理中心共同主办的2018年残疾人排舞、啦啦操技术人才交流活动在江苏省扬州市举办。

8月10日，第八届残疾人健身周全国示范活动暨吉林省残疾人健身周系列活动启动仪式在图们市全民健身活动中心举行。

8月10日至14日，中国派出24名运动员组成残奥冰球队参加在俄罗斯奥伦堡举行的"冰上前进！挑战杯"残奥冰球公开赛。经过4天紧张激烈的比赛，在4支参赛队伍中，中国残奥冰球队获得第3名，反映出经过2年的训练，中国残奥冰球队取得了进步。

8月30日至9月2日，2018年国际乒联中国残疾人乒乓球公开赛在中国残疾人体育运动管理中心举行。共有来自澳大利亚、中国、克罗地亚等26个国家和地区的202名优秀残疾人运动员参赛。中国队44名残疾人运动

员，经过奋力拼搏，勇夺 20 枚金牌、13 枚银牌、6 枚铜牌，居奖牌榜首位，圆满完成了运动员获取东京残奥会个人积分、积累大赛经验的参赛目标。

9 月 4 日，2018 年全国残疾人飞镖比赛在青岛市残疾人体育中心开赛。

9 月 14 日下午，中国第十届残疾人运动会暨第七届特殊奥林匹克运动会聋人足球比赛在中国残疾人体育运动管理中心圆满落幕。山东队以 4∶0 战胜北京队获得第 3 名，辽宁队以 3∶2 战胜江西队获得本次比赛冠军。

9 月 15 日至 20 日，全国第十届残疾人运动会暨第七届特殊奥林匹克运动会暨 2018 年全国盲人跳绳比赛在浙江省塘栖国家盲人门球训练基地举行。四川、辽宁两队运动员分获个人速度赛低视力组男子、女子冠军。上海、四川代表队斩获双人花样赛男子、女子冠军。四川、上海、重庆代表队分获混合团体表演赛前 3 名。

9 月 16 日，"三菱友谊杯"第四届残疾人民间足球争霸赛年终总决赛在国家体育总局秦皇岛训练基地落下帷幕。本次比赛辽宁队、青海队、青岛队分别荣获聋人男子组冠军、亚军、季军，广西队、重庆队、辽宁队分别荣获聋人女子组冠军、亚军、季军，上海队、青岛队、辽宁队分别荣获特奥融合组冠军、亚军、季军。

9 月 27 日至 28 日，由中国残疾人体育运动管理中心和清华大学联合主办的第一届全国残疾人体育学术交流会暨冬残奥项目研讨会在清华大学召开。

10 月 6 日至 13 日，第三届亚洲残疾人运动会在印度尼西亚雅加达举行，中国代表团获得 172 枚金牌、88 枚银牌、59 枚铜牌，奖牌总数 319 枚，破 7 项世界纪录，列金牌榜及奖牌榜首位，实现了远南运动会和亚残运会"九连冠"。10 月 7 日，郭玲玲在比赛后庆祝胜利。当日，在雅加达举办的第三届亚洲残疾人运动会女子举重 45 公斤级比赛中，中国选手郭玲玲以 115 公斤的成绩夺冠，并创造了新的世界纪录。

10 月 13 日，全国第十届残疾人运动会暨第七届特殊奥林匹克运动会象棋、围棋预赛暨 2018 年全国残疾人象棋、围棋比赛开赛仪式在大连市残疾人服务中心举行。本次比赛吸引了全国 25 个省区市组队参赛，参赛运动员、教练员、裁判员及赛事志愿者规模达 300 余人，创该项目历届参赛人数之最。

10 月 15 日至 21 日，2018 年残疾人乒乓球单打世锦赛在斯洛文尼亚举办，共有来自 54 个国家和地区的 325 名运动员参赛。中国派出 31 名运动员参赛，共获 3 金、4 银、9 铜，列奖牌榜首位。

11 月 2 日，2018 年全国特奥篮球比赛在中国残疾人体育运动管理中心正式开赛。本次比赛由中国残疾人联合会、中国特奥委员会主办，中国残疾人体育运动管理中心承办，共有来自北京、天津、河北、山西等的 15 支代表队报名参赛，赛事规模达 400 余人。

11 月 6 日，2018 年荷兰世界残奥高山滑雪赛在荷兰兰德赫拉夫开赛，17 个国家的 79 名运动员参赛，中国派出 8 名运动员参赛。8 名运动员顺利通过国际分级。本次赛事包含两次小回转比赛，在两次比赛中，中国运动员张雯静获得小回转女子坐姿组冠军和季军，那丽莎两次获女子视力组季军。

11 月 7 日至 9 日，2018 年国际残奥单板滑雪亚洲杯、世界杯两站赛在迪拜举行，比赛设坡面回转项目。中国派出 15 人参赛，其中江紫豪获得亚洲杯男子 UL 级第 2 名，孙奇获得世界杯 LL2 级第 2 名，这两项成绩是中国运动员在该亚洲杯和世界杯赛事中取得的最好名次。

11 月 8 日，在芬兰举办的 2018 年世界残奥冰球（C 组）锦标赛闭幕。中国残奥冰球队分别以 40：0、5：0 的成绩击败澳大利亚队和芬兰队，获本次世锦赛冠军。根据国际残奥委员会残奥冰球委员会的赛制和晋级规定，成功晋级残奥冰球世锦赛 B 组。

11 月 9 日至 11 日，"松山湖杯" 2018 年全国标枪邀请赛在东莞理工学院举行。该赛事是全国首创的标枪单项比赛。

11 月 12 日至 16 日，2018 年全国残疾人体育教练员培训班在中国残疾人体育运动管理中心举办，来自全国 26 个省区市的 16 个夏季项目和 5 个冬季项目共 111 名教练员，按要求完成了 10 个专题的课程培训，均顺利结业。

11 月 14 日至 15 日，2018 年残奥单板滑雪荷兰世界杯两站赛在兰德赫拉夫举行，本次比赛有 19 个参赛队伍的 54 名运动员参加，比赛设坡面回转项目。中国运动员孙奇在男子坡面回转比赛 LL2 级别中两次荣获金牌，为中国残奥单板滑雪项目首次获得国际赛事金牌。男子 LL2 级别是残奥单板滑雪中竞争最为激烈的级别，参赛运动员多，水平较高。孙奇在比赛中战胜了实力很强的芬兰运动员 Suur-hamari Matt，该运动员在平昌冬残奥会比赛中获得坡面回转项目铜牌和障碍追逐项目金牌。

11 月 26 日，"冬残奥运动员运动表现提升的关键技术"研究项目在京启动。该项目是由中国残联推荐、中国残疾人体育运动管理中心牵头组织实施、经科技部批准立项的国家重点研发计划"科技冬奥"重点专项之一。

12 月 3 日，由中国残疾人体育运动管理中心和国家体育总局体操运动管理中心、全国排舞广场舞推广中心共同主办，江苏省社会体育管理中心、江苏省学生体协特教工作委员会、全国排舞广场舞推广中心江苏省中心、扬州市体育局联合承办的第三届全国残疾人排舞公开赛在南京举办，来自全国11 个省市的 22 支代表队共计 560 余人参加了比赛。

12 月 8 日至 11 日，2018 年世界残奥高山滑雪国家杯和欧洲杯在奥地利皮茨谷举行，来自 26 个国家的 121 名运动员参加了本次比赛。中国派出 12名运动员参加比赛，并且发挥良好，均取得了较好的成绩。

12 月 16 日，在芬兰残奥北欧滑雪世界杯上，中国首次参加国际赛事的站姿组女子运动员赵志清，在站姿组 1.2 公里比赛中夺得第 6 名，坐姿组女子运动员王诗玥，在坐姿组 800 米的比赛中获得第 6 名，两人都创造了个人最好成绩。

12 月 19 日，由中国残疾人联合会主办，国家体育总局、教育部、全国总工会、共青团中央、全国妇联、北京冬奥组委等部门提供大力支持，河北省残联承办的第三届中国残疾人冰雪运动季全国示范活动暨"冰雪河北快乐你我"河北省残疾人冰雪运动季活动启动仪式在石家庄西部长青滑雪场举行。

12 月 30 日，国家残疾人冰上运动比赛训练馆建设项目开工，这也标志着全国首个残疾人冰上项目比赛训练专业场馆正式开始建设。

2019年

1月7日，由中国残疾人联合会主办、黑龙江省残联承办的第三届中国残疾人冰雪运动季主场活动在哈尔滨冰雪大世界启动。

1月9日，中国第十届残疾人运动会暨第七届特殊奥林匹克运动会迷你滑雪比赛在哈尔滨市正式开赛。本次赛事由中国残疾人联合会主办，中国残疾人体育运动管理中心、黑龙江省残疾人联合会共同承办，共有北京、河北、吉林、黑龙江、山东、四川、重庆、宁夏等8个省区市的10支代表队参赛，本次赛事分别设立了肢体残疾组、智力残疾组及听力残疾组3个组别，赛事规模达180余人。

1月14日，芬兰帕尤拉赫蒂奥体中心主任拉瑟·米克尔森及芬兰驻华使馆商务部官员一行到体管中心参观访问，中心党委书记、主任吴竞军与之会见。

1月15日，第三届中国残疾人冰雪运动季陕西省残疾人冰雪运动系列活动在铜川市照金国际滑雪场启动。

1月18日，第三届中国残疾人冰雪运动季全国示范活动暨北京市残疾人"心系冬奥、喜迎新春"冰雪嘉年华活动在延庆区举行。

1月22日，蒙古教育文化科学体育部副部长冈巴雅尔一行5人到体管中心参观访问。

2月1日至8日，中国残疾人跆拳道队参加了在土耳其举行的世界残奥跆拳道锦标赛。共有来自69个国家和地区的392名运动员参赛。中国自开展残奥跆拳道项目以来首次组队参加国际赛事，获得2项世锦赛冠军、1项女子最有价值运动员奖和1项女子团体季军，实现了历史性的突破。

2月24日，2019年世界残奥射击世界杯比赛在阿联酋艾茵落下帷幕。本次比赛共有来自44个国家和地区的210名运动员参赛。中国残疾人射击队19人参加了比赛，取得8金、5银、2铜并打破1项世界纪录，同时列奖牌榜和金牌榜第1位。根据东京残奥会射击比赛参赛资格要求，3名运动员

分别取得了 3 张东京残奥会入场券。

2 月 26 日至 3 月 5 日，由中国残疾人联合会、国家体育总局主办，中国残疾人体育运动管理中心、中国盲人门球训练基地共同承办的全国第十届残运会暨第七届特奥会旱地冰壶比赛在浙江省杭州市举行。共有来自全国 13 个省区市的 22 支代表队共 161 名运动员参加了本次决赛阶段的比赛。河北、北京、四川代表队获得听力组前 3 名，河北、广东、江苏代表队获得轮椅组前 3 名，宁夏、上海、河北代表队荣获了智力组的前 3 名。

2 月 27 日至 3 月 14 日，2019 年轮椅网球世界杯团体赛亚洲区资格赛、沙巴公开赛和纳闽公开赛分别在马来西亚吉隆坡、沙巴和纳闽岛举行。中国轮椅网球队的 6 名运动员参加了此次 3 站比赛。

2 月，在阿联酋举办的亚洲残奥委会会员大会上，中国女子轮椅篮球队获得了 2019 年度亚洲残奥委会颁发的"女子轮椅篮球队最佳运动队表现奖"。

3 月 3 日至 10 日，2019 年轮椅冰壶世锦赛在冰壶发源地苏格兰斯特灵市举行。在当地时间 3 月 10 日举行的决赛中，中国轮椅冰壶队以 5∶2 战胜东道主苏格兰队，获得冠军。

3 月 12 日，中国第十届残疾人运动会暨第七届特殊奥林匹克运动会越野滑雪和冬季两项比赛在黑龙江牡丹江八一双峰雪场圆满落幕，共有 18 个省市的 96 名运动员参加了本次比赛。最终河北、北京、黑龙江代表队获得奖牌榜前 3 位。

3 月 14 日，中国代表团参加在阿联酋举行的第十五届世界夏季特奥会，获得 60 枚金牌、61 枚银牌、37 枚铜牌（共计 158 枚奖牌）的好成绩。

3 月 14 日至 17 日，2019 年国际残疾人场地自行车世锦赛在荷兰阿培尔顿举行，本次赛事由国际自盟主办，是 2020 年东京残奥会的重要积分赛，共计 36 个国家的 235 名运动员参加了本次大赛。中国残奥自行车队代表团派出 16 名运动员，经过 4 天的激烈角逐，共获得 7 枚金牌、3 枚银牌和 2 枚铜牌，这成为中国残奥自行车队自参加世锦赛以来的最好成绩。

3 月 21 日至 24 日，2019 年意大利轮椅击剑世界杯在比萨举行。共有来自 31 个国家和地区的 215 名运动员参赛。中国派出 17 名运动员参加了全部项目的比赛，共获得 5 金、4 银、7 铜。边静、邹绪凤分获女子重剑金牌和铜牌。

3 月 23 日至 29 日，2019 年广州硬地滚球亚洲及大洋洲公开赛在广州市残疾人体育运动中心举办。本次比赛是东京残奥会积分赛事，共有来自 10 个国家和地区的 59 名运动员参加了此次比赛。中国队派出 10 名运动员参加 7 个项目的比赛。中国队获得 1 枚银牌和 1 枚铜牌，并取得相应项目的排名积分。

3 月 25 日至 4 月 1 日，2019 年残疾人单板滑雪世锦赛在芬兰举行。本次比赛有来自 19 个国家的 49 名运动员参赛。中国派出 8 名运动员参赛。在坡面回转比赛中，中国运动员孙奇获得男子 LL2 级别第 1 名，庞桥珞、陆江丽分别获得女子 UL 级别第 1 名和第 2 名，刘云海获得女子 LL1 级别第 2 名。本次比赛是中国单板滑雪队首次参加残疾人单板滑雪世锦赛。

3 月 29 日，"科技助力残奥"国际研讨与交流活动在中国残疾人体育运动管理中心举行。本次活动由中国残疾人体育运动管理中心和宁波大学体育学院联合举办，旨在交流国内外先进的残疾人运动训练理念，学习借鉴世界前沿的运动表现以提升技术水平，分享体育科技、运动医学、科学膳食等在残奥领域的成果应用，落实冬残奥项目国际化平台搭建与国际合作推进。

3 月 31 日，中国残疾人体育运动管理中心与国家体育总局体操运动管理中心共同举行促进残疾人群众体育发展战略合作签约仪式。

4 月 11 日，中国残疾人体育运动管理中心联合反兴奋剂中心对参加马拉松项目的运动员及辅助人员开展了赛前反兴奋剂教育集中准入工作。准入活动特邀国家级讲师为 100 余名运动员及辅助人员召开了反兴奋剂知识讲座，现场考试、签署反兴奋剂承诺书，集体面对国旗庄严宣誓。这是本次全国残运会开展的首场反兴奋剂教育准入，也是首次在全运会中采用集中准入的形式。同时，体管中心利用本次讲座录制了含手语版的视频课件，为后续参赛单位完成准入工作提供更全面的资料。

4 月 28 日，2019 年残疾人马拉松世界锦标赛在英国伦敦举行，比赛竞

速轮椅项目（T53/54 级）。分设男子组和女子组。中国队获得男子组第 4 名和女子组第 6 名的成绩。

5 月 10 日，2019 年世界残奥田径大奖赛（北京站）暨第七届中国残疾人田径公开赛在中国残疾人体育运动管理中心开赛。来自 15 个国家和地区的 253 名残疾人运动员参与了 249 个项目的角逐，赛事总规模超 600 人。本次比赛中国队派出了 124 人组成的代表团，是中国队参加田径项目国际赛事阵容最大的一次。

5 月 12 日，2019 年世界残奥游泳系列赛新加坡站比赛落下帷幕。本次比赛共有来自 26 个国家和地区的 172 名运动员参赛，也是世界残奥游泳赛事首次登陆亚洲。中国残疾人游泳队 7 名运动员参加了比赛。

5 月 27 日至 31 日，由中国残疾人体育运动管理中心主办、安徽省残疾人体育训练指导中心承办的 2019 年全国残疾人社会体育指导员师资骨干培训班在安徽省合肥市举办，来自全国 22 个省区市的 70 余名学员参加。

5 月 31 日至 6 月 10 日，2019 年残疾人射箭世锦赛在荷兰斯海尔托亨博思举行。此次赛事共设 14 个项目，有 51 个国家和地区的 291 名残疾人运动员参加，参赛国家数和参赛人数为历届之最。中国残疾人射箭队共派出 25 人参加全部项目。经过 8 天的奋力拼搏，最终取得了 5 金、2 银、4 铜的成绩，总奖牌数达到 11 枚，蝉联世锦赛奖牌榜第一。

6 月 15 日，在 2019 年泰国坐式排球亚洲及大洋洲锦标赛中，中国男女队发挥出色，摘金夺银，圆满完成了此次比赛出访前既定的目标。

6 月 21 日至 25 日，由中国残疾人体育运动管理中心、国家体育总局体操运动管理中心共同主办的 2019 年全国残疾人啦啦操和排舞项目裁判员、教练员培训班在重庆市特殊教育中心举行。

6 月 28 日至 7 月 10 日，2019 年 IBSA 美国盲人门球国际资格赛在美国韦恩堡举行，共有来自中国、德国、立陶宛、加拿大、韩国等 19 个国家的 27 支代表队参加。经过 8 天紧张激烈的角逐，中国女队在决赛中战胜东道主美国队勇夺冠军，并获得 2020 年东京残奥会入场券。中国男队在半决赛中惜败老对手欧洲强队立陶宛，无缘冠亚军，最终摘得铜牌。

7月10日至18日，2019年波兰轮椅击剑世界杯在波兰华沙举行，共有来自31个国家的250多名运动员参加，参赛国家数和参赛人数为历届之最。中国轮椅击剑队有24名运动员参赛，共获得9枚金牌（个人项目5枚、团体项目4枚）、8枚银牌、8枚铜牌，位列金牌榜、奖牌榜第一。

7月22日至28日，2019年国际乒联残疾人乒乓球亚洲锦标赛在中国台湾省台中市静宜大学举行。来自亚洲19个国家和地区的277名运动员参赛。中国代表队共获得20枚金牌、13枚银牌、14枚铜牌的好成绩。

8月25日至9月1日，全国第十届残运会暨第七届特奥会在天津成功举办，首次实现特奥会与全国运动会同城举办。来自全国的35个代表团共6121名运动员参加比赛，7500名志愿者参与志愿服务。运动会打破124项全国纪录，超35项世界纪录，大幅增加群体项目比赛，在竞赛组织、交通保障、安全保卫、医疗救护、志愿服务等方面达到了新高度。

9月9日至15日，2019年世界残奥游泳锦标赛在英国伦敦举行，共有来自全世界80个国家和地区的650名运动员参加了此次世锦赛。中国残奥委员会派出了56人组成的代表团参加了本次比赛，其中男运动员16人、女运动员25人。经过7天的激烈角逐，最终取得了13金、11银、17铜的优异成绩，位列金牌榜第六，直接获得东京残奥会16个参赛资格。

9月15日至24日，2019年韩国轮椅击剑世锦赛在韩国清州举行，中国轮椅击剑队共17名运动员参赛，共获得11枚金牌（个人项目8枚、团体项目3枚）、7枚银牌、7枚铜牌，位列金牌榜、奖牌榜第一。

9月24日，2019年中国残疾人羽毛球国际公开赛在中国盲人门球训练基地（杭州）顺利开赛。德国、日本、印度、印度尼西亚、泰国、中国等24个国家和地区代表队的近200名运动员参加。

9月27日至10月8日，中国派出16人组成的代表队参加了在泰国帕塔亚（芭堤雅）举行的2019年IBSA盲人足球亚洲锦标赛，取得了第1名的好成绩，并获得了东京残奥会参赛资格。

10月10日，2019年"一带一路"框架下残疾人事务主题活动体育分论坛暨第五届全国残疾人体育科学报告会在北京国际会议中心开幕。

10月13日至17日，"三菱友谊杯"第五届残疾人民间足球争霸赛日前在中国残疾人体育运动管理中心举行。保定市特殊教育中心队、温州特殊教育学校队分获聋人男子、聋人女子组冠军，特奥融合组冠军归属青岛市仁爱特教学校队，盲人组桂冠由辽宁创梦队摘得。

10月19日，2019年悉尼残奥射击世锦赛在澳大利亚落下帷幕。中国残奥委员会派出21人组成的代表团参加了该项赛事。中国14名运动员取得5金、5银、6铜的好成绩，位列奖牌榜和金牌榜第二。

10月19日至26日，第三届射箭亚锦赛暨东京残奥会资格赛在泰国曼谷举办，共有19个国家和地区的114名运动员参赛。中国队派出了13名运动员参加了9个小项的角逐，共获得6金、3银、3铜，打破3项世界纪录，每个参赛项目均有奖牌入囊。

11月2日至16日，2019年世界残奥田径锦标赛在迪拜举行，共有来自117个国家和地区的1365名运动员参加了此次比赛。中国派出73名运动员参赛，斩获25枚金牌、23枚银牌、11枚铜牌（共计59枚奖牌），并创造了8项世界纪录。

11月8日，2019年残疾人高山滑雪公开赛和欧洲杯在荷兰兰德格拉夫落下帷幕，本次比赛共有来自24个国家的107名运动员参赛，中国派出13名新运动员参赛，共获得1金、1银、1铜。

11月12日，在世界残奥单板滑雪欧洲杯比赛中，中国代表队夺得金牌1枚、银牌2枚、铜牌4枚，是中国代表团参加该级别赛事荣获奖牌数最多的一次。

11月14日至24日，2019年残奥冰球世锦赛（B组）在德国柏林举行。中国残奥冰球队以胜3场、负2场的战绩获得季军。

11月20日至24日，第十三届加拿大轮椅冰壶国际公开赛在加拿大里士满市举行，共有来自加拿大、韩国和中国的16支队伍参赛。中国派出2支队伍参赛。经过5天的激烈角逐，最终中国一队（2018年平昌残奥会主力阵容）以全胜的战绩获得冠军，中国二队（2019年世锦赛主力阵容）以小组第一的成绩出线，最终获得第3名。

12月5日，第四届全国残疾人排舞公开赛在江苏省仪征市落下帷幕。赛事设立轮椅公开组、智力残疾组、听力残疾组、轮椅融合公开组、智力融合公开组及听力融合公开组等共6个组别28个小项。来自江苏、上海、宁夏、浙江、山东、广东、山西等13个省区市的39支基层残疾人排舞队伍的近600名运动员参赛。

12月9日至13日，2019年全国残疾人体育教练员培训班在中国残疾人体育运动管理中心举办，来自全国31个省区市和新疆建设兵团的15个夏季项目和4个冬季项目共51名教练员，按要求完成了7个专题的课程培训，均顺利结业。

12月12日，中国组团参加意大利第十九届冬季聋奥会，获得2枚金牌、2枚铜牌，实现新突破。

2020年

1月4日，中国残联主席、北京2022年冬奥会和冬残奥会组织委员会执行主席张海迪赴北京大兴国际机场考察无障碍运行情况，指导推动北京冬奥会和冬残奥会无障碍工作。

1月5日至11日，2020年残奥单板滑雪亚洲杯比赛在河北崇礼举行，共有来自3个国家的53名运动员参赛。本次比赛是中国首次举办残疾人单板滑雪国际赛事，设有分级环节，中国29名运动员顺利获得国际分级。

1月7日至12日，高山滑雪世界杯在瑞士 Veysonnaz 举行。中国运动员共参加了3场超级大回转和2场回转比赛，共获得1金、2银、1铜的好成绩。这是中国首次参加世界杯赛事并获得冠军。

1月8日至14日，2020年残奥越野滑雪亚洲杯比赛在黑龙江亚布力举行，这是中国首次举办国际残奥委会批准的越野滑雪国际赛事，在赛道设置、赛事组织运行等多个方面全部按照国际标准进行。比赛共设有18个小项，包括男女坐姿、男女站姿和男女视力3个类别，中国代表团包揽所有项目金牌。

1月11日，2020年残奥单板滑雪亚洲杯比赛圆满落幕。比赛设LL1（膝关节以上残疾）、LL2（膝关节以下残疾）、UL（上肢残疾）3个残疾类别，分为男、女两个组别进行两次障碍追逐项目比赛，最终产生12枚金牌。中国运动员获得金牌12枚、银牌12枚、铜牌7枚。本次比赛是中国首次举办残疾人单板滑雪国际赛事，为中国运动员提供了国际交流平台，同时，也为举办北京2022年冬残奥会积累了经验。

1月26日至2月4日，由国际自盟主办的2020年残奥场地自行车世锦赛在加拿大举行，共有31个国家的159名运动员参加了本次比赛。中国残奥自行车队派出15名运动员参赛，共获得10金、5银、7铜的优异成绩并打破多项世界纪录，荣登金牌榜及奖牌榜首位，本次比赛的成绩也是残奥自行车场地世锦赛取得的历史最佳战绩。

8月17日，由中国残疾人体育运动管理中心主办的全国残疾人跳绳项目教练员、裁判员网络培训班正式开班，中国残疾人体育运动管理中心、全国跳绳运动推广中心有关领导及负责同志出席了线上开班仪式。

9月15日，中华人民共和国第十四届运动会、中华人民共和国第十一届残疾人运动会暨第八届特殊奥林匹克运动会组委会成立大会在陕西西安举行。

9月15日，在十四运会和残特奥会倒计时1周年活动仪式现场，全国第十一届残运会暨第八届特奥会的会徽"太和"和吉祥物"安安"正式发布。

9月17日，北京2022年冬奥会和冬残奥会吉祥物发布仪式在北京首钢园区国家冬季运动训练中心冰球馆隆重举行。在首钢冰球馆，北京冬奥会吉祥物"冰墩墩"和冬残奥会吉祥物"雪容融"揭开面纱。吉祥物诠释了科技梦想与文化情怀，是中国文化和奥林匹克精神的又一次完美结合。

10月15日，经中国残联批复，确定"点亮梦想 为爱起航"为全国第十一届残运会暨第八届特奥会主题口号。

10月21日，第七届世界军人运动会射箭项目在湖北省武汉市举行，残健运动员携手出战军运会，比拼射箭。

10月22日，第七届世界军人运动会田径比赛在武汉五环体育中心举行。本届武汉军运会共有48名残疾运动员。他们来自德国、巴西、法国、印度、意大利等不同国家。站上赛场，他们诠释着同样的军人气质，奋力超越、永不放弃。

11月20日，中国残疾人体育运动管理中心线上、线下同步召开"科技冬奥"项目2020～2021年雪季科技攻关工作会，项目负责人、专家组、课题负责人及攻关团队牵头人、课题骨干、中心相关人员等近50人参加了会议。

12月2日下午，中国残疾人体育运动管理中心组织在体管中心集训国家队开展反兴奋剂教育培训讲座，国家残疾人举重队、游泳队、轮椅篮球队、轮椅冰壶队、北京市网球队在训运动员、领队、教练员、工作人员及体管中心项目主管共102人参加培训。

B.15
2020年残疾人事业统计表[*]

一级指标	二级指标	数值
康复	康复人数(万人)	1077.7
	0~6岁残疾儿童(万人)	23.7
	视力残疾人(万人)	114.6
	听力残疾人(万人)	81.6
	言语残疾人(万人)	5.1
	肢体残疾人(万人)	542.8
	智力残疾人(万人)	86.4
	精神残疾人(万人)	178.4
	多重残疾人(万人)	54.7
	提供各类辅助器具适配服务残疾人数(万人)	242.6
	康复机构(个)	10440
	残联系统康复机构(个)	2550
	康复机构在岗人员(万人)	29.5
	管理人员(万人)	3.1
	业务人员(万人)	21.3
	其他人员(万人)	5.1
教育	获得普惠性学前教育资助家庭(万户)	1.5
	获得学前教育资助残疾儿童(人)	5409
	特殊教育普通高中班/部(个)	104
	特殊教育普通高中班/部在校生(人)	10173
	聋生(人)	6034
	盲生(人)	1491
	其他(人)	2648
	残疾人中等职业学校/班(个)	147
	残疾人中等职业学校/班在校生(人)	17877
	残疾人中等职业学校/班毕业生(人)	4281
	获得职业资格证书人数(人)	1461
	被普通高等院校录取人数(人)	13551
	被高等特殊教育学院录取人数(人)	2253
	接受扫盲教育残疾青壮年文盲(万人)	4.6

---

* 该表由易莹莹统计整理。易莹莹,博士,南京邮电大学经济学院副教授,研究领域为残疾统计。

续表

一级指标	二级指标	数值
就业	新增就业（万人）	38.1
	新增城镇就业（万人）	13.2
	新增农村就业（万人）	24.9
	新增实名培训（万人）	38.2
	持证残疾人就业（万人）	861.7
	按比例就业（万人）	78.4
	集中就业（万人）	27.8
	个体就业（万人）	63.4
	公益性岗位就业（万人）	14.7
	辅助性就业（万人）	14.3
	灵活就业（含社区、居家就业）（万人）	238.8
	农业种养加就业（万人）	424.3
	培训盲人保健按摩人员（人）	12761
	培训盲人医疗按摩人员（人）	7820
	保健按摩机构（个）	17313
	医疗按摩机构（个）	873
	获得盲人医疗按摩人员初级任职资格（人）	621
	获得盲人医疗按摩人员中级任职资格（人）	138
社会保障	参加城乡残疾居民社会养老保险人数（万人）	2699.2
	60岁以下的重度残疾人（万人）	680.1
	获得个人缴费资助（万人）	657.9
	获得个人缴费资助的非重度残疾人（万人）	303.7
	领取养老金（万人）	1140.5
	托养服务机构（个）	8370
	寄宿制托养服务机构（个）	1945
	日间照料机构（个）	3615
	综合性托养服务机构（个）	1369
	托养服务残疾人（万人）	11.7
	居家服务残疾人（万人）	42
	接受专业培训的托养服务管理和服务人员（万人）	3.6
扶贫开发	接受实用技术培训农村残疾人数（万人）	45.7
	康复扶贫贴息贷款扶持农村残疾人数（人）	4158
	残疾人扶贫基地（个）	4581
	安置残疾人就业（万人）	5.6
	辐射带动残疾人家庭（万户）	9.6
	完成农村贫困残疾人危房改造（万户）	4.8
	投入资金（亿元）	6.3
	残疾人受益（万人）	5.6

续表

一级指标	二级指标	数值
宣传文化	组织记者采访(人次)	500
	发布专题新闻(次)	60
	拍摄微视频(部)	5
	新华社发表文章(篇)	288
	中央电视台播发新闻(条)	80
	《人民日报》发表文章(篇)	138
	关注订阅"两微一端"人数(万人)	462
	省级残疾人专题广播节目(个)	25
	省级电视手语栏目(个)	34
	地级残疾人专题广播节目(个)	209
	地级电视手语栏目(个)	262
	建立盲文及盲文有声读物阅览室(个)	1258
	开展残疾人文化周活动(场次)	8000
	省地两级残联艺术团(个)	249
体育	组织冬残奥项目(个)	6
	组织冬残奥队伍(支)	5
	组织夏残奥项目(个)	14
	组织夏残奥队伍(支)	17
	残奥单板滑雪、越野滑雪、亚洲杯比赛金牌(枚)	30
	自行车、羽毛球国际赛事金牌(枚)	17
	新增设立社区残疾人健身示范点(处)	1320
	为重度残疾人提供康复体育进家庭服务(万户)	10.9
	培养残疾人社会体育指导员(万名)	1
	新增设立国家残疾人体育训练基地(个)	13
	残疾人社区文体活动参与率(%)	17.8
维权	制定或修改关于残疾人的专门法规规章省级(个)	4
	制定或修改关于残疾人的专门法规规章地市级(个)	5
	制定或修改保障残疾人权益的规范性文件省级(个)	22
	制定或修改保障残疾人权益的规范性文件地市级(个)	64
	制定或修改保障残疾人权益的规范性文件县级(个)	163
	开展《中华人民共和国残疾人保障法》执法检查和专题调研(次)	318
	政协开展视察和专题调研(次)	282
	开展省级普法宣传教育活动(次)	500
	参加活动人数(万人)	40
	举办省级法律培训班(个)	44
	参加培训班人数(人)	4800

续表

一级指标	二级指标	数值
维权	残疾人法律救助工作协调机构(个)	2881
	残疾人法律救助工作站(个)	2795
	各地残联提出议案、建议、提案(件)	735
	各地残联办理议案、建议、提案(件)	1109
	出台省、地市、县级无障碍建设与管理法规、规章和规范性文件(个)	674
	系统开展无障碍建设市、县(个)	1753
	开展无障碍建设检查(次)	8000
	开展无障碍培训(万人次)	5.6
	实施无障碍改造残疾人家庭(万户)	167.3
	贫困重度残疾人家庭(万户)	10
	发放残疾人机动轮椅车燃油补贴(万人)	34.1
组织建设	全国(除新疆生产建设兵团外)成立残联数(万个)	4
	各省(区、市)、市(地、州、盟)建立残联率(%)	100
	县(市、区、旗)建立残联率(%)	100
	乡镇(街道)建立残联率(%)	96.4
	社区(村)建立残联数(万个)	53.9
	社区(村)建立残联率(%)	95.5
	地方各级残联工作人员(万人)	10.8
	乡镇(街道)、村(社区)残协专职委员(万人)	55.3
	省级残联配备残疾人领导干部率(%)	100
	市级残联配备残疾人领导干部率(%)	65.8
	县级残联配备残疾人领导干部率(%)	48.7
	地方各级残疾人专门协会(万个)	1.5
	省级协会已建比例(%)	98.8
	市级协会已建比例(%)	97.1
	县级协会已建比例(%)	91.3
	全国助残社会组织(个)	3004
服务设施	全国已竣工的各级残疾人综合服务设施(个)	2318
	综合服务设施建设规模(万平方米)	612.3
	综合服务设施总投资(亿元)	196.2
	全国已竣工的各级残疾人康复设施(个)	1063
	康复设施建设规模(万平方米)	462.7
	康复设施总投资(亿元)	146.4
	全国已竣工的各级残疾人托养服务设施(个)	1024
	托养服务设施建设规模(万平方米)	285.4
	托养服务设施总投资(亿元)	77.3

残疾人蓝皮书

续表

一级指标	二级指标	数值
信息化建设	开通网站的省级残联(个)	31
	开通网站的地市级残联(个)	256
	开通网站的县级残联(个)	760
	全国残疾人人口基础数据库入库持证残疾人(万人)	3780.7
	向省、地级残联提供残疾人数据接口和数据推送服务(个)	31

资料来源:《2020年残疾人事业发展统计公报》。

B.16
后 记

    2021 年，是中国残疾人体育取得辉煌成就的一年。在夏天举办的第十六届残疾人奥运会上，中国残疾人体育代表团获得 96 金、60 银、51 铜，共 207 枚奖牌，创造了 29 项世界纪录，实现了自 2004 年残奥会以来金牌、奖牌"五连冠"。中国残疾人运动员挑战极限、锐意进取、顽强拼搏的精神风貌，全景展现了我国残疾人体育的蓬勃发展。10 月，在西安举办的全国第十一届残运会暨第八届特奥会上，来自全国各地的 4484 名残疾人运动员进行了 43 个大项 47 个分项的角逐，共超 36 项世界纪录，创 179 项全国纪录，实现了运动成绩和精神文明双丰收，为国家和人民赢得了新荣誉！同在 10 月，2022 年第四届亚残运会倒计时一周年主题活动在杭州拉开序幕，表达了人们对亚残运会的热切期盼。就在我为本书撰写后记时，2022 年冬残奥会倒计时 100 天主题活动在北京举行，发布了北京冬残奥会火炬接力计划。残疾人体育盛事不断、捷报连连，残疾人参与体育活动的热情不断高涨。2021 年，中国残联组织开展第十五次全国特奥日暨第十一届残疾人健身周活动，主题为"我心向党 喜迎冬奥 助力残运 欢乐健身"。从"喜迎""欢乐"中，我深深感受到体育运动帮助残疾人实现了对生命的悦纳、对自我的认同。我国残疾人体育的发展充分揭示了中国残疾人事业的伟大进步和中国式人权发展道路的成功奥秘。

    当坐在电视机前收看残奥会、残运会的比赛时，我为残疾人运动员跨越障碍、突破极限的拼搏力量所感动，更为残疾人运动员不惧失败、坦然面对的笑容所震撼！从他们身上，你看不到残缺和障碍，你看到的是超越生命的无限可能。你看不到束缚，你看到的都是平等自由的绽放。这种生命的力量，让他们成为完整的、真正的"社会人"，成为拥有平等权利和自由心灵

的幸福人。每当这时，我都会想起北京大学五四体育场边标语牌上的那 8 个大字——"完全人格，首在体育"，蔡元培先生的教育理想如今已成为社会现实！

体育不仅完善、丰富、坚定了残疾人的意志和精神，更给普通民众以鼓舞和力量，正如中共中央、国务院给第十六届残奥会中国代表团贺电所说："你们的优异成绩进一步激发了海内外中华儿女的爱国热情，为全党全国各族人民在全面建设社会主义现代化国家新征程上团结奋斗、凝心聚力注入了精神力量。"

这种力量也大大鼓舞了我们。今年，我们克服了疫情带来的困难，诚邀国内进行残疾人体育研究的专家学者，几乎囊括国内设立残疾人体育或特殊教育体育专业的所有体育院校，组织来自北京体育大学、上海体育学院、山东体育学院、广东体育学院、北京联合大学、南京特殊教育师范学院等高校的研创人员，迅速建立作者核心团队，搭建全书写作框架，拟定各单篇报告写作提纲，组织专家、作者反复研讨，几易其稿，最终确定全书框架与写作提纲。完成初稿后，又通过多次线上会议，邀请多位专家学者指导、修改，最多的一篇报告前后修改了 6 次。在各位专家、作者的共同努力下，终于成书付印。这是"残疾人蓝皮书"编写团队对中国残疾人体育事业的致敬，也是对即将举办的北京冬残奥会的祝福，更是给党和国家的献礼！

本书分为五个部分，第一部分是总报告。计算残疾人事业发展指数和平衡发展指数，深刻反映残疾人事业发展成就和挑战，全面描述我国残疾人体育发展状况。第二部分是分报告。从竞技体育、群众体育、学校体育、康复体育四个方面描述我国残疾人体育的发展现状。第三部分是专题篇。分别通过北京冬奥会和冬残奥会无障碍环境建设、中国残疾人奥林匹克运动的实践与探索、中国残疾人体育专业人才培养的实践与探索等三个专题，呈现我国残疾人体育发展的物质条件、国际视野和人才培养方面的发展。第四部分是实践篇。选取群众体育发展、康复体育进家庭试点、学校特色体育探索、特奥运动推广的典型案例，介绍南京、北京、重庆、西安等地在残疾人体育发展方面的实践探索。第五部分是附录。本书首次著录"中国残疾人体育事业发展大事记"，用编年的方式，回顾整理了 1983 年第一届中国伤残人体育协会成立以来历年发生的残疾人体育大事，记录了中国残疾人体育的发展进程。此外，整理了 2020 年残疾人事业统计表，以期为残疾人事业研究提供更多信息资料。

2021 年是中国残疾人体育辉煌的一年，也是中国残疾人体育工作者忙碌的一年。在蓝皮书编写过程中，我们得到了中国残疾人体育运动管理中心尤其是群体特奥部周坤部长、中国残疾人联合会体育部尤其是张绍华老师的大力支持与帮助。因为要保证今年重大残疾人体育赛事和重大体育活动的开展，很遗憾他们没参加本书的编写，但我们从他们身上感受到了残疾人体育工作者的热情和干劲。感谢南京师范大学体育科学学院朱卫东老师和北京联合大学特殊教育学院冯希杰老师、赵海老师，为皮书编写提供专业支持。特别感谢社会科学文献出版社蔡继辉副总编辑、丁阿丽副院长、路红编辑以及其他编辑，皮书的出版离不开各位的辛勤付出。

组建来自各领域的专家队伍，确保"残疾人蓝皮书"的唯一主题，从多学科、多视角客观描述中国残疾人事业发展现状，是学术的基本要求，也是质量的必要保证。本书的 37 位作者，大多来自体育院校、师范院校和其他高校，也有的来自一线的特殊教育学校；有的从事残疾人体育训练工作，有的从事残疾人体育专业理论研究，有的从事残疾人数据统计研究，有的从事残疾人学校体育教学。正是这样一支跨学科、跨领域的作者队伍，从不同视角全方位地展现了中国残疾人体育发展的历史轨迹和丰富成果，同时也使残疾人体育研究更具客观性和更多元化。在编写过程中，我深感残疾人体育专业理论研究和残疾人体育现实发展之间的巨大差距，也衷心期待有更多的人关注、研究残疾人体育，以此推动残疾人体育的发展。

北京冬残奥会还有 100 天就要开幕，让我们一起期待、关注这场盛会。我相信，通过这场盛会，中国残疾人体育事业必将得到更大的发展，取得更大的成就，迎来更辉煌的明天！

凌　亢

2021 年 11 月 24 日

Abstract

Sports for the persons with disabilities is an important part of the cause for the persons with disabilities in China. It is an effective way for the persons with disabilities to fully integrate into society and realize human rights. At the historical intersection of the "two centenary" goals, and at the development stage when China has built a well-off society in an all-round way and strided towards a new journey of building a socialist modern country, the sports cause for the persons with disabilities in China is booming and has become an important symbol of the full enjoyment of civil, political, economic, social and cultural rights by the persons with disabilities.

In this context, *Blue Book of Persons with Disabilities: Development Report on the Cause for Persons with Disabilities in China (2021)*, with the theme of sports for the persons with disabilities, systematically summarizes and deeply analyzes the current situation and problems of sports for the persons with disabilities in China. This book mainly includes "General Reports" "Topical Reports" "Special Reports" "Practice Repopersons with Disabilitiesrts" "Appendices". The "General Reports" includes *Development Report on the Cause for Persons with Disabilities in China (2021)* and *Report on the Development of Sports for the Persons with Disabilities in China (2021)*. *Development Report on the Cause for Persons with Disabilities in China (2021)* presents the overall development of China's undertakings for the persons with disabilities in 2020, calculates the development index and balance index of China's undertakings for the persons with disabilities, and makes inter provincial comparison and dynamic analysis. *Report on the Development of Sports for the Persons with Disabilities in China (2021)* defines the core concepts such as "sports for the persons with disabilities", summarizes and reviews the development process of sports for the persons with disabilities in China, and analyzes the current situation and existing problems of sports for the persons with disabilities in China. The "Topical Reports" makes a comprehensive and in-depth analysis on the development process and dynamics of sports in four aspects: competitive sports for the persons with disabilities, mass sports for the persons with disabilities, school education for the persons with disabilities and rehabilitation sports for the persons with disabilities. The "Special Reports" focuses on three aspects: the construction of barrier free environment for the implementation of sports for the persons with disabilities, the development of Olympic telecontrol for the persons with disabilities in China and the training of sports professionals for the persons with disabilities in China. "Practice Reports" introduces the practical experience of Nanjing, Beijing, Chongqing Special Education Center and Xi'an Qizhi School from four aspects: the development of regional mass sports for the persons with disabilities, the pilot of "rehabilitation sports into the family", the characteristic development of sports in special education schools and the integrative mode of Special Olympic Games. "Appendices" introduces the development of the sports undertakings of the persons with disabilities in China (1983 to 2020), and summarizes the statistical table for the undertakings of the persons with disabilities in 2020.

"Blue Book of Persons with Disabilities" collates and analyzes the development data of the cause of the persons with disabilities in China, and has released the development index of the cause of the persons with disabilities in China for four consecutive years, forming an overall judgment on the development of the cause of the persons with disabilities in China, and comprehensively and systematically showing the development trend of the cause of the persons with disabilities in China. China's undertakings for the persons with disabilities continued to develop rapidly. The development index of the persons with disabilities has risen from 48.4 in 2009 to 73.2 in 2019. The survival guarantee index, development promotion index and service support index of the persons with disabilities are 44.2, 54.4, and 47.6 respectively in 2009, rising to 77.6, 67.2, 73.4 in 2019. Since 2015, the persons with disabilities cause have maintained rapid development in China, with the balanced development index rising steadily. In

2019, the overall balanced development index was 51.8, 3.5 higher than that of 2015, showing a gradual increase.

Looking forward to the future, the status of China's cause for the persons with disabilities in the process of building a socialist modern country in an all-round way will become more and more important. High-quality development is an important theme for the development of China's cause for the persons with disabilities. Improving the legal guarantee for the persons with disabilities, improving the governance capacity and service level of the cause for the persons with disabilities, and promoting the construction of an accessible environment will be the top priority in the development of the cause for the persons with disabilities in China.

Keywords: The Cause for Persons with Disabilities; Sports for Persons with Disabilities; Rehabilitation Sports; Paraolympic Sports

Contents

I General Reports

Abstract: The report describes the overall development of persons with disabilitie in China in 2020, calculates the development index and balanced development index of the persons with disabilities in China, calculated and compared the development index of persons with disabilitie in each province. It also prospected the development on the cause for persons with disabilities in China. The research results show that China's undertakings for persons with disabilitie have made substantial progress. The development index of the persons with disabilities has risen from 48.4 in 2009 to 73.2 in 2019. The survival guarantee index, development promotion index and service support index of the persons with disabilities are 44.2, 54.4, and 47.6 respectively in 2009, rising to 77.6, 67.2, 73.4 in 2019. Since 2015, the persons with disabilities cause have maintained rapid development in China, with the balanced development index rising steadily. In 2019, the overall balanced development index was 51.8, 3.5 higher than that of 2015, showing a gradual increase.

Keywords: The Cause for Persons with Disabilities; Development Index of the Cause for Persons with Disabilities ; Accessible Environment

B.2　Report on the Development of Sports for the Persons with

Disabilities in China（2021）　　　*Lu Yan*，*Liu Zhe* / 036

Abstract：This report analyzed *The Statistical Bulletin on the Cause Development of the Persons with Disabilities* and the research documents of sports for the persons with disabilities in new China，and found that after more than 70 years，the sports for the persons with disabilities in China has basically formed a development mode with Chinese characteristics. China has made great progress and changes in four areas，including special physical education in school environment，physical rehabilitation of persons with disabilities in non-medical environment，recreational activities of persons with disabilitie in community environment and competitive sports of persons with disabilities. However，there has been witnessed some unbalanced regional development，insufficient development of various parts of the practical field，and insufficient professional support and number of professionals，which are the main factors affecting the future development of sports for the persons with disabilities. Besides，there is still a great space for the development of information management and remote support of sports for the persons with disabilities. In the future，the fundamental guarantee，which will effectively promote the high-quality development of sports for the persons with disabilities，are as follows：having higher requirements for it，implementing the practice，establishing standards of it，promoting the sports transformation and expanding the channels for sports for the persons with disabilities.

Keywords：Sports for Persons with Disabilities；Sports Health Concept；Adapt to Sports；Sports Professionals

Ⅱ Topical Reports

Abstract：As an important part of the development for the cause for the persons with disabilities, competitive sports for the persons with disabilities in China has made great achievements since the reform and opening up. This report reviews the development process of competitive sports for the persons with disabilities in China, analyzes the current situation of competitive sports for the persons with disabilities in China, and finds that there are some problems in competitive sports for the persons with disabilities in China, such as low social cognition and attention laws and policies need to be improved, the management system needs to be optimized, the construction of talent team needs to be improved urgently, and theoretical research and scientific and technological development need to be strengthened. In view of these problems, this paper puts forward targeted countermeasures and suggestions, such as paying attention to public opinion publicity, strengthening law enforcement, further improving the management system of competitive sports for the persons with disabilities with Chinese characteristics, optimizing the talent management system, and strengthening the theoretical research and scientific and technological development of competitive sports for the person with disabilities.

Keywords：Persons with Disabilities; Competitive Sports; Sports for Persons with Disabilities

残疾人蓝皮书

B.4 Report on the Development of Mass Sports for the Persons with
Disabilities in China（2021） *Wu Xueping*，*Li Liang* / 083

Abstract：Mass sports is an integral part of the life of the persons with disabilities. Through the analysis of the development process, current situation and existing problems of mass sports for the persons with disabilities, it is found that the policies and regulations of mass sports for the persons with disabilities in China are gradually improved; sports events drive the development of mass sports; voluntary service to promote the development of sports for the persons with disabilities; information services provide convenience for mass sports for the persons with disabilities; the allocation of sports facilities (places) for the persons with disabilities is generally good. There are the following problems: the guidance of sports policy for the persons with disabilities is not strong; the quality of public sports service for the persons with disabilities is not high; the physical exercise mode and consumption behavior of the persons with disabilities are single; the training quality of social sports instructors for the persons with disabilities is not high. In order to improve the development of mass sports for the persons with disabilities in China, four suggestions are put forward: firstly, clarify the rights and obligations of the policy subject and highlight the guidance of the policy; secondly, optimize the allocation of sports resources and promote the balanced development of sports public services for the persons with disabilities; thirdly, build a linkage physical exercise mode and improve the sports consumption mechanism; fourthly, according to the sports needs of the persons with disabilities people, we should implement accurate training for social sports instructors.

Keywords：Mass Sports；Social Sports Instructor；Persons with Disabilities

B.5 Report on the Development of Physical Education in Schools
for the Persons with Disabilities in China (2021)

Hao Chuanping, Li Zehui and Zeng Yan / 097

Abstract: Using the method of literature research, this paper combs the development of school physical education for the persons with disabilities in China. It is found that the development of school physical education for the persons with disabilities has experienced three main stages: germination stage, formation stage and development stage. This paper analyzes the current situation of physical education development in schools for the persons with disabilities, and draws a conclusion: the isolated physical education in special education schools is relatively perfect; the vigorous development of the Special Olympic movement has enriched the extracurricular sports activities of students with intellectual disabilities; the sports ground of special education school ensures the smooth implementation of special physical education; the state attaches great importance to special physical education in ordinary colleges and universities. The main problems in the development of physical education in schools for the persons with disabilities are: the lack of strategic planning in special physical education; the importance of physical education in regular class is not enough; the evaluation mechanism of physical health of persons with disabilities students has not been established. Suggestions on the development of physical education in schools for the persons with disabilities: it is necessary to strengthen the institutionalization of special physical education; regularly organize special physical education supervision in schools for the persons with disabilities; carry out physical health monitoring and evaluation of students with disabilities.

Keywords: Students with Disabilities; Sports of Special Education School; Special Olympics; Physical Fitness Monitoring

B . 6　Report on the Development of Rehabilitation Sports for
the Persons with Disabilities in China（2021）

Hou Xiaohui, *Zhang Malan and Wen Xi* / 119

Abstract：On the basis of defining the core concept of rehabilitation sports
for the persons with disabilities, this report reviews the three development stages of
exploration germination, initial formation and initial development of rehabilitation
sports for the persons with disabilities in China after the founding of new
China. This report expounds the development status of rehabilitation sports for the
persons with disabilities in China from four aspects：the number of family care
services of rehabilitation sports, rehabilitation sports demonstration sites, service
modes and professional personnel training and training. This report analyzes the
related problems existing in the development of rehabilitation sports for the persons
with disabilities in China, such as imperfect social security and service system,
outdated service mode, lack of professionals, imperfect resource allocation, weak
public awareness and so on；put forward six suggestions on improving the social
security system of rehabilitation sports for the persons with disabilities, innovating
the operation mode of rehabilitation sports services for the persons with disabilities,
standardizing the professional service system of rehabilitation sports for the persons
with disabilities, constructing the training system of rehabilitation sports talents for
the persons with disabilities, improving the allocation of rehabilitation sports
resources and environment for the persons with disabilities, and strengthening the
popularization and publicity of rehabilitation sports knowledge for the persons with
disabilities, to promote the development of rehabilitation sports for the persons
with disabilities in China.

Keywords：Rehabilitation Sports；Professional Talent Training；Persons
with Disabilities

Contents ◣▶▦▦▦

Ⅲ　Special Reports

Abstract: Improving the level of accessibility is an important requirement and foundation for hosting the Olympic and Paralympic Games. Based on *The Accessibility Guide* of the International Paralympic Committee, this article briefly introduces the definition, concept, content, principles and significance of accessibility. Then, through field survey and data collection, the status quo and existing problems of accessibility for the Beijing Winter Olympics and Paralympics were analyzed. The study found that the accessibility of policies, regulations and technical guidelines have been continuously enriched, the accessibility of competition venues has basically been completed simultaneously, and the urban accessibility has achieved remarkable results. The existing problems are: the guarantee of the rule of law needs to be strengthened; the supervision and management mechanism needs to be improved; the level of refinement and systematization needs to be improved; there are many problems in the remold; and the digital application is not enough. Finally, in order to promote the high-quality development of accessibility, this article puts forward six suggestions: raising awareness and deeply understand the importance of accessibility; accelerating accessibility legislation, and promoting the high-quality development of accessibility on the track of the rule of law; summarizing the practical experience of accessibility for the Beijing Winter Olympics and Paralympics; strengthening the promotion and training of accessibility concepts, laws, policies, and standards; effectively carrying out law enforcement inspections and evaluations for accessibility; accelerating digital applications, promoting the integrated development of accessibility.

Keywords: Accessible Environment; Winter Olympic Games; Winter Paralympic Games; *The Accessibility Guide*; Beijing

B. 8 Practice and Exploration of China's Paralympic Movement

Jin Mei, Bao Xuelou and Chen Dongxiao / 163

Abstract: Using the research methods of literature analysis and logical analysis, this report summarizes the development process of China's Paralympic Movement from three aspects: Paralympic Movement, Deaf Olympic Movement and Special Olympic Movement, deeply analyzes the development status and existing problems of China's Paralympic Movement, and puts forward improvement suggestions according to the existing problems. The research suggests that we should further improve the protection system of the legal rights and interests of sports for the persons with disabilities, improve the management system, increase financial support and expand the source of funds; actively organize grass-roots events and tap talents, pay attention to the development of the domestic Paralympic Movement and expand social influence, so as to promote the high-quality development of China's Paralympic Movement and contribute China's strength to the world Paralympic Movement.

Keywords: Olympic Movement; Athletes Training; Sports for Persons with Disabilities

B. 9 Practice and Exploration on the Training of Sports
Professionals for the Persons with Disabilities in China

Zhang Lan, Wang Jiangna and Guo Fangling / 187

Abstract: Using the methods of literature analysis and experience summary, this study reviews and analyzes the development of sports talents training for the persons with disabilities in China. It is found that the training of persons with disabilities sports professionals in China has experienced four stages: germination preparation, formal start, diversified development and quality improvement; at present, it is characterized by the coexistence of individuality and commonness, the further optimization of talent training curriculum system, the diversification of talent training levels, the gradual strengthening of the construction of teaching staff, the steady improvement of students' development and the need for policy support; there are also some problems, such as the lack of pertinence of relevant policies, the relative weakness of teachers, the gap between pre service training and current needs, the serious loss of graduates majoring in special physical education, and the instability of students' professional thought. According to the existing problems, this study puts forward some development suggestions on building a training platform for persons with disabilities sports professionals, optimizing the team of persons with disabilities sports teachers, expanding the training channels of special sports talents, and improving the evaluation of persons with disabilities sports professionals.

Keywords: Sports Professionals of Persons with Disabilities; Sports for Persons with Disabilities; Adaptive Sports

Ⅳ Practice Reports

Abstract: Mass sports for the persons with disabilities has a positive impact on showing the sports literacy of the persons with disabilities, respecting their life value, and advocating an integrated society of equality, participation and sharing. Nanjing actively carries out mass sports for the persons with disabilities by formulating growth and development policies. This report adopts qualitative and

quantitative analysis methods to analyze the participation, management and service of mass sports for the persons with disabilities in Nanjing, and clarify the innovation and characteristics of mass sports development for the persons with disabilities, which are reflected in "strengthening top-level design, providing system guarantee" "strengthening government leadership, realizing multi-party joint participation" "implementing market orientation and cultivating sports consumption" "realize the extension of both ends, build integrated mass sports" "pay attention to people-oriented, clarify the development objectives of mass sports" "carry out professional support and promote the development of mass sports", and put forward suggestions on the development of sports for the persons with disabilities in Nanjing from four aspects: further improving the sports security system for the persons with disabilities, strengthening professional services, improving the construction of sports venues and equipment, and improving the participation of the persons with disabilities in sports.

Keywords: Sports for Persons with Disabilities; Mass Sports; Integration of Sports Education; Nanjing

B.11 Practice of the Pilot Project of Rehabilitation Sports for the Persons with Disabilities into the Family in Beijing

Han Xiao, Huang Kai and Zhao Mengna / 227

Abstract: *The Rehabilitation Sports Family Care Plan for the Persons with Disabilities (Trial)* issued by the China Persons with Disabilities Persons' Federation requires the implementation of "rehabilitation sports family care service" for the persons with severe disabilities who are not easy to leave their homes or have family difficulties during the 13th Five-Year Plan period. As the first batch of pilot areas, Beijing won the bid in the form of public bidding and government purchase in 2018 and 2019 respectively. Beijing Haidian District Ang Chen Adaptation Sports Training Center organized and completed the service of "rehabilitation sports into the family" twice. During the implementation of the project, the pilot scheme of the project shall be designed scientifically, the preliminary preparations shall be fully prepared, the multi-party linkage shall be carried out, the resources shall be integrated to ensure the implementation of the project, the specifications shall be strictly implemented and the quality control shall be paid attention to. Through the implementation of the "three entry" service of sending rehabilitation sports training equipment, methods and services to the family, rehabilitation sports services have been provided to 6000 people with disabilities in Beijing, and the pilot work has achieved the expected results. There are also some problems in the pilot, such as lack of accurate service, lack of professionalism of sports fitness instructors for the persons with disabilities, lack of funds, short project cycle and so on. Based on this, this report puts forward relevant improvement suggestions.

Keywords: Rehabilitation Sports; Physical Exercise; Precise Service; Beijing

B.12 Practice of "Three in One" Characteristic Sports in Chongqing Special Education Center

Shao Yu, Huang Qiu, Zhou Weilin,
Xu Shangzong and Jiang Zhou / 244

Abstract: In order to solve the problems of closed and single curriculum, lack of teaching resources and limited competition platform in physical education, Chongqing Special Education Center has formed a characteristic physical education model of trinity of teaching, training and competition under the guidance of integration, that is, improving physical education curriculum in teaching and ensuring "one hour of exercise every day", set up a variety of sports, pay attention to the combination of popularity and interest, compensate defects and inspire potential; in terms of training, carry out various forms of complementary training methods, integrate internal and external resources, hire excellent coaches, and build a comprehensive training base for the visually impaired

355

students; the competition platform has been improved to compete with healthy students, and the students' sports literacy has been greatly improved. Through the summary of educational practice, this paper puts forward five suggestions for the development of physical education in visually impaired education schools: establish a perfect resource construction network and support and service system, improve the competition and reward mechanism, implement targeted training of athletes with relevant colleges and universities, create integration opportunities in multiple ways and projects, and improve the level of physical education in visually impaired education schools.

Keywords: Visually Impaired Education School; "Three in One" Characteristic Sports; Integrated Education; Chongqing

B.13 Innovative Practice of Special Olympics Integrated
Education Model in the Schools for Mentally Retarded
Children in Xi'an

Li Weiyu, Han Qinhu, Gu Zhengwei and Liu Man / 259

Abstract: Special Olympics is of great significance to the development of children with intellectual disabilities. Since 2002, Xi'an Qizhi School has started the innovative practice of the integrated education mode of Special Olympics Sports. The experience gained mainly includes: building diversified courses to meet the differentiated needs; perfect the Special Olympics security support system and implement effective teaching; carry out pre-school Special Olympics Sports to promote sports rehabilitation. Xi 'an Qizhi School has reaped good benefits. Not only has the school won many awards in Special Olympics Activities, but also has a positive impact on the individual children and families with special needs.

Keywords: Special Olympics; Integrated Education; Pre-school Sports Rehabilitation; Xi'an

权威报告·一手数据·特色资源

皮书数据库
ANNUAL REPORT(YEARBOOK)
DATABASE

分析解读当下中国发展变迁的高端智库平台

所获荣誉

- 2019年，入围国家新闻出版署数字出版精品遴选推荐计划项目
- 2016年，入选"'十三五'国家重点电子出版物出版规划骨干工程"
- 2015年，荣获"搜索中国正能量 点赞2015""创新中国科技创新奖"
- 2013年，荣获"中国出版政府奖·网络出版物奖"提名奖
- 连续多年荣获中国数字出版博览会"数字出版·优秀品牌"奖

成为会员

通过网址www.pishu.com.cn访问皮书数据库网站或下载皮书数据库APP，进行手机号码验证或邮箱验证即可成为皮书数据库会员。

会员福利

- 已注册用户购书后可免费获赠100元皮书数据库充值卡。刮开充值卡涂层获取充值密码，登录并进入"会员中心"—"在线充值"—"充值卡充值"，充值成功即可购买和查看数据库内容。
- 会员福利最终解释权归社会科学文献出版社所有。

数据库服务热线：400-008-6695
数据库服务QQ：2475522410
数据库服务邮箱：database@ssap.cn
图书销售热线：010-59367070/7028
图书服务QQ：1265056568
图书服务邮箱：duzhe@ssap.cn

社会科学文献出版社 皮书系列
SOCIAL SCIENCES ACADEMIC PRESS (CHINA)
卡号：841628119857
密码：

S 基本子库
SUB DATABASE

中国社会发展数据库（下设 12 个子库）

整合国内外中国社会发展研究成果，汇聚独家统计数据、深度分析报告，涉及社会、人口、政治、教育、法律等 12 个领域，为了解中国社会发展动态、跟踪社会核心热点、分析社会发展趋势提供一站式资源搜索和数据服务。

中国经济发展数据库（下设 12 个子库）

围绕国内外中国经济发展主题研究报告、学术资讯、基础数据等资料构建，内容涵盖宏观经济、农业经济、工业经济、产业经济等 12 个重点经济领域，为实时掌控经济运行态势、把握经济发展规律、洞察经济形势、进行经济决策提供参考和依据。

中国行业发展数据库（下设 17 个子库）

以中国国民经济行业分类为依据，覆盖金融业、旅游、医疗卫生、交通运输、能源矿产等 100 多个行业，跟踪分析国民经济相关行业市场运行状况和政策导向，汇集行业发展前沿资讯，为投资、从业及各种经济决策提供理论基础和实践指导。

中国区域发展数据库（下设 6 个子库）

对中国特定区域内的经济、社会、文化等领域现状与发展情况进行深度分析和预测，研究层级至县及县以下行政区，涉及省份、区域经济体、城市、农村等不同维度，为地方经济社会宏观态势研究、发展经验研究、案例分析提供数据服务。

中国文化传媒数据库（下设 18 个子库）

汇聚文化传媒领域专家观点、热点资讯，梳理国内外中国文化发展相关学术研究成果、一手统计数据，涵盖文化产业、新闻传播、电影娱乐、文学艺术、群众文化等 18 个重点研究领域。为文化传媒研究提供相关数据、研究报告和综合分析服务。

世界经济与国际关系数据库（下设 6 个子库）

立足"皮书系列"世界经济、国际关系相关学术资源，整合世界经济、国际政治、世界文化与科技、全球性问题、国际组织与国际法、区域研究 6 大领域研究成果，为世界经济与国际关系研究提供全方位数据分析，为决策和形势研判提供参考。

法律声明

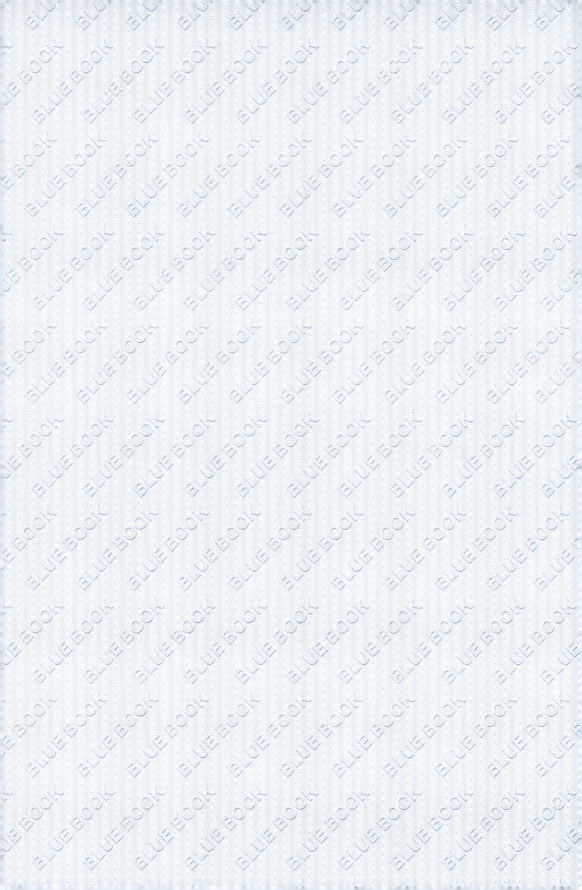